公共危机管理

（第二版）

蔺雪春　李希红　朱　婧　主　编

西南交通大学出版社
·成都·

图书在版编目（CIP）数据

公共危机管理 / 蔺雪春，李希红，朱婧主编. —2版. —成都：西南交通大学出版社，2018.10（2024.9 重印）
ISBN 978-7-5643-6480-9

Ⅰ. ①公… Ⅱ. ①蔺… ②李… ③朱… Ⅲ. ①突发事件 – 公共管理 – 高等学校 – 教材 Ⅳ. ①D035.29

中国版本图书馆 CIP 数据核字（2018）第 230720 号

公共危机管理
（第二版）

蔺雪春　李希红　朱　婧　主编

责任编辑	左凌涛
封面设计	原谋书装
出版发行	西南交通大学出版社 （四川省成都市金牛区二环路北一段 111 号 　西南交通大学创新大厦 21 楼）
邮政编码	610031
发行部电话	028-87600564　　028-87600533
官网	http://www.xnjdcbs.com
印刷	四川森林印务有限责任公司
成品尺寸	185 mm × 260 mm
印张	16
字数	398 千
版次	2018 年 10 月第 2 版
印次	2024 年 9 月第 7 次
书号	ISBN 978-7-5643-6480-9
定价	42.00 元

课件咨询电话：028-87600533
图书如有印装质量问题　本社负责退换
版权所有　盗版必究　举报电话：028-87600562

第二版前言

本版是在2013年《公共危机管理：简明原理与实务》的基础上大幅改修而成的。在我国全面深化改革发展阶段，加快推进高水平应用型大学建设、大力推动双一流大学建设的浪潮中，由于现代经济社会发展对高素质、复合型、应用型专门人才的需求迫切，前版教材售罄，编者在不断总结前版教材使用经验和反思实际问题的基础上，决定编写第二版。谨供公共管理类、政治学类、法学类、社会学类等相关专业学生和实务工作人员学习参考，不断提高危机事件处理或应急管理的知识与能力水平。

本版内容，修改为九章（九讲），可以根据需要安排32个至48个不同的理论与实训学习课时：第一章，公共危机管理的基本原理；第二章，公共危机管理的体制机制；第三章，突发危机事件的预防和准备；第四章，突发危机事件的监测和预警；第五章，突发危机事件的处置和救援（及应急指南）；第六章，突发危机事件的善后恢复和重建；第七章，媒体管理和舆情管理；第八章，政府形象管理和危机公关；第九章，公共危机管理国际比较。其中，可以根据实际需要对应急预案编写、应急指挥和应急响应、公民应急指南、新闻发言人和新闻发布会、危机事件调查评估等内容安排一定的实验实训课时，锻炼和增强学习者应急管理的实践能力。

本版的编写体例，遵循四步教学过程。根据学生个性化发展和自我提升的需要安排章节顺序、模块内容。既重传道授业，更重解惑赋能，也关注创设运筹，升华人文价值。主要顺序是：课程引导—要点掌握—启发思考—提升自我。课程引导，从简短案例或现实问题切入，给学习者以警醒。要点掌握，列出学习目标和重点难点，提供特定知识能力、法律规范、实务操作、深度阅读等学习内容，并附以简洁的章节小测验，供学习者选择修习。启发思考，围绕特定事件资料，向学习者提出值得深入观察思考的问题。提升自我，在前述学习的基础上，总结锤炼学习者的思想、才能、素质、价值情怀。

本版在编写特点上仍坚持第一版的"精""全""透""实"四字，力求实现理论与实务并重，历史与现实相益，法规与策略互补，重点与难点同克。一曰"精"，求重点突出。教材不是长篇累牍的理论介绍与探讨，而是简明扼要地说清公共危机管理的主要框架、主要环节、操作流程等基本知识、实际内容，重点增强危机管理学习者的知识掌握和应急能力。二曰"全"，求系统完整。教材设计包括理论知识、深度阅读、法律介绍、实务举要、案例思考、现场直击等内容，并对国外危机管理体制机制和理论研究发展做了介绍。三曰"透"，求反思提升。通过解析当前各类突发事件和危机态势，让人从现状中有所反思和提升。因此各章节内容中既有案例和现场直击，也有经验教训总结，这些内容还可用相应视频的形式配合讲授，从而增加生动性和立体化。四曰"实"，求实际管用。每章内容都突出危机事件处置的实务技巧、法律规范的讲解与训练，并提出实际应当注意的问题和采取的策略。既使公共危机管理有章可循，又注重实际处理的灵活性。

在编写过程中，由蔺雪春统筹全稿，编制教材大纲和体例框架，编写各章课程引导、知识要点、启发思考、提升自我等各环节内容，以及应用案例、深度阅读、法律介绍、现场直击等材料，最后修稿统稿；由李希红、朱婧提供应急案例资源、相关数据信息并协同修稿统稿。具体分工情况是：蔺雪春编写第一、第七、第八章，李希红编写第二章，吴波编写第三章，王循庆编写第四章，甘金球编写第五章，朱婧编写第六章，刘素冬编写第九章。

教材编写参考了大量专家同仁的既有成果。本书得到了傅志明教授、于秀琴教授等专家学者的关心帮助。中国农业大学烟台研究院的同学们也曾为初版资料的收集整理做出极大贡献。本次修订还得到烟台市政府办公室、应急办和烟台市安全生产监督管理局的建议启发和帮助。因此教材的修订再版是政、学、研多方共同努力的结果。西南交通大学出版社的孟秀芝编辑等在编辑出版等方面提供了许多帮助。在此向所有贡献者表示真诚的感谢。但由于能力和精力所限，不足之处在所难免，敬请广大读者批评指正，诸种失误和责任自由编者承担。

2018 年 3 月 28 日

写于 醉雨雪斋

第一版前言

纵观近代历史发展和当今世界情势,风险与危机已非例外而渐成常态。面对自然、社会、卫生、事故等公共危机的侵扰,政府与公民社团等公共组织的危机处理能力,为社会所迫切需求。这既关涉政府等公共组织的形象、信任与合法性,更关涉一个国家、民族、社会的存续。

为提高公共管理类专业学生以及实务工作人员的危机处理知识和能力,我们编写了这部教材。主要特点可以"精""全""透""实"四字概括,从而实现理论与实务并重、现实与反思相益、法规与灵活同进。

一曰精,以求重点突出。不是长篇累牍的理论介绍与探讨,而是简明扼要地说清公共危机管理的主要框架、主要环节或操作流程的基本理论知识、实际内容,重点增强危机管理学习者的知识理解和实际操作能力。

二曰全,以求系统完整。教材框架设计包括理论知识、深度阅读、法律介绍、实务举要、案例思考、现场直击等内容,并对国外危机管理体制机制和理论研究发展趋势做了介绍。

三曰透,以求反思提升。通过透视当前突发事件或各类危机态势的现场情况,让人从这些现状中有所反思和提升。因此各章内容中有案例和现场直击,也有经验教训总结,这些内容还可以相应视频的形式配合讲授,从而增加生动性和立体化。

四曰实,以求实际管用。每章内容都突出危机管理实务技巧、法律规范的讲解与训练,并提出实际应当注意的问题。既使公共危机管理有章可循,又注重实际处理的灵活性。

本书分工情况如下:蔺雪春:第一章;李希红:第二章;吴波:第三章;张书玉:第四章;甘金球:第五章;朱婧、刘素冬:第六章。蔺雪春负责编写教材大纲和初稿框架,并最终修稿统稿。

教材编写参考了大量专家和同仁的既有成果。还得到了傅志明教授、于秀琴教授等专家学者的宝贵指导。中国农业大学烟台研究院公共管理专业的同学们也为相关资料的收集和整理做出了极大贡献。西南交通大学出版社的曾老师、吴老师在出版编辑等方面提供了重大帮助。在此向他(她)们表示真诚的感谢。但由于能力和精力所限,失误在所难免,敬请广大读者批评指正。

著 者
2012 年 12 月 9 日于醉雨雪斋

目　录

第一章　公共危机管理的基本原理 ··· 1
课程引导 ··· 1
要点掌握 ··· 1
第一节　公共危机管理概述 ··· 2
　　一、公共危机界定 ··· 2
　　二、公共危机管理界定 ·· 6
　　　【深度阅读】明天的寓言 ··· 9
第二节　公共危机管理原则 ·· 10
　　一、对人原则 ··· 10
　　二、对事原则 ··· 11
　　三、对物原则 ··· 12
　　　【法律介绍】突发事件应对原则 ·· 13
第三节　公共危机管理模式与范围 ·· 13
　　一、进程模式 ··· 13
　　二、主体模式 ··· 14
　　三、公共危机管理范围 ·· 15
　　　【现场直击】哈尔滨市政府应对水危机 ···································· 15
启发思考 ··· 18
提升自我 ··· 18

第二章　公共危机管理的体制机制 ··· 20
课程引导 ··· 20
要点掌握 ··· 20
第一节　公共危机管理体制 ·· 21
　　一、组织领导体制 ··· 21
　　　【法律介绍】应急管理体制 ·· 22
　　二、支持保障体制 ··· 26
　　　【法律介绍】专家组 ··· 28
第二节　公共危机管理机制 ·· 28
　　一、决策机制 ··· 28
　　二、实施机制 ··· 32
　　　【深度阅读】政府应急管理机制研究 ······································· 36
　　三、参与机制 ··· 40

四、信息机制 44
　　　　【法律介绍】信息报告 45
　　　　【现场直击】2003年抗击非典（SARS）行动 49
启发思考 54
提升自我 54

第三章　突发危机事件的预防和准备 56
课程引导 56
要点掌握 57
　第一节　应急预案 57
　　一、预案体系 57
　　二、预案内容 59
　　　　【法律介绍】应急预案内容 60
　　三、预案编制 61
　　　　【法律介绍】应急预案审批、备案和公布 61
　　四、预案演练、宣传教育 62
　　五、预案评估修订 62
　　六、预案启动 63
　　　　【法律介绍】预案启动 63
　第二节　应急准备 63
　　一、应急队伍 64
　　二、应急物资 64
　　三、应急设施 65
　　四、应急科技、应急研究 65
　　五、应急资金与保险 65
　　六、应急宣传、应急培训 66
　　七、应急演练 66
　　　　【深度阅读】灾难中，生长智慧和力量 66
启发思考 69
提升自我 69

第四章　突发危机事件的监测和预警 71
课程引导 71
要点掌握 72
　第一节　监测识别 72
　　一、监测主体、监测点与监测网 73
　　二、监测项目、手段、内容 73
　　　　【法律介绍】监测制度 74
　　三、监测识别过程 75
　　　　【法律介绍】监测报告 76

四、监测识别方法 ·· 76
　　五、监测识别应当注意的问题 ·· 76
第二节　预　警 ···77
　　一、预警功能 ·· 77
　　二、预警主体、对象 ·· 78
　　三、预警程序、方法 ·· 79
　　　　【法律介绍】危机预警 ·· 80
　　四、预警应当注意的问题 ·· 81
　　　　【小案例】印尼海啸预警系统失灵 ··· 82
第三节　预　控 ···83
　　一、预控的必要性 ··· 83
　　二、预控的原则 ·· 84
　　三、预控的措施 ·· 85
　　　　【法律介绍】预控措施 ·· 86
第四节　风险管理 ···87
　　一、风险管理程序及方法 ·· 87
　　二、政府部门风险管理面临的问题 ··· 89
　　　　【小案例】地方政府性债务风险管理再强化 ··· 89
启发思考 ·· 91
提升自我 ·· 91

第五章　突发危机事件的处置和救援（及应急指南） ································· 93
课程引导 ·· 93
要点掌握 ·· 95
第一节　处置救援 ···95
　　一、处置救援的主要任务 ·· 96
　　　　【法律介绍】应急处置 ·· 96
　　二、处置救援的基本过程 ·· 97
　　　　【法律介绍】Ⅰ级响应 ·· 98
　　三、处置救援时注意的问题 ··· 99
　　　　【现场直击】2008年汶川大地震应急处置 ··· 99
第二节　应急指南 ··102
　　一、应急计划和日常安全指导 ··· 102
　　二、具体灾难应对 ··· 103
　　三、应急实用常识指南 ··· 110
　　　　【深度阅读】全球巨灾防范和应对四个转变 ·· 112
启发思考 ·· 113
提升自我 ·· 113

第六章　突发危机事件的善后恢复和重建 ············ 115

课程引导 ············ 115
要点掌握 ············ 115

第一节　善后恢复与重建 ············ 116
一、善后恢复与重建的重要性 ············ 116
二、善后恢复与重建的目的 ············ 117
三、善后恢复与重建的主要工作 ············ 118
【法律介绍】恢复与重建 ············ 118
四、善后恢复与重建的原则 ············ 120

第二节　危机事件总结评估 ············ 121
一、危机总结评估的内容 ············ 121
【实务举要】危机总结评估内容 ············ 121
二、危机总结评估的方法 ············ 122
【实务举要】危机总结评估方法 ············ 122
【现场直击】2015年长江客轮倾覆事件善后 ············ 123

启发思考 ············ 125
提升自我 ············ 125

第七章　媒体管理和舆情管理 ············ 127

课程引导 ············ 127
要点掌握 ············ 127

第一节　媒体管理 ············ 128
一、什么是媒体管理 ············ 128
【小案例】烟台应急广播正式启动突发事件将权威发布 ············ 129
二、媒体管理的主体与客体 ············ 130
三、议题管理 ············ 130
【实务举要】促进共同的媒体观点的形成 ············ 131
四、媒体采编管理 ············ 131
【实务举要】媒体采编的几种模式及其管理要点 ············ 132
五、新闻发布会与新闻发言人 ············ 133
【实务举要】公共危机事件新闻发言人的表达技巧 ············ 136

第二节　舆情管理 ············ 136
一、舆情特点 ············ 136
二、舆情分期与分类 ············ 137
三、舆情监测 ············ 137
四、舆情分析 ············ 138
五、舆情处置 ············ 139
【小案例】浙江干部因台风"搀扶照"被免，回应：我很冤 ············ 139

启发思考 ············ 140

提升自我……………………………………………………………………………… 140

第八章　政府形象管理和危机公关……………………………………………… 142
　　课程引导……………………………………………………………………………… 142
　　要点掌握……………………………………………………………………………… 143
　　　第一节　政府形象管理…………………………………………………………… 144
　　　　一、公共危机状态下的政府形象管理…………………………………………… 144
　　　　二、如何进行政府形象管理……………………………………………………… 146
　　　　三、危机状态下政府形象管理容易产生的问题………………………………… 148
　　　　　【实务举要】政府形象管理的焦点问题……………………………………… 149
　　　第二节　危机公关………………………………………………………………… 149
　　　　一、危机公关的特征与作用……………………………………………………… 149
　　　　二、危机公关的主要任务………………………………………………………… 150
　　　　三、危机公关小组的建立………………………………………………………… 151
　　　　四、危机公关的主要步骤………………………………………………………… 151
　　　　五、危机公关的主要原则………………………………………………………… 152
　　　第三节　危机沟通………………………………………………………………… 153
　　　　一、公共危机沟通的特征与作用………………………………………………… 153
　　　　二、公共危机沟通的主要领域…………………………………………………… 154
　　　　三、公共危机沟通的主要工作…………………………………………………… 155
　　　　四、公共危机沟通的工作步骤…………………………………………………… 156
　　　　　【实务举要】公共危机沟通的技巧…………………………………………… 157
　　　　五、公共危机沟通机制建设……………………………………………………… 158
　　　　　【现场直击】深圳率先引入新闻发布"问责制"：
　　　　　　　　　　　遇突发事件需在120分钟内发布新闻………………………… 160
　　启发思考……………………………………………………………………………… 164
　　提升自我……………………………………………………………………………… 164

第九章　公共危机管理国际比较…………………………………………………… 166
　　课程引导……………………………………………………………………………… 166
　　要点掌握……………………………………………………………………………… 167
　　　第一节　美国的公共危机管理…………………………………………………… 167
　　　　一、美国的公共危机管理架构…………………………………………………… 167
　　　　二、美国公共危机管理的特征…………………………………………………… 169
　　　　　【小案例】"9·11"事件后的美国…………………………………………… 170
　　　第二节　俄罗斯的公共危机管理………………………………………………… 171
　　　　一、俄罗斯公共危机管理架构…………………………………………………… 171
　　　　二、俄罗斯公共危机管理的特点………………………………………………… 172
　　　　　【小案例】别斯兰人质事件改变俄罗斯……………………………………… 173
　　　第三节　日本的公共危机管理…………………………………………………… 175

一、日本的公共危机管理架构 ································· 175
　　二、日本危机管理体制的特征 ································· 177
　　　【小案例】日本福岛核危机导致的政府信誉降级 ··············· 178
第四节　公共危机管理研究与变革 ································· 179
　　一、西方公共危机管理研究 ··································· 179
　　二、中国的公共危机管理研究 ································· 180
　　三、公共危机管理研究的角度与层次 ··························· 182
　　四、公共危机管理引发的变革 ································· 183
　　　【深度阅读】我国应急管理研究述评 ························· 185
启发思考 ··· 195
提升自我 ··· 195
【附录1】《中华人民共和国突发事件应对法》······················· 197
【附录2】国家突发公共事件总体应急预案··························· 206
【附录3】国家自然灾害救助应急预案······························· 212
【附录4】国家安全生产事故灾难应急预案··························· 220
【附录5】国家突发公共卫生事件应急预案··························· 227
【附录6】突发事件应急预案管理办法······························· 236
参考文献 ··· 241

第一章 公共危机管理的基本原理

课程引导

风险社会来临？！

1986年，德国著名社会学家乌尔里希·贝克在《风险社会》(Risk Society)一书中，首次提出"风险社会"的概念。贝克指出，马克思和韦伯意义上的"工业社会"或"阶级社会"的概念围绕的一个中心论题是：在一个匮乏社会中，"社会性地生产出来的财富是怎样以一种社会性地不平等但同时也是'合法'的方式被分配的"。而"风险社会"则建立在对如下这个问题的解决基础之上："作为现代化一部分的系统性地生产出来的风险和危害怎样才能被避免、最小化或引导？"

几乎与贝克提出"风险社会"的概念同步，从20世纪80年代开始，越来越多的事件和事实似乎表明：我们正在进入一个贝克所预设的"风险社会"。全球化不仅是经济全球化、金融全球化、文化全球化、技术全球化，同时也是一种风险的全球化。在全球化的大背景下，人类社会面临着比以往任何时候都更多的风险，如大规模失业的风险、贫富分化加剧的风险、生态风险等，不一而足。风险管控不当，危机事件就会大量暴发。常见危机如下：

地震、飓风、暴雨、洪水、泥石流、干旱……

车祸、空难、矿难、爆炸、火灾……

禽流感、口蹄疫、疯牛病、埃博拉、艾滋病……

恐怖袭击、病毒邮件、投毒放火放炸弹……

经济危机、金融危机、市场泡沫破裂……

现实中的路怒族、流语狂言、聚众闹事……

资料来源：编自[德]乌尔里希·贝克：《风险社会》，译林出版社2004年版。

编者按：世界上没有绝对的安全。各种风险危机已经成为社会组织和个体面临的重大考验。幸运的是，人类从未放弃对危机的应对和反思。

警言

安而不忘危，存而不忘亡，治而不忘乱。

——《易经》

灾难是真理的第一程。

——拜伦

要点掌握

[学习目标]

了解危机与公共危机管理的概念、特征；掌握公共危机管理的基本原则；熟悉公共危机管理的主要模式。达到总体上知晓公共危机管理"是什么"的目的。

[重点难点]

公共危机管理原则、模式。

[内容要点]

公共危机管理是以政府为主体的公共组织，对影响广泛的突发事件、危机情境、紧急状态，进行监测预警、应急处置、恢复重建、学习反思等快速有效的系列管理活动。它是一个动态的过程，强调快速有效，其目的在于减轻或阻断危机造成的损害，其管理主体是政府或政府部门等公共组织。它具有公共性、预防性、应急性、风险性、不确定性、长期性、权变性、心理约束性、博弈性、复杂性和困难性等多重特点。它与企业危机管理在主体、目的、对象、工具手段上明显区别，但企业危机管理不善，也会引发更大范围的公共危机。

公共危机管理必须坚持一定的原则。国家突发公共事件总体应急预案中对这些原则做了明确规定。主要是以人为本，减少危害；居安思危，预防为主；统一领导，分级负责；依法规范，加强管理；快速反应，协同应对；依靠科技，提高素质。可以从对人、对事、对物等三方面将这些原则进行细分。

公共危机管理必须遵循一定的程式或模式。这些模式可以从阶段进程和主体范畴的角度进行概括。阶段进程角度可以分为危机前、危机中、危机后三阶段，危机的疏缓、准备、回应、恢复四阶段。主体范畴角度可以分为中央模式、地方模式、中央地方联动模式。

第一节 公共危机管理概述

20世纪中期以来，实务界、理论界开始系统地专注于危机管理研究，对危机现象和危机事件应对的原理、方法进行了有益探索。这些努力当中，公共危机与任何组织和个体的福祉、安全都紧密相关，受到广泛关注。

一、公共危机界定

1. 危机的概念

"危机"最早起源于医学术语，指人濒临死亡、游离于生死之间的那种状态。根据《朗曼现代英语词典》，"危机"是指严重疾病突然好转或者恶化的转折点事物发生过程中的一个转折点、不确定的时间或者状态、非常危险或者困难的时刻。①而在《现代汉语词典》中，危机有两个意思：一是危险的根由；二是严重困难的关头。在《辞海》里，"危险所由发生者曰危机"。对于危机的具体理解，则可从国际、国家、地区、个体等不同层次上进行。而且国外、国内学者持有不同的看法。学术界甚至有人认为只有中国的汉字可以完满的表达出危机的内涵，即"危险与机遇"。

（1）美国学者的主要观点。

国际关系学家查尔斯·赫尔曼（Hermann）1972年在《国际危机：从行为研究角度考察》一书中首次将危机定义为"形势"，认为"危机是威胁到决策集团优先目标的一种形势。在这

---

① 中国现代国际关系研究所危机管理与对策研究中心：《国际危机管理概论》，时事出版社2003年版，第1页。

种形势中，决策集团做出反应的时间非常有限，且形势常常向令决策集团惊奇的方向发展"。①

罗森塔尔（Rosenthal）和皮内伯格（Pijnenburg）将危机界定为：对一个社会系统的基本价值和行为架构产生严重威胁，并且在时间性和不确定性很强的情况下必须做出关键性决策的事件。②

罗森塔尔还认为：危机"是指具有严重威胁、不确定性和有危机感的情景"③。

巴顿（Barton）也提出危机是一个引起潜在负面影响的具有不确定性的大事件，可能对组织及其员工、产品、服务、资产和声誉造成巨大的损害。巴顿明确地将危机的影响扩大到组织及其员工的声誉和信用层面，并认为组织在危机中的形象管理是非常必要的。④

格林（Green）则进一步认为，危机是指事态已经发展到无法控制的程度。危机管理的任务就是尽可能地控制事态，在危机事件中把损失控制在一定的范围内，在事态失控后要争取重新控制住事态。⑤

（2）国内学者的主要观点。

薛澜教授等人认为，危机通常是在决策者的核心价值观念受到严重威胁或挑战，有关信息很不充分，事态发展具有高度不确定性和需要迅捷决策等不利情境的汇聚。⑥

张成福教授认为："所谓危机，它是这样一种紧急事件或者紧急状态，它的出现和爆发严重影响社会的正常运作，对生命、财产、环境等造成威胁、损害，超出了政府和社会常态的管理能力，要求政府和社会采取特殊的措施加以应对。"⑦

胡百精博士认为，危机是一种状态而不是事件——危机是由组织外部环境变化或内部管理不善造成的可能破坏正常秩序、规范和目标，要求组织在短时间内作出决策，调动各种资源，加强沟通管理的一种威胁性形势或状态。⑧

刘刚认为，危机是一种对组织基本目标的实现构成重大威胁、要求组织必须在极短的时间内作出关键性决策和进行紧急回应的突发性事件。⑨

杨冠琼教授认为，危机事件是指那些导致社会系统或其子系统的基本价值和行为准则趋于崩溃，在较大程度上和较大范围内威胁到人们的生命和财产安全，引起社会恐慌和社会正常秩序与运转机制瓦解的事件。⑩

以上众多学者对危机的定义有一些共同因素：不确定性、突发性、紧迫性、威胁性；也

---

① 转引自中国现代国际关系研究所危机管理与对策研究中心：《国际危机管理概论》，时事出版社2003年版，第5页。
② Rosenthal Uriel and Charles Michael T., *Coping with Crisis: The Management of Disasters*, Riots and TERRORISM, Springfield: Charles C. Thomas, 1989.
③ 转引自[美]罗伯特·希斯：《危机管理》，王成、宋炳辉、金瑛译，中信出版社2001年版，第18页。
④ 同上，第18-19页。
⑤ 转引自[美]提莫斯·库姆：《危机传播与沟通》，林文益、郑安购译，台湾风云论坛出版社2003年版，第144页。
⑥ 薛澜、张强、钟开斌：《危机管理：转型期中国面临的挑战》，清华大学出版社2003年版，第25页。
⑦ 张成福：《公共危机管理：全面整合的模式与战略》，《中国行政管理》，2003年第7期。
⑧ 胡百精：《危机传播管理》，中国传媒大学出版社2005年版。
⑨ 刘刚：《危机管理》，中国经济出版社2004年版，第3页。
⑩ 转引自何海燕、张晓苏：《危机管理概论》，首都经济贸易大学出版社2006年版，第3页。

有不同的特征：有的强调事件，有的则强调情境或状态。基于上述学者的定义，我们认为，危机是个体或组织遭遇突发威胁事件、面临严重生存发展困境的紧要关头和紧急情境。在此情境下，个体或组织的内部状况、内外关系即内外环境处于或可能处于不同程度的失衡状态。但危险总是与机遇相伴生，只要危险应对得当，同样可以给个体或组织造就发展机遇，因此也可以把危机当成是一种转折或转型。

其中，危机、事件、灾难等不同词语之间既有联系又有区别。危机是人类或其所注重者（诸如生命、财产、物资、环境等）所面临的威胁；灾难是突然发生的大灾祸，亦即在问题发生前后未适切处理或人为力量无法控制所造成的后果；突发事件（紧急情况）则指突然、意外发生，须立刻加以处理的事件。突发事件是危机的导火线，危机如果处理不当则可能酿成灾难，引发更多的事件，事件与灾难的多发反过来会加剧危机状态。

2. 危机的分类

对危机进行清晰明确的分类，对于更好地认识和管理危机具有重要意义。按照不同的标准，危机可以划分为不同的类型。

一是按照传统标准分类，危机可分为自然危机和社会危机。按照地域标准分类，危机可分为区域危机、国家危机和全球危机。按照控制理论分类，危机可分为系统内部危机和系统外部危机。按照内在属性分类，危机可分为日积月累、潜移默化的结构性危机和特定要素引发的突发性危机。按照危机是否可以预测，可以将危机分为可预测性危机和不可预测性危机。按照危机发生的领域，又可以将危机分为政治危机、经济危机、民族危机、宗教危机等。按照危机的影响，可以分为结构良好的、结构不良的危机。[1]

二是从公共管理的角度出发，可以将危机划分为如下各类：政治性危机、经济性危机、社会性危机、生产性危机以及自然性危机。政治性危机一般涉及政体、国体以及政府合法性面临严重挑战、威胁，国家主权受到威胁和伤害。经济性危机是一个包括内容十分广泛的领域，它主要涉及宏观经济变量的波动。社会性危机主要源于人们所持的不同信仰、价值和态度之间的冲突，以及人们对于现行社会行为规则和体制的认同性危机，以及各种反社会心理等。生产性危机主要源于技术因素、防护性因素、质量因素、管理因素以及各种各样的偶然性因素。自然性危机事件则主要是人们常说的天灾。[2]

三是按照危机诱因分类，危机可分为外因引发的危机和内因引发的危机。外因引发的危机包括：自然灾害危机，如火灾、水灾、旱灾、虫灾、地震、飓风等；人为破坏危机，如恐怖袭击、爆炸、投毒及其他恶意破坏等；社会发展危机，如政治动乱、社会骚乱、经济危机等。内因引发的危机包括：经营危机，如投资失误、价格失误、广告传播失误等；管理危机，如人、财、物管理失误，产品质量有问题；法律危机，如未履行合同、偷税漏税、以权谋私等；素质危机，如技术水平低下、缺乏文明礼仪等；公共关系危机，如与相关公众关系不和谐、公众投诉多，等等。

四是按照危机的主体分类，危机可以分为政府危机、企业危机等。政府面临的主要危机类型有：公共危机，如重大事故、环境破坏、公共卫生、公共安全等；管理危机，如行政管理、人员管理、财政管理、公共管理等；素质危机，如执政能力、服务意识、办事效率、基

---

[1] 董传仪：《危机管理学》，中国传媒大学出版社2007年版，第10-15页。
[2] 同上。

本素质等；形象危机，如公务员形象、官员形象、政府形象等。企业面临的危机相对而言更为复杂，包括直线式危机，即某种危机事件的出现是可以找到直接原因的；传媒式危机，即由于大众传播媒介对于某些事件的报道而导致企业出现危机情景，突发和难以预料是这类危机的主要特征；矩阵式危机，即某种危机事件的产生由多方面共同因素所致，矩阵式危机具有复杂性特征。企业危机还包括企业信用危机和企业连锁危机、企业质量危机、企业管理危机，等等。

3. 危机的特点

美国学者福斯特（Foster）曾对危机的四个显著特征做出判断：急需快速做出决策，严重缺乏训练有素的员工，严重缺乏物质资源，时间极其有限。珀斯（E. M. Perse）也于2001年在《传媒效果与社会》一书中认为，危机可影响到数量很大的人群，以突发性、不确定性、失控、反应情绪化和威胁生命财产为特征。①因此，对于危机的特征，大体可概括为以下几点：

（1）突发性。

危机事件的发生虽有原因可查，也有一定的征兆，但每次危机事件暴发的时间、地点、规模、影响都难以让人掌握，其发生都出乎人的意料，总是突然降临。尽管人们能够对其发生发展做出一定的准备，也只能是在大致方向上展开，危机的最终结果、最终形态往往并不在人类预想之中。

（2）破坏性。

危机一旦发生，就表现出极强的破坏力量，给人类造成巨大的生命、财产损失。重大公共危机带来的损害更是数字惊人，大地震、大洪水、飓风、干旱等，总是给人类带来极大的痛苦与伤害。

（3）紧急性。

正是因为危机的突发与破坏力量，人类社会必须在有限的时间、有限的人力、有限的应对资源的基础上，对危机做出迅速处置。对脆弱的人类社会或某一组织、个体而言，这种处置与其他事务相比都显得更为急切。

（4）不确定性。

危机的时间、规模、地点、影响，在其得到完全的暴露之前，很难用定量的方法准确评估出来。尤其是在开放的环境下，由于多种变量的参与和干扰，如果应对不当，危机的程度、影响还会不断加深，危机发展的方向也会随时演化变动。

（5）扩散性。

危机不是固守在我们所划定的分类范围或边界之内，在开放性、流动性越来越强的现代社会，危机容易从一个领域漫延到另一个领域，从一个地区扩散到另一个地区，甚至跨距离长程传播，形成跨界危机。因此所造成的危害涉及周边国家和地区，在解决方式上需要通过跨区域协调治理。比如2005年11月的松花江重大水质污染事件，就关涉到中、俄、蒙三国利益。

（6）客观性。

危机的发生、发展是客观的，有其自身的规律。尽管人类社会能够以特有的方式方法应对，也并不完全以人的意志为转移。但人类可以因其规律，尽量减缓和弱化危机造成的影响。

---

① 转引自 Jennings Byant and Susan Thompson, *Fundamentals of media effects*, New York: The Mc Graw Hill Companies, inc, 2002, p.236.

(7) 双重性。

"祸兮福之所倚，福兮祸之所伏。"危险与机遇对立统一。因此危机具有双重性。通过危机的应对，人们可以探查当前组织体制与技术方法的缺陷，提高自身发展能力，改进和凝聚社会组织。甚至可以说，人类社会每一次重大进步都是从危机中转型而来。

4. 公共危机

公共危机属于危机，但它有着"公共"一词的限定。美国本恩（Stanley. I. Benn）和杰拉尔·F. 高斯（Gerald.F.Gans）两位教授对"公共性"做了较确切的分析，他们把机构、利益、参与三个标准作为区分公与私的界河。我们可以借此了解"公共"的含义，并进一步界定公共危机。

对公共的理解，从机构角度来说，组织与个体依靠民众的税金来维持运作，并不属于某个集团把持，社会大众是其补充人力精英的宝库。从利益角度来说，组织与个体的行动和决定、事件与事态的发展，影响到大部分社会成员乃至所有社会成员的利益，这也是最重要的方面。从开放或参与程度来讲，组织与个体的管理过程、事件与事态必须向公众公开，由公众对其保持监督，以免社会权益遭受暗箱操作之害。

据此推论，公共危机可以被认为是，影响大部或全体社会成员的安全利益，需要以政府为主体的公共组织全力应对、公众多方位参与配合治理的危机事件、危机情境、紧急状态。当然，公共的范围可大可小，大至国家与全球，也能小至组织集体。但一般是范围波及或影响力穿越乡镇地域以上的，才可真正算得上公共危机。

对其内涵的进一步理解，包括以下五个方面：

（1）公共危机一般由事件促发。由于突发事件是危机的典型外在表现，因此，可以把公共危机看成是一个或一系列的突发事件。

（2）公共危机是一个过程。也就是说，公共危机或突发事件本身有一个形成、发展、消亡的过程，其处置应对也需要一个努力的过程。

（3）公共危机是一种情境。在这种情境之中，有值得我们探查的客观问题、参量，有组织、个体的主观心理、精神。

（4）公共危机是一种状态。首先它是一种公共利益、公共安全、公共秩序遭受威胁的失衡状态。其次它也一种管理和法律上的紧急状态、特殊的例外状态。

（5）公共危机必然要危及较大范围的公众生命、财产安全，以及经济运营、社会生活、政治管理秩序，某一个体或组织难以有效应对，需要政府出面管理，社会各界积极配合参与。

对公共危机的外延也即外在种类，可从突发事件角度来描述。所谓突发事件，是指突然发生，造成或者可能造成严重社会危害，需要采取应急处置措施予以应对的自然灾害、事故灾难、公共卫生事件和社会安全事件。因此大体可分为以下四种：自然灾害、事故灾难、公共卫生事件、社会安全事件。按照社会危害程度、影响范围等因素，突发事件又可分为特别重大、重大、较大和一般四级。

二、公共危机管理界定

1. 公共危机管理

美国学者罗伯特·希斯（Robert Heath）认为，危机管理包含对危机事前、事中和事后所有方面的管理。有效的危机管理需要做到如下方面：转移或缩减危机的来源、范围和影响；提高危机初始管理的地位；改进对危机冲击的反应管理；完善修复管理以便能迅速有效地减轻危机造成的损害。①

国内学者苏伟伦认为：危机管理就是组织或者个人通过危机监测、危机预控、危机决策和危机处理，达到避免、减少危机产生的危害，甚至将危机转化为机会的目的。②

因此，危机管理就是个体或组织针对危机情景，进行监测预警、信息收集、信息分析、计划制定、措施实行、综合协调、经验总结的动态管理过程，目的在于减轻危机所造成的冲击与损失，甚至将危险转化为机会。

公共危机管理则是危机管理的具体领域，有自身的一些属性。具体来说，公共危机管理是指以政府为主体的公共组织，对影响广泛的突发事件、危机情境、紧急状态，进行监测预警、应急处置、恢复重建、学习反思等快速有效的系列管理活动。

公共危机管理的内涵在于：

(1) 公共危机管理是一个动态的过程。危机从产生到爆发有其完整的因果机制，虽然其外在表现形式可能是突发与急促的，但导致危机产生的因素却可能是长期存在的，这就需要在危机管理中将危机事前事中事后的管理统一成一个整体，通过预警机制防患于未然，从源头上防范危机，一旦危机发生则要迅速有效处理，在事后要进行总结，抓住危机产生的本质原因，以避免类似的事件再发生。

(2) 公共危机管理强调快速有效。作为一种突发事件的危机，发生速度快，影响范围广，并且是在事前缺乏准备的形势下快速的蔓延。在危机管理中，时间十分重要，要求危机管理主体必须在极短时间里进行危机事件处理，只有通过快速的反应与机动灵活的应对，才能够有效减轻危机损害。

(3) 公共危机管理的目的在于减轻危机造成的损害。通过事前的预警，事中的灵活快速应对，事后的总结，管理危机事件都是为了能控制事态，减少危机事件发展所造成的不利影响，压缩危机事件影响的范围，减少不确定的因素，找到危机产生原因，并努力将危机事态转到常态的管理上来。

(4) 公共危机管理的主体主要是政府或政府部门等公共组织。由于公共危机涉及面广，牵涉公共利益、公共安全甚至国家安全，一般组织难以应对，需要由政府出面，动用公共资源乃至国家力量。

2. 公共危机管理的特征

(1) 公共性。

公共危机具有社会性，其管理超出了私人组织的能力，因此政府在危机管理中起着核心和关键作用。政府的危机决策、危机行动会对危机利益相关者产生广泛和深远的影响。

(2) 预防性。

由于危机是潜在的危险，所引发的危害后果严重，具有破坏性，因此危机管理重在预防。加强危机意识，制订危机管理预案，做好人力、物力、财力的准备，平时经常演练，做到居安思危，有备无患。

---

① [美]罗伯特·希斯：《危机管理》，中信出版社2001年版，第19页。
② 苏伟伦：《危机管理——现代企业实务管理手册》，中国纺织出版社2000年版，第1页。

（3）应急性。

危机一旦发生，必须尽快做出反应，采取必要措施，及时控制危机事态的发展，设法将危机的负面影响限制在最小范围。

（4）不确定性。

公共危机的原因可能是单一的，也可能是复杂多样的，发展变化方向也是多变的，具有高度的不确定性。因此，危机管理也具有不确定性，需要制订不同层面的多种危机管理预案。

（5）长期性。

某一危机的发生会导致结构性和连锁性的反应，危机事件的解决并不意味着潜在危机的完整解除。因此危机管理是一种长期的和系统化的管理，它并不是着眼于消极地解决眼前的某一危机，而是积极主动地采取一系列长期性的和系统化的反危机战略。

（6）权变性。

危机情势因各种环境因素的变化而变化，很难找到危机管理的普遍适用法则。信守原则并不一定能保证危机的解决。因此危机管理是权变的管理，这意味着危机管理的方式和方法要随着危机形势而改变。

（7）心理约束性。

危机是一种逆境，在逆境状态下，危机利益相关人和危机决策管理者都处于一种高度紧张的心理状态，心理因素会影响决策者的认知、分析和判断能力，进而影响其对危机的反应和控制能力。这就要求决策者和参与者必须具备一定的抗压应变能力。

（8）博弈性。

危机管理不仅是政府组织单方面处理危机事件的行为，在很大程度上涉及多方多个参与人的相互作用，是一个博弈的过程。各方都会试图选择个体利益最大化的策略。因此危机最终的结局不仅仅取决于某一方的选择，而是取决于双方或多方的策略选择，是双方或多方策略行为相互作用的结果。

（9）风险性。

危机管理决策主要采用非程序性的决策，准确性较差，潜藏着很大的风险。由于应急时间限制，危机决策无法充分有效地利用社会和专家的智力资源进行科学决策，物质技术支持系统也常常无法及时提供帮助。

（10）复杂性和困难性。

危机管理难度比常规管理大得多。一是指挥协调和物资供应任务重。要在短时间内指挥各个管理机构协调联动、保障物资供应是一件艰巨繁难的工作。二是管理对象配合程度差。受到危机影响的管理对象情绪不稳定，难以像平常那样理智地配合管理者的工作，加大了管理的难度。这就要求危机管理人员必须具备较高的管理素质。

3. 公共危机管理与企业危机管理的区别联系

两者的区别联系可以用表1-1表示。

表1-1 公共危机管理与企业危机管理的区别与联系

区别	公共危机管理	企业危机管理
目的不同	维护公众利益，减轻危机损失，提高政府威信	减少企业损失，挽回企业形象与利益
主体不同	政府及政府部门等公共组织	企业及企业部门

续表

区别	公共危机管理	企业危机管理
对象不同	社会公众	相关利益群体
管理工具不同	行政手段、经济手段、法律手段相结合	一般为经济手段
联系	如果企业危机管理不善，很可能会损害社会公众利益，造成公共危机，需要政府采取公共危机管理相关措施	

鉴于以上区别，公共危机管理与企业危机管理对社会的影响有所不同。企业危机管理的影响力明显不如公共危机管理。而从其联系上可以看到，企业危机管理不善并引致公共危机时其影响力可能就会扩大。三鹿奶粉事件就是一个很好的例子。同样的道理，如果一次小的公共危机管理不善，则可能会引起一场大的危机，需要启动更大范围和更高层次的公共危机管理机制。因此在公共危机管理领域中，防微杜渐是十分重要的。为了更好地维持社会秩序，维护公共利益，建立完善的危机管理体系，不管对政府还是企业都是十分必要的。

【深度阅读】

明天的寓言

从前，在美国中部有一个城镇，这里的一切生物看来与其周围环境生活得很和谐。这个城镇坐落在像棋盘般排列整齐的繁荣的农场中央，其周围是庄稼地，小山下果园成林。春天，繁花像白色的云朵点缀在绿色的原野上；秋天，透过松林的屏风，橡树、枫树和白桦闪射出火焰般的彩色光辉，狐狸在小山上叫着，小鹿静悄悄地穿过了笼罩着秋天晨雾的原野。

沿着小路生长的月桂树、荚蒾和赤杨树以及巨大的羊齿植物和野花在一年的大部分时间里都使旅行者感到目悦神怡。即使在冬天，道路两旁也是美丽的地方，那儿有无数小鸟飞来，在出露于雪层之上的浆果和干草的穗头上啄食。郊外事实上正以其鸟类的丰富多彩而驰名，当迁徙的候鸟在整个春天和秋天蜂拥而至的时候，人们都长途跋涉地来这里观看它们。另有些人来小溪边捕鱼，这些洁净又清凉的小溪从山中流出，形成了绿荫掩映地生活着鳟鱼的池塘。野外一直是这个样子，直到许多年前的有一天，第一批居民来到这儿建房舍、挖井筑仓，情况才发生了变化。

从那时起，一个奇怪的阴影遮盖了这个地区，一切都开始变化。一些不祥的预兆降临到村落里：神秘莫测的疾病袭击了成群的小鸡；牛羊病倒和死亡。到处是死神的幽灵。农夫们述说着他们家庭的多病。城里的医生也越来越为他们病人中出现的新病感到困惑莫解。不仅在成人中，而且在孩子中出现了一些突然的、不可解释的死亡现象，这些孩子在玩耍时突然倒下了，并在几小时内死去。

一种奇怪的寂静笼罩了这个地方。比如说，鸟儿都到哪儿去了呢？许多人谈论着它们，感到迷惑和不安。园后鸟儿寻食的地方冷落了。在一些地方仅能见到的几只鸟儿也气息奄奄，它们战栗得很厉害，飞不起来。这是一个没有声息的春天。这儿的清晨曾经荡漾着乌鸦、鸫鸟、鸽子、樫鸟、鹪鹩的合唱以及其他鸟鸣的音浪；而现在一切声音都没有了，只有一片寂静覆盖着田野、树林和沼地。

农场里面的母鸡在孵窝，但却没有小鸡破壳而出。农夫们抱怨着他们无法再养猪了——新生的猪仔很小，小猪病后也只能活几天。苹果树花要开了，但在花丛中没有蜜蜂嗡嗡飞来，所以苹果花没有得到授粉，也不会有果实。

曾经一度是多么吸引人的小路两旁，现在排列着仿佛火灾劫后的、焦黄的、枯萎的植物。被生命抛弃了的这些地方也是寂静一片。甚至小溪也失去了生命，钓鱼的人不再来访问它，因为所有的鱼已死亡。

在屋檐下的雨水管中，在房顶的瓦片之间，一种白色的粉粒还在露出稍许斑痕。在几星期之前，这些白色粉粒像雪花一样降落到屋顶、草坪、田地和小河上。

不是魔法，也不是敌人的活动使这个受损害的世界的生命无法复生，而是人们自己使自己受害。

上述的这个城镇是虚设的，但在美国和世界其他地方都可以容易地找到上千个这种城镇的翻版。我知道并没有一个村庄经受过如我所描述的全部灾祸；但其中每一种灾难实际上已在某些地方发生，并且确实有许多村庄已经蒙受了大量的不幸。在人们的忽视中，一个狰狞的幽灵已向我们袭来，这个想象中的悲剧可能会很容易地变成一个我们大家都将知道的活生生的现实。

资料来源：[美]R. 卡逊（Rachel Carson），《寂静的春天》（SILENT SPRING）（1962），吕瑞兰、李长生译，吉林人民出版社1997年版。

第二节 公共危机管理原则

公共危机管理的总体目标是：保护公众生命和财产安全，维护国家安全、公众安全、环境安全、社会秩序。分析来看，公共危机管理由于涉及人、事、物等各个方面，更加之为非常态管理，需要以非常的勇气坚持践行一系列原则。

一、对人原则

1. 生命第一原则

公民的生命是最可贵的。不论是危机事件或危机状态的受害人、其他被影响人，还是参与危机处置的人，首先要采取措施保护其生命不受威胁。

2. 公共利益至上原则

坚持公众利益至上，维护与保证公众合法利益。避免自私自利之心，在特殊紧急状态下对维护和增强公共部门的合法性、凝聚国家与社会关系有着重要意义。

3. 坦诚沟通原则

危机发生后，公共部门要高度重视做好信息传递发布，并在组织内外部进行积极、坦诚、有效的沟通公关，充分体现出其危机应对的社会责任感，为妥善处理危机创造良好的内外氛围和环境，达到维护和重树形象的目标。

4. 勇于承担责任原则

应敢于主动承担责任是公共组织长远发展、持续提升必备的品质。主要表现在四个方面：一是对危机相关受害者负责，二是对公共利益负责，三是对事实负责，坚持实事求是妥善解决危机的根本原则;四是从物质与感情上给受害人或利益相关人以补偿,尤其是感情补偿,是非常重要但也最容易忽略的部分。

5. 适当集权原则

公共组织应确保危机管理机构具有高度权威性,并尽可能不受外部因素干扰。集权管理有利于从整体上把握组织面临的全部危机,从而将危机处置策略与转型调整等策略统一起来。危机发生的时候,需要有人站出来领导,告诉人们发生了什么,告诉人们应该怎么做,人们需要的是明确的指示。在当前突发事件普遍实行分类和分级管理的情况下,不同的危机管理部门最终都要直接向高层的首席风险官和危机管理者负责,实现危机的集中管理。

6. 团结一致原则

危机管理有道亦有术。危机管理的"道"是根植于社会、文化的价值观与责任感,是公共组织得到社会尊敬与认可的根基。危机管理的"术"则是危机管理的操作技术与方法,是需要通过学习和训练来掌握的。在危机状态之下,所有管理人员都应力图通过价值观、共同愿景,以及应对方法的学习和宣传教育,实现组织内部、组织外部、组织内外不同个体、群体意见的妥协一致,凝聚共识,推动全员参与、全民参与,最终形成应对危机的合力。

二、对事原则

1. 快速反应

兵贵神速。危机应对之精义,重在迅速。要在第一时间、第一地点迅速阻断和隔离危机事件,防止事态的进一步漫延。

2. 积极应对

危机事态往往很严重、很复杂,即使花费大量的精力也不一定快速见效。这就需要危机应对人员有着一定的耐心和积极性,不能因为危机早晚会自行消灭而心存侥幸,心生怡惰。

3. 实事求是

危机应对人员必须正视危险,客观的探查危机事件的来龙去脉,及其引发的影响。还要善于从中总结应对规律,按规律办事。

4. 具体问题具体分析,特殊问题特殊对待

危机本身有不同分类,同一危机状态下也会有许多意外发生,因此对于不同的问题要具体分析,注意其特殊性,学会采用不同于常态管理的各种方法来处置应对,从而保持危机应对的弹性。

5. 紧抓主要问题

在所有危机事件当中,总有一些危机是频发的、常见的,总有一些矛盾是主要的、明显的。应当善于抓住其中较为重要的关键事件、关键问题,达到从根本上减弱、控制危机的目的。

6. 预防为主,注意风险控制和总体平衡

"凡事预则立,不预则废。"危机管理重在预防,危机发生之后所造成的损失远远大于因危机防范而发生的投入。危机发生带来的近期影响可见,但其远期影响往往难以预测,因此

未雨绸缪胜过亡羊补牢。如果危机的苗头已经出现，则要密切关注其发展变化、可能引发的连锁风险，保持当前注意力与未来关注点、主要问题与些小问题的平衡把握，防止顾此失彼。

三、对物原则

目前研究的重点多集中在"对人对事的原则"，很少涉及危机管理中"物"的处理原则。事实上，无论是危机中"受灾财物"的"物"还是"救灾物资"的"物"，或者承担灾区与外界"桥梁"的"物"，都是危机管理中不可或缺的一环。基于此，危机管理应该建立在整体性、综合性、系统性的认知与把握的基础上。针对危机管理中的各种事物，应坚持以下管理原则：

1. 居安思危，未雨绸缪

主要是要求公共管理人员和普通民众树立危机意识，积极预防，常备不懈。首先是针对作为救灾"桥梁"工具的"物"和作为救助物资的"物"，一要加强应急系统技术设施的完善，包括应急指挥中心的构建和应急系统网络的构建，使之成为组织行为相互联系的媒介，确保受害区域和外界信息畅通无阻；二是应加强应急物资物流体系的建设，包括建立应急物资储备体系、建立应急物资储备平台、加强应急物流资源的储备管理、建立应急物流信息平台、加强应急物流非常规通道建设等，保障救灾物资能够及时运送到受灾区域。其次，针对作为"受灾财物"的"物"，要加强"财产保险"和保护防护体系的建立完善，以期规避和最大程度上减少危机造成的财产损失。[①]

2. 以人为本，以人为先

以人为本、以人为先就是把保障公民生命安全作为公共危机管理中的首要任务。对人的生命权的尊重，是人类社会的一条基本公理。可相当长一段时间内，我国一些地方在应对公共危机过程中出现过不尊重人的现象，在人与物的价值比较中往往倾向于物，特别是国家所有的物，即国家和集体的财产，人的生命被放在次要的位置，为了物可以牺牲个体的生命。

3. 统一指挥，灵活协调

统一指挥是为了把个体和分散的人力、物力整合起来，从而发挥出整体的最大优势。一方面，针对作为"救灾物资"的"物"而言，要求锁定目标、综合考虑，全面、客观地估计可供调度的资源，锁定所能处理的危机范围和目标要求。在危机处理中，面面俱到的目标要求往往并不可取，尤其是在需要进行破坏性消防、紧急避险等利益衡量和取舍的情况下，如果依然强调要求目标的全面性，其结果往往是导致危机的升级和扩展。因此必须有顾全大局和利益衡量的价值判断能力，才能促使危机降级，使损害降到最低限度。另一方面，由于危机管理主体以及所辖部门工作性质不同、职责不同，各自的利益取向也会有差异，需要进行协调，依据实际情况灵活机动，果断应变，从而有效地开展危机管理，保住大局。

4. 迅速反应，专业处理

迅速反应是公共危机管理的重要原则。针对作为"受灾财物"的"物"。在诸多公共危机事件中，财产损失轻微的事例大多是在事件发生时间的前5%抢出。这意味着一要拥有可供充

---

① 张维平：《危机管理的原则、策略和过程》，《防灾技术高等专科学校学报》，2006年第3期。

分动员的人力、物力资源能够进行迅速的反应；二要拥有科学的知识和技能进行专业化的物资拆卸、转运、搭接，最大限度地减小财物损失。

5. 非常规处置，注意补偿

公共危机管理可以在紧急状态下采取非常规的管理程序和非常措施，应对突发事件。一是对公共财物、特殊贵重物品首先注意抢救和保护。二是可以在特殊状态下因更大的公共利益目标对公民财物加以征用。三是对于危机中因抢救、保护、征用财物而受损者，应当给予事后补偿，以鼓励其扶危助困精神和行为。

当然，公共危机管理总体来说还要按照法律法规办事，尤其是国家制度的应急预案和各类突发事件应对法，不能超越法律的范围任意采取措施。即使公共危机管理机构采取的行政强制、行政征用等特殊措施，也都必须依照最高立法机关制定的紧急状态法律进行。国家突发公共事件应急预案中已经对公共危机管理的原则做了明确规定。

【法律介绍】

突发事件应对原则

国务院发布的《国家突发公共事件总体应急预案》(以下简称《总体预案》)，明确提出了应对各类突发公共事件的6条工作原则：

以人为本，减少危害；
居安思危，预防为主；
统一领导，分级负责；
依法规范，加强管理；
快速反应，协同应对；
依靠科技，提高素质。

第三节 公共危机管理模式与范围

20世纪60年代尤其是21世纪以来危机事件的高发，已经促使各国、各公共部门、各国际组织逐步形成了一系列行之有效的应对模式。这些模式可以从应对进程角度归纳，也可从应对主体角度描述。

一、进程模式

进程模式主要是从危机事件应对的进展过程，将危机管理划分成不同的阶段。包括三阶段模式、四阶段模式等。

1. 三阶段模式

这种模式一般把危机管理分做危机前、危机中、危机后三个大的阶段。危机前主要是监测、准备工作，危机中则以处理控制为主，危机后则主要为善后恢复工作。

2. 四阶段模式（张成福、罗伯特·希斯）

张成福教授把危机管理分成四个阶段，即危机的疏缓、危机的准备、危机的回应、危机的恢复，四个阶段是一个系统的循环和过程。①

表 1-2　张成福之危机管理四阶段模式

过程阶段	工作项目
危机的疏缓	有关消除或减少危机出现的机会、影响的活动
危机的准备	预先做出应对计划，以便确定危机出现时如何有效应对
危机的回应	在危机出现后通过各种措施控制或降低危机造成的危害
危机的恢复	采取各种措施恢复社会正常的运作与秩序

另外，美国学者罗伯特·希斯提出了所谓 4R 模式，我们也可称之为一种四阶段模式。②但更重要的是，他还提出了第五个 R，即恢复力。

表 1-3　罗伯特·希斯之危机管理四阶段模式（4R 模式）

过程阶段	工作项目
缩减（Reduction）	风险评估与管理
预备（Readiness）	预警、培训、演习
反应（Response）	影响分析、计划、技能要求、审计，展开危机应对
恢复（Recovery）	控制危机后，将财产、设备、工作流程、人员恢复到正常状态

罗伯特·希斯认为，有效的危机管理就是积极的计划和准备，也就是围绕 4R 模式开展工作。而一个组织的生存能力在根本上依赖于管理者、主管人员、成员应对危机情境的能力。"这种能力包括物质和精神的准备——了解将要发生的事和适应的反应。这种有效生存与反应的能力就是恢复力。"③恢复力是有效危机管理的第五个"R"。美国联邦安全管理委员会则对以上模式进行了修正，改成缓和(Mitigation)、预防(Preparation)、反应(Response)、恢复(Recovery)。

二、主体模式

主体模式主要是从危机应对的管理主体角度，将危机管理划分成不同的层面。包括中央层面、地方层面、中央地方联动等。

1. 中央模式

中央模式主要是强调中央在危机处理中的统领协调和指挥作用。一般由中央政府设置最高层次的危机管理机构，对危机事件、危机信息、危机沟通、危机应对等各个方面统一管理，统筹处置。该模式一般应用于具有或可能引致全国性影响的危机事件、危机状态，以及国际危机处理等。比如全国性的卫生安全事件防治、国际争端处理。

2. 地方模式

地方模式主要强调地方政府在危机处理中的自主作用。一般由地方政府设立危机管理机构，对本地域内的危机事件、危机信息等进行灵活管理应对。比如地方性的事故灾难等。

---

① 张成福：《公共危机管理：全面整合的模式与战略》，《中国行政管理》，2003 年第 7 期。
② [美]罗伯特·希斯：《危机管理》，第 22 页。
③ [美]罗伯特·希斯：《危机管理》，第 377 页。

3. 中央地方联动模式

中央地方联动模式主要是在中央领导或协助下，某个或多个地方积极参与，协调处理危机事件。这种模式一般针对跨越地方范围或在某一领域时空影响较大的危机事件或危机状态。

根据我国突发事件应对法的规定，我国主要实行统一领导、综合协调、分类管理、分级负责、属地管理为主的应急管理体制。

三、公共危机管理范围

公共危机管理的范围比较广泛，但也有线索可寻。总体而言，一是与危机的客观发展阶段有关，不同的阶段所要重点管理的对象有所不同。具体来说，公共危机管理牵涉到物质、人力、信息、交通、媒体、利益相关者等。二是与人的主观因素有关，人的生理、心理、认知等也会影响危机管理。一般牵涉到生理影响、心理影响、认知反应水平等。三是与时空领域有关。在时间上要涵盖危机前直到恢复重建之后，在空间上则起码以乡镇地域，一般则以县域为主。当然，在当前网络交流与网络社会迅速兴起的情况下，空间范围已经出现更大且不规则的长距离跨越。

在危机发生初期，往往注重事件对地方、对公众的损害程度或影响、范围趋势的监测。以媒体管理、公众认知、信息沟通、应急指南为重。危机反应或应对时期，以物质和人力投入生命、财产、交通、设施等救援处置为主。恢复阶段，以心理干预、利益相关者救济补偿、设施重建、恢复生产生活秩序为重。

【现场直击】

哈尔滨市政府应对水危机

[案例背景]

2005年11月13日下午2时至3时左右，在中国吉林省吉林市中石油所属的吉林石化公司101双苯厂一个化工车间发生连续爆炸，有5人死亡，另有1人失踪、2人重伤、21人轻伤，数万居民紧急疏散。爆炸导致松花江江面上产生一条长达80公里的污染带，主要由苯和硝基苯组成，造成松花江水体污染。污染带通过哈尔滨市，该市经历了长达五天的停水，形成一场严重的水资源危机事件。

[应急过程]

2005年11月27日晚6时，哈尔滨恢复供水。在缺水危机中苦等了4天的近400万哈尔滨市民，终于松了一口气。

如此严重的水危机，在世界城市发展史上也十分罕见。最初，发生了恐慌和抢购，然而仅仅经过一天时间，全城便恢复了秩序，数百万市民以令人叹服的勇气和毅力挺过了难关，这堪称奇迹。

危机来临之初，这座城市曾一度陷入慌乱之中。从20日中午起，有的市民开始贮存水和粮食；有人不顾夜间的严寒，在街上搭起了帐篷；部分市民及外地民工开始离开哈尔滨，导致公路、民航、铁路客流大增。

人们听到了"地震"和"水污染"的传言，却没有得到官方证实，传言越来越多。

21日中午，得知污染水团将于30小时内抵哈、危机已迫在眉睫的哈尔滨市政府向社会发布公告，全市停水4天，理由是"要对市政供水管网进行检修"。

这显然无法让民众信服，没人会相信检修管道不分区进行，而是一下子停掉全市的供水。结果，公告发布后，市民开始了大规模的抢购。越来越多的市民觉得这个公告可能与地震有关。当日下午，超市、批发部等处的交通也开始严重拥堵。

当日，哈尔滨市做出了这样的决定：在电视上以"检修管道"的名义发公告的同时，组成300个小组深入社区，告知市民江水污染的实情，动员大家贮水。

当日午夜，省、市政府决定向媒体公布真相。22日凌晨，第二份公告发出，证实了上游化工厂爆炸导致松花江水污染的消息。为了方便居民储水，市政府在同日又发出了一个公告。针对一件事，两天发布三个市政府公告，哈尔滨史无前例。

市民心里有了底，慌乱局面很快缓和下来。当地领导对此深有感触："为了群众，更要相信群众。"市委、市政府决定：从24日起，每天召开新闻发布会，通报停水后的重要信息，让百姓在第一时间了解实情。省环保局也以每天两次的频率，通过媒体通报污染变化情况。

通报和说明尽可能做到了通俗易懂。停水前，很多群众拿不准家里仍在出水的自来水是不是已经受了污染。市供排水集团负责人在电视上解释时，不用复杂的科技术语，而是这样说："自来水管里只要能流出水来，就可以饮用，就是安全的。"

不久，曾在一夜之间涨到全价的离哈机票重新恢复了打折，许多原本打算离哈的市民前来退票。市民王亮说："这几天我亲身感受到了政府处理水污染事件的力度，而且有关部门也公告哈尔滨市不会发生地震，心里不慌了，决定退票不走了。"

21日下午，在哈尔滨一些商店、超市，很多市民在争相抢购饮用水。在道里区麦德龙超市，摆放瓶装矿泉水的货架已是空空荡荡。服务员说，有的顾客甚至一次买了5000元的矿泉水。在香坊区一家社区食杂店里，市民袁女士非常气愤："刚才还12元一箱的矿泉水，转眼就涨到了20元，最后竟然给多少钱也不卖了，这不是发国难财嘛？！"

群众抢购商品、商贩哄抬物价，是危机时期常见的现象，也是加剧社会恐慌最具煽动力和破坏力的因素之一。数月前，遭受飓风袭击的美国南部几个城市就曾饱尝其害。

为稳定市场，此次遭遇水危机的哈尔滨市政府采取了多种手段。哈尔滨市副市长史文清说，百姓亲眼看到水充足，自然心里不发慌。所以政府必须保证市场饮用水供给充足，才能占据主动。

21日市政府发布的第一份公告，就要求市内洗浴、洗车等高耗水行业从21日起停止用水。

21日晚，市政府紧急通知附近的"冰露""娃哈哈"、哈药总厂等大型矿泉水、纯净水生产企业，把所有货物控制起来，连夜组织车辆运往哈尔滨。这些企业的饮用水产能共计每天2500吨，全部满负荷运转。同时，向沈阳市政府紧急求援。第二天，沈阳的10车皮1300吨矿泉水运抵哈尔滨。当天下午，全市多数超市和商场就结束了饮用水断货现象。

市政府给6个受停水影响较大的区各拨出100万元价调资金，用于购进矿泉水，再以平价卖给市民，以引导市场价格。每个区开设了3至5个平价饮用水供应点，并在当地报纸上公布其具体位置和服务电话。由物价、工商等部门组织多个联合检查组，对囤积居奇、哄抬物价、扰乱市场秩序的不法商贩进行集中打击。同时广泛印发通知，向市民公布举报电话。

这些措施立竿见影。23日，哈尔滨市饮用水等商品价格已基本回落到停水公告发布前的水平。各大超市、批发市场和大街小巷的食杂店，最抢眼的地方都是各种品牌的瓶装饮用水，24瓶装的"娃哈哈"价格已降到23元。

同时，水源还事关哈尔滨的另一生命线——供热。在这个夜间最低气温已达零下10摄氏度的北方城市，供热在一定程度上就相当于"保命"。哈尔滨供热面积有1.2亿平方米，停了水，如何保证供热不断档，不冻伤人，是一个十分严峻的考验。

自来水一断，有人就会从暖气管里放水去冲洗厕所。21日一个晚上，全市的锅炉就比平时多流失了3万吨水。必须设法补充水源。停水前，市政府要求各供热单位做好停水期间需要补水量的统计，将居民小区生活水箱、供热补水箱、软化水箱、消防水池等容器注满水，作为应急备水。停水后，各家国有大型供热企业利用自有水源解决供热补水，供热面积较小的社会供热单位，在所在区政府帮助下解决水源。

为开辟新水源，全市918眼地下水井全部启动，并加速开凿新井。为防止部分锅炉房临时供水不足，由市政府指定水源，调剂车辆运水解决，打井81眼，用于补充锅炉用水，从外地和市内调剂了140多台补水车辆。同时要求各大企业降低车间温度，先保居民，后保生产。在这些努力之下，4天来，尽管室内暖气温度略低于往常，哈尔滨仍不失为一个温暖的城市。

这么大的城市断了水，如果再断了燃气，居民生活将无法维持。位于哈尔滨依兰县的达连河气化厂，担负着供应整个市区和周边县居民生活燃气的任务。省市政府给这个企业定下的原则与其他企业相反：先保生产，再保居民，关闭向当地居民供水的管道，企业工业用水不能停，使用活性炭过滤江水，确保正常的生产经营。

学校和医院人员集中，市政府果断决定市属中小学全部放假，减轻供水压力。要求各大学多打自备水井，不够的用消防车、洒水车调水。对医院，从省消防支队调了30台消防车，由市里统一调度，专门保证全市200所医院用水不断档。

停水期间，全市没有发生一起饮水和食物中毒事件，肠道传染病发病率与松花江水污染发生前持平。媒体评价，这是一个了不起的成绩。事实上，停水前，市政府对卫生防疫工作已经进行了充分准备，专门就苯、硝基苯中毒救治问题请教了中国疾病预防控制中心的专家，组织15家医院建立起救助网络，并公布电话，随时接受群众咨询。全市救护车随时待命。所幸，这些都没有派上用场。

在这场危机中，困难群体得到了特殊照顾。市政府专门拨出近千万元资金，用于给低保户、残疾人、老退伍军人等免费供应饮用水。政府还为家里缺少储水设备的提供了储水用具。68岁的丁玉兰老人说："停水后，我们喝上了瓶装水，有了政府的帮助，我们踏实多了。"她身旁躺着偏瘫在床的儿子，这对母子每月只有280元低保金收入，根本买不起干净的瓶装水喝。

对于像丁玉兰这样的低保户，政府制定的免费供水标准是第一天每人3瓶，第二天4瓶，第三天5瓶，拿着低保证就可领到水。停水期间，哈尔滨市不花钱领水的困难群众多达31万人。

值得一提的是，哈尔滨在应对水危机过程中得到了有关各方的大力支持。国务院成立工作组和专家组分赴哈尔滨，协调组织、指导做好有关善后工作。来自清华大学、哈尔滨工业大学、中国东北市政设计院等22位专家经过昼夜试验论证，制定出了《关于恢复哈尔滨市政供水的实施方案》，国家发改委为哈尔滨市恢复供水调运活性炭连夜组织货源，交通部、铁道部大力支持，建立公路、铁路绿色通道，确保以最快速度运抵哈尔滨。铁道部安排单机单列，人歇车不歇……

为争取时间，武警黑龙江总队和空军某部接到指示，迅速调集了1000多名官兵，火速赶往制水三厂、绍和净水厂。在零下10摄氏度的夜晚连夜清掏并运出上千吨无烟煤滤料。哈尔滨锅炉厂在仅仅12小时，连夜部署任务、连夜组织人员、连夜施工，生产出10台从未加工过的粉末活性炭投加机送到安装现场……

[案例启示]

地方政府应对这场公共危机的经验教训,给人很多启示。

一是面对恐慌,最好的办法是说实话。正如当时黑龙江省委常委、哈尔滨市委书记所说,这样一个范围之大、时间之长、哈尔滨市历史上前所未有的"水危机",是一次严峻的考验。只有向群众说实话,相信群众,依靠群众,才能万众一心,共渡难关。

二是稳定市场,才能稳定人心。稳定市场,先要控制资源;稳定市场,必须保障供给;稳定市场,规范市场不能少。

三是抓住重点部位,才能把握城市命脉。公共危机来临时,社会生产生活各个环节都会受影响。要想稳定社会,首先要确保关键部位不出问题,比如供热、供气、困难户的援助等——这是哈尔滨市政府此次应对危机最大的收获之一。

诚如哈尔滨市委书记所说,应对水危机,我们也收获了宝贵的精神财富,作为一个城市,经历了这样的过程,我们应该聪明起来。同时,在应对危机过程中涌现出的很多精神都值得继续发扬,并成为城市精神的一部分。

资料来源:高淑华、李柯勇、高增双、徐宜军:《哈尔滨市政府应对水危机的经验和教训》,新华社,2005年11月28日,有改动。

启发思考

根据前述阅读材料和案例,请思考讨论:
- 公共危机到底是什么?
- 为什么我们经历这么多事件,总感觉应急管理上还是不成熟?人们宁可信谣也不相信政府部门?但他们确实付出了很多很多……

提升自我

[本章小结]

公共危机是一种具有较大公共影响的危机事件、危机情境或紧急状态。公共危机管理具有公共性、复杂性、预防性、权变性等特征。由于危机不同于常态,公共危机影响范围或程度较大,其管理必须坚持非常态管理原则,对人、对事、对物都有一些特殊要求。总体而言,要始终坚持统一领导、分级负责,快速反应、协同应对,依靠科技、提高素质的原则。在具体应对模式上,可以将其做不同阶段的划分,但都离不开一定的主体参与。对公共危机管理而言,尤其离不开政府部门等公共组织的主动参与。因此,要注重主体模式的不断完善,科学和有效发挥政府部门在危机处理中的主体作用。

[小测验]

1. 以下不属于危机特点的是( )。
   A. 突发性   B. 紧急性   C. 破坏性   D. 可预测性
2. 国家对突发事件的一般分类不包括( )。
   A. 自然灾害   B. 事故灾难   C. 公共卫生事件   D. 群体事件
3. 就突发事件严重程度和影响范围来说,可分为( )种。
   A. 一般、较大、重大、特别重大四种
   B. 一般、较大、重大三种

C. 一般、严重、特别严重三种

D. 较轻、严重、特重三种

4. 公共危机应对的总体原则主要是统一领导，分级负责，快速反应，协同应对，依靠科技，提高素质。也可以总结成"人、防、统、分、法、快、科"七字。　　对与错（　　）

5. 公共危机管理主要是靠有钱的企业。　　对与错（　　）

6. 危机就是突发事件。　　对与错（　　）

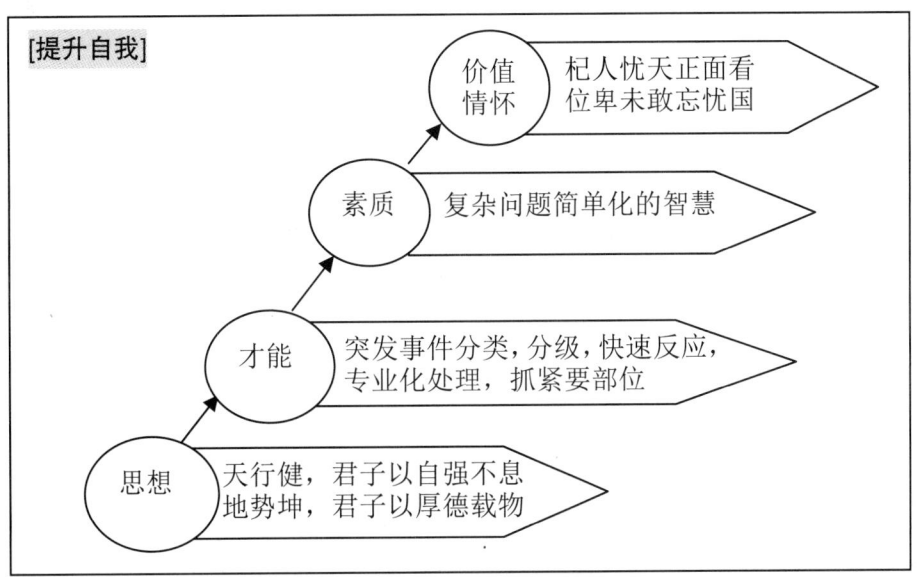

第二章 公共危机管理的体制机制

课程引导

中国派包机船只赴利比亚接回滞留人员

据外交部消息，2011 年 2 月，北非国家利比亚安全形势发生重大变化，部分中资公司项目营地遭到暴徒袭击，有人员受伤。鉴于利比亚安全形势发生重大变化，党中央、国务院十分关心我国驻利人员安全，胡锦涛总书记、温家宝总理作出重要指示和批示，要求有关方面迅即采取切实有效措施，全力保障我驻利人员生命财产安全。

国务院决定成立应急指挥部，负责组织协调我驻利人员撤离及有关安全保障工作，由张德江副总理担任总指挥，戴秉国国务委员协助。22 日早，张德江紧急召开应急指挥部全体会议，研究部署贯彻落实胡锦涛总书记、温家宝总理等中央领导同志重要指示精神的具体措施。要求各有关方面要立即启动应急预案，按照职责分工，密切配合，千方百计保障我人员安全，千方百计保障我财产安全，千方百计维护我国家利益。会议决定立即调派民航包机和附近海域的中远集团运输船只、我国海外作业渔船，携带必要的生活和医疗物资，并就近租用大型邮轮和大客车，赶赴利比亚附近，随时准备进入利比亚，分批组织我国包括港澳台同胞在内的驻利比亚人员安全有序撤离。

在党中央、国务院的坚强领导下，在国内各部门、军队、驻外使领馆、地方政府和中资企业的共同努力下，通过综合使用邮轮、飞机、陆路汽车等立体化的交通工具，截至北京时间 3 月 2 日 23 时 10 分，有回国意愿的在利比亚中国公民已经全部撤出，共计 35 860 人。撤离中国在利比亚人员行动取得阶段性胜利。

资料来源：中青在线——中国青年报，《全力保障我驻利人员生命财产安全》，2011 年 2 月 23 日。有改动。

编者按：可以说，这是中国应急管理体制的一次大成功。指挥有力、协同有效、应对迅速、运转科学是这次应急管理体制作用的主要特点。

警言

不因幸运而故步自封，不因厄运而一蹶不振。真正的强者，善于从顺境中找到阴影，从逆境中找到光亮，时时校准自己前进的目标。

——易卜生

要点掌握

[学习目标]

了解公共危机管理的体制与机制，达到总体上知晓公共危机管理"由谁管、如何管"的目的。

[重点难点]

危机的管理机构及组织运作，体制与机制的差别，一案三制。

[内容要点]

公共危机管理体制包括组织领导体制和支持保障体制两大部分。组织领导体制中要设立决策指挥、现场指挥、媒体、信息、行动支持机构，支持保障体制主要指应急物资和应急资金等保障制度。后者要在前者的统一领导下开展工作。

公共危机管理机制包括决策、实施、参与、信息四大机制。这些机制牵涉到宏观管理的程序、各部门的相互关系等问题。国家突发公共事件应对法和总体应急预案当中，对应急体制、机制等都有明确的规定。

无论决策指挥，还是实施参与，以及支撑保障，都要求具备相应专业的能力素质，必须进行系统的能力建设与培训。

第一节 公共危机管理体制

跨入 21 世纪，世界范围内爆发了一系列重大公共危机事件，从"9·11"事件、SARS 爆发、印度洋地震海啸到禽流感流行；纵观国内，从 2008 年汶川地震到 2010 年频发的袭童案再到上海静安区高楼特大火灾，一起起天灾人祸都在烤灼着人们的悲悯情怀，加强公共危机管理被越来越多的人认同和接受。随着中国社会进入全面的转型阶段，中国也进入了公共危机、社会问题的高发期。如何应对公共危机，如何建构中国特色、富有成效的公共危机管理体系已成为中国面临的紧迫和重大课题。

这种公共危机管理体系，主要是指从事公共危机管理的机构体系，包括组织领导体制、支持保障体制两大部分。

一、组织领导体制

1. 体制构成

危机管理组织领导系统主要包括 5 个机构，即上级决策指挥中心、现场指挥中心、支持保障中心、媒体中心和信息管理中心。各中心机构都有各自的功能职责和构建特点，每个中心都是相对独立的工作机构，但在执行任务时相互联系、相互协调，呈现系统性的运作状态。

（1）上级决策指挥中心。

上级决策指挥中心主要是在应急行动中提供应急决策与策略、协调各方信息、处理应急后方支持及其他管理职责，是进行应急行动全面统筹的中心或最高应急部门。它按照应急计划合理部署应急行动，调度一切应急资源，做出最高效力的应急决策，协调各级各类应急救援部门，并根据危机具体情况和应急行动的进展做出应急策略的有效应变，能保证整个应急行动有条不紊地进行，减少因事件救援不及时或组织工作紊乱而造成的额外人员伤亡和财产损失。

决策指挥中心要求有相对固定的机构成员，有一个常设机构。主要成员要定期接受必要的培训，负责中心日常工作；其他部分成员可以分散于社会各部门，无紧急事件期间可以在各自部门从事自己的职业，一旦紧急事件发生则必须立刻聚集到中心，按预定角色职责展开工作。中心设立地点一般要远离事件现场，必须相应地配置专人管理和防卫，以保证应急期间能获得工作所需的一切设备、资源、安全。

(2) 现场指挥中心。

现场指挥中心是现场应急战术的制订者，负责发生紧急事件后对事件现场进行控制，侧重于事件现场的应急救援指挥和处置，现场应急调度。

现场指挥中心要设立于事件现场，但要在事件发生点外围安置，并划出特定的安全保卫区域。之所以如此设置，主要为了保证它能够随时观察事件状态、评价事件情况、设计战术对策、调用应急资源确保应急对策的实施，并保持与决策指挥中心的稳定联系，确保应急救援等行动及时有序展开。

(3) 信息管理中心。

信息管理中心实际上也是一个决策指挥的支持中心。该中心要紧跟上级决策和现场指挥机构设立，地点位于安全区域，并有专人负责管理与警卫。主要职责是为其他中心尤其是决策、指挥、媒体中心提供所需的各类信息，以便于辅助应急计划制订和应急行动展开。信息的高效收集、处理、使用，能够极大地协调整个应急行动组织与实施工作，节约应急时间与物资，缓解公共危机管理系统与社会公众的紧张情绪，增强其应急能力与恢复重建信心。

(4) 媒体中心。

媒体中心是公共危机管理机构通过各种新闻媒体与公众接触的纽带，经媒体将有关危机信息如事件起因、造成影响、应急进展等向公众公布，解释危机真相，可以消除公众恐慌心理。

该中心地点要设立于事件现场周边的安全区域，并有专人负责管理与警卫。中心成员的职责包括组织赶赴事件现场的媒体进入媒体中心进行有序的工作，防止因媒体干扰而引起现场应急混乱；组织危机管理人员接受新闻媒体采访，召开新闻发布会，刊登启事等。

(5) 支持保障中心。

支持保障中心是作为危机应急的后方力量存在的，以提供前方应急所需的物资和人力资源，保证应急救援行动不会因为后方支持不力或不及时造成耽搁。它的存在不仅保证了应急资源的充足供应，节约了由于盲目购置设备和添置人员而可能浪费的应急经费，同时也通过众多部门的参与提高了整个社会的安全意识。

该中心设立于事件后方比较安全、交通便利的地域。其成员可分为两大类型：技术支持人员（包括采购人员、警戒人员、法律人员、安全和健康人员、关系管理人员、环境管理人员等）、医疗支持人员（医生、护士等）。其中，部分支持人员所需的专业应急装备（如救援设备、消防工具、医疗器械等）可由其所在部门提供，这样不仅提高了应急设备的利用效率，也节约了应急经费。

【法律介绍】

应急管理体制

第四条 国家建立统一领导、综合协调、分类管理、分级负责、属地管理为主的应急管理体制。

第五条 突发事件应对工作实行预防为主、预防与应急相结合的原则。国家建立重大突发事件风险评估体系，对可能发生的突发事件进行综合性评估，减少重大突发事件的发生，最大限度地减轻重大突发事件的影响。

第七条 县级人民政府对本行政区域内突发事件的应对工作负责；涉及两个以上行政区

域的,由有关行政区域共同的上一级人民政府负责,或者由各有关行政区域的上一级人民政府共同负责。

突发事件发生后,发生地县级人民政府应当立即采取措施控制事态发展,组织开展应急救援和处置工作,并立即向上一级人民政府报告,必要时可以越级上报。

突发事件发生地县级人民政府不能消除或者不能有效控制突发事件引起的严重社会危害的,应当及时向上级人民政府报告。上级人民政府应当及时采取措施,统一领导应急处置工作。

法律、行政法规规定由国务院有关部门对突发事件的应对工作负责的,从其规定;地方人民政府应当积极配合并提供必要的支持。

第八条　国务院在总理领导下研究、决定和部署特别重大突发事件的应对工作;根据实际需要,设立国家突发事件应急指挥机构,负责突发事件应对工作;必要时,国务院可以派出工作组指导有关工作。

县级以上地方各级人民政府设立由本级人民政府主要负责人、相关部门负责人、驻当地中国人民解放军和中国人民武装警察部队有关负责人组成的突发事件应急指挥机构,统一领导、协调本级人民政府各有关部门和下级人民政府开展突发事件应对工作;根据实际需要,设立相关类别突发事件应急指挥机构,组织、协调、指挥突发事件应对工作。

上级人民政府主管部门应当在各自职责范围内,指导、协助下级人民政府及其相应部门做好有关突发事件的应对工作。

第九条　国务院和县级以上地方各级人民政府是突发事件应对工作的行政领导机关,其办事机构及具体职责由国务院规定。

第十条　有关人民政府及其部门作出的应对突发事件的决定、命令,应当及时公布。

第十一条　有关人民政府及其部门采取的应对突发事件的措施,应当与突发事件可能造成的社会危害的性质、程度和范围相适应;有多种措施可供选择的,应当选择有利于最大程度地保护公民、法人和其他组织权益的措施。

公民、法人和其他组织有义务参与突发事件应对工作。

第十二条　有关人民政府及其部门为应对突发事件,可以征用单位和个人的财产。被征用的财产在使用完毕或者突发事件应急处置工作结束后,应当及时返还。财产被征用或者征用后毁损、灭失的,应当给予补偿。

第十三条　因采取突发事件应对措施,诉讼、行政复议、仲裁活动不能正常进行的,适用有关时效中止和程序中止的规定,但法律另有规定的除外。

第十四条　中国人民解放军、中国人民武装警察部队和民兵组织依照本法和其他有关法律、行政法规、军事法规的规定以及国务院、中央军事委员会的命令,参加突发事件的应急救援和处置工作。

第十五条　中华人民共和国政府在突发事件的预防、监测与预警、应急处置与救援、事后恢复与重建等方面,同外国政府和有关国际组织开展合作与交流。

第十六条　县级以上人民政府作出应对突发事件的决定、命令,应当报本级人民代表大会常务委员会备案;突发事件应急处置工作结束后,应当向本级人民代表大会常务委员会作出专项工作报告。

资料来源:《中华人民共和国突发事件应对法》。

组织体制

领导机构

国务院是突发公共事件应急管理工作的最高行政领导机构。在国务院总理领导下,由国务院常务会议和国家相关突发公共事件应急指挥机构(以下简称相关应急指挥机构)负责突发公共事件的应急管理工作;必要时,派出国务院工作组指导有关工作。

办事机构

国务院办公厅设国务院应急管理办公室,履行值守应急、信息汇总和综合协调职责,发挥运转枢纽作用。

工作机构

国务院有关部门依据有关法律、行政法规和各自的职责,负责相关类别突发公共事件的应急管理工作。具体负责相关类别的突发公共事件专项和部门应急预案的起草与实施,贯彻落实国务院有关决定事项。

地方机构

地方各级人民政府是本行政区域突发公共事件应急管理工作的行政领导机构,负责本行政区域各类突发公共事件的应对工作。

专家组

国务院和各应急管理机构建立各类专业人才库,可以根据实际需要聘请有关专家组成专家组,为应急管理提供决策建议,必要时参加突发公共事件的应急处置工作。

资料来源:《国家突发公共事件总体应急预案》。

2018年3月,国务院机构管理改革,对国家安全生产监督管理总局、国务院办公厅、公安部、民政部、国土资源部、水利部、农业部、国家林业局、中国地震局、国家防汛抗旱总指挥部、国家减灾委员会、国务院抗震救灾指挥部、国家森林防火指挥部等13个部门中应急管理相关职能加以整合,新组建应急管理部。由此,中国应急管理体制建设及功能运转进入新时代。整合示意如图2-1所示。

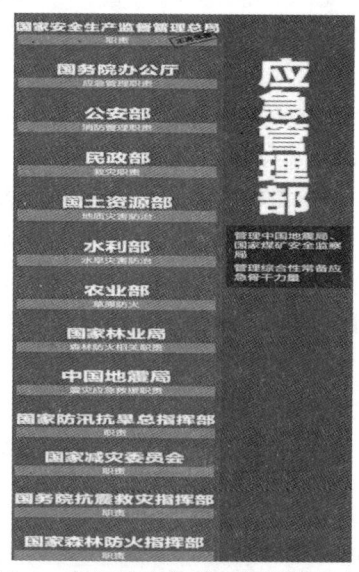

图 2-1 新组建应急管理部整合示意图

2. 体制功能

一个系统化、专业化的公共危机管理组织机构是成功进行应急管理的组织保障。领导团队是整个危机管理团队的"大脑",他们出思想、定战略、做决策;与领导有关的辅助团队则是"大脑"的血液与神经系统,他们提供资源、沟通信息。因此,组织领导体制的主要功能如下:

(1) 战略决策和技术指导。

公共危机管理组织领导体制主要研究和拟定危机管理的战略规划和技术体系。战略规划包括危机管理的总体目标、基本原则和策略框架等;技术体系则包括危机管理的具体流程、权责分工、实施方法和应对技巧等。

战略规划要抓住危机管理的主要矛盾,提出应对之道,要明确关键性资源的配置方式,使战略规划成为危机管理工作的思想指南,使整个组织于危机中保持冷静、明确方向、顾全大局。技术体系则是危机管理的行动手册,要环环相扣,考虑周全,延伸到每一个细节、每一个人,同时注意各项具体安排的统合联动。

(2) 项目组织和人员激励。

公共危机管理的组织领导者必须充分运用计划、组织和控制等职能,使人力和物力有机结合起来,建立科学的危机管理系统,使各应急项目协调运转。同时,要建立有效的激励制度,在保障下属和整个应急队伍基本安全、满足基本需要的基础上,激励他们充满热情和竭尽全力地为实现组织目标做出贡献。

(3) 提供资源和协调沟通。

危机管理领导者要从容不迫,协调四方,指挥得当,灵活应变,为争取尽早解除危机、确保危机所致损失最小化提供一切必要的资源,克服一切障碍,在必要时刻可以申请外援。危机管理的领导者要客观面对事件现实,积极回应各方关切,科学合理地与媒体和公众打交道,争取把负面影响降到最低。

(4) 追查责任和总结经验。

危机管理者要根据明确的责任机制,调查危机发生原因,追究个人责任,惩罚措施适当而明确。危机管理者要注意总结危机预防和应对工作中的经验教训,建立档案,组织大家学习探讨。

3. 危机状态下组织领导能力的养成

美国危机管理专家麦尔斯和霍卢沙认为,危机管理的领导者,一般是组织中能承担压力、富有创造力的高级管理人员,或者是非常熟悉组织运作、博大精深的人员,或是资深和实权在握的领导者。[1]领导者危机应对能力的培养是一个过程,这需要领导者在平时工作中不断地学习与积累。

(1) 广泛学习,做好知识储备。

"知识就是力量",领导者只有掌握了全面、专业、丰富的知识,才能在危机来临时不至于手忙脚乱。危机事件的成功处理,通常是多种知识的融会贯通,各种能力交织迸发,多年工作经验厚积薄发的结果。领导者要具备终身学习和广泛学习的意识,要学会博览群书,具

---

[1] 转引自董传仪:《危机管理学》,中国传媒大学出版社2007年版,第46页。

备广博的经济、政治、哲学、法律、历史知识，要对各类型危机事件的特点、处理方式、注意事项都有所了解。

（2）研究借鉴，形成应对危机事件的理论体系。

领导者平时应该对危机管理给予足够重视，关注国内外重大危机事件的处理方式，对于频发的危机事件要做深入研究，汲取借鉴国内外应对危机事件的一些成功经验，丰富和发展自己危机事件应对的理论。近几年一些危机事件的成功应对，如"SARS""禽流感"等，为领导者危机处理工作提供了很好的案例。领导者要对这些案例进行深入学习，提高自己的应对水平，通过借鉴成功经验，逐步形成自己应对危机事件的理论体系，为快速有效地处理危机事件做好理论准备。

（3）应急训练，培养危机处理的组织领导能力。

危机事件的应对能力，光有理论不行，只有经历实践锻炼才能真正提高。要经常组织有针对性的训练和演练，使领导干部熟悉应对危机事件的职责任务、基本要求、处置方法等。在训练结束后，要及时进行回顾反思，既要总结成功经验，又要吸取失败教训，寻求解决办法，不断提高实际处理危机事件的组织领导能力。

（4）宣传教育，提高应急意识和抗压能力。

公共部门要定期开展危机管理的宣传教育，大力宣传公共危机防范的迫切性，开展警示教育，使领导者对危机事件有一个事前的心理预防，危机来临时能冷静从容应对，充分发挥其领导作用。组织部门应将危机管理纳入领导干部培训和任职资格考试内容，人事部门应将危机管理纳入公务员招考和岗前培训内容，提高各级领导干部、公务员的抗压应变和危机事件处置能力。

（5）增加信息透明度，提高组织民众共渡难关的能力。

领导者要在危机事件处理中发挥不可替代的重要作用，但处理危机事件不可能仅靠少数几个领导人进行。广大人民群众的配合与否直接决定危机事件的处理结果。要获得广大群众的支持与配合，有效组织民众应对危机事件，一个基本前提就是增加危机信息的透明度。要让广大群众知道事件的本来面目，不隐瞒，不欺骗，不误导。只有把真相告诉群众，才能赢得群众的信任，才能提高组织能力，有效动员广大群众共同应对危机事件。

二、支持保障体制

1. 体制构成

"兵马未动，粮草先行。"危机管理的后勤保障工作十分重要。危机管理的支持保障体系主要由对特定对象进行保障的各种专门后勤力量和职能部门构成。这些部门或力量拥有特殊的专业技能、业务范围，以及特定的资源、设备和能力，担负某些特殊事务。这些职能部门主要包括交通、通讯、信息、电力、商业、卫生、银行、保险和红十字会等。他们的具体保障行动包括：人员抢救和工程救险、医疗救护和卫生防疫、交通运输保障、通信保障、电力保障、食品物资供应、灾民安置、城市基础设施抢险与应急恢复、应急物资供应等。在支持保障的具体内容上，包括资金支持和物质支持两方面。在制度体系上，包括应急资金投入制度、应急物资保障制度、应急物资调配网络建设、应急物资使用监督管理制度等。[①]

[①] 肖鹏英：《危机管理》，华南理工大学出版社2008年版，第209-210页。

(1) 应急资金投入制度。

充足的应急资金是政府开展各项应对措施的物质基础和必要前提。根据中国《预算法》第 33 条规定，政府预算应当按照本级预算支出额的 1%～3%设置预备费，用于当年预算执行中的自然灾害开支及其他难以预见的特殊开支。因此作为公共危机管理的主体，政府部门要将处理突发性危机事件的经费在每年财政预算中预列出来，形成特定的应急资金投入制度。

(2) 应急物资保障制度。

根据应急管理需要，危机管理部门有权紧急调集人员、储备物资、交通工具以及相关设施、设备。必要时，对人员进行疏散或者隔离，并依法对危机发生地实行封锁。因此各级政府部门和后勤机构要努力保证处理危机所必需的各种物品，及时有效地应对危机。例如，在突发性卫生事件中，要保证医疗救护设备、救治药品、医疗器械等的物资供应。

(3) 物资调配网络建设。

该网络主要是对应急物资进行备存、调度和运输的系统。在现代物流环境下，建立相互协调、相互联系、反应灵敏的物资调配网络，加强物资储存、调运、确保市场供应，对于非常时期满足人民群众的生活需要和保障社会经济秩序的稳定具有重要作用。

(4) 应急物资使用监督管理制度。

国家应建立应急资金和物资使用监督机制，不仅是政务信息公开和管理民主化的要求，也是保证国家各项应急措施依法顺利实施的需要。应对紧急事件时，通过建立相关部门组成的监督管理体系，制定相关的审批程序和加强立法执法检查，对财政应急专项资金的使用管理实行跟踪监督和内部审计，对应急物资加强监管，可以保证专款专用、专物专用，提高资金与物资的使用效率，树立政府形象，维护公共利益。

2. 主要功能

(1) 提供应急资金。

每年制定财政预算时，将处理突发性危机事件的经费预留出来，危机发生时这笔经费就成为解决危机的强大后盾。同时，也可以通过倡导和接收社会捐助、国际捐助，扩大应急资金来源，弥补应急资金缺口。

(2) 提供应急物资。

主要是千方百计组织货源，加强物资调运、确保市场供应；及时进行市场监控，严厉打击囤积居奇、哄抬物价的不法商贩，坚决维护市场和物价稳定。目的在于通过各种方式，保障日常供应，满足人民群众的生活需要，杜绝大范围抢购的情况发生，避免造成社会恐慌，保证非常时期的绝对稳定。

(3) 提供应急技术或装备。

紧急事件所需的技术或相关设备，往往具有不同于常态的性能要求。通过形成支持保障体系，可以从更大范围内紧急抽调或加工制造特殊的应急装备，提供专门的应急技术指导。

3. 支持保障能力的养成

在支撑保障能力养成中，政府是主体，应该发挥主导作用。但这并不是说完全由政府来做，而是需要社会各界的配合和共同努力。只有养成和提升支撑保障能力，才能在紧急或意外事件发生时，第一时间动员力量来保护公众利益，将损失降到最低。政府部门作为公共事务的管理者，必须承担相应的政治责任、行政责任、法律责任和道义责任。

（1）加强政府工作人员的危机意识。

首先要增强政府工作人员对危机管理的重视，意识到养成危机保障能力的重要性。然后才能加强政府工作人员对危机和危机支撑保障能力的了解，让他们初步掌握专业知识和技能。

（2）养成利用媒体和网络力量进行社会动员的能力。

方便、快捷的信息是提高效率的基本保证，要充分利用信息畅通的因特网和现代化的信息技术。改变以往为了功绩而瞒报、漏报的现象，增加政府工作的透明度。在危机发生时，第一时间告知社会公众，让社会公众及时做好各方面的自我救助、社会援助等。比如，在汶川地震发生的时候，媒体和网络在第一时间将信息告知社会公众，很多公众自发的捐款捐物，还有的自发成立救援小组，赶赴现场救助，在当时的救灾中发挥了不可估量的作用。

（3）在社会各部门间建立良好的沟通机制。

危机发生时要充分动用社会各界和各部门力量将损失降到最低，比如，通讯、交通、医疗卫生等政府部门，志愿者等民间组织。而只有加强沟通协调，才能提高联合应对的效率。可以成立某种形式的紧急事务沟通委员会来协调政府、民间部门，每个部门都有专职人员负责沟通，及时沟通最新信息，负责协调好各方面工作。

（4）建立专家资源库听取专家建议。

专家的专业性强，经验丰富，对于专业问题有着很高的敏感度。可以召开专家会议，对于支持保障能力的养成开展学术会议，将专家讨论的学术成果，应用到具体实践中。

但支撑保障能力的养成需要一个长期的过程，"冰冻三尺，非一日之寒"。一个健全的支撑保障体系要在实践中不断培养，根据实际情况不断改进。

【法律介绍】

专家组

全国环境保护部际联席会议设立突发环境事件专家组，聘请科研单位和军队有关专家组成。

主要工作为：参与突发环境事件应急工作；指导突发环境事件应急处置工作；为国务院或部际联席会议的决策提供科学依据。

资料来源：《国家突发环境事件应急预案》。

第二节　公共危机管理机制

主要指公共危机管理体制运作的主要程序、原则和关系处理，及其根据危机状态所进行的实际调整过程。主要包括决策机制、实施机制、参与机制、信息机制四个部分。

一、决策机制

决策机制是公共危机管理领导者、指挥者处置突发危机事件所要遵循的决策程序、基本原则和决策模式。

1. 公共危机决策的特征

（1）不确定性。

不确定性一般是指人们不可能或无法对问题进行客观分类的情形。在这种情况下，人们的行为在很大程度上依赖于他对自己信念的置信度,而危机状态的决策就是以这种主观概率为依据的。例如,如果你骑自行车时感觉到前面有危险,你马上会有一个反应——减慢速度,当你减慢速度时,你并不能确定前面一定有危险,但是你觉得危险的可能性比较大,为了安全起见,你就这样做了。危机决策的不确定性主要表现在:环境的变化、管理对象的不确定性、危机预测的不确定性、危机预控的不确定性、危机处理计划及结果的不确定性。

(2) 应急性。

意外事件发生往往导致政府、企业和个人陷于困境,它们面临的公众压力处于极限状态。危机决策则是这种极限状态的产物,不论它如何科学,都具有"急就章"的特点,随着事件状态的不断变化,需要不断地做出调整。

(3) 预防性。

危机管理的最佳境界就是避免危机发生。预防性是有效危机管理战略最重要的特征,对危机管理成效的影响最大。因此,危机决策不仅要在危机过程当中做出,更要先于危机之前进行。也即要形成一种危机预案,做好应对危机的准备,做到居安思危,有备无患。

2. 公共危机决策的主体

公共危机决策实际上发生于危机处理的时时处处。但不论它在何种关节,参加决策的人员一般都要包括整个组织、分支部门或整个事务、细节事务的主要责任人。参与决策人员可以是最高首长、应急主管人员、专家顾问、主要技术人员、公共关系人员、法律顾问等,决策事务的最后定夺可以采取投票式、协商式、独裁式。

3. 公共危机决策的模式

(1) 理性决策模式。

主要有"最佳决策模式"和"满意决策模式"。最佳决策模式谋求制定所有可能方案,并从中选择损失最小、获利最大、安全性最高的方案。这种模式是真正的理性决策,但实际上却不太可能。满意决策模式实际上是一种有限理性的决策方式,只要求列出我们能够想到的可能方案,并从中选择我们认为"还行"、感觉"可以"的方案,与前者相比其现实性要强得多,也是我们实际上所通常采取的一种方式。

(2) 组织过程决策模式。

该模式认为决策是基于组织内标准作业程序的一种机械或半机械过程的产物。它要求严格按照事前规划的组织作业程序进行决策,决策的信息流或议程将在各组织部门间按顺序流转、过滤并最终定型。

(3) 官僚政治决策模式。

该决策强调三点:谁参与决策;决策参与者与面临的问题之间的利害关系;决策程序如何调整相互关系。它注重的是政治利益得失,是官僚政治环境下一种利益平衡式的决策方式。

(4) 领袖—非领袖互动模式。

该决策强调领导人员与非领导人员、整体环境、所追求目标间的相互关系,要求各要素间的充分协调妥协。

(5) 精英团队决策模式。

该模式强调组成决策集团的精英人士具有自己的信念体系、过滤系统和固定形象,以此来观察世界和做出判断。

（6）集体动力决策模式。

该决策强调全体人员对决策的信心或某种主流意识，在这种决策中，人们易犯的错误之一是所谓"集体动力"或者"随大流思想"。

综上所述，前三种模式的重点在于体制上的分析，后三种模式则在于个人因素的分析。但危机决策是与常规决策相对应的非常规决策状态，危机具有的突发性、破坏性和无序性特点，使得危机决策需要根据实际环境变化不断地进行调整磨合。

4. 公共危机决策的方法

公共危机决策方法是对决策模式的一种具体细化。危机管理研究及实践证明，从宏观运作上讲，主要有危机群体决策方法、直觉决策方法、基于认知的决策方法、基于预案的危机决策法等；从决策技术角度讲，较常用的有头脑风暴法、德尔菲法、计算机模拟等。

（1）危机群体决策法。

该方法汇聚了领袖—非领袖互动、集体动力、精英团队模式的特征，能很好地吸收专家与核心利益成员的意见，体现了危机决策的民主性和广泛参与性，一方面可以集思广益，把决策群体的知识、经验融为一体，减少决策的盲目性；另一方面也可以充分发扬民主，调动大家的积极性，利于决策的落实执行。但有时群体成员之间的意见很难达成一致，可能出现"议而不决"的局面，导致危机决策过程效率低下，错过有利的决策时机。

（2）直觉决策法。

该方法侧重于决策者的经验和灵敏思维，比较适合于现场一线指挥员采用。在极短时间内，面对突如其来、超越逻辑的危机，需要的是决策者灵敏和果断的决策，凭借的是决策者的个人经验和判断力。直觉有时是准确的，但有时直觉也会出现问题。如果决策者缺乏冷静的判断，以偏概全，不遵循科学规律，否认科学决策的价值和有效性，单纯依赖自身的直觉，反而会使得决策风险增大，危机状况的加重也就在所难免。

（3）基于认知的决策方法。

基于认知的决策方法集中理性决策、组织过程决策、官僚政治决策模式的特征，主要侧重于决策者的心理模拟、情境模拟、系列联想，能够有序、有效判断紧急事态及其主要问题。但这种认知可能依赖于先期的事件调查与信息采集才能做出。

（4）基于预案的危机决策法。

基于预案的危机决策法主要是决策者将决策目标与预案相匹配从而得到执行方案的一种新型决策方法。利用这种方法，决策者不需要在紧张的危机状态下从头开始重新设计方案，只需要结合决策目标在预案库中找到相匹配的预案即可。这一方法缩短了危机决策时间，增强了危机决策的科学性，同时也减小了危机决策者的心理压力。然而，它的缺点主要在于预案是有限的，而可能发生的危机总是有无限的可能。当新类型的危机出现后，决策者可能受基于预案的惯性思维的影响，过度依赖于预案，反而出现南辕北辙的情况，忽视了对具体问题的具体分析。因此，基于预案的危机决策方法在很大程度上有待于预案科学性的提高。

而技术角度的头脑风暴法、德尔菲法等相关方法已在大多数决策文献或组织行为学文献中详细论述，此处只做提及。计算机模拟则需要专业技术部门开发特定的程序软件才能进行。

5. 公共危机决策程序

决策程序又可称"决策过程"，指决定由提出到敲定所经历的过程。危机决策活动有内在规律，尽管决策的模式类型不同，但一般都要经历以下几个主要阶段。

（1）决策准备——提出问题、确定目标。

提出问题是进行决策的前提，而确定目标又是进行决策的基础。一个好的决策目标应具备以下几个特点：一是要以准确地认识问题为前提，也就是以决策目标所要解决的实际问题为出发点；二是要充分考虑可能性，使目标具有一定的伸缩性；三是目标要定的明确具体，不能含糊不清。

（2）决策制定——构想设计、拟订方案。

构想设计、拟订方案是决策的中心环节。在设计并拟订方案过程中，要把握以下三个原则：一是目的性原则。二是可行性原则。三是多样化原则。拟订方案的过程可分为两步：第一步是轮廓设想，即初步设计；第二步为精心设计，即实施设计或进程设计阶段。

（3）决策优化——总体权衡、择优方案。

决策在于选择，没有选择便没有决策。对于不同的决策问题，在选择标准上应要有共同的标准，即带有普遍指导意义的共性认知。而共性认知，至少要有以下四点：一是保证决策目标的实现；二是付出的代价应尽可能小；三是风险尽可能小；四是方案实施后所产生的副作用尽可能小。另外，在最佳方案敲定后，还必须准备必要的应变预防措施，万一出现不测事变，可以做到应付自如，使决策立于不败之地。

（4）决策试验——实施决策、反馈修正。

决策的目的是为了实施，实施过程本身是对决策方案正确与否的检验。决策的实施是实现目标的一个关键阶段，要抓好以下几个环节：首先是试验证实。当方案选定后，先进行局部试验，以验证其可靠性。经过试验证实后，就进入全面实施阶段。实施阶段则要注意反馈调节，重视反馈调节中的追踪决策。因此，应当形成一个有效的决策实施计划。

6. 公共危机决策的运行机制

为保障危机决策的科学性和实施能力，政府公共部门还应建立相应的决策运行机制。[①]

（1）应急会议制度。

危机事件发生后，需要政府立即召开包括各有关部门参加的应急会议，进行决策指挥和资源部署，同时启动危机的应急预案。在当前危机事件多发期，要求各级政府建立健全应急会议制度，抢占处理危机的黄金时间，在第一时间内部署解决措施，从而将危机的影响降至最低限度。

（2）信息公开制度。

民众极易受不实消息的影响，引起社会恐慌情绪蔓延，导致社会动荡。谣言止于真相，只有在第一时间内告知民众真相，及时澄清各种谣传和小道消息，才能化解民众恐慌情绪，维持正常社会秩序。近几年来，政府信息发布不及时导致危机事件升级的例子如贵州瓮安群体性事件，而应对非典疫情、南方冰雪灾害和特大地震则成为成功利用信息公开优势抢占信息真相制高点、化解危机的典范。也有地方政府尝试建立网络新闻发言人制度，通过及时发布网络信息，应对网络政治参与日益活跃的现状，争取引导网络舆论。

---

① 参阅施雪华、邓集文：《目前中国危机管理存在的问题与解决方法——以汶川地震为个案所做的一项分析》，《社会科学研究》，2009年第3期。

（3）专家顾问咨询制度。

专家顾问团在危机事件中起着重要的智囊团作用。充分利用好专家顾问团的智力资源，综合运用头脑风暴、德尔菲法等多种决策方法，集思广益，增强政府决策的科学性和合理性。

（4）危机决策能力培训。

危机决策能力培训主要集中在提高危机指挥和处理技巧的各种决策方法、抗压力抗干扰、问题诊断判断、联想构想能力的培训上。

7. 危机决策应当注意的主要问题

（1）注意迅速反应。

危机事件出现后，决策者必须迅速做出反应，及时控制局面，否则会扩大影响范围，失去对局势的控制。所以决策者不能像在正常情况时，花很多时间去制订多个备选方案，进行方案的论证和优选。危机的恶劣局面，已使常态决策程序的实施失去了必要性，这时最重要的是当机立断，快速反应，果断行动。

（2）注意效用性。

危机管理只要治住"标"，就取得了谋求治"本"的先机。危机事件往往表现得明显而强烈，可能波及更大范围。决策者的行为必须指向要害问题，达到立竿见影的效果。

（3）必要时运用强制力。

危机中的社会，因其生存受到严重威胁，前途难料，需要强制性的统一指挥以便集聚力量。因此在必要时应减少常规性的反复征询论证过程，抓住时机，由少数决策者依照现实条件，果断做出决策，并付诸行动。这样才能快刀斩乱麻，迅速控制局面，最终使社会安度危机。

（4）注意协调性。

危机造成的不利影响范围较大，政府要面对的不仅仅是公众，还有作为大众传媒的新闻机构、复杂的部门关系。决策者应协调好内部关系、内外关系，防止危机事件可能造成的组织涣散，保证决策方案能有效地执行。

总之，危机决策在公共危机应对中起着纲领性作用。但危机事件处理十分复杂，倘若处置不当，会面临更加深重的危机。为尽量减少危机决策失误的风险，应注重加强决策人员的应急理念、危机决策能力的培养，并针对可能出现的危机事件发生、发展和处理的方方面面，把引发危机的教训、成功决策的经验，转化为各种管理规范和管理职能，本着反应灵敏、谨慎、适当的原则，争取在最短时间内做出最适当的危机应对决策，防止危机事件扩散，减轻危机事件可能造成的严重后果。

二、实施机制

公共危机管理的实施机制，是对前述组织领导体制、支持保障体制的一种实际应用，也是对危机决策机制及决策结果的执行运用和动态展现。简言之，就是危机管理的重点操作执行过程和重大因素、重要关系的一种安排。当然，实施是针对危机事件的阶段进程和具体特点而进行的，这就意味着前述危机管理体制的实际应用及政策展现过程可能要做大量灵活的组合布局和临场调整。

1. 公共危机管理的实施框架

在公共危机实际管理过程中，原有的组织领导体制、支持保障体制、决策机制就要转换成一个特别的危机管理小组来具体领导和负责实施。美国危机管理专家巴顿认为，一个特别的危机管理小组应包括以下人员：一位律师、一位公关人员、数位技术专家、一位财务官员、一位主管通讯的人员、一位公共事务专家、首长或其代表。罗伯特·希斯认为，这种小组在时间充足的情况下是有效的，但是当危机形势变换迅速时，成本也会相当高。①

美国较为通行的危机管理实施模式主要有两种：事故控制体系（Incident Command System ICS）和标准化紧急管理体系（Standardized Emergency Management System，SEMS）。罗伯特·希斯在探查和评价这两种实施体系优缺点的基础上，提出了第三种实施模式：危机管理框架结构（Crisis Management Shell Structure，CMSS）。②

（1）事故控制体系——ICS。

ICS 主要是对事故现场实施管理，其操作流程主要包括五点：一是建立指挥站，为主要指挥人员安营扎寨。二是建立短期的物品、资源储存库。三是建立后勤部门，使之成为提供和调度物品资源的基地。四是为睡眠、休息及卫生部门建立营地。五是为直升机的起落、维护、加油设立场地。

在统一指挥下，其职能可以分成四块：一是运作，具体执行部门要负责协调危机事件的紧急处理。二是计划与情报，计划与情报部门要负责收集、记录、分析有关危机、危机处理及可利用资源的信息。三是后勤，后勤部门负责为危机处理提供多种必要的设备、资源及相关服务；包括通讯、医疗、食品、配送、设施、地面援助及交通等。四是财务和行政，财务和行政部门负责危机处理的财务及成本分析，提供上述三个部门没有提供的职能。

（2）标准化紧急管理体系——SEMS。

SEMS 由五个层次组成，每个部门都在必要的时候起作用。一是现场处理部，负责危机发生时的紧急决策及行动执行。二是当地政府，主要在其管辖权内做些管理、协调及恢复性工作。三是执行区域，在受影响的当地政府之间管理和协调信息、资源，并充当沟通桥梁。四是区域，在执行区域之间管理和协调信息、资源，协助州内各部门协调运作。五是州，管理一些亟须资源。五个层次都能各自执行预测、管理、操作作业、信息收集、向外发布公告、后勤支持和行政管理任务，实际上是一个扩大了的 ICS。

ICS 的优点是各层次间比较平等，都能够在统一指挥下独立运作，但它不太重视沟通，特别是与利益相关者的沟通。SEMS 有助于信息流动及各部门间协调。但以上两种实施模式都是针对自然性的、规模小的危机事件，当事件升级且环境更加开放时，它们的效果就大大减弱了。

（3）危机管理框架结构——CMSS。

罗伯特·希斯提出了 CMSS 实施机制。该机制由四个部分、九个部门组成。具体如图 2-2 所示。

各部门的职能是：危机管理者负责策略决策和控制危机形势；管理联络部负责满足危机管理者的需要以及危机管理者与其他部门、各部门间的持续信息沟通；信息整理部负责集中处理并报送危机信息；信息侦察兵负责从现场、媒体等各种渠道收集信息；公众与媒体部负责向危机外的公众以及应急部门外的人通报信息，组织媒体事宜；咨询形象管理部负责评估危机影响和危机管理造成的公众及相关利益集团对受危机威胁组织的看法，制订声明，并做

---

① [美]罗伯特·希斯：《危机管理》，第 195 页。
② 同上，第 196—214 页。

出改善建议；主要咨询团体负责为危机管理者提供建议和方案；首席危机管理者或督导权威则监督危机管理者工作接受其报告、提供局外式的统筹指导、使危机内外的人员保持协作；指挥协作部负责帮助危机管理者进行直接的协作和指挥及战术控制；战术反应部实际上为执行现场应急操作的普通单元和专门单元。

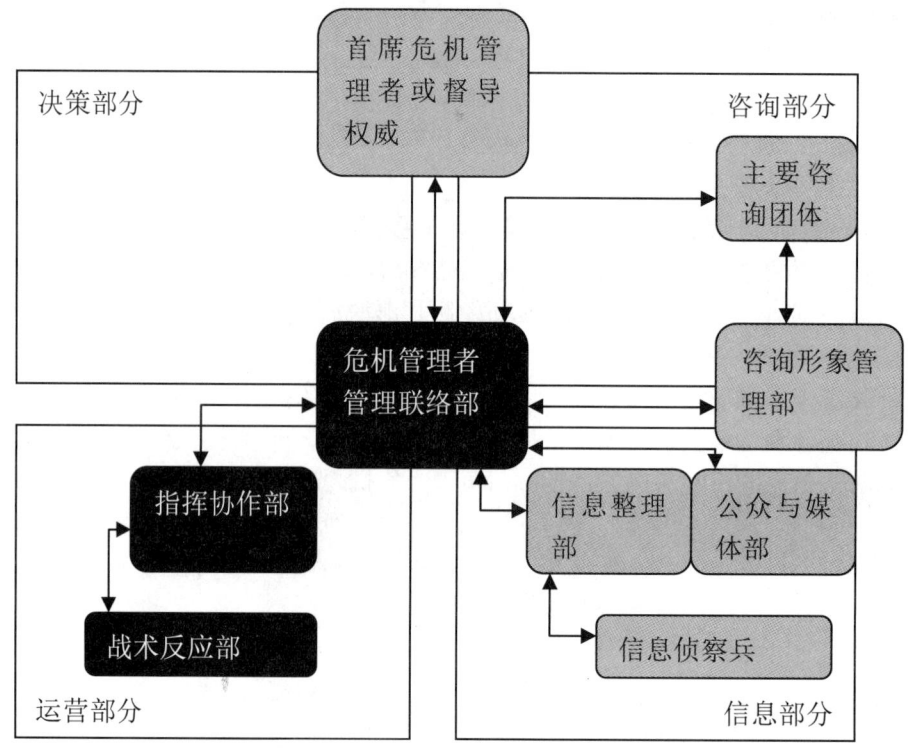

图 2-2　罗伯特·希斯之危机管理框架结构

该框架将组织结构转化为某种简单灵活的危机反应形式，能够保证信息沟通，减少对抗与误解，降低形成不良形象的可能性，适合不同规模、不同情境的组织危机管理。

综上所述，一种适当的公共危机处置架构，必须包括以下 7 个部门：最高领导、现场指挥、专家顾问、信息部门、公共关系部门、各类应急执行小组、资源后勤部门。

2. 实施危机管理的主要原则

实施危机管理的主要原则是：保证信息沟通的及时、畅通、有效和多渠道验证；保证现场指挥等各应急部门的安全和物资供应；将危机外公众与危机内事务暂时隔离开来，避免危机管理者受干扰；及时向外界提供进展情况，做好媒体与公众关系处理；灵活应变，根据环境形势的变化及时调整应急策略与实施进程。

3. 实施危机管理的主要程序

危机管理的实施程序可以按时间顺序分类和按参与主体分类。

（1）按参与主体分类的实施程序。

① 内部对策程序。主要是设立专门机构；制定总体方案并通告全体人员；制定事件处理的基本方针和基本对策；及时向外界公布事实真相。

② 受害者对策程序。主要是了解受害情况，实事求是地承担责任；冷静地听取被害者的意见，确认有关赔偿损失的要求；避免在事故现场与受害者发生争议；给受害者以安慰和同情；向受害者及其家属公布补偿标准及方法，并尽快实施。

③ 新闻界对策程序。主要是统一发言口径；成立临时记者接待机构，专人负责发布消息；主动向新闻界提供真实、准确的消息；在事件未完全明了之前，不轻易表示赞成或反对的意见等。

（2）按时间顺序实施的危机管理程序。

① 防范——对潜在危机做一些准备。平时的防范就是平常要维护好组织的形象，监测好潜在的风险。好的组织形象，可以有效地调动社会力量群防群控。有效的风险监测，可以做到富有针对性的事件预防。

② 处理——调动资源进行处理。通过调动资源，危机小组开始工作，集众人智慧和社会资源，找出到底发生了什么事情，何时发生，是谁受到影响。随后采取行动，开始救援处置和主动沟通。因此主要步骤可以概括为危机剖析和解决危机。

③ 善后——危机结束后做总结，启动责任追究机制，重新恢复生产生活秩序。危机处理的后半程甚至危机管理开始后就要注意信息收集与事件调查，及时做好各阶段各项目的总结，并启动责任追究机制，采取措施逐步恢复社会公共秩序。

4. 实施机制面临的问题

（1）信息沟通障碍。

这种信息障碍表现在纵向、横向、内外多个方面。一是纵向障碍。现实中的基层组织或地方政府出于种种原因，常常瞒报、漏报、缓报突发事件信息，或将重灾报成轻灾、大难报成小难，最终形成纵向的上下级政府信息沟通障碍。二是横向障碍。观念、利益、部门分割等问题也会严重阻碍突发事件信息的横向交流，导致危机状态下各部门、各利益团体各自为营的现象。三是内外障碍。地方政府处理突发事件时，遵循"秘而不宣"的处事原则、采用"内紧外松"的处理方式，不向公众如实报道突发事件信息，反而制约了危机救援，引起不必要的恐慌。

（2）缺乏应急资金。

公共财政是防范和化解公共风险的最后一道防线，也是应对公共突发事件的一个必不可少的手段。政府财力不足会制约政府应对突发事件的行动能力。当突发事件发生时，资金不到位、经费不落实，就有可能造成战机贻误和突发事件失控，会造成更大规模甚至全国性的突发事件，从而导致政府突发事件管理能力下降。

（3）不善于采用市场方式实施危机管理。

通过市场通行的保险方式提高危机事件承受能力，是国外许多国家的做法。国际上有很多国家都已建立巨灾保险制度，在设立巨灾基金、再保险安排等方面给予政策支持，并通过资本市场提升保险业的巨灾承保能力。而我国尚未建立起市场运作的巨灾保险制度，利用保险手段分散巨灾风险的能力比较有限。

（4）缺乏完善的民间应急体系。

许多发达国家都已形成完善的民间应急体系，一旦有危机事件发生，民间体系在政府投入力量之前就可以先行发起救援或组织当地力量开展自救。我国在此方面虽然近年来大有改善，民间力量在各种灾害事件中越发活跃，但与国外相比还有不小差距。比如各种专业救援队的普及和训练。

5. 实施危机管理需要注意的事项

(1) 应对突发事件的意识特别是超前意识要充足。

当前我国政府突发事件管理的防范意识仍然不足。目前的应急预案往往要等灾难达到某个级别、造成某种损失才予以启动，使得预案往往跟着灾难走，而不是走在灾难前面。国家减灾等部门也对灾害的后果估计不足，未能协调有关地区抵御灾害侵袭。各地政府都有预案，但都存在预案不"预"的问题。一个好的应急预案应该做到居安思危，预防为主，其次才是及时有效地对灾难进行处置，控制事态的发展。

(2) 建立健全突发事件管理公共信息系统。

完善的信息系统对于突发事件管理能力的提高至关重要。在全社会各个组织和部门之间建立有效的信息传播系统，做好突发事件发生后的沟通传播工作，这是妥善处理突发事件的关键。主要包括两个方面内容：一是各级政府部门之间的信息沟通；二是政府与公众之间的信息沟通。或者说，纵向、横向、内外信息渠道要畅通。

(3) 加强突发事件协同管理。

我国已处于危机事件频发时期，形成系统完整、快速协同的政府突发事件管理运行机制非常重要。当突发事件来临，无法快速提出处置动议、整合跨部门跨区域的应急预案、应急资源，有的区域和行业间应急预案衔接不畅，基层应急部门缺失应急组织指挥的职责，将给危机管理造成重大障碍和损失。因此加强组织协调以增强综合防灾减灾能力是应急工作的一个重点。

【深度阅读】

政府应急管理机制研究

中国行政管理学会课题组根据对国内外危机管理机制建设的分析研究，提出了加强我国政府应急管理机制建设的相关设想或建议。

该课题组认为，近几十年来，全球重大突发事件的严重性显著增强，并对国际社会产生了重大影响。各国政府已经纷纷采取行动，着手提高中央政府应对重大突发事件的能力。

一、发达国家经验

发达国家在中央政府应急管理方面有比较成熟的经验，大体上可分为三种模式：美国模式、俄罗斯模式和日本模式。美国模式的总特征为"行政首长领导，中央协调，地方负责"。美国、澳大利亚和英国在应急体制方面具有类似的特征。俄罗斯模式的总特征为"国家首脑为核心，联席会议为平台，相应部门为主力"，日本模式的总特征为"行政首脑指挥，综合机构协调联络，中央会议制定对策，地方政府具体实施"。研究表明，其共同特点和趋势是：

1. 行政首长担任最高领导

发达国家把应急管理作为政府管理职能的一个重要内容，政府的行政首长担任最高领导，全面领导国家的应急管理工作。例如，美国总统、俄罗斯总统、日本首相和澳大利亚总理等。日常管理委托给直接下属的应急管理机构，重大紧急事件仍然由行政首长担任最高指挥官和最终决策者，对重大事项进行决策，对关键性资源进行指挥调动和处理。这种体制确保了应急决策的效率，重要资源的快速调配。

2. 应急管理委员会或联席会议辅助决策

行政首长对于跨部门的综合性决策和指挥，通常依靠应急管理委员会或联席会议，提供决策的辅助和咨询，例如美国的国土安全会议、俄罗斯的联邦安全会议。应急管理委员会还兼有宏观的信息中心和最高协调中枢的功能。

3. 常设的应急管理机构处理日常事务

发达国家在中央政府机构体系中一般设有专门的应急管理机构。有部一级的设置，例如美国的国土安全部；也有在部之下设司局，例如澳大利亚的应急管理局。常设的应急管理机构的工作一般可分为两类，一是负责日常的应急管理工作，二是紧急状态下的具体协调工作。概括地讲就是全面负责紧急事件的准备、阻止、回应、重建和舒缓。应急管理机构在隶属关系上，一般遵照效率原则，直接对行政首长负责。配备有充足的编制，有行政经费和专项预算。地方政府中也有专门的应急管理部门或专门负责应急管理的官员。从功能上看，这些中央应急管理机构是协调性机构，协调相关的中央机构和资源，依一定的程序向地方提供中央的帮助。

4. 地方政府为操作主体，强调多方协作

发达国家中，地方政府是应急管理的操作主体，实施具体的应急任务。鉴于紧急事件的无边界和不确定的特征，发达国家的应急管理是依靠多方的协作。每当回应紧急事件所需的资源超出地方政府的能力范围时，就要求上一级政府，直至中央政府的支持，甚至争取联合国、世界卫生组织等国际组织的援助。常设的应急管理专门机构的首要任务是协调，而非独立地应对所有的紧急事件。因此跨部门、跨地区的协作是有效应对紧急事件的保证。例如美国国土安全部部长的责任中就明确规定要与美国联邦部门和机构协调应对紧急事件。在发达国家，社区、公民团体、志愿者组织等 NGO 组织和团体，乃至家庭都是应急管理的重要力量。

5. 强调全过程的应急管理，突出预防的重要性

发达国家的应急管理不仅仅是紧急事件之后的救济工作，而是强调全过程的应急管理。应急管理通常包括了：阻止、准备、应对、重建和舒缓。应急准备在于提高政府和个人应对紧急事件的能力，如开展演练和培训。阻止行动在于发现潜在的威胁时，制止紧急事件的发生。舒缓行动从更广阔的视野审视紧急事件，目的在于减少和最小化紧急事件对人和财产造成的损失。同时考虑紧急事件的长期和间接的影响，如恢复公民的信心和社会稳定。发达国家的应急管理当前的发展趋势是越来越注重预防，突出"未雨绸缪，防患未然"的应急管理理念，针对薄弱环节采取相应的预防措施，减少发生灾难的可能性，降低灾难可能带来的损失。

6. 建立健全应急管理的法律和制度，实施标准化的应急管理

发达国家的应急管理行动和措施严格按照法律和制度实施。发达国家建立了应急管理的各个层次的法律和制度，为应急管理提供全方位的制度保障。法律和法规一般会明确规定应急管理机构的组织与权限、职责与任务。同时还有可操作性的指南和手册。发达国家应急管理法律体系保障了实施标准化应急管理的科学性和可行性。

二、我国中央政府应急管理现状分析

（一）基本特点

在中央政府层面，我国在长期实践中逐步形成了在国务院统一领导下、分类别、分部门对各类突发公共事件进行应急管理的模式。主要特征是：

1. 国务院统一领导

国务院是国家紧急事务管理的最高行政机构，统一领导各类突发事件的预防和处置工作。

遇到重大突发事件，通常成立临时性指挥机构，由国务院分管领导任总指挥，有关部门参加，日常办事机构设在对口主管部门，统一指挥和协调各部门、各地区的应急处置工作。

2. 部门分工负责

国务院各应急部门分别负责一种或几种相关类型的突发公共事件预防和处置工作，其他相关部门协助配合。有些部门形成了部际协调机制，如抗灾救灾协调机制、核应急协调机制等。

3. 分级管理、条块结合

在条块关系上，按照突发公共事件的规模和范围实行分级管理。对于由地方为主处置的突发事件，中央部门给予指导、协调和帮助，实行条块结合管理。

4. 部门应急体系初具规模

负有直接处置突发事件职责的部门，都建有相应的应急指挥机构、信息通讯系统、防灾设施装备、应急救援队伍，建立了监测预报体系、组织指挥体系和救援救助体系，但完备程度参差不齐。

5. 国家应急法律体系趋于完备

我国已相继颁布了有关应急管理的法律35件，行政法规36件，部门规章55件，《紧急状态法》和《部门应急法规》正在起草制定中。

6. 国务院应急预案框架体系初步形成

在以往各部门制定的应急预案的基础上，国务院有关部门着手进行了应急预案编制和修改工作，初步形成了相互配套的国家应急预案框架体系。

(二) 存在的问题

实践表明，目前我国应急管理中还存在着以下问题和不足：

1. 部门分割、协调不足

部门之间在应急管理中的分工协作关系不够明确，存在着部门分割、职责交叉、管理脱节、低水平重复建设等现象，统一协调不足，不利于资源整合和快速反应能力的提高。

2. 条块职责划分有待于理顺

一是条块应急职责划分并不清晰明确，在应急实践中时常出现条块行动衔接配合不够、管理脱节、协调困难等问题；二是地方属地化管理的责任和授权不足。

3. 综合性风险评估薄弱

以部门为基础的监测体系和风险评估较为有力，综合性的风险评估和趋势预测有所不足，缺乏科学的风险评估指标体系。

4. 信息沟通共享不足

应急信息报告的标准、程序、时限和责任不明确、不规范；各信息系统之间相互分割，缺乏互通互连和信息资源共享；缺乏综合性的信息平台和分析。

5. 社会参与程度不高

对全社会的应急教育、培训、演练和引导工作多停留在原则口号层面，具体要求和措施不明确，可操作性不强，社会风险防范意识和自救互救能力十分薄弱。

三、建立健全中央政府应急机制的设想和建议

根据中央和国务院关于加快建立健全突发事件应急机制，提高政府应对公共危机能力的总体要求，现阶段加强中央政府应急机制建设可以从两个方面入手：一是要明确应急组织机构和职责分工，重点加强统一协调和相互协作，落实责任。二是要以应急响应全过程为主线，

合理设定一套应急响应行动的程序，提高效率。目标是在中央政府层次建立一整套统一、协调、高效、规范的突发公共事件应急机制，提高统一指挥、协调行动、快速反应的能力。主要设想和建议是：

（一）重点加强统一领导和总体协调机构建设

1. 建议国务院设立应急管理委员会

应急管理委员会可作为非常设领导机构，并通过会议形式发挥决策和协调作用，主要负责全国突发事件预防和处置的方针政策、决策指挥和总体协调。

2. 由常设的管理机构处理日常事务

该机构应为国务院及应急管理委员会的常设办事机构，同时应为负责日常性应急管理工作的专门机构。这一机构的主要功能不应是直接处置突发事件，也不应替代其他职能部门的应急管理职能，而是负责日常性应急管理事务和应急响应行动的具体协调工作。如何设立，有几种方案选择：一是国务院应急管理委员会下设办公室；二是利用国办的中枢地位和协调功能，在国务院办公厅中加强应急管理的力量；三是将有关专门应急机构整合起来重新组成一个独立机构。我们认为，近期可先考虑在国办设立应急管理机构，强化政府管理中枢机构在处理和协调日常应急管理事务方面的功能。主要职能，可以设定为：（1）在应急反应状态下，负责落实国务院及其应急管理委员会的有关决策，具体协调各部门、各地区的应急响应行动，收集和分析各方面的重大信息并提出对策建议等。（2）在常态状态下，负责组织编制总体应急计划和预案，指导应急培训、演练和宣传教育工作，进行综合风险评估和预测，具体协调各方关系等工作。

3. 抓紧开发建设中枢应急信息系统

与加强中央政府统一领导和综合协调职能相配套，建议抓紧开发建设辅助应急决策和指挥的中枢信息系统。主要功能是收集各部门、各地区、各种组织、新闻媒体和各国提供的重大灾害风险信息数据；组织有关部门和专家进行综合分析和风险评估；在处置国家级重大突发公共事件时，作为中央政府应急指挥机构的通讯平台、联络枢纽和参谋助手，为危机管理提供强有力的信息支持保障。

4. 组织专家委员会

应急专家委员会应包括专业技术领域的相关专家和危机管理专家。原有部门建立的专家委员会较偏重技术因素，建议应适当增加管理专家、法律专家等。

（二）建立以应对能力为主要依据的分级响应机制

应当根据事发地政府是否有足够的应付能力，来确定应急响应行动的级别和程序。如果省级政府有能力应对已经发生的突发公共事件，就应当由其负责组织应急处置工作，中央部门可予以技术、资金、物资等方面的援助，强化属地管理责任；省级政府感到无力对付或危机规模跨省时，再升级到由中央政府负责组织应对；对于已经发生或经监测预测认为可能发生的跨部门、跨省区的重大突发事件，直接由中央政府负责组织应对，形成以应对危机能力为主要依据的分级响应机制。

（三）建立平战结合的应急保障机制

在信息保障方面：（1）建议国家统一规划有线、无线通讯专用号段，统一各级应急指挥、救援队伍、后勤保障等应急单位的应急电话号码；平时封闭，紧急时启动，并与相关单位和人员的固定或移动通讯工具建立无缝连接或自动转接关系。（2）系统整理、总结、剖析国内外突发公共事件历史案例，编制应急案例库，为以后处理应急事务提供直接、形象的参考。

在人力资源保障方面，应当实施分类管理。（1）组织对政府应急部门和大型高危企事业单位管理人员的应急专业培训，以提高应急工作能力和效率。（2）吸收专家为政府应急工作提供专业咨询。（3）消防、公安、急救、医疗等专业队伍和单位，要以提高现场工作效率为中心，熟练掌握救灾抢险技术和装备，同时力争一专多能、专兼结合。（4）在应对大规模突发公共事件时，对非专业人员的动员，应当侧重于组织化程度较高的单位，机动人力资源可以考虑民兵和社会志愿者组织等，必要时申请军队支援。（5）对常见灾害事故和重点人群要组织宣传、培训和演练。

在物资保障方面，建立应急物资目录和标准，对政府应急物资储备进行规划，明确国家综合经济调控部门对中长期和年度物资储备（轮换）计划进行统一管理协调的职责，结合调运方案，科学布点，避免多头重复储备造成浪费。

在财政保障方面：（1）各级财政应设立一定额度的应急准备金，列专户用于应急支出，当年未使用完的结转下年使用，每年预算应将准备金补足。（2）日常应急管理费用的保障，主要用于通讯系统整合、网络信息系统建设和维护，应急计划、预案和标准规范编制审定等，由于受预算体制约束，问题较大。主要矛盾是应急工作经费没有纳入日常经费预算，来源没有固定渠道，多靠临时调剂，保障程度较低，需要引起政府重视。

（四）采取有效措施健全减灾防灾体系

在中央政府层面，可以采取以下措施：将应急管理体系建设纳入国家经济社会发展规划；将各部门、各地区减灾规划项目实施、应急体系建设和应急管理能力，作为政绩考核的指标；将防范和应急管理风险纳入国民教育体系和干部培训体系，宣传普及防灾知识；采取措施强化企事业单位、社会组织和社区为单位的先期应急处置能力和自救互救能力。

（五）统一编制应急管理的术语和定义

建议组织法律、行政、技术和实际操作部门的专家，对应急管理专业术语和定义进行标准化研究，以界定全国统一适用的应急术语、编码和规范，为提高政府应急管理水平提供专业支持。

资料来源：中国行政管理学会课题组：《政府应急管理机制研究》，《中国行政管理》，2005年第1期。有改动。此文虽早，且有些建议已经成为现实，但有些建议仍值得我们吸取思考，具有参照比较的价值。

三、参与机制

参与机制是对社会公众介入危机事件管理的主要作用、途径、关系的综合。社会公众是突发性危机事件直接威胁的对象，因此，良好的公共危机管理需要广大公众以合法有效的形式，通过科学化、制度化的渠道和途径，有节制地自动参与到政府危机管理过程中来。公众参与危机管理，不仅需要个体单独行动，更需要通过各种社会组织，包括非营利性的志愿组织、营利性的工商业组织来发挥集体力量。[1]

---

[1] 涂晓芳、张欣：《我国公共危机管理中公民参与的困境与对策分析》，《经济研究导刊》，2008年第18期。

1. 公共危机管理的参与主体及角色

(1) 公共危机管理主体之政府。

政府作为公权力代表，在处理公共危机事件中起主导作用，是公共危机管理的核心主体。政府在公共危机管理中主要扮演以下角色，并应努力做到其积极正面角色的塑造，避免消极影响：[①]

① 科学决策者。所谓科学决策者，指政府决策部门在应对危机事件时，遵循科学的决策程序和方法，尽可能取得最佳危机决策收益。其反面则是仓促决定者，也即政府决策部门不遵从科学决策程序，以时间紧急为由草率做出处置危机决定。由于危机事件具有事发突然、信息不充分、影响严重等特点，此时政府决策部门经常会仓促做出危机处置的决定，而不遵循科学的决策程序，反而会造成危机事态扩大或错失良机。

② 信息发布者。信息发布者，指的是政府有关部门在面对危机时，主动收集危机信息，科学辨明危机情势，及时准确地向社会发布危机事件的有关信息。其反面则是信息封锁者，也即政府有关部门在应对危机事件时，不及时主动地发布危机信息，而是采取"捂盖子"做法，造成各种谣言、小道消息满天飞，影响到公共危机事件的处理，同时也损害了政府的公信力。

③ 主动作为者。主动作为者指政府部门平时就注意对公共危机事件的研究和有关信息的收集，建立起健全的危机处置体系，在危机事件发生时及时发出预警信号，根据预案从容、主动地应对危机事件。相反，政府不能成为被动应对者。某些政府部门平时不注意完善危机处置体系，在危机事件已经发生或影响扩大时才疲于应对，不能做到及时发现和及时处理。

④ 常态管理者。常态管理者指政府把危机发生视为常态，在危机尚未出现之时就已做好对可能性的危机促发因素的识别和监控工作，预防公共危机事件发生。相反，政府不能成为危机事后处置者。在现实工作中，一些政府部门尽管也做了少许应对危机发生的准备工作，但没有将危机的发生视为常态，主要还是围绕危机本身来进行准备，对可能引发公共危机的因素缺乏重视。政府部门要做到对公共危机的常态管理，就须引入风险管理的概念和方法。

⑤ 全局驾驭者。公共危机处理中，有些政府部门视野狭小，无法运用系统思维来思考公共危机事件，往往就事论事，孤立看待危机事件及其相应环节，危机处理手段单一，不能适应纷繁复杂的公共危机事件对管理思维、方式和手段提出的较高要求，因此成为一种思维局限者。相反，政府作为社会全局的驾驭者，在公共危机中应当整体、系统地思考经济、社会、政治、文化等各方面所受影响，全盘考虑危机处理。

(2) 公共危机管理主体之志愿者。

志愿者或以组织形式出现，或以个体形式出现。他们介于政府部门与营利部门之间，具有公益性、民间性、非营利性、自治性和志愿性等特点。[②]或者说，那些具有公益性的公共社团对危机状态往往具有较强的责任心、关注度。志愿者在公共危机管理中主要扮演以下角色：

① 及时发现危机隐患，提供专业建议的危机预防者。志愿者中的专家学者分布于不同的专业领域，并且对公共危机管理具有很强的兴趣和责任心，他们依据其原属组织性质和自身特长进行的危机预防和预警活动，往往从其他不同角度对政府危机管理做出有益补充，这在

[①] 王勇：《治理语义的公共危机管理：主体及其角色》，《四川行政学院学报》，2009年第5期。
[②] 王勇：《治理语义的公共危机管理：主体及其角色》，《四川行政学院学报》，2009年第5期。

一定程度上避免了政府机构"当局者迷"的缺陷。

② 危机应对和特定服务的直接提供者。在公共危机治理中，志愿者尤其是志愿组织会成为政府公共服务的具体生产者，成为政府和公众之间关系沟通的媒介，能够在危机时期传递一些政府无法直接提供的特定公共服务。

③ 公共资源筹集与分配的监督者。公共资源的筹集与使用贯穿危机处理全过程，尽管公共资源的筹集必须以国家强制力为基础，但在资源征集与使用中必须有相应机构对政府行为做出监督，以避免政府机构滥用国家权力和产生对资源贪污浪费现象。志愿者能够帮助政府快速扩展公共资源范围，监督资源使用。

④ 灾后重建工作的承担者。志愿者尤其是志愿组织对受灾地域的情况往往比政府部门敏感，能够深入社会和社区文化之内，让人们能够轻松表达自己的真正需求，从而设计出更具针对性的问题解决之道，针对地域真实需要提出恢复和重建策略。

(3) 公共危机管理主体之营利组织。

企业公司等工商业营利组织往往是公共危机的受害者，有时也是危机的责任者，更是危机管理的重要资源提供者。营利组织在公共危机管理中主要扮演以下角色：[①]

① 社会责任承担者。危机尚未出现时，公司企业等要随时准备承担相应的社会责任，并将社会责任列入企业经营战略，全方位落实企业社会责任。公共危机发生之后，企业须设立专门机构或人员落实社会责任战略，履公共问题上的社会责任。

② 快速反应和贴近民心的危机救助者。以汶川震灾为例，全球领先的益普索（Ipsos）市场咨询公司在震后最短时间内对超过70个国内外知名企业或品牌在震后的企业声誉变化进行了抽样调查分析，结果发现，公众高度认同政府统一指挥的高效性，但也十分盼望企业和政府部门密切配合，快速做出反应并能采取长期持续的实际作为。数据显示，95%的被访者认为企业与政府积极有效的配合最能赢得公众赞扬与支持；而企业履行社会责任时所采取的实际行动如捐赠、参与救援、重建工作等，以及快速反应和高效管理都是得到公众加分的影响因素。

(4) 公共危机管理主体之社会公众。

政府单方面采取行动很难带领整个社会渡过危机，各项危机管理举措都有赖于公众的理解配合才能发挥应有效力。因此社会公众亦应成为公共危机管理的主体之一。[②]社会公众在公共危机管理中主要扮演以下角色：

① 公共危机防范者和预警信号发出者。民众处于社会、经济生产生活的最前沿，能够最直接地接触、感觉到各种敏感信息。通过大众性的危机预防，在危机爆发前及时消除产生危机的根源，可以节省大量社会资源。

② 公共危机管理的直接参与者和信息反馈者。公共危机发生后，政府部门未到达现场之前，公众有组织的自救行为往往能减少危机带来的损失。同时，公众还是有关危机应急情况的目击者，能够将其信息如实反馈给应急指挥体系。

③ 政府实施公共危机管理的监督者。公共危机管理由于牵涉相关利益者众多，为避免争议出现和保证政府管理行为公平正义，公众的介入和参与十分必要。公众参与可以预防政府危机管理中的"道德风险"或"逆向选择"等问题。

---

① 王勇：《治理语义的公共危机管理：主体及其角色》，《四川行政学院学报》，2009年第5期。
② 同上。

2. 参与危机管理的主要渠道

（1）信息传送渠道。

包括信息收集传递和信息对外发布两大方面。一方面，各参与主体都担负着危机信息收集、信息报告的重要责任与义务。另一方面也是更重要的一面，单对政府部门而言，实行信息与决策公开，拓宽交流渠道，保证信息及时沟通共享，有利于在危急状态下号召共同对抗危机，引导个人选择正确行为，有利于最大效率地集中民智、珍惜民力，提高决策质量；有利于广泛动员群众，统一思想认识，促进危机决策的顺利实施。因此，越是在公共危机关头，对于涉及公共利益的各种信息与政策，政府都需要及时向社会公布。

（2）决策听证渠道。

决策听证是公众参与决策、消弭潜在风险的有效途径。特别是对化解社会矛盾风险，实践证明，听证制度对于提高管理决策质量、推进决策民主化有很大作用。听证过程要尽力让各方利益主体一起平等表达利益、反映意愿，使决策实现合理的利益平衡，从而缓解危机状态，提前化解社会风险。

（3）民意表达渠道。

表达渠道的畅通是化解潜在危机的重要条件。这些渠道包括政府开放日、群众接待日、座谈会、信访以及其他问政形式。有了顺畅的民意表达渠道，公众才会积极有序地表达社情民意，为公共危机解决提供足够有效的信息。因此，政府要加强长效机制建设，规范公众利益表达的程序、原则、方法和内容，明确管理责任，确保参与渠道畅通。

（4）网络平台。

网络的普及为政府扩大公众参与危机管理带来新契机。网络民主可以充分实现人民危机管理参与的直接性、真实性、平等性，进一步推动公民参与的广泛发展。利用网络更可以强化社会监督效力，加大社会监督的广度和深度。通过互联网、移动终端平台的快捷交流方式，公民能够以最快的速度获知危机管理信息，学习危机应对指南，为政府部门危机信息收集和危机解决方案提供来源和参考。

除上所述，在公共危机应对的全过程，包括危机前、中、后各个适当环节，都应当允许并给予公众介入危机管理的机会，由其自助或由公共部门提供一定的安全保障，促进公众对危机管理献智献力。

3. 公共危机管理参与面临的问题

由于公共危机事件的种类越来越多样化，诱发危机的原因也越来越复杂，应充分调动社会力量成功应对危机带来的复杂挑战，这是提高政府公共危机管理能力的关键。但是公众参与公共危机管理也面临各种问题。

（1）政府对公民参与危机管理不够重视。

当前公共危机管理主要依靠政府部门来组织实施。出于传统的政治管理思维以及其他种种考虑，政府部门对公众参与危机管理表现出一种矛盾的心态。一方面希望扩大公众对政府实施危机管理的支持，但又出于权威空间的考虑不想让公众过多的涉入危机管理。

（2）危机管理参与的制度化程度低。

整体看，我国参与公共危机管理的组织基础相对薄弱。个人参与的社会组织，如志愿者组织、慈善组织、社会团体、协会等在数量和能量上与世界水平相比差距较大。政府与社会组织、公民个人之间的危机沟通协调能力、制度化水平有待提升。一方面，对政府以外的社会组织、工商业组织等的参与，政府缺乏将其容纳于危机管理体制的更大勇气，缺乏对政府以外组织参与的协调沟通能力、信息公开机制。目前主要是公众自发参与危机管理，自发进行网络或其他形式的沟通协调，在信息上也以中央部门公开的部分信息为主。另一方面，社会组织或个人参与政府危机管理尚缺乏法律保障，对于社会组织和个人参与危机管理的权利、责任方面没有清晰明确的法律规定。再者，政府与社会组织之间的联系沟通制度化程度较低，使得一些想参与公共危机管理的个人难以有效地参与公共危机治理。因而，面对我国目前公共危机高发的现状，建立制度化的危机管理参与机制迫在眉睫。①

总之，公众参与公共危机管理需要理性，避免盲目性。应正确处理好危机中个体利益、集体利益、国家利益之间的关系，以国家、集体利益为重，不做损公利私的行为，不趁火打劫、破坏稳定，从而努力减少危机造成的损失和恐慌。

四、信息机制

1. 公共危机信息管理机制

公共危机信息管理机制是政府应对突发事件形成的危机信息管理程序、原则、因素关系处理方式。广义来看包括信息本身，以及与信息本身有关的人力资源、基础设施、技术设备、资金投入等。狭义就信息本身而言，信息管理机制应当包括以下模块：

（1）信息收集模块。

信息收集模块包括危机信息报告和危机举报系统。

① 危机信息报告系统。

危机发生的时候，管理机制特别是危机管理机关需要及时掌握真实情况，以便做出正确的决策。任何单位和个人对危机事件不得迟报、谎报、瞒报、漏报或者授意他人迟报、谎报、瞒报、漏报。接到下级报告的有关部门应当立即组织力量对报告事项进行调查核实、确认，采取必要的控制措施，并及时向上级机关报告调查情况。因此，应当依靠个人、单位等多种途径形成一个主要的信息报告系统，收集突发事件或紧急事件信息。根据我国突发事件应对法规定，国务院建立全国统一的突发事件信息系统，县级以上各级人民政府建立或确定本地区统一的突发事件信息系统，并与上级政府、下级政府、专业机构和监测网点互联互通，加强跨部门、跨地区的信息交流与情报合作。县级人民政府还应在居委会、村委会或相关单位建立专职或兼职信息报告员制度。②

② 危机举报系统。

危机出现时，管理机关、领导怕承担责任，千方百计掩盖事实真相，不愿向上级机关报告详情，更不愿向社会公众公开实情，或采取大事化小、小事化了的态度，从而误导上级管理机关正确决策，不利于获得公众支持配合。为避免此种情况出现，危机管理部门可以向社会公众公布统一的举报电话，使任何单位和个人有渠道向管理部门报告危机隐患，举报本地管理部门不履行职责的情况。接到举报或报告的有关部门，应当立即组织人员对危机隐患、

---

① 王毅、高荣曾：《公民参与公共危机管理的困境与解决策略》，《法制与社会》，2010 年第 17 期。
② 《中华人民共和国突发事件应对法》第三十七至三十八条，第十届全国人民代表大会常务委员会第二十九次会议 2007 年 8 月 30 日通过。

不履行或者不按照规定履行危机管理应急处理职责的情况进行调查处理。对举报危机有功的单位和个人,可视情况予以适当奖励。

(2) 信息储存模块。

信息储存主要是将所得危机信息或各类数据通过安全的工具设备收存于安全的地点与区域。目前储存信息的介质可以是纸质、电子、磁碟等多种形式,其主要工具设备一般是电子数据库。其地点与区域要尽量与危险区隔离,做到防火、防潮、防虫、防毒、防盗等安全保障。

(3) 信息分析模块。

主要是全面、准确地分析和总结危机信息,随时根据应急工作需要,在最短时间内,拿出相应的数据分析情报供领导参考。危机管理应建立规范化的信息分析统计制度,统计分析工作应立足于主动、及时、规范,统一人员、时间、内容、报表,每天对各部门、各机构、各单位和人民群众反映上来的信息进行及时有效的分析,将相关信息录入数据库,从中提取准确有价值的信息,供给危机管理各部门使用。

(4) 信息传递模块。

主要是及时向政府部门和社会公众发布真实信息,以获得其他部门以及社会公众的理解、配合与支持。危机发生时可以开通专门的热线电话和网站,也可利用电视、广播、报纸等宣传工具,向国内国际社会报道相关消息,保证信息渠道畅通、及时、权威,形成危机管理部门和社会的良性互动。有效及时的信息发布能防止别有用心的不良势力对危机进行歪曲报道,损害我国形象。

在以上模块人员与机器配备上,要求设立和培训专门的信息报告员、信息统计分析员、信息发布人员,并配备含有图表制作、数据库处理、自动程序反应等高性能的计算机系统。信息发布则一般由专门的新闻发言人代表危机管理部门进行。

【法律介绍】

信息报告

第三十八条 县级以上人民政府及其有关部门、专业机构应当通过多种途径收集突发事件信息。

县级人民政府应当在居民委员会、村民委员会和有关单位建立专职或者兼职信息报告员制度。

获悉突发事件信息的公民、法人或者其他组织,应当立即向所在地人民政府、有关主管部门或者指定的专业机构报告。

第三十九条 地方各级人民政府应当按照国家有关规定向上级人民政府报送突发事件信息。县级以上人民政府有关主管部门应当向本级人民政府相关部门通报突发事件信息。专业机构、监测网点和信息报告员应当及时向所在地人民政府及其有关主管部门报告突发事件信息。

有关单位和人员报送、报告突发事件信息,应当做到及时、客观、真实,不得迟报、谎报、瞒报、漏报。

第四十条 县级以上地方各级人民政府应当及时汇总分析突发事件隐患和预警信息,必要时组织相关部门、专业技术人员、专家学者进行会商,对发生突发事件的可能性及其可能造成的影响进行评估;认为可能发生重大或者特别重大突发事件的,应当立即向上级人民政府报告,并向上级人民政府有关部门、当地驻军和可能受到危害的毗邻或者相关地区的人民政府通报。

资料来源:《中华人民共和国突发公共事件应对法》。

突发环境事件责任单位和责任人以及负有监管责任的单位发现突发环境事件后,应在1小时内向所在地县级以上人民政府报告,同时向上一级相关专业主管部门报告,并立即组织进行现场调查。紧急情况下,可以越级上报。

负责确认环境事件的单位,在确认重大(Ⅱ级)环境事件后,1小时内报告省级相关专业主管部门,特别重大(Ⅰ级)环境事件立即报告国务院相关专业主管部门,并通报其他相关部门。

地方各级人民政府应当在接到报告后1小时内向上一级人民政府报告。省级人民政府在接到报告后1小时内,向国务院及国务院有关部门报告。

重大(Ⅱ级)、特别重大(Ⅰ级)突发环境事件,国务院有关部门应立即向国务院报告。

资料来源:《国家突发环境事件应急预案》。

信息发布

突发公共事件的信息发布应当及时、准确、客观、全面。事件发生的第一时间要向社会发布简要信息,随后发布初步核实情况、政府应对措施和公众防范措施等,并根据事件处置情况做好后续发布工作。

信息发布形式主要包括授权发布、散发新闻稿、组织报道、接受记者采访、举行新闻发布会等。

资料来源:《国家突发公共事件总体应急预案》。

2. 公共危机信息管理的功能

按照危机信息管理的内容和信息流向,危机信息管理的作用主要有以下几个方面:

(1) 信息传递作用。

① 查询功能。信息技术和大众传媒的发展为信息传递创造了条件。一是公众可以通过危机信息管理系统查询相关危机事态与应对信息。二是危机管理者可以通过一定的信息追踪手段获知危机事态,跟踪危机进程。

② 显示功能。危机信息管理系统可以消除时间地点障碍。电子邮件、短消息等电信网络、互联网络信息传递方式可以实现不同时间、不同地点的信息传递与多终端显示。

(2) 警示教育作用。

① 预警报警功能。危机信息管理系统可以设置人工或自动的预警、报警装置,当信息数据达到一定的预警级别,系统可以通过人工方式或由系统自动向政府部门、社会公众发布警告,提醒其防范与应对。

② 教育功能。有效的危机信息管理可以向公众宣传安全知识,培养健全的公民意识和危机意识,引导公众冷静从容面对危机。而且目前中国公民对危机重视不足,危机应对能力也普遍低下,不能适应各类危机应对需求。因此可以利用事件信息对社会公众心理的强烈冲击,使公众获得直接心理体验和安全知识,培养公众的危机反应能力和社会责任。

(3) 决策支持作用。

① 环境扫描。环境扫描所收集的信息客观描述了危机现状,为决策者理性确定潜在危机、评估当前危机事态、了解自身可利用的资源状况提供数据资料。

② 知识整理。基于数据系统的智能可以帮助决策者科学、快速进行危机信息和知识的整理。

③ 智能支持。危机信息管理利用信息技术尤其是网络技术，能及时自动访问外部数据库以获取最新知识，利用内部和外部既有的危机知识和管理经验，制订危机管理计划和解决方案。

④ 群体决策支持。危机信息系统能够跨越地理位置所造成的障碍，集中不同地方的专家参与到危机决策中，支持吸收不同反馈意见，减少决策失误的可能性。

（4）舆论监督作用。

将危机事件处置信息公之于众，建立畅通的信息渠道和公共讨论平台，引导正确的舆论导向，接受舆论监督，能够满足公众知情权，促进政府与民众之间的相互认同理解，缓解危机。也有利于事件的应急处置和善后工作，促进当事者对事件原因的重视，避免同类事件再次发生。

3. 公共危机信息管理遵循的原则、程序、方法

公共危机信息管理应当遵循的总体原则有三。一是信息公开。二是多渠道验证。三是及时畅通。

其主要程序或环节如图 2-3 所示。

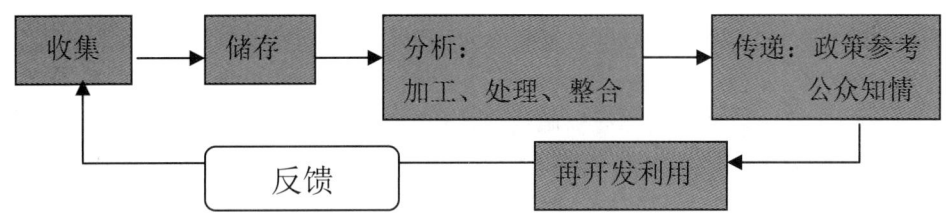

图 2-3　公共危机信息处理程序

（1）信息收集。

信息收集是指通过各种方式获取危机处理所需要的信息。信息收集是信息得以利用的第一步，也是关键的一步。信息收集工作的好坏，直接关系到整个危机信息管理工作的质量。

① 信息收集原则。一是准确性，该原则要求收集的信息必须是真实对象或环境所产生的，必须保证信息来源是可靠的，必须保证收集的信息能够反映真实的状况、特点、趋势。二是全面性，该原则要求所搜集到的信息要广泛、全面、完整。三是时效性，信息的利用价值取决于信息是否能及时地提供，保障第一时间做出反应。

② 信息收集方法。一是调查法，包括普查、抽样调查、典型调查等。二是观察法，包括对人的行为的观察、对客观事物（事务）的观察。通过深入现场、参加应急工作、实地采样、进行现场观察并准确记录（包括测绘、录音、录相、拍照、笔录等）调研情况。三是采访法，通过媒体手段访问相关人员，获得一手资料。四是实验方法，通过实验过程获取其他手段难以获得的信息或结论。五是文献检索，就是从浩繁的文献（书籍、报纸、杂志等）当中检索出所需的信息，文献检索分为手工检索和计算机检索。六是网络信息收集，主要是通过计算机网络发布、传递和存储的各种信息，整个过程要经过网络信息搜索、整合、保存和服务四个步骤。

（2）信息储存。

① 信息储存的原则。一是安全性，保障储存手段与工具设备、地域地点的安全。二是持

久性,要保障储存时间较长,符合国家有关档案资料的管理时限规定。

② 信息储存的方法。主要是通过电子方式、纸质方式储存。

(3) 信息分析。

① 信息分析的原则。主要是保障科学性、关联性、聚合性、应用性。科学性,是要符合危机事件和危机管理的内在规律。关联性,是要关注各类信息的区别联系。聚合性,是要注意同类同质信息的汇总。应用性,是要提炼出有价值、方便阅读、便利使用的信息。

② 信息分析的主要步骤。首先是信息加工。主要是对收集来的信息进行归类、提炼、删除等去伪存真、去粗取精、由表及里、由此及彼的加工过程。这一过程将使信息增值。只有在对信息进行适当处理的基础上,才能产生新的、用以指导决策的有效信息或知识。其次是信息处理。主要是为一定目的对信息资料进行的变换,将其变成可以认知、利用的政策文字、数字、表格、图形等。再次是信息整合。主要是将各种分散的一手或二手信息资料整理成各种具有共同主题的知识内容,以便发布传递,或供危机管理部门决策使用。

③ 信息分析的方法。包括定性分析、定量分析、聚类分析、趋势分析、关联分析、差异分析,等等。需要配合计算软件和数据库进行。

(4) 信息传递。

信息传递也即发布过程。一是可以发布给政府部门,提供危机决策参考。二是发布给社会公众,让其知情。

① 信息传递的原则。信息传递要保障快速、稳妥、权威、公开。

② 信息传递的方法。经危机管理者批准,可以采用法律许可的各种形式。包括电视、电话、广播、网络、报纸、杂志、公告、简报、移动平台,以及其他各种人力传播形式。

(5) 信息再开发利用。

主要是根据危机管理的需要,对已存储或已传递过来的信息进行再挖掘、再加工、再提升。应当掌握的基本原则是使信息具有资源价值,而且要实现信息资源的保值和增值。

(6) 信息反馈。

危机信息的反馈贯穿危机管理的全过程,是判断危机是否缓解、解决的重要措施,信息的反馈可以有效地影响社会环境客体及社会环境主体,进行政策修正、追踪决策,以保证应急政策得以全面、高效落实。

4. 公共危机信息管理面临的问题

(1) 信息预警功能不灵敏。

危机预警是危机管理的第一步,是减少危机损失的关键。及时的预警信息和信息发布可以提高民众的防范意识,做好应对危机的准备工作,避免危机到来时不知所措。在2008年雪灾危机中,由于信息预警不及时,政府部门未能采取及时适当的措施应对灾害天气,造成了许多不必要的损失。①

(2) 信息传播法制建设滞后。

我国政府信息传播法制建设相对滞后,对政府信息公开的内容、方式、手段、公众知情权的界定、信息保密性的规定,以及对信息收集者的权利保护,缺乏严格、可操作的办法。尤其是公民知情权得不到有效保障,在一些危机事件的处理过程中,有关地方政府和部门采

---

① 许怡:《从雪灾看我国政府的危机信息管理》,《经济研究导刊》,2008年第8期。

取的公共信息隔离反映出其对公众知情权的忽视和淡漠。①

(3) 非政府传播机构尚未成熟。

我国尚未形成成熟的非政府传播机制，公众对政府的依赖性很大，但又对政府传播渠道存在一定的不信任感。在频发的矿难、污染事件中，正式媒体往往很难坚持做到大众本位，信息报道角度侧重于政府在事件发生后如何重视，对公众普遍关注的事件原因、责任追究等内容报道较少，更缺乏对事件处置的反思和制度缺失的探究。

(4) 专业的危机信息管理人才缺乏。

危机信息具有隐性程度高、出现频率低、不确定性程度高等特征，相关信息的数量猛增、分布散乱、流速加快、真假混杂，要求政府危机管理人员具有较强的信息收集处理、迅速传递、筛选鉴别能力，在时间有限的情况下，对信息进行迅速准确的收集、处理、传递，做出正确判断，为危机管理活动提供支持。②但我国政府目前缺少专业的危机信息管理人才。一方面是由于政府实行的是向上负责制，上级担负着决策、指导、命令的任务，下级执行并向上汇报，成员遵循固定的规章制度，缺乏主动性、积极性，每个人都有自己固定的位置，形成了固定的工作作风与思维方式，没有主动处理危机的意识。另一方面，由于我国危机管理机构现有人员缺乏信息处理能力训练，尤其是先进的数字信息技术能力欠缺，思维方式落后，应变能力差，不能满足政府危机信息管理需求。

(5) 社会动员不足。

信息首先存在于民间。社会大众可以为政府危机管理提供最真实的信息。但在我国没有形成一种完善的社会动员机制，各类非营利组织和基层组织，如有重大社会影响的社会团体、工会、社区组织、群众组织、村民自治组织、企事业单位等的信息收集作用在危机管理中没有进一步的发挥。2003 年 SARS 危机处理中，我国主要靠的是强大的政治动员机制，靠的是政府行政手段，社会动员能力不够，社会力量的优势没有得到有效发挥。因此要着力培养公民的公共意识，提高公民素质，要通过多种途径使民间应急力量得到发展壮大，参与到公共危机处理中来，成为政府应急力量的重要补充。

总之，公共危机管理的全过程本质来说就是信息处理过程。也即信息的收集与储存过程——确定可能发生危机的问题，为制订正确的危机解决办法提供依据；信息的分析与传递过程——通过合法程序制订正确的解决方案，获得公众支持。信息反馈则贯穿危机管理的全过程，对危机管理的整个过程和各个环节提供相应的回应，使之日臻完善。

【现场直击】

2003 年抗击非典（SARS）行动

案例背景

我国首例非典型肺炎病例于 2002 年 11 月发生在广东省佛山市。2003 年 2 月中下旬疫情在广东局部地区流行。3 月上旬传入山西、北京，开始在华北地区传播和蔓延，并逐步向全国扩散。到 4 月中下旬，疫情波及全国 26 个省、自治区、直辖市。非典型肺炎疫情不仅对人民群众身体健康和生命安全构成严重威胁，也给我国经济和社会发展带来严重冲击。

---

① 张博树：《SARS 挑战中国的新闻制度》，《北京之春》，2003 年 8 月第 23 期，第 67 页。
② 刘彬、高福安：《政府应对危机的信息资源管理》，《北京广播学院学报》（自然科学版），2003 年第 3 期。

应急过程

疫情发生后，党中央、国务院高度重视，以对广大人民群众高度负责的精神，领导全国人民同这场突如其来的疫病灾害展开了艰苦卓绝的斗争。中共中央政治局常委会和政治局多次召开会议听取工作汇报，研究重大问题并作出重大决策和部署，及时向全党和全国发出了坚持"两手抓"，齐心协力夺取抗击非典和促进发展"双胜利"的号召。新一届国务院组成后，先后召开十多次常务会议，分别于4月13日和5月6日召开了全国非典型肺炎防治工作会议、全国农村防治非典型肺炎电视电话会议，全面部署防治工作。党中央、国务院领导同志多次作出重要批示，主持召开专题会议，深入医疗机构、科研单位、学校、机关、工厂、工地、街道、社区和农村考察调研，慰问战斗在防治工作第一线的医护人员、科技人员和广大干部群众，指导非典型肺炎防治工作。

在防治工作关键时刻，党中央、国务院决定，建立以国务院副总理吴仪为总指挥、国务委员兼国务院秘书长华建敏为副总指挥，由30多个中央国家机关部门的160多位同志组成的全国防治非典型肺炎指挥部，下设10个工作组和1个办公室。指挥部4月24日成立后，与各地区、各部门和各方面一道，按照"沉着应对、措施果断、依靠科学、有效防治、加强合作、完善机制"的总体要求，全力以赴开展防治工作。经过坚持不懈地奋斗，逐步有效地控制了疫情。从5月中旬开始，全国日发病人数、日死亡人数大幅下降，治愈出院人数大幅上升，疫情趋于平缓。从6月初开始，全国日发病人数达到零报告或个位数报告。据卫生部统计，截至7月31日，全国内地共有24个省、自治区、直辖市报告临床诊断病例5327例，其中，已治愈出院4948例，死亡349例（北京7例、天津12例死于其他疾病的临床诊断病例未统计在内），仅北京有11例曾被确诊的患者住院治疗。

实践证明，党中央、国务院采取的一系列方针和政策是及时的、正确的，也是十分有效的；指挥部以及各地区、各部门和各方面贯彻落实党中央、国务院的决策和部署是坚决的、积极的，也是卓有成效的。

指挥部成立后协助或组织召开全国农村非典型肺炎防治工作电视电话会议、华北五省区市联防联控联席会议、指挥部工作会议和专题会议近20次；研究制定并以指挥部名义下发关于控制人员大范围流动、做好农村防治工作、加强华北地区联防联控、保障医药用品供应、确保交通通畅维护正常经济社会秩序、规范防治工作、妥善处理有关矛盾和纠纷等方面文电10多件，以各工作组名义下发文件近千份；组织6批35个督查组对全国31个省、自治区、直辖市防治工作进行了2次督查；承办党中央、国务院领导同志批示件近2000件；协调解决地方疫情信息沟通、防治技术指导、医药用品供应、新闻舆论宣传、治安案件处理等大量问题；编辑、报送了各种简报、信息上万份。

其一，指挥部通过加强组织领导，形成统一的指挥协调体系。针对疫情发展迅速而防治力量不能有效整合、缺乏统筹协调的状况，指挥部重点抓了组织指挥、技术指导、依法防治、物资资金、舆论宣传五个方面的工作。在统一指挥和协调方面，迅速组建防治工作指挥协调机构，形成自上而下指挥有力、运转协调、反应迅速、行动统一的防治工作指挥体系和工作机制，建立覆盖全国的疫情快速报告网络，做到责任明确、纪律严明、政令畅通。在防治技术指导和培训方面，通过制定防治技术性指导文件、召开全国性或部分省区市电视电话会议、开展防治工作经验交流和技术培训、派出防治技术督导组和专家组，加强对各地区诊断、治疗工作的指导。在依法防治方面，严格执行《中华人民共和国传染病防治法》，坚决贯彻国务院将非典型肺炎列为法定传染病进行管理的决定，认真施行《突发公共卫生事件应急条例》和卫生部《传染性非典型肺炎防治管理办法》，坚持依法报告和公布疫情，实施隔离和封锁，及时纠正少数地方擅自设卡、阻断交通运输、隔离外来健康人员的错误做法，积极开展执法检查，引导并督促各地区将防治工作纳入法制化轨道。在物资资金保障方面，强调统一调度防护、消毒、医药用品和部分生活物资，确保防治工作需要和市场供应。加大财政支持力度，适时出台税费减免和金融支持政策，管好用好各种资金和捐赠款物。同时采取坚决有力的措施，平息抢购风潮，查处有关违法违规行为，切实维护市场秩序。在舆论宣传方面，积极组织宣传党中央、国务院的决策和部署，宣传防治工作的方针和政策，宣传先进人物和先进事迹，普及科学防治知识和法律知识，帮助群众克服恐慌心理。弘扬民族精神，营造万众一心、众志成城抗击非典的舆论氛围。由于加强了以上五个方面的工作，保证了防治工作组织指挥统一协调、坚强有力。

其二，坚决切断传染源，控制疫情扩散和蔓延。按照国务院指示精神，指挥部协调各地区、各部门立足防大疫、抗反复，切实加强对疫情的预防和监测，千方百计采取一切可能的措施，坚决把疫情控制住。一是按照疫情控制"四早"和"三就地"原则，严格疫情报告制度，分类指导疫情控制工作，严防疫情传播和扩散。无论是疫情早发地区、新发地区还是未发地区，都按照早发现、早报告、早隔离、早治疗的原则，切实加强对疫情的预防和控制，一旦发现疫情，立即采取果断措施，控制传染源，阻断传播途径，防止疫情传播和蔓延。所有地方、任何单位都及时准确地掌握和上报疫情，不缓报、瞒报和漏报。对发现的患者和疑似患者及其密切接触者，按照就地隔离、就地观察、就地治疗的"三就地"原则妥善处理。二是抓好重点部位和重点环节的防控工作。对飞机、火车、轮船、汽车等公共交通工具，对机场、火车站、码头、汽车站、口岸等人群集中和流动性大的场所，对起始站和终点站的旅客，实行严格的消毒、检验检疫和留验观察制度；加强人员流动管理，动员城市农民工和学生就地务工、学习，调整学校教学方式和考试、招生、毕业分配工作安排，限制举办大型会议和活动，控制跨地区考察和调研，禁止组团到农村旅游，暂停文化娱乐场所经营，全面实行体温检测和健康申报制度；依法采取严格的隔离措施，封锁发现疫情的居民楼、学生公寓和医院等，隔离和观察可能被患者传染的人员。通过这些措施，迅速在全国形成了一个立体的防疫体系，有效地防止了可能通过交通工具、公共场所、人员大范围流动等带来的疫情扩散和蔓延。三是抓好重点地区的防控工作。华北地区和广大农村防治工作事关全局。按照胡锦涛总书记和温家宝总理的指示，指挥部3次召开华北片会，提出加强华北地区联防联控的20条措施。华北五省区市建立了联席会议制度，实行联合检疫，互通疫情监测信息，开展防治技术合作与交流，加强物资供应调剂，形成了联防联控机制，有效控制了疫情在华北地区的迅速扩散和蔓延。国务院专门召开全国农村非典型肺炎防治工作会议，建立主要用于农民和城市生活困难人员中患者的救治基金，支持地方建立农村疫情信息网络和检测体系，加大救治患者急需的基础设施建设和设备购置的投入。指挥部制定下发了《全国农村非典型肺炎防治工作方案》等一系列文件，建立农村和流动人口疫情监测报告制度，向农村地区派出工作组，指导和帮助开展防治工作；组织力量给全国农村71万个村发放宣传挂图和宣传册，向广大农民普及科学防治知识。各地区结合实际，制定具体预案，落实群防群控措施，构建起农村疫情监测网络和防疫体系，形成"人自为防、村自为防、乡自为防"的农村群防群控体系，有效地防止了疫情向广大农村扩散和蔓延。据统计，全国有15个省、自治区、直辖市的

102个县报告农村发现临床诊断病例，农民中的临床诊断病例仅为242例。

其三，全力组织救治，努力提高治愈率。提高收治率和治愈率，降低感染率和病死率，是整个防治工作的核心任务之一。指挥部要求并指导各地区、各部门重点做好四项工作：一是坚持分散接诊、集中收治原则，设立发热门诊，明确定点医院，建立患者转运机制。仅华北地区就将原有317家接受患者医院，调整为66家，并确定其中46家为定点医院，大大地提高了集中收治率。二是规范医院管理和发热门诊设置，实行疑似患者分开收治，加强防护，严防医院内交叉感染。三是规范临床诊治标准，及时推荐效果明显的中西医结合治疗方案，多种形式培训医护人员，组建临床治疗专家组，提高诊断准确性和患者治疗效果。四是集中医疗抢救设备，统筹医疗技术力量，完善重症监护病房条件，组建呼吸、传染、重症监护方面专家组成的救治组，救治重症患者。通过采取这些措施，迅速实现了患者集中收治、医护人员零感染，死亡患者大大减少，治愈出院患者大大增加。

其四，做好物资供应，确保防治工作需要和市场正常秩序。一是指导各地区建立物资保障工作网络和监测机制，迅速扩大主要防治用品和设备的生产能力，及时推介新型防护产品，协调制定产品标准，积极组织生产和采购，启动应急运输系统，做好后勤保障工作。二是统一调度防护、消毒、医药用品和部分生活物资，保障华北等疫情严重地区的物资需求，并支援港澳台地区。共为各地区协调解决口罩1800多万只，体温计439万支，消毒剂及其生产原料1700吨，呼吸机、移动X光机、红外线快速体温检测仪等近1万台（套），甲强龙、胸腺肽110多万支，以及大量其他药品和医疗物资。此外，还连夜组织货源，紧急调运，解决北京等地部分生活必需品断档脱销问题，及时平息抢购风潮。三是研究制定产品质量、价格和市场秩序监管措施，大力开展专项联合执法检查，严厉查处制售假冒伪劣产品、哄抬物价、乱收费等违法行为。据统计，全国食品药品监管、卫生、工商、质检和物价部门共出动监督执法人员近550万人次，查处不合格和假冒伪劣商品2.8亿元，查处有关案件28.87万件，捣毁、取缔、责令停业近5万家（个）制假窝点、无证经营企业和违法违规经营企业。同时，努力加大财政支持力度，管好用好各种资金和捐赠款物。全国共投入资金180多亿元，其中，中央投入的财政资金和基本建设资金43.4亿元。全国接收社会捐赠款物约39.4亿元。

其五，集中科研力量，开展联合攻关。科技攻关工作立足应急、着眼长远、突出临床应用，按照"整合优势、协同攻关、尊重科学、实事求是"的工作方针，建立"特事特办、急事急办、超常规运作"的工作机制，建立多学科多领域专家组成的科技攻关队伍，投入经费2亿元，先后启动97项应急科研攻关项目。继确定病原体后，又研究提出了临床效果明显的中西医治疗方案，研制出防护效果好的生物防护装备，及时投入临床应用。已掌握了非典型肺炎病毒流行规律和传播机制，开发出4种特异性诊断试剂盒，筛选出5种有效的生物化学药品和8种有效中成药，完成了灭活疫苗研制工作。

其六，切实维护正常经济社会秩序。指挥部在开展防治工作过程中，注意及时、准确收集掌握有关情况信息，有效预防、妥善处置群体性事件，及时监控、封堵、删除有关有害信息，严厉打击有关违法犯罪活动，严密防范境内外敌对势力、"法轮功"等邪教组织的捣乱和破坏活动。进入防治工作后期，还注意及时研究、妥善处理因防治工作引发的矛盾和纠纷。

其七，科学规范防治工作，建立长效防治机制。随着疫情的逐步控制，指挥部研究制定了《关于科学规范非典型肺炎防治措施的通知》，适时进行引导，推动防治工作由应急向常态转变，把防治工作纳入依法、科学、规范、有序的轨道。派出15个督查组赴全国31个省、自治区、直辖市了解、检查规范防治工作的情况、落实今后防治预案和建立长效防治机制方面的情况。积极推进各级疾病预防控制机构建设步伐,以应急指挥体系、疫情监测报告体系、疾病预防控制和医疗救治体系、应急处置队伍为重点,建立国家和地方突发公共卫生事件应急处理机制。在全社会加大健康知识普及宣传和教育,广泛开展爱国卫生运动和全民健身活动,积极督促筹建中央电视台健康教育频道,坚持不懈地教育和引导广大群众养成良好的卫生习惯,增进防病知识,增强防病意识,提高防病能力。

此外,还加强了国际和地区间的合作与交流。我国领导人出席有关国际会议,广泛介绍我国开展防治工作的情况,阐明我国对疫情控制的立场和态度,提出加强国际交流与合作的意见,有力地维护了我国国际形象,赢得了国际社会的广泛赞誉,为我国抗击非典创造了良好的国际环境。我国与世界卫生组织开展了充分有效的合作,得到了他们的高度评价。同时,在内地与香港、澳门之间建立了防治工作联系机制,在海峡两岸开展了积极的研讨和交流,对各国驻华使领馆、在华外国机构、外商投资企业及留学生给予了高度的关注和充分的帮助。

指挥部全体同志在工作中服从大局、雷厉风行、科学务实、恪尽职守、团结协作,表现出良好工作作风和精神风貌,为防治工作作出了应有贡献。各工作组和办公室的具体工作人员也做了大量艰苦细致的工作,其他许多部门的领导和同志们也密切配合,给予了大力支持。解放军、武警部队和民兵预备役官兵坚决执行党中央、国务院、中央军委的命令,始终站在抗击非典的第一线,为夺取防治非典型肺炎阶段性重大胜利作出了贡献。

现场视图

SARS 期间医院后勤保障

案例启示

在应对非典型肺炎疫情中,积累和形成了以下几点基本经验:

第一,指挥部的实践是应急体系建设的成功探索。在法律法规不够完备、没有专门工作机构、没有突发公共卫生事件处置先例的情况下,及时组建全国防治非典型肺炎指挥部,短时间内形成统一高效的组织协调体系,整合部门、地方和军队资源,采取坚决有力措施,逐步有效地控制了疫情。这是一次影响深远的成功探索。

第二,尊重科学,民主决策。坚持科学态度,依靠科技人员,运用科学手段,努力查找病原病因,研究流行病学规律,探索有效诊治方法,研制防治药物。注意听取各方面专家的意见,做出科学民主决策。注意弘扬科学精神,使科学防治知识深入人心。尊重科学,民主决策,科学防治,对有效控制疫情起到了至关重要的作用。

第三，坚持依法防治，严格规范行为。严格执行《中华人民共和国传染病防治法》，及时出台《突发公共卫生事件应急处理条例》及司法解释、《传染性非典型肺炎防治管理办法》，使防治工作有法可依。严格依法办事，保证了防治工作顺利进行。

第四，依靠群众，坚持群防群控。依靠各级组织，动员全国人民，发挥社区和乡村作用，形成省市县三级防控网络和"社区为防、村庄为防、单位为防、人自为防"的群防群控体系，打一场战胜疫病灾害的人民战争。把防治工作部署及时传达到基层，把群众充分地发动起来，全面、有效地控制了疫情传播和蔓延。

第五，信息公开，措施透明。及时通过新闻媒体宣传党和政府关于防治工作的方针、政策和措施，及时公布疫情和防治工作动态，展现中国政府负责任的形象，消除社会恐慌，使群众在知情的情况下积极参与防治工作，使国际社会从道义、资金、物质和技术等方面给予理解、支持和帮助，为有效开展防治工作创造了良好的社会环境。

第六，加强国际和地区交流，广泛开展合作。邀请世界卫生组织专家来华考察，与东盟、世界卫生组织进行良好的合作，与香港、澳门特别行政区建立防治工作联系机制，与台湾地区开展多种形式的合作与交流，使我们向建立和完善全球应急机制迈出了新的一步。

资料来源：国务院应急管理办公室：《全国防治非典工作情况》，http：//www.gov.cn，2005年8月9日，有改动。

启发思考

根据前述阅读材料和案例，请思考讨论：
- 危机管理体制这么繁琐有必要吗？
- 危机管理可能涉及国家机密问题，跟国际合作是否合适？
- 信息公开或信息机制很重要吗？人们听了真相害怕或导致混乱，所以我们秘而不宣，内紧外松，这样是不是就合理呢？

提升自我

[本章小结]

公共危机管理必须建立完善的应对体制机制。体制上需要建立组织领导体制和支持保障体制，机制上则要完善决策、实施、参与、信息诸环节。组织领导体制为整个应急过程提供人员组织、方案指导、指挥领导、资源协调。支持保障体制为应急行动提供人力、物力、财力等资源、技术支持服务。决策机制与实施机制则是组织领导体制、支持保障体制的现场或具体运行与调适。参与机制则把社会力量纳入危机管理过程，缩减危机损失，加快常态恢复。信息机制则为整个危机管理过程提供及时可靠的信息数据和知识内容。

[小测验]

1.《国家突发事件应对法》规定，突发事件信息收集时要在居委会、村委会和各单位设置（   ）。

  A. 信息管理员制度　　　　　　B. 信息报告员制度
  C. 信息侦察员制度　　　　　　D. 信息指挥官制度

2. 国家突发公共事件总体应急预案规定，发生特别重大或重大突发事件后要立即上报，最迟不得超过（   ）。

A. 4 小时　　　　　　　　　B. 8 小时
C. 12 小时　　　　　　　　 D. 24 小时

3. 单位和人员报送、报告突发事件信息，应做到及时、客观、真实，不得（　　）。
   A. 迟报、谎报、瞒报、漏报
   B. 立即向所在地人民政府、有关主管部门或者指定的专业机构报告
   C. 向可能受到危害的毗邻或相关地区人民政府通报
   D. 多方打听验证

4. 公民、法人和其他组织有义务参与突发事件应对工作。　对与错（　　）

5. 突发事件可以征用单位和个人财产，毁损、灭失的应给予补偿。　对与错（　　）

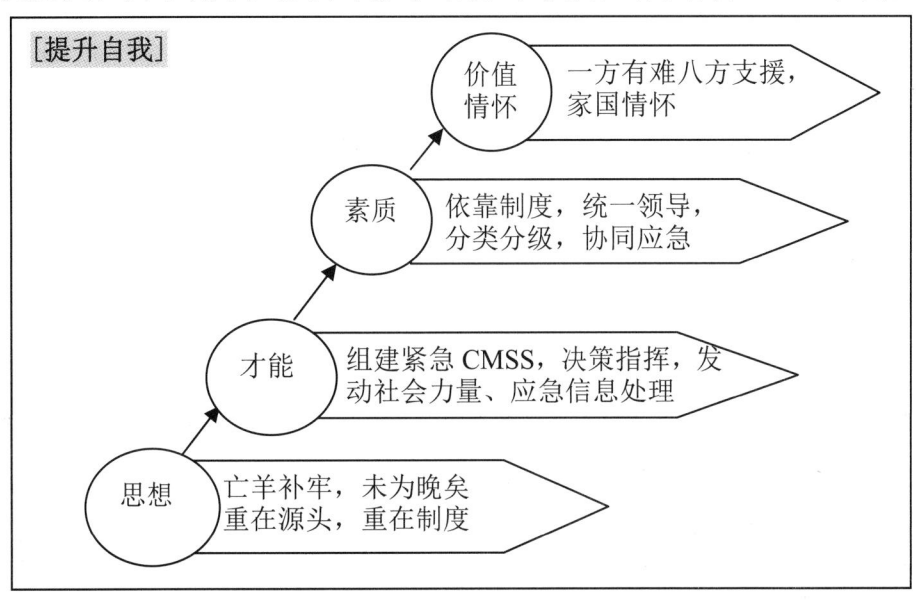

第三章 突发危机事件的预防和准备

课程引导

扁鹊治病

　　扁鹊见蔡桓公,立有间,扁鹊曰:"君有疾在腠(读音 cou)理,不治将恐深。"桓侯曰:"寡人无疾。"扁鹊出,桓侯曰:"医之好治不病以为功。"

　　居十日,扁鹊复见曰:"君之病在肌肤,不治将益深。"桓侯不应。扁鹊出,桓侯又不悦。

　　居十日,扁鹊复见曰:"君子病在肠胃,不治将益深。"桓侯又不应。扁鹊出,桓侯又不悦。

　　居十日,扁鹊望桓侯而还走。桓侯故使人问之,扁鹊曰:"疾在腠理,汤熨(中医用布包热药敷患处)之所及也;在肌肤,针石(中医用针或石针刺穴位)之所及也;在肠胃,火齐(中医汤药名,火齐汤)之所及也;在骨髓,司命之所属,无奈何也。今在骨髓,臣是以无请矣。"

　　居五日,桓公体痛,使人索扁鹊,已逃秦矣,桓侯遂死。

　　资料来源:《韩非子·喻老第二十一》。

　　[译文]春秋时期有一位名医,人们都叫他扁鹊。他医术高明,经常出入宫廷为君王治病。有一天,扁鹊巡诊去见蔡桓公。礼毕,他侍立于桓公身旁细心观察其面容,然后说道:"我发现君王的皮肤有病。您应及时治疗,以防病情加重。"桓公不以为然地说:"我一点儿病也没有,用不着什么治疗。"扁鹊走后,桓公不高兴地说:"医生总爱在没有病的人身上显能,以便把别人健康的身体说成是被医治好的。我不信这一套。"

　　10天以后,扁鹊第二次去见桓公。他察看了桓公的脸色之后说:"您的病到肌肉里面去了。如果不治疗,病情还会加重。"桓公不信这话。扁鹊走了以后,他对"病情正在加重"的说法深感不快。

　　又过了 10 天,扁鹊第三次去见桓公。他看了看桓公,说道:"您的病已经发展到肠胃里面去了。如果不赶紧医治,病情将会恶化。"桓公仍不相信。他对"病情变坏"的说法更加反感。

　　照旧又隔了10天,扁鹊第四次去见桓公。两人刚一见面,扁鹊扭头就走。这一下倒把桓公搞糊涂了。他心想:"怎么这次扁鹊不说我有病呢?"桓公派人去找扁鹊问原因。扁鹊说:"一开始桓公皮肤患病,用汤药清洗、火热灸敷容易治愈;稍后他的病到了肌肉里面,用针刺术可以攻克;后来桓公的病患至肠胃,服草药汤剂还有疗效。可是目前他的病已入骨髓,人间医术就无能为力了。得这种病的人能否保住性命,生杀大权在阎王爷手中。我若再说自己精通医道,手到病除,必将遭来祸害。"

　　5天过后,桓公浑身疼痛难忍。他看到情况不妙,主动要求找扁鹊来治病。派去找扁鹊的人回来后说:"扁鹊已逃往秦国去了。"桓公这时后悔莫及。他挣扎着在痛苦中死去。

　　[编者按]对于自身的疾病以及社会上的一切坏事,都不能讳疾忌医,而应防微杜渐,正视问题,及早采取措施,予以妥善的解决。否则,等到病入膏肓,酿成大祸之后,将会无药可救。危机管理亦是如此。

> **警言**
>
> 其安易持,其未兆易谋,其脆易泮,其微易散。为之于未有,治之于未乱。
> ——老子《道德经》
>
> 灾难就像刀子,握住刀柄就可以为我们服务,拿住刀刃则会割破手。
> ——美国女诗人、批评家洛威尔(James Russell Lowell)

要点掌握

[学习目标]

了解突发危机事件预防和应急准备的关键任务、部位、环节。达到熟悉公共危机事件"预防为主、平战结合"的目的。

[重点难点]

预案,组建应急救援队伍,应急物资保障,应急设施保障,应急科技保障,应急资金保障和巨灾风险保险,应急研究、宣教、培训,应急演练。

[内容要点]

制定预案是预防的首要内容。预案是根据预测、评估或经验,针对潜在或可能发生的突发事件的类别和影响程度而事先制定的应急处置方案。政府部门必须根据突发事件的特点和危害程度,宣布进入预警期并及时启动预案。

除预案外,平时要充分做好应急准备工作。包括应急队伍、物资、设施、科技、资金保障,加强应急研究和宣传教育、应急培训工作。对重点人员、重点部位、重点领域、重点环节加强应急演练,可能情况下,最好做到全员演练。预防和准备的目的,在于不断提高公共组织和全社会的应急能力、应急素养、应急意识。

公共危机的管理应当是一个科学有序的过程。其流程具体包括以下四个环节:预防准备、监测预警、处置救援、善后恢复。当然,这些流程可以根据实际境域灵活调整。[①]从本章开始,对上述流程依序介绍。

第一节 应急预案

制定科学完整的应急预案是预防工作的首要内容。预案是进行危机预防、采取控制措施以及实施危机管理行动的重要依据。

一、预案体系

我国的危机管理预案体系主要由以下几种预案构成,并且各类预案要根据实际情况的变

---

① 《中华人民共和国突发事件应对法》,第十届全国人民代表大会常务委员会第二十九次会议2007年8月30日通过。

化不断地补充和完善。其体系如图3-1所示。

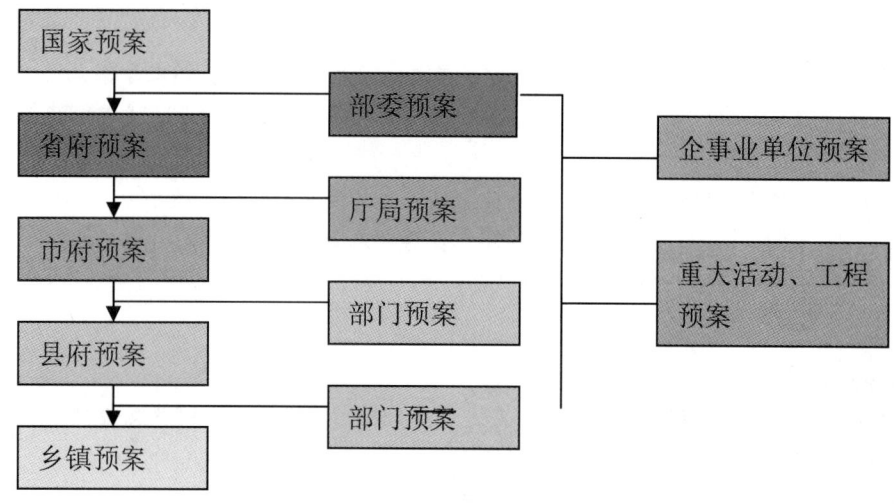

图3-1 我国预案体系

1. 总体预案

总体预案是整个国家危机管理预案体系的总纲，是中央政府应对特别重大突发公共事件的规范性文件，是政府组织应对突发事件的总体制度安排，由县级以上各级人民政府制定。比如《国家突发公共事件总体应急预案》。

2. 专项预案

专项预案主要是中央政府及其有关部门为应对某一或某几种类型突发公共事件，或者针对重要目标物保护、重大活动保障、应急资源保障等重要专项工作而预先制定的涉及多个部门职责的工作方案。由有关部门牵头制定，报本级人民政府批准后印发实施。

2006年以来，国家已经连续发布处置重/特大森林火灾、防汛抗旱、突发地质灾害、地震、自然灾害救助五大件自然灾害类专项应急预案，突发公共卫生事件、突发公共事件医疗卫生救援、突发重大动物疫情、重大食品安全事故四大件公共卫生类专项应急预案，核应急、通信保障、处置电网大面积停电事件、处置城市地铁事故灾难、海上搜救、处置铁路行车事故、安全生产事故灾难、处置民用航空器飞行事故八大件事故灾难类专项应急预案，环境、粮食、金融、涉外四大件社会安全类专项应急预案。

3. 部门预案

部门应急预案是国务院有关部门根据总体应急预案、专项应急预案和部门职责为应对本部门（行业、领域）突发事件，或者针对重要目标物保护、重大活动保障、应急资源保障等涉及部门工作而预先制定的工作方案。由各级政府有关部门制定。目前国务院各部门共制定《建设系统破坏性地震应急预案》等50余项部门应急预案。

4. 地方预案

具体包括：省级人民政府的突发公共事件总体应急预案、专项应急预案和部门应急预案，比如《上海市突发公共事件总体应急预案》；各市（地）、县（市）人民政府及其基层政权组织的突发公共事件应急预案。这些预案主要是在省级人民政府的领导下，按照分类管理、分级负责的原则,由地方人民政府及其有关部门分别制定。

5. 单位预案

包括企事业单位根据有关法律法规制定的各种应急预案。

6. 重大活动或重点工程预案

主要是各部门、各单位在主办大型会展和文化体育等重大活动,以及进行重大工程施工时应当制定的应急预案。

另外,需要注意的是,国家鼓励相邻、相近的地方人民政府及其有关部门联合制定应对区域性、流域性突发事件的联合应急预案。

二、预案内容

一般而言,预案内容架构如图 3-2 所示。

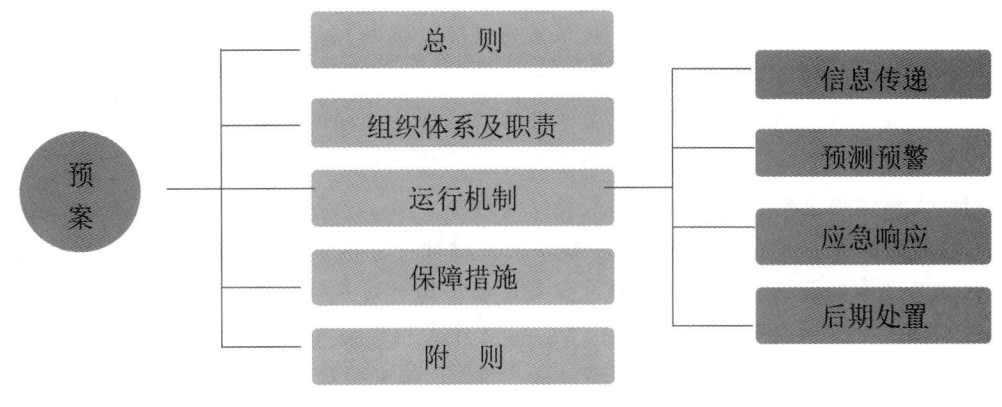

图 3-2 预案内容架构

内容要点如下:

(1) 总则。

主要说明预案编制的目的、依据、适用范围、管理原则,以及预案应对的危机分类和预案体系,从总体上规定公共危机预案的基本依据。

(2) 组织体系及职责。

主要说明应急管理的组织指挥,包括领导机构、办事机构、执行机构、地方机构、专家组的基本组成和职能。

(3) 运行机制。

主要说明危机管理的主要程序,包括监测、预警、应急响应和处置、善后恢复、信息报告等主要环节。

(4) 保障措施。

主要是要求有关部门按照职责分工,根据总体预案做好应对突发公共事件的人力、物力、财力、交通运输、医疗卫生、通信保障、治安维护、人员保护、科技保障等工作,保证应急救援工作的需要和受灾受害群众的基本生活,以及恢复重建工作的顺利进行。

(5) 监督管理。

主要是要求对各部门各单位或社区根据预案进行应急演练、宣传与培训,并制定和执行好应急管理的责任与奖惩办法。

(6) 附则。

对未尽事宜或变动情况做出说明。

但具体来说，对于不同类型的预案，其要求又各有侧重。

【法律介绍】

应急预案内容

第八条　总体应急预案主要规定突发事件应对的基本原则、组织体系、运行机制，以及应急保障的总体安排等，明确相关各方的职责和任务。

针对突发事件应对的专项和部门应急预案，不同层级的预案内容各有所侧重。国家层面专项和部门应急预案侧重明确突发事件的应对原则、组织指挥机制、预警分级和事件分级标准、信息报告要求、分级响应及响应行动、应急保障措施等，重点规范国家层面应对行动，同时体现政策性和指导性；省级专项和部门应急预案侧重明确突发事件的组织指挥机制、信息报告要求、分级响应及响应行动、队伍物资保障及调动程序、市县级政府职责等，重点规范省级层面应对行动，同时体现指导性；市县级专项和部门应急预案侧重明确突发事件的组织指挥机制、风险评估、监测预警、信息报告、应急处置措施、队伍物资保障及调动程序等内容，重点规范市（地）级和县级层面应对行动，体现应急处置的主体职能；乡镇街道专项和部门应急预案侧重明确突发事件的预警信息传播、组织先期处置和自救互救、信息收集报告、人员临时安置等内容，重点规范乡镇层面应对行动，体现先期处置特点。

针对重要基础设施、生命线工程等重要目标物保护的专项和部门应急预案，侧重明确风险隐患及防范措施、监测预警、信息报告、应急处置和紧急恢复等内容。

针对重大活动保障制定的专项和部门应急预案，侧重明确活动安全风险隐患及防范措施、监测预警、信息报告、应急处置、人员疏散撤离组织和路线等内容。

针对为突发事件应对工作提供队伍、物资、装备、资金等资源保障的专项和部门应急预案，侧重明确组织指挥机制、资源布局、不同种类和级别突发事件发生后的资源调用程序等内容。

联合应急预案侧重明确相邻、相近地方人民政府及其部门间信息通报、处置措施衔接、应急资源共享等应急联动机制。

第九条　单位和基层组织应急预案由机关、企业、事业单位、社会团体和居委会、村委会等法人和基层组织制定，侧重明确应急响应责任人、风险隐患监测、信息报告、预警响应、应急处置、人员疏散撤离组织和路线、可调用或可请求援助的应急资源情况及如何实施等，体现自救互救、信息报告和先期处置特点。

大型企业集团可根据相关标准规范和实际工作需要，参照国际惯例，建立本集团应急预案体系。

第十条　政府及其部门、有关单位和基层组织可根据应急预案，并针对突发事件现场处置工作灵活制定现场工作方案，侧重明确现场组织指挥机制、应急队伍分工、不同情况下的应对措施、应急装备保障和自我保障等内容。

第十一条　政府及其部门、有关单位和基层组织可结合本地区、本部门和本单位具体情况，编制应急预案操作手册，内容一般包括风险隐患分析、处置工作程序、响应措施、应急队伍和装备物资情况,以及相关单位联络人员和电话等。

第十二条 对预案应急响应是否分级、如何分级、如何界定分级响应措施等,由预案制定单位根据本地区、本部门和本单位的实际情况确定。

资料来源:国务院办公厅:《突发事件应急预案管理办法》,2013年11月8日。

三、预案编制

预案编制必须按照应急法律法规规定的程序和要求进行,以增强应急预案的针对性、实用性和可操作性。

1. 编制计划

各级政府应当针对本行政区域多发易发突发事件、主要风险等,制定本级政府及其部门应急预案编制规划,并根据实际情况变化适时修订完善。单位和基层组织可根据应对突发事件需要,制定本单位、本基层组织应急预案编制计划。

2. 编制小组

编制部门和单位要组成预案编制工作小组,吸收预案涉及主要部门和单位业务相关人员、有关专家及有现场处置经验的人员参加。编制工作小组组长由应急预案编制部门或单位有关负责人担任。

3. 编制基础

编制应急预案要在开展风险评估和应急资源调查的基础上进行。更要广泛听取有关部门、单位和专家的意见,与相关预案做好衔接。涉及其他单位职责的,应当书面征求相关单位意见,并根据法律、行政法规要求或实际需要,征求相关公民、法人或其他组织的意见。必要时向社会公开征求意见。

一是做好风险评估。针对突发事件特点,识别事件的危害因素,分析事件可能产生的直接后果以及次生、衍生后果,评估各种后果的危害程度,提出控制风险、治理隐患的措施。

二是做好应急资源调查。全面调查本地区、本单位第一时间可调用的应急队伍、装备、物资、场所等应急资源状况和合作区域内可请求援助的应急资源状况,必要时对本地居民应急资源情况进行调查,为制定应急响应措施提供依据。

4. 编制审批、备案和公布

编制小组或编制单位必须将相关预案和情况说明等材料报送应急预案管理部门(一般为政府办公厅、办公室)评审、审批,通过后以部门名义印发,并报上级人民政府或相应主管部门备案,除需要保密的预案之外,应按法律规定向社会公布。

【法律介绍】

应急预案审批、备案和公布

第十七条 预案编制工作小组或牵头单位应当将预案送审稿及各有关单位复函和意见采纳情况说明、编制工作说明等有关材料报送应急预案审批单位。因保密等原因需要发布应急预案简本的,应当将应急预案简本一起报送审批。

第十八条　应急预案审核内容主要包括预案是否符合有关法律、行政法规，是否与有关应急预案进行了衔接，各方面意见是否一致，主体内容是否完备，责任分工是否合理明确，应急响应级别设计是否合理，应对措施是否具体简明、管用可行等。必要时，应急预案审批单位可组织有关专家对应急预案进行评审。

第十九条　国家总体应急预案报国务院审批，以国务院名义印发；专项应急预案报国务院审批，以国务院办公厅名义印发；部门应急预案由部门有关会议审议决定，以部门名义印发，必要时，可以由国务院办公厅转发。

地方各级人民政府总体应急预案应当经本级人民政府常务会议审议，以本级人民政府名义印发；专项应急预案应当经本级人民政府审批，必要时经本级人民政府常务会议或专题会议审议，以本级人民政府办公厅（室）名义印发；部门应急预案应当经部门有关会议审议，以部门名义印发，必要时，可以由本级人民政府办公厅（室）转发。

单位和基层组织应急预案须经本单位或基层组织主要负责人或分管负责人签发，审批方式根据实际情况确定。

第二十条　应急预案审批单位应当在应急预案印发后的20个工作日内依照下列规定向有关单位备案：

（一）地方人民政府总体应急预案报送上一级人民政府备案。

（二）地方人民政府专项应急预案抄送上一级人民政府有关主管部门备案。

（三）部门应急预案报送本级人民政府备案。

（四）涉及需要与所在地政府联合应急处置的中央单位应急预案，应当向所在地县级人民政府备案。

法律、行政法规另有规定的从其规定。

第二十一条　自然灾害、事故灾难、公共卫生类政府及其部门应急预案，应向社会公布。对确需保密的应急预案，按有关规定执行。

资料来源：国务院办公厅：《突发事件应急预案管理办法》，2013年11月8日。

四、预案演练、宣传教育

预案公布之后，必须采取适当方式如实战演练、桌面推演等方式，组织部门、单位、公众进行演练。一般来说，专项应急预案、部门应急预案至少每3年进行一次演练。重点部位、人群、领域、环节或事件易发区更要有针对性的经常组织开展演练。这些演练将有助于评估预案的合理性和可操作性，以便进一步完善预案。

除演练外，还要把预案传递给管理人员和社会公众。一方面，通过各种培训形式，将预案纳入各类干部和公务人员的管理培训体系当中，使之成为领导干部和公务员培训的重要内容。另一方面，通过各种媒体形式和传播方式，将预案内容制作成易记易懂易用的宣传材料，免费向部门、单位人员和社会公众发放。根据国家规定，由此所需的经费纳入政府部门预算统筹安排。

五、预案评估修订

预案必须根据经济社会管理和自然事物的主客观变化，不断进行评估和修订，促进动态优化和科学管理。需要修订的情况包括以下七种：

有关法律、行政法规、规章、标准和上位预案中有关规定发生变化；应急指挥机构及其职责发生重大调整；面临的风险发生重大变化；重要应急资源发生重大变化；预案中的重要信息发生变化；突发事件实际应对和应急演练中发现问题需要作出重大调整；应急预案制定单位认为应当修订的其他情况。

涉及程序、措施、标准等重要内容调整的，应当按照预案管理程序进行编制、审批备案工作。除此之外，可简化修订程序。

六、预案启动

预案启动从理论上说是要在预警之后、危机事件发生之初，也即发布四级及以上警报宣布进入预警期以后。但许多灾害事件往往都会在无任何预警信息或先兆的情况下突然出现，因此预案启动也因具体情况而定。

【法律介绍】

预案启动

第四十四条 发布三级、四级警报，宣布进入预警期后，县级以上地方各级人民政府应当根据即将发生的突发事件的特点和可能造成的危害，采取下列措施：

（一）启动应急预案

……

资料来源：《中华人民共和国突发事件应对法》。

预案启动

出现下列任何一种情况，启动本预案。

某一省（区、市）行政区域内，发生水旱灾害，台风、冰雹、雪、沙尘暴等气象灾害，山体崩塌、滑坡、泥石流等地质灾害，风暴潮、海啸等海洋灾害，森林草原火灾和重大生物灾害等自然灾害，一次灾害过程出现下列情况之一的：

因灾死亡30人以上；

因灾紧急转移安置群众10万人以上；

因灾倒塌房屋1万间以上。

发生5级以上破坏性地震，造成20人以上人员死亡或紧急转移安置群众10万人以上或房屋倒塌和严重损坏1万间以上。

事故灾难、公共卫生事件、社会安全事件等其他突发公共事件造成大量人员伤亡、需要紧急转移安置或生活救助，视情况启动本预案。

对救助能力特别薄弱的地区等特殊情况，上述标准可酌情降低。

国务院决定的其他事项。

资料来源：《国家自然灾害救助应急预案》。

第二节 应急准备

"兵马未动，粮草先行。"应急工作必须做到高效、系统的人力、物力、财力、交通运输、医疗卫生及通信保障等工作，以保证应急救援工作的需要和灾区群众的基本生活，以及恢复重建工作的顺利进行。

一、应急队伍

1. 应急队伍的层级、种类

主要牵涉到由谁组建，专业与否，哪一层级三个问题。组建部门可以是政府、政府部门、单位、公益组织等。可以在国家、地方、社区甚至跨区域等不同层面组织专业或业余（一般要经过训练成为专业人员）应急队伍。

（1）综合性应急救援队伍。

主要是县级以上人民政府应当整合应急资源，建立或者确定的综合性应急救援队伍。

（2）专业应急救援队伍。

政府有关部门可以根据实际需要设立专业应急救援队伍。

（3）成年志愿者组成的应急救援队伍。

县级以上人民政府及其有关部门可以建立由成年志愿者组成的应急救援队伍。

（4）单位应急队伍。

单位可以建立由本单位职工组成的专职或者兼职应急救援队伍。

2. 应急队伍的性质、构成、保障

（1）性质。

针对突发事件性质，根据不同行业领域，重点分布在医疗、地震、传染病防控、灾难事故救援、公共设施抢修等领域。

（2）构成。

成员由各行业内部精英人士选拔而出，经过科学筛选程序。

（3）保障。

政府部门、单位应当为专业应急救援人员购买人身意外伤害保险，配备必要的防护装备和器材，减少应急救援人员的人身风险。

二、应急物资

1. 应急物资生产储运体系

一要开发应急产业。通过建设专门的应急产业装备体系，研发生产专业应急装备供国家急需和民间使用。

二是开辟应急物流通道。交通部门要为应急物资的运输开设专门的应急救援"绿色通道"。

2. 应急物资储备制度

一是要设立系统、安全的应急物资储备库。

二是完善应急物资种类，定期维护、检测、更新。物资种类包括：紧急救援装备、生活用品、医疗用品、防疫用品。具体提供通信、煤、油、电、水、气、热、帐篷、被褥、卧具、衣物、食物、基本药物、照明，"确保灾区群众有饭吃、有水喝、有衣穿、有住处、有病能得到及时医治"。

三、应急设施

1. 应急设施种类

主要是基础设施的提供和抢修。

（1）交通设施。

道路、舟桥、运输车辆、通勤车辆、救援飞机、各类醒目标志，等等。

（2）通信设施。

电话、手机、对讲机、收音机、通信应急车、应急卫星，等等。

（3）能源设施。

发电机、电池、电瓶、照名灯具、石油，等等。

（4）医疗卫生设施。

伤员用具、医疗用品、诊疗设备、防疫消毒设施，等等。

（5）居住设施。

帐篷、简易板房，等等。

（6）指挥设施。

指挥车、应急指挥系统，等等。

（7）警戒设施。

隔离栅栏、警戒线，等等。

2. 提供的方式

包括征调、租借、购买、捐赠、紧急生产等多种方式。这些都有赖于特种设备行业的扶持。

四、应急科技、应急研究

1. 开展公共安全科学研究，提供应急理论

可以通过高校、研究所等建立专门的研究机构进行，也可以通过成立专业学会、协会和国际组织促进专门的交流和科学研究进程。

2. 加大公共安全和应急处置技术研发，改进技术装备和应急平台

这方面既要发挥高校和科研院所的作用，更要联合企业，发挥企业的技术和工程及生产优势。

五、应急资金与保险

1. 通过多种形式保障应急资金

必须保证突发公共事件应急准备和救援工作所需资金。对受突发公共事件影响较大的行业、企事业单位和个人要及时研究提出相应的补偿或救助政策。并对突发公共事件财政应急保障资金的使用和效果进行监管和评估。

鼓励公民、法人或者社会组织（包括国际组织）等按照《中华人民共和国公益事业捐赠法》等有关规定进行捐赠和援助。

2. 通过市场方式提供灾害保险

要建立财政支持的巨灾风险保险体系，鼓励单位和公民参加保险，减轻危害造成的财产损失，加快自救和恢复进程。

六、应急宣传、应急培训

1. 宣传

宣传机构包括政府、政府部门、社团组织、居委会、村委会、企业、社区等。主要渠道和载体包括电台、电视台、报纸、网络、杂志、宣传单、标语等。

2. 培训

培训机构包括国家行政学院、党校系统、高校及研究机构、学会协会、行业组织、国际组织等。培训内容包括应急决策指挥、应急信息处理、应急力量组织协调、应急救援处置技术、应急知识和自救互救技巧等等。要把应急知识总结成易学易记的手册、指南等材料，对所需能力进行演习训练。

七、应急演练

1. 演练设计

对演练目的、科目、平台、手段、参演角色、流程等进行详细筹划。可以根据应急环节、知识能力要求等设计演练目的和科目，选择重点讲解、实战演练、桌面推演、情境模拟等适用手段和软硬件平台进行演练。

2. 演练组织

事先组织好参演队伍和导演队伍，分配演练角色，交待演练任务，任务应当具有挑战性。

3. 演练评估

演练成果要及时根据目的要求、能力提升、知识掌握等指标进行总结评估。

【深度阅读】

灾难中，生长智慧和力量

在北川，曾获 APEC 峰会代表赞叹的羌绣绣娘一针一线绣出新生活；在汶川，映秀镇从"伤情小镇"变身为"温情小镇"；在芦山，龙门乡的孩子们有了新教室和科技馆；在鲁甸，小寨樱桃文化旅游节游人如织；在西藏日喀则市、阿里地区，156 个安置点里，63 989 名撤离转移人员全部得到妥善安置。

北川、芦山、鲁甸、日喀则，这些牵动着亿万人民心灵的地方，见证着一个个众志成城的奇迹。灾难中挺立伟大的中国——从汶川、玉树到芦山、鲁甸，万众一心、众志成城，不畏艰险、百折不挠，以人为本、尊重科学的抗震救灾精神历经磨砺，一次次在山崩地裂的时刻凝聚"中国力量"。

协调联动——新体系凝聚各方力量

我国是世界上自然灾害最为严重的国家之一，灾害种类多、分布地域广、发生频率高、造成损失重。2008 年 5 月 12 日，汶川特大地震袭来，山河破碎，满目疮痍。在波澜壮阔的抗震救灾斗争中，我们积累了应对突发事件、抗击特大自然灾害的宝贵经验，也收获了许多极其宝贵的启示。

今年5月12日，是我国第七个防灾减灾日，主题是"科学减灾 依法应对"。7年来，我国防灾减灾、应急管理体系建设风雨兼程，取得了新进展。

"改革开放30多年来，我国不断加强灾害风险管理法律体系建设，形成了以制定修订应急预案、建立健全防灾减灾体制机制和法制为主要内容的中国特色防灾救灾与应急管理的国家管理体系。"国家减灾委专家委员会主任、中国科学院院士秦大河表示，《中国极端天气气候事件和灾害风险管理与适应国家评估报告》显示，我国应对极端事件和管理灾害风险的经济社会效益日益显著。"近年来，我国已初步形成了中国特色的灾害风险管理体系，防灾减灾能力全面提升，灾害监测预测水平不断提高，应对极端事件和灾害成效显著。从风险防范、监测预警，到处置救援、恢复重建，形成了一套世界上较为完善的防灾、减灾、救灾体系。"

国家减灾委员会由国务院办公厅、公安部、民政部、交通运输部、卫生计生委等35个部门组成。重大灾情发生后，各方迅速启动应急响应机制，按照级别，统一调度，协调联动。在救灾现场，统一指挥调度，各方救援力量快速行动，协同合作。

在雪域高原，时间记录着"中国速度"。尼泊尔强震后3分钟，日喀则军分区官兵闻令而动，组成第一梯队，就地就近展开救灾。武警两个中队官兵迅速在县城排查、搜寻；震后20分钟，武警交通四支队救援人员从萨嘎县奔赴灾区。西藏军区成立"抗震救灾前方指挥部"，同时，武警西藏总队启动应急预案……西藏自治区政府应急办副主任黄勇说，强震发生后，应急办与地震局、各级应急办取得联系，了解灾情及时向党委、政府领导汇报。西藏第一时间成立了灾害应急领导小组，安排部署抗震救灾工作，并启动二级应急响应。

尼泊尔8.1级强震发生后，在党中央、国务院的坚强领导下，西藏自治区党委、政府高度重视，面对海拔最高、历史罕见的地震灾情和极其恶劣的救援条件，党政军警民协调联动、形成合力，扎实有序地开展抗震救灾工作，体现了我国在应急管理体系取得的经验和成就。

记者多次深入灾区采访，从汶川、芦山到鲁甸、日喀则，一个鲜明的感受是，救灾越来越迅速、有序、有力。消防官兵、部队、医护人员、志愿者……不同的群体在灾区各尽其责，救灾力量很快覆盖到山村。在抢险救援、过渡安置、灾后重建的不同阶段，中央政府、地方政府、社会组织等形成合力，确保受灾群众尽早恢复正常生活。

防灾减灾——新挑战提升应急能力

在防灾方面每增加1美元投入，就将使灾害损失减少7美元，这是世界公认的数据。7年来，各级政府加大投入，应急管理能力、百姓的防灾减灾意识不断增强。

"应急管理，最重要的任务就是不断做好准备。因此，必须加强以风险治理为核心的应急管理基础能力和监测预警能力建设，进一步提升突发事件的防范能力。"国家减灾委专家委员会副主任、国务院应急管理专家组组长闪淳昌说。

高科技装备正迅速改变中国抗震救灾能力。无人机对灾区全貌及救援实况进行俯瞰拍摄，北斗卫星、侦察直升机等构成高空、中空、低空全覆盖的情报信息网，"净化水质的移动水厂"等迅速进入灾区……

"我最关注如何把国家的科技成果运用到基层去。汶川特大地震时，这项工作尚属探索阶段，现在已进入平稳发展阶段。"民政部国家减灾中心副主任范一大说，"尼泊尔强震发生后，我们从技术链条上梳理，第一时间启动了国际、国内卫星航空数据获取机制，这是调动技术资源的过程。数据库对灾害进行快速评估。"

"这里是国家应急广播芦山抗震救灾应急电台",在芦山地震灾区,记者第一次听到国家应急广播的声音。酷热的帐篷里,主持人每天定时播音,播报当地的权威信息、行动指导、科普知识,为灾区群众提供沟通平台和心理抚慰。

"芦山地震中,国家应急广播体系第一次实际运行,播出的内容都是灾区本地的。国家应急广播体系是国家突发公共事件应急体系的重要组成部分,在国家突发公共事件应急体系中承担应急信息预警、发布的重要职责。"国家应急广播中心主任助理温秋阳说,目前,国家应急广播体系建设已被纳入"十二五"规划文化事业重点工程。

建设紧急避险场所,组织紧急疏散演练,开展安全进校园、进社区等活动,印制科普图书、挂图,加大宣传力度……7年来,群众防灾减灾意识不断提升。

日喀则市樟木镇依山而建,雨季来临时,极易发生滑坡和泥石流等灾害。旦增是今年新当选的樟木镇樟木居委会主任,从2008年起,他就担任了镇里的地质灾害检测员。在樟木镇,国土部门设立了地质灾害监测站,旦增主要负责监测设备正常运转。樟木镇、居委会、国土部门每年都要与群众签订防治地质灾害协议,并发放防灾减灾"明白卡",卡里明确标识安置点和疏散路线。

刚从西藏返京的中国扶贫基金会中扶人道救援队队长杨艳武说,5年来,他们在社区、家庭、学校、商场进行防灾避险培训,覆盖1000所学校、各类人群50万人次以上。

走出国门——新经验引发世界关注

"汶川特大地震后,我国的应急体系建设提速,发生了一些变化。"四川大学—香港理工大学灾后重建与管理学院执行院长顾林生说,汶川特大地震是对我国应急预案执行情况的检验,到芦山地震时,启动应急预案已成为一种习惯,应灾快速有序;随着灾情变化,有关部门随之更改响应级别,机制运行更加灵活;一旦发生灾害,多元化的救援队伍马上出动,民间组织积极参与救灾;在应急平台建设上,中央、地方政府搭建了平台,实现了联网对接,市县一级还建立了备灾平台……

多次参与灾区救援的北京绿舟应急救援促进中心办公室主任李峰说:"2008年是中国应急志愿者元年,随后,应急救援志愿者如雨后春笋般出现。从单打独斗到抱团取暖,志愿者越来越专业化。"

尼泊尔8.1级强震发生后,我国迅速派出力量,紧急驰援。除政府和军方外,中国红十字会、中国扶贫基金会、蓝天救援队等纷赴灾区,一个负责任大国的行动赢得盛赞。这是我国社会组织第一次参与境外救灾,将在我国防灾减灾史上留下浓重一笔。

"党中央高度重视应急能力建设,把提高保障公共安全和处置突发事件的能力纳入党的执政能力建设中,实行一票否决制,我国应急管理能力显著提升。"国家减灾委专家委员会委员、南京大学政府管理学院教授童星告诉《经济日报》记者:"从社会变迁看,我们从应急应灾逐渐转向备灾防灾;从治理结构看,从政府在救灾中发挥主要作用逐渐转向政府、社会、市场力量共同参与;从政府体系内部看,汶川地震救灾主要靠中央政府指挥,到芦山地震时逐渐转为地方政府负责;从政策体系看,从主要靠制定预案转向依靠法律法规。"

汶川特大地震救援重建中,我国的制度协同整合、集成创新的优势创造了奇迹。香港理工大学—联合国减灾署合作项目总监沈文伟说:"国际上对中国面对巨灾快速动员、对口援助、迅速重建感到惊叹。"

山东师范大学党委书记、博士生导师商志晓认为，我国防灾减灾取得的成就彰显了制度优势。"我们制度的优势体现在具有强大的动员能力，能集中力量办大事，应对巨大的挑战和考验。"

资料来源：王晋、韩秉志、代玲，《写在我国第七个防灾减灾日：灾难中，生长智慧和力量》，中国家庭应急网，中国经济网，2015年5月12日。

启发思考

根据前述章节内容和阅读材料，请思考讨论：
- 预案只是一些文字叙述，对危机管理有作用吗？
- 防灾或应急准备，要耗费大量人力物力财力，但危机并不一定真的会发生，有必要搞那么大动静吗？

提升自我

[本章小结]

公共危机预案和准备，有非常细致复杂的工作要做。在应急人力、物力、财力、设施、科技、宣传培训、应急演练等方面要常抓不懈。这是有明确的法律规定和要求的。各方面也是相互联系配套的，共同构成一个大的危机预防体系。切不可顾此失彼，要把应急放在平时，关口前移，而不是危机事件发生之后。

[小测验]

1. 国家规定的应急预案体系有（　　）种。
   A. 三种　　　　　　　　　　B. 四种
   C. 五种　　　　　　　　　　D. 六种
2. 重大活动应急预案由（　　）谁制定。
   A. 活动主办者　　　　　　　B. 政府部门
   C. 公安部门　　　　　　　　D. 消防部门
3. 应急队伍主要由（　　）组建。
   A. 政府、政府部门、单位、社团　　B. 国际人道组织
   C. 联合国　　　　　　　　　D. 中央政府
4. 应急物资储备主要包括（　　）。
   A. 应急救援物资　　　　　　B. 生活必需品
   C. 应急处置装备　　　　　　D. 战斗装备
5. 应急设施保障主要包括（　　）。
   A. 交通设施、通信设施　　　B. 医疗卫生设施
   C. 简易居住设施　　　　　　D. 指挥警戒设施

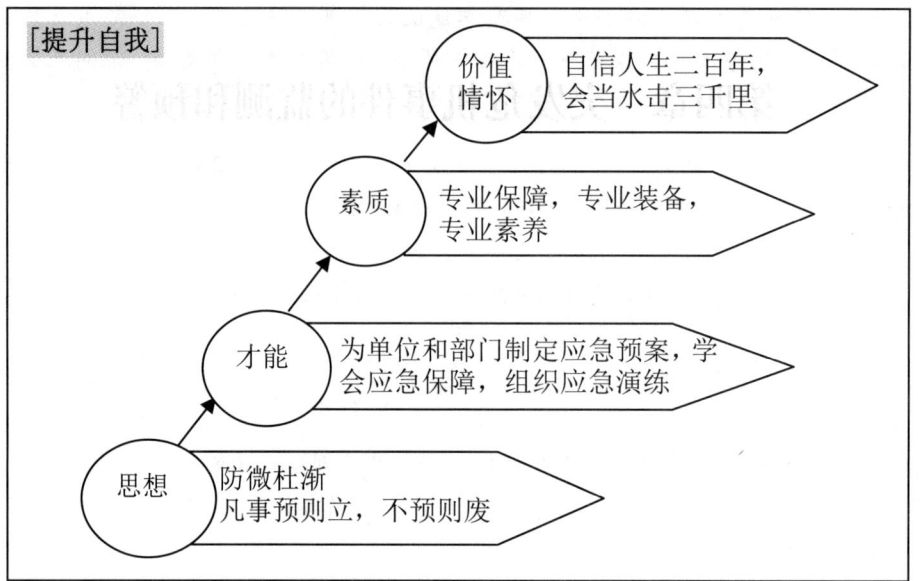

第四章　突发危机事件的监测和预警

课程引导

四川一天连发 8 次地震，预警系统 6 秒后发信息

川滇交界 2013 年 2 月 19 日发生 4.9 级地震，预警系统 6 秒钟后将信息发布到手机、计算机、专用接收终端、微博。

2 月 19 日，川滇地质板块有点不安静。上午凉山州和云南交界发生了 4.9 级地震，下午宜宾兴文县、珙县、长宁县交界又发生一起 4.5 级地震，晚上绵阳三台、盐亭县交界再发 4.7 级地震。上午的地震造成了云南省 2 人受伤，部分房子倒塌或开裂。

10 时 46 分，云南省昭通市巧家县附近发生 4.9 级地震。6 秒钟后，"成都造"地震预警信息接收终端就发出了预警信息。据了解，这是成都高新减灾研究所与云南昭通市防震减灾局联合建设的地震预警系统对该次地震的成功预警，也是国内地震预警系统首次实现对破坏性地震成功预警。

"15、13、11、10……"，昨天上午 10 时 47 分 5 秒，安装在昭通市防震减灾局工作人员手机和计算机上的地震预警信息接收终端发出了地震预警倒计时警报，并显示地震预警信息"云南巧家 10 时 46 分 59 秒发生 5.0 级地震"。该地震预警信息也通过手机、计算机、专用接收终端、微博等进行了同步发布。

几分钟后，中国地震台网公布：2 月 19 日 10 时 46 分云南省昭通市巧家县、四川省凉山彝族自治州宁南县交界（北纬 27.1 度，东经 103.0 度）发生 4.9 级地震。

该次地震预警信息是由成都高新减灾研究所与昭通市防震减灾局联合建设的地震预警系统发出的，为巧家县部分地区、昭通市等周边区域，在地震波到达前提供了几秒到几十秒不等的预警时间。成都高新减灾研究所所长王暾博士介绍，这是国内地震预警系统首次对破坏性地震实现预警。该地震预警系统还对随后的多次地震进行了成功预警，其中包括四川省宜宾市境内发生的 4.5 级地震。

成都高新减灾研究所与有关部门和地区联合建设了覆盖四川、陕西、甘肃、云南等省部分区域的超过 20 万平方公里的地震预警系统，是覆盖面积仅小于日本地震预警系统的世界第二大地震预警系统，覆盖区域包括龙门山断裂带（汶川余震区域）、鲜水河断裂带、安宁河断裂带、小江断裂带等地震区。当地震来袭时，该系统有助于系统覆盖区域及周边民众提前收到预警信息，及时疏散以减少人员伤亡，同时能提示重大生命线工程紧急关停以减少次生灾害。

资料来源：杨东：《四川一天连发 8 次地震，预警系统 6 秒后发信息》，华西都市报，中国青年网，2013 年 2 月 20 日。有改动。

编者按：此次地震防范，高科技手段作用巨大。它以最快的速度提供了准确的信息和预警，为采取控制措施赢得了宝贵时间，避免了大量人员伤亡。扩大来说，要有效地管理危机事件，我们必须首先能够知道，可能会发生什么样的危机？在哪里发生危机？如何有效地预报危机信息，让社会做好准备？科学严密的监测和快速有效的预警，正是达成此目标的重要利器。

> **警言**
>
> 图难于其易,为大于其细。天下难事必作于易,天下大事必作于细。
>
> ——老子《道德经》
>
> 工欲善其事,必先利其器。
>
> ——孔子《论语·卫灵公》

要点掌握

[学习目标]

了解突发危机事件监测识别、预警以及预控和风险管理的主要规定、环节、任务。达到熟悉公共危机事件监测网络构建和预警预报方法、风险管控的目的。

[重点难点]

监测识别的主体、对象、过程;预警的程序、方法、级别;事件预控的主要措施;风险管理的主要程序方法。

[内容要点]

突发危机事件的监测识别是指政府或公共部门主动寻找危机症状、根源、本质或其过去与现在的表现形式,分析其导致事件爆发可能性和影响的过程。监测识别必须安排专业人员,构建科学合理的监测网络,学会利用先进的监测工具监测平台,还要掌握识别事件信息的流程与方法。识别的具体方法包括相关性分析、相似性分析、统计分析等。

突发危机事件的预警是政府部门在搜集各种危机征兆信息,识别判断危机爆发可能性,判断其约束条件、未来发展趋势和演变规律的基础上,预先向有关部门或社会公众发出警示或警报信号的危机管理活动。我国采用四级预警,并以蓝、黄、橙、红四种颜色分别标示。预警信息内容要明确,发布范围需要实现全覆盖,发布方式要多渠道化,重点部位和人群要跟进确认是否及时接收到预警信息。

预控,则是对突发危机事件的预先控制。是在确认危机事件即将发生,或发生可能性增大,或刚发出危机预警但尚未造成损害之时,为阻止事件发生,限制事件发展,避免和减轻事件可能造成的危害,采取的防御性、控制性、保护性措施。其中比较重要的是调集应急资源进入战备状态、进行避险指导和采取避险措施。

公共部门的风险管理,是在对政治、经济、社会运作中的风险进行识别、预测、评价的基础上,优化组合各种风险管理技术,对风险实施有效控制,妥善处理风险所致结果,期望以最小成本达到最大安全保障的过程。包括风险的确认、评估、控制。

第一节 监测识别

突发危机事件的监测识别,是指政府或公共部门主动寻找危机症状、根源、本质或其过去与现在的表现形式,分析其导致事件爆发可能性和影响的过程。监测识别的作用在于监测矛盾、冲突或异常现象,探查危机隐患,确定它们导致爆发某种危机事件的可能性,包括在哪里爆发危机,何时爆发危机,什么样的危机,可能会影响到谁,等等。其关键工作是通过危机监测系统或信息处理系统辨别出危机潜伏期的各种异常表现,对危机状态进行识别与确定。[①]

一、监测主体、监测点与监测网

1. 监测主体

危机管理的参与者都能够成为公共危机监测识别的主体。严格来说,主要包括:县级以上人民政府、政府部门、专业机构、监测网点、信息报告员、专业技术人员、专家学者,等等。

2. 监测点和监测网络

监测点主要是各类风险源(自然灾害、事故灾难、公共卫生、社会安全等的具体领域、部位、节点)。要实现各监测点、监测中心的互联互通,形成严密的监测网。

监测点的选取布点主要是:人口稠密区域,工业企业商业密布区域,交通枢纽和重要部位节点,山体、水体、空气、土地、森林、草原、湿地等脆弱、危险区域。

选取的原则是:有代表性,方便监测,排除扰动,整体覆盖,便于多方位比较。

二、监测项目、手段、内容

1. 监测项目

不同领域都有具体细项和要求。比如环境、水质、水文、大气、噪声、国土等方面的不同指标。

2. 监测手段、监测平台

包括技术设备,信息数据库(国土、水利、气象、海洋、交通、矿产等),其他集成性的监测管理平台等。

3. 监测识别的内容

通过监测,要进一步辨别可能发生的危机事件有哪些,发生的可能性有多大,风险有多大,为危机的预警和预防提供依据。重点把握以下内容:

(1) 危机事件形成的环境条件。

公共危机事件的发生是突然的,但其发生肯定有一定的前期原因和内外条件。这些原因不断累积,并触及一定的导火线,比如社会公众对某些政策及其执行不满意、经济运行上出现失控或滞胀、工程管理或安全生产事故、极端的自然或气候现象等,就会导致公共危机事件突然爆发出来。

(2) 危机事件出现的可能性。

在明确环境条件之后,就要根据一定的确定程序初步判定危机出现的概率究竟有多大,以便进一步做出及时的预警。

(3) 可能出现的危机事件种类。

可能出现的公共危机,我们可将其归纳为政治危机、经济危机、文化危机、社会危机、

[①] 薛澜、张强、钟开斌:《危机管理:转型期中国面临的挑战》,清华大学出版社2003年版,第64页。

环境危机、安全危机等。第一章对此已有进一步的阐述，不再赘述。

（4）危机事件可能涉及的利害人。

公共危机事件所涉及的利害关系往往比较广泛，首先可能影响基层社区或狭小地域。但如果不加控制，则会进一步向更大的地域或领域范围漫延，因此其利害人与一般危机相比，是最广义的。这要视危机发展与处理的地域与进程来判断。

（5）危机事件灾难性的后果和程度。

主要是判定危机事件可能直接、间接造成的财产与生命损失，以及对政府管理与国家及公共安全造成的长期影响。

【法律介绍】

监测制度

第三十七条　国务院建立全国统一的突发事件信息系统。

县级以上地方各级人民政府应当建立或者确定本地区统一的突发事件信息系统，汇集、储存、分析、传输有关突发事件的信息，并与上级人民政府及其有关部门、下级人民政府及其有关部门、专业机构和监测网点的突发事件信息系统实现互联互通，加强跨部门、跨地区的信息交流与情报合作。

第三十八条　县级以上人民政府及其有关部门、专业机构应当通过多种途径收集突发事件信息。

县级人民政府应当在居民委员会、村民委员会和有关单位建立专职或者兼职信息报告员制度。

获悉突发事件信息的公民、法人或者其他组织，应当立即向所在地人民政府、有关主管部门或者指定的专业机构报告。

第三十九条　地方各级人民政府应当按照国家有关规定向上级人民政府报送突发事件信息。县级以上人民政府有关主管部门应当向本级人民政府相关部门通报突发事件信息。专业机构、监测网点和信息报告员应当及时向所在地人民政府及其有关主管部门报告突发事件信息。

有关单位和人员报送、报告突发事件信息，应当做到及时、客观、真实，不得迟报、谎报、瞒报、漏报。

第四十条　县级以上地方各级人民政府应当及时汇总分析突发事件隐患和预警信息，必要时组织相关部门、专业技术人员、专家学者进行会商，对发生突发事件的可能性及其可能造成的影响进行评估；认为可能发生重大或者特别重大突发事件的，应当立即向上级人民政府报告，并向上级人民政府有关部门、当地驻军和可能受到危害的毗邻或者相关地区的人民政府通报。

第四十一条　国家建立健全突发事件监测制度。

县级以上人民政府及其有关部门应当根据自然灾害、事故灾难和公共卫生事件的种类和特点，建立健全基础信息数据库，完善监测网络，划分监测区域，确定监测点，明确监测项目，提供必要的设备、设施，配备专职或者兼职人员，对可能发生的突发事件进行监测。

资料来源：《中华人民共和国突发事件应对法》。

三、监测识别过程

1. 监测环境，搜集资料

信息是预测的依据。危机预测质量的高低很大程度上取决于对外部环境的监测情况、资料收集的多少和对资料了解的深浅程度。监测点越多、监测面越广、监测连续性越强，搜集的相关资料就越多，从相关资料中搜集有用信息的机会也就越多；不同资料的综合性越高，识别危机的机会就越大，形成的定性或定量认知就越妥当。

2. 整理资料，凝聚信息[①]

对搜集到的资料进行去伪存真、去粗取精的分析、加工、整理、存储、检索和传输，从中确定可能发生危机事件的相关信息。具体可分为定性处理和定量处理。

（1）定性处理。

定性处理是对搜集到的信息进行定性分析，从而得出一个倾向性的结论，一般可按以下程序进行：① 对已搜集到的资料进行原始分类；② 对各类资料中归纳总结信息，但不做取舍，只把意见相近的条目归并在一起；③ 拟订向决策层或有关部门提出处理的要求与目的；④ 聘请有一定实践经验和理论水平的人员参与信息的处理工作；⑤ 分送信息、处理要求和目的任务书，聘请专家指导；⑥ 根据危机管理专家的处理意见，进行汇总与协调，最后得出倾向性的结论，发现存在的主要问题及隐藏在问题表象背后的本质原因。

（2）定量处理。

定量处理是将搜集到的、可以通过数据或者转换成数据来表达的信息进行数码处理，并以此给出定量结果的信息分类、分析、加工、贮存和传输的过程。定量处理的目的是为了对信息做出准确的评价，为决策者和有关部门提供可靠的依据。

3. 分析诊断，识别危机源

对危机信息的分析和评估，要重点考虑可能性，即现存危机形势进一步恶化或失控的几率有多大。影响的伤害程度，即下一步可能失控的危机局势会在多大程度上影响政府及其他组织的正常运转，降低其在公众中的形象。

需要注意的是，各种不同类型的危机具有不同的诱发原因和形态特点，可能造成的严重程度不一样，应对的策略和措施也不尽相同。决策者应集思广益，尽量及时、综合判定危机的远因、近因、内因、外因，分析正在形成的各种趋势、征兆、苗头，正确判定所诊断的是一般事件，还是真正的危机事件，并根据鉴定结果采取相应的应对措施。

4. 编写危机监测或识别报告

危机监测识别报告的编写，常常要借鉴日常建立的事故及隐患鉴定等报告形式，这些鉴定报告应当列出本领域、本地区或相关组织曾经发生过的，或者将来有可能发生的各种危机事件，这就要求公共危机管理者对这些五花八门的危机事件进行分门别类的综合、归纳、整理，以便下次发生类似危机事件的时候作为预案和样板供危机管理者借鉴、参考。

[①] 参见肖鹏英：《危机管理》，华南理工大学出版社2008年版，第35-40页。

【法律介绍】

监测报告

初报可用电话直接报告，主要内容包括：环境事件的类型、发生时间、地点、污染源、主要污染物质、人员受害情况、捕杀或砍伐国家重点保护的野生动植物的名称和数量、自然保护区受害面积及程度、事件潜在的危害程度、转化方式趋向等初步情况。

续报可通过网络或书面报告，在初报的基础上报告有关确切数据，事件发生的原因、过程、进展情况及采取的应急措施等基本情况。

处理结果报告采用书面报告，处理结果报告在初报和续报的基础上，报告处理事件的措施、过程和结果，事件潜在或间接的危害、社会影响、处理后的遗留问题，参加处理工作的有关部门和工作内容，出具有关危害与损失的证明文件等详细情况。

资料来源：《国家突发环境事件应急预案》。

四、监测识别方法

1. 相关性分析

联系是普遍客观的，任何危机的发生都不可能是孤立的，总会与外界产生某种联系，最终发生的危机与社会生活中的一些异常现象具有相关性。在分析信息时，可以与事件的前兆、涉及范围、目前影响相联系，预测可能进一步发展的方向、程度、可能的后果。

2. 相似性分析

同一种类、性质的危机发生的时间、地点、范围等可能不同，但其发生的特征、征兆、规律、性质极为相似甚至一致。因此，可以通过对历史上和现实中各类危机发生规律的认识，根据收集的信息，从中捕捉未来可能出现的征兆和发展趋势，对危机进行相似性识别和采取针对性预防措施。

3. 统计分析

虽然危机的发生具有不确定性和随机性，但在较长的一个历史时期内，不同类型的危机的发生具有一定规律可循，可以通过概率论和数理统计的方法，找出规律，对收集的信息进行分析，找出目前可能发生的危机。

五、监测识别应当注意的问题

1. 从动态角度进行危机识别

应将危机识别置于一个动态系统之中，不是危机出现时才去识别、分析研究，这只会造成危机认识不当，处理不善。要建立危机的动态识别系统，即在政府组织的各项活动，及其机构的日常运行过程中进行观察，在危机出现前识别并采取相应措施进行处理。

2. 注意运用公共信息管理系统

凡是公共部门在事务管理及公共服务过程中所形成的信息，称为公共信息。在危机识别中，要充分发挥公共信息的作用，运用公共信息管理系统分析问题性质，将其定位。[1]

---

[1] 参见郑则文、廖晓明：《论公共信息管理系统在提升政府危机管理能力中的作用》，《行政与法》，2006年第6期。

3. 秉持全面系统的观念，避免片面及避重就轻

危机事件的发生往往都是各种事物矛盾运动的结果，它们之间有着错综复杂的关系。危机识别过程必须全面系统地分析各种各样事物之间的复杂关系，防止片面和避重就轻，误导政府组织对危机的认识，影响危机的及时准确解决。

4. 注意危机的引致因素

环境破坏、疾病传播、自然突发事件、经济发展不均衡、社会保障制度缺陷、政府权能体系的失效（如腐败）等都是公共危机的引致因素，在危机识别时要对这些因素予以特别的重视。

5. 发挥媒介的作用

传媒在各种公共事件及危机信息传播中起着重要作用。要充分发挥媒介特殊的社会监督和发现问题的作用，通过传媒的大众视角总结发现公众对社会现实及各种突发事件的态度，发现可能导致危机事件的因素。[①]

第二节 预 警

预警就是政府部门在搜集各种危机征兆信息，识别判断危机爆发可能性，判断其约束条件、未来发展趋势和演变规律的基础上，预先向有关部门或社会公众发出警示或警报信号的危机管理活动。预警的目的是使政府和民众提前了解事态发展的状态，以便及时采取相应策略，思想上、组织上和物质上做好准备，防止或消除不利后果。因此，危机预警是在危机事件爆发前所采取的一种危机管理措施。

一、预警功能

1. 预测

政府部门通过跟踪各区域、行业、企业、社区的运作、管理或生产生活及生态信息，将其历史资料、现实情况、所定目标或标准进行综合比较及客观分析，对其当前状况的优劣做出诊断，找出其管理、运行中的弊病或失误之所在，判断各区域、行业、企业、社区存在的隐患情况及其发展扩大或演变的可能性。

2. 警示

如果预测的事态发展为一场危机的可能性较大，那么，政府就应通过预警系统向社会及时发出警报，警告各区域、行业、企业、社区公众做出相应的躲避危险或防止风险的准备。即使所警报的危险或风险没有最终发生，也可以给公众一定的警示，促使其自查自纠，消除潜在隐患、化解风险。

3. 提振

通过向行业、社区或某一领域区域的预警，可以充分提振公民或居民对风险的免疫力，

---

① 参见刘琴：《从媒介的身份识别看危机传播管理中传媒问责——兼论国家传媒在突发性危机传播中的责任》，《东南传播》，2008年第12期。

激发其避险抗险意识，凝聚人心。

二、预警主体、对象

1. 危机预警的主体

预警主体，是指由谁发出预警。一般而言，这个主体即政府，或政府授权、委托的危机管理部门。

但从预警实务或核心管理实务的角度来说，政府主体的预警都要建立并经由有效的预警系统或警报系统来进行。警报系统的功能是向危机管理小组成员和危机潜在受害者发出明确无误的警报，使他们采取正确的措施。警报系统要告诉相关人员危机的来临，这就要求警报系统能与危机管理小组成员和危机潜在受害者进行有效的沟通。

警报系统要根据危机管理小组成员和危机潜在受害者的特点选择合适的警报，要求能被危机管理小组成员和危机潜在受害者迅速、清楚地得知。为此要重点考虑以下两个因素。一是危机管理小组成员和危机潜在受害者的分布状况。如果危机管理小组成员和危机潜在受害者的分布局限在某个部分，可以采取针对局部的危机警报，以避免警报的范围过广而使不是潜在危机的受影响者感到恐慌或做出不必要的反应。二是危机管理小组成员和危机潜在受害者都能理解警报的内容。根据危机管理小组成员和危机潜在受害者的文化水平和心理特点决定所要采取的警报，使警报能被他们清楚地理解。警报一般要简单明了，具有很强的感官刺激效应。因此需要对危机管理小组成员和危机潜在受害者进行培训，使他们准确地理解危机警报的含义。在大多数情况下，危机管理小组成员和危机潜在受害者，尤其是潜在受害者对警报所代表的含义只有大概的了解，有时会导致对危机反应的迟钝。比如，从当今世界的预警实务来看，各国普遍以不同的颜色来标示不同的危险级别。甚至要求进行适当的全民危机教育或知识宣传。

2. 危机预警的对象

这种目的以及公共危机管理的公共性都决定了危机预警的对象是遭受危机风险的政府部门以及分布于各区域、行业、企业、社区的公众。

（1）政府。

政府及其危机管理组织通过科学估计与推断后向相关政府部门发出确切的警示信号，以便政府部门采取相应措施。其预警方向可以是上级政府对下级政府发出，可以是政府向其职能部门发出，也可以是某一政府向别的同级政府发出。因此政府既是危机预警的主体又是危机预警的客体，政府既要加强对危机预警机制的建设，又要接收危机预警，按照分级预警的原则，承担应有的责任。

（2）城市社区或农村社区等基层自治组织。

基层自治组织负责居民群众的自我教育、自我管理、自我服务，在接到危机预警主体的预警后，应该及时制订相关措施，并积极宣传，将预警传达到居民群众，带领居民群众做好应对工作。同时，基层自治组织可以对群众进行宣传教育，让群众意识到危机的风险；在接到危机预警后，可以提前让群众有所准备，缓解危机产生时群众的恐慌和负面情绪。

（3）行业企业。

行业企业执行着社会物资生产与加工、流通等基本职能，或者说，他们是社会生活、经济运转、军事基础的生命线。发生危险时,要对领域内可能受影响的行业企业尤其是重点行业企业发出警告,促使或帮助其提前预防,转移重要生产、经营设施。

(4) 社会团体。

通过向社会团体发出预警,可以充分利用社会团体在社会中的广泛影响将危机预警传达给公众,调动社会全体力量应对可能发生的危机。当前,民间志愿者对社会公共问题比较关注,其发现问题、解决问题的力量也在不断增长,比如,绿色和平组织、世界自然基金以及中国的环境文化促进会,甚至各种区域或社区性的社会组织,他们在公众全面了解危机、掌握紧急避险知识等方面,拥有政府无法比拟的优势。

(5) 新闻媒体。

新闻媒体是信息沟通和传达的重要渠道,应该充分发挥新闻媒体的传播作用和宣传作用,使危机预警尽可能的更快、更准确、更全面的传达到广大公众。媒体的舆论引导,对于危机信息传递、社会公众形成合力,以及化危机为转机具有不可替代的作用。在突发公共危机事件中,新闻预警可以有效地指导和警示公众行为、消除公众恐慌心理、减少灾难损失,让处在风险之中的人们能够第一时间以最快速度获取信息,然后组织自救和互救。

我国应该建立包含政府部门、科研机构、新闻媒体、社会组织、基层自治组织等多元主体共同参与的公共危机预警组织网络,通过政府权威主导、社会积极协作,发挥危机预警的应有作用。

三、预警程序、方法

1. 预警程序

(1) 建立预警系统:对危机进行分类,确定相应的警报系统。

确定哪些具体危机需要建立预警系统。政府部门应将日常生活中所有可能会对社会公众活动造成潜在威胁的事件列举出来,加以细化分类,如气象灾害、社会公共危机、经济危机、恐怖活动等。进一步考虑其可能造成的后果,以不同的应对等级或标识为主线建立各种专门的预警系统。

(2) 监测警点:收集并初步处理预警信息。

根据危机风险源存在的范围来确定预警信息收集范围。收集全面详尽的信息后,对信息进行加工处理。首先将收集到模糊信息后系统会对信息进行整理归类,使信息可识别化、条理化,成为能够识别的信息,为整体上把握信息奠定基础。其次对收集到的信息要做好识别工作,以排除虚假信息和干扰信息,保证信息的准确性,为高效识别危机打好基础。

(3) 分析警信:对危机信息进行风险评估,确定相应危机级别。

将收集整理后的信息放入已有的预警系统中,与先前制定的各项等级指标或标示系统比较,得出结论,确定是否发出危机警报,以及危机警报的级别。在确定警报级别时要注意级别的临界点,即这些级别的边界值。

(4) 发出警报:发布预警信息。

根据确定的危机级别向相应的危机管理小组和危机潜在影响人群发出明确无误的警报,促使他们采取正确措施应对危机,提高组织和公众在接到预警信息后对危机的反应能力。

2. 具体方法

(1) 分级预警。

当前国际上的一个主要预警趋势是：对可能的危机事件的范围、影响程度进行科学分级，制定分级预案，进行分级预防和应急处理；通过依法规范和宣传突发事件的级别，科学应对危机。我国依据西方先进经验，依据突发公共事件可能造成的危害程度、紧急程度和发展势态，一般将预警级别划分为四级：Ⅰ级（特别严重）、Ⅱ级（严重）、Ⅲ级（较重）和Ⅳ级（一般），依次用红色、橙色、黄色和蓝色表示。具体如下表 4-1 所示：

表 4-1　中国分级预警

颜色	威胁程度	确认与响应
红	特别重大（Ⅰ级）	规模极大，后果极其严重，影响超出本省范围，需要动用全省的力量甚至请求中央政府增援和协助方可控制，其应急处置工作由发生地省级政府统一领导和协调，必要时（超出地方处理能力范围或者影响全国的）由国务院统一领导和协调应急处置工作
橙	重大（Ⅱ级）	规模大，后果特别严重，发生在一市以内或是波及两个市以上，需要动用省级有关部门力量方可控制
黄	较重（Ⅲ级）	后果严重，影响范围大，发生在一个县以内或是波及两个县以上，超出县级政府应对能力，需要动用市有关部门力量方可控制
蓝	一般（Ⅳ）	影响局限在基层范围，可被县级政府所控制

(2) 警报信息发布。

在信息收集与分析、鉴别和分类基础上，预测各种危机情况，捕捉危机预兆，对未来可能发生的危机类型、范围及危害程度做出估计，在第一时间向决策者建议发出危机警报，启动应急响应程序。具体来说要做到以下几点：① 信息发布要求恰当选择媒体，尽量及时、准确、全面、客观地发布有关信息。② 预警信息的内容，应当包括突发事件的类别、预警级别、起始时间、可能影响范围、警示事项、应采取的措施和发布机关等。③ 预警信息的发布、调整和解除，可通过广播、电视、报刊、通信、信息网络、警报器、宣传车或织人员逐户通知等方式进行；另外，对老、幼、病、残、孕等特殊人群以及学校等特殊场所和警报盲区，还应当采取有针对性的公告方式。还要特别注意宣传避免或减轻危害的常识，并公布咨询电话。④ 预警信息的发布要形成一定的公告制度。一是建立政府危机管理预警公告制度，其主要方式是通过政府新闻发布会、政府新闻发言人预警公告。新闻发布会及发言人要及时、准确、全面地向社会披露危机预警信息。因为在信息化社会，由于信息传播途径的多元化，原来政府"内紧外松"的宣传政策很难起到稳定民心的作用。通过新闻发布会发布权威性、可信性的危机预警公告，就会减少流言和谣言传播的空间和动力。

【法律介绍】

危机预警

第四十二条　国家建立健全突发事件预警制度。

可以预警的自然灾害、事故灾难和公共卫生事件的预警级别，按照突发事件发生的紧急程度、发展势态和可能造成的危害程度分为一级、二级、三级和四级，分别用红色、橙色、黄色和蓝色标示,一级为最高级别。

预警级别的划分标准由国务院或者国务院确定的部门制定。

第四十三条 可以预警的自然灾害、事故灾难或者公共卫生事件即将发生或者发生的可能性增大时,县级以上地方各级人民政府应当根据有关法律、行政法规和国务院规定的权限和程序,发布相应级别的警报,决定并宣布有关地区进入预警期,同时向上一级人民政府报告,必要时可以越级上报,并向当地驻军和可能受到危害的毗邻或者相关地区的人民政府通报。

资料来源:《中华人民共和国突发事件应对法》。

四、预警应当注意的问题

通过大量的危机预警或危机管理实践来看,要进行有效的危机预警,应注意以下几个问题:

1. 要经常对危机预警系统的可靠性进行评估

建立一个完善有效的危机预警系统是危机预警的核心,危机预警系统本身缺陷常会导致预警失灵或预警不当,使社会公众遭受很大损失。为避免出现此类问题,一是要根据危机发生的实际情况,或不断的实验模拟,随时纠正预警系统设计中存在的问题,避免因设计不完善而引发预警系统反应迟缓或反应过激。二要加强对系统的日常维护,避免出现系统故障,为此要建立系统的定期检查制度,为系统维护做好必要的物资和知识技能准备。2010年印尼海啸因为预警系统失灵,造成大量的人员伤亡和财产损失,给我们以深刻的警醒。

2. 要确保信息传递过程畅通

信息传递是危机预警的一个重要环节,通过危机信息的准确与高效传递,各有关职能部门和人员才能被紧密联系起来,围绕危机信息的传递,危机应对系统才能开始发挥作用。但危机信息经过层层传递阶段的过滤,往往会出现不同程度的失真和衰减,使得危机信息的价值打上折扣。另外,危机信息的传递过程有时会因为组织层次过多以及官僚主义等因素,导致信息不能及时、有效传达,从而延误最佳危机处理时间。因此,保持危机信息传递渠道畅通,是有效促进危机预警的关键因素之一。为保证危机信息传递渠道畅通,首先应保障危机信息来源的可靠性;其次,传递渠道要简单、直接,尽可能减少信息传递的环节和时间,再次,要采取必要措施补偿或纠正各传递渠道中危机信息的歪曲和损耗,确保信息的准确性和完整性。

3. 要提高预警的精确性,避免发出错误警报

经常发出错误警报,会降低警报可信度,损害预警者的权威性。公众也会对今后发出的正确警报产生怀疑,反应麻木。因此,防止发出错误的警报,对于保证预警的功效至关重要。导致发出错误信号的原因有很多,如危机预警系统本身的问题,系统没有根据环境的变化及时更新,人员懈怠等。为此,要在平时重视系统维护与信息收集分析;要有效激励同危机预警有关的工作人员使其保持工作积极性,保障预警及时准确有效;要在出现错误预警时及时对预警系统、整个预警机制加以检查纠正。

4. 预警信号必须简洁明确

导致预警失灵的一个重要因素是预警信号不够明确。模糊的信号容易引发混乱,人们在

面对模糊的预警信号时或者无动于衷,或者反应过激,因此发出的预警信息必须言简意赅、直截了当、信息确凿。要尽量避免使用复杂行话和专业术语,要多用简单、朴实、明确的大众语言。预警要准确传达以下内容:消息来源、日期和时间;紧急区域所在地;威胁的性质;威胁可能造成的危害;威胁可能持续的时间;威胁冲击的程度;需要采取的基本措施。这些内容还应不断重复,让每一个公众都能注意到每个细节,了解确切含义。

5. 要提高个人对预警信号的反应意识和接收能力

由于危机发生带有偶然性,预警警报发出后,人们常常会怀疑警报的可信度,等待更多的信号来证实危机,这就不可避免地会耽误预防危机的最佳时机,导致预警失灵,造成重大损失。因此,平时必须加强人们的危机防范意识,培养人们迅速反应的能力。

6. 注意完善政府新闻发布会和新闻发言人制度

新闻发言人是危机管理小组的重要成员,必须参与危机管理的全过程。通过新闻发言人和新闻发布会的有效工作,可以保证危机预警信息的权威性,最大程度的解除民众可能发生的恐慌心理。

【小案例】

印尼海啸预警系统失灵

2010年10月25日,印尼苏门答腊海域发生海啸。印度尼西亚政府官员27日承认,25日海啸前,预警系统没有发出警报。

预警失灵

西苏门答腊省救灾部门说,28日已确认死亡人数增加至343人。

一些幸存者回忆,海啸来袭前没有接到预警。政府官员承认,这套海啸预警系统1个月前失灵。

印尼亚齐地区2004年遭遇7.9级地震,引发印度洋海啸,波及19个国家,致使20多万人死亡,50多万人无家可归,印尼大约死亡17万人。

那场海啸后,印尼着手建立海啸预警系统,由德国提供资金和技术支持,2008年建成。这套系统借助浮标监控海面高度变化,所获数据经电脑分析,预测是否会发生海啸。

救援评估部门官员里达万·贾迈勒丁说,明打威群岛海域两座监控浮标遭到破坏。每座浮标耗费大约56万美元。他没有说明浮标遭到破坏的细节。

印尼气象和地球物理机构负责人法齐介绍,2009年,工作人员对预警系统例行检查时发现问题;上个月,整个系统失灵,原因可能是操作失误。他说:"我们不掌握专业知识,缺乏专业人员,系统无法发挥应有效用。"

景象惊心

不过,对震中附近地区居民而言,预警系统是否有效可能没有多大区别。

按照贾迈勒丁的说法,25日地震震中位于南巴盖岛西南大约78公里,"海啸5至10分钟后来袭",当地居民即便接到预警也没有时间逃避。

印尼副总统布迪奥诺27日乘直升机抵达明打威群岛北巴盖岛,视察几处遭受海啸的村庄。政府随后发布从空中拍摄的首批照片和录像,显示海岸附近几处村庄已被夷为平地,树木倒地,大片陆地积水,先前的居民区可见轮胎、家具碎片、衣服等杂物。一些遇难者的遗体散布在道路和海滩上,救援人员戴着口罩,收集接近腐败的遗体。

救援机构官员阿德·爱德华介绍,20个村庄遭受海啸,数百间房屋被卷走,大约 2 万人无家可归。救援人员正加紧搜索。

一个由冲浪者组成的救援小组说,一些幸存村民告诉他们,死亡人数可能会大幅度增加。西苏门答腊省救灾部门官员哈曼赛亚认为,失踪人员存活概率不大,"不少尸体被卷入大海"。

救灾缓慢

灾后第一架运输物资的飞机 27 日在灾区降落,卸下帐篷、饮用水、食品和衣物等基本生活用品。救援人员着手建立急救中心,安置灾民。

灾区附近海域浪大,不适合航行,运送物资的船只无法靠岸。当地官员希达亚图·伊尔哈姆介绍,正尝试其他方式,加快向灾区运输物资的速度。由于通信不畅,派往一些岛屿的灾情评估小组无法与后方救援中心取得联系,拖慢了救援步伐。

副总统布迪奥诺前往北巴盖岛几处村庄,与地方官员和村民交谈,鼓励人们勇敢面对困难。明打威群岛 25 日晚遭受 7.2 级地震以及由地震引发的海啸,经受十多次余震。

资料来源:韩建军,《印尼海啸预警系统失灵》,羊城晚报,2010 年 10 月 29 日。有改动。

第三节 预 控

预控,即对突发危机事件的预先控制,是危机管理的重要内容。主要是指履行应急管理职能的政府部门在确认危机事件即将发生,或发生的可能性增大,或刚发出危机预警但尚未造成损害时,为了阻止事件发生,限制事件发展,避免和减轻事件可能造成的危害,而采取的防御性、控制性、保护性措施。通过危机预控,可以尽量用较小的代价迅速化解危机,避免危机扩大和升级。这种危机预控是危机事件爆发前采取的控制措施,不同于危机预防或者危机预警。与预警比较,从时间顺序来看,危机预警在前,危机预控在后,因为必须首先发现有关危机的信息和得到确切的警示,才可能采取预控措施。可见,危机预警是前提和基础,危机预控是对危机预警的理性反应,是危机预警的必然延续。危机预控对危机预警有很大的依赖性,没有危机预警提供及时准确的危机信息,危机预控就不可能实施,更谈不上效果。相反,没有危机预控,危机预警的作用就不可能充分发挥,因为危机预控是危机预警的主要目的。与预防比较,预控是应急处置的前奏,兼有"防"与"控"的双重属性,但更加强调"控"的措施和意义。

一、预控的必要性

(1)危机预控的现实意义。

首先,可以进一步明确政府常态管理与非常态管理的界限,将对政府实施紧急法律控制的"关口"前移。法律对非常状态下行政权的调整与控制,与常态下明显不同。以往人们将应急处置的启动视为政府非常态管理开始的标志。但事实上,政府在处置前采取的危机预控措施,尽管对公民权利的限制不如处置措施那么严厉,也必将使人们的正常生活遭受重大影响。由此可见,政府常态管理向非常态管理切换的标志,应当是预警后有关预控措施的采用。

其次,可以使政府的应对手段更符合危机的发展过程,尽量减少对公民权利的限制和侵害。目前，我国相当一部分应急法律规范和应急预案并未规定必要的预控措施。如果在事态尚可控制、缓和的情况下，政府发布预警后便直接采取处置措施，由于处置措施远比预控措施严厉和激烈，便有可能由于反应过度而造成对公民权利的不当侵害。

最后，有利于政府更加准确地选择和使用预控措施。我国突发事件应对法明确列举了政府在预警后可以采取的12类预控措施，并允许其使用法律、法规、规章规定的其他必要的防范性、保护性措施，即单行应急法上的预控措施。但各单行法上对预控措施的规定零散错落，没有明确标识。

（2）危机预控的重要作用。

第一，尽量阻止危机的发生。对于某些类型的突发事件，如果能够及时发现其发生的征兆并发出警报，通过有效的预控措施，完全可能阻止其发生。

第二，如果不能阻止危机的发生，则缓解和限制危机的发展。由于某些类型突发事件的发生非人力所能控制，采取预控措施也无法阻止，但仍有可能通过预控来缓解、限制其发展进程和规模，降低其破坏的强度。

第三，如果不能阻止危机的发生或限制危机的发展，则避免或减轻危机可能造成的损害。对于某些类型的突发事件，其发生与否、程度如何均非人类所能左右。但是危机预控对于此类灾害也并非毫无作用，预控措施的采取仍然可以避免——至少减轻突发事件可能导致的危害。

二、预控的原则

危机预控是我国公共危机管理理论研究的一个空白，虽有一些文献提到危机预控，但仍未见对危机预控进行专门的学理研究。从零散资料和实践来看，当前危机预控的主要原则有：

1. 前瞻性原则

要求危机管理者具有一定的预见能力，能够准确地判断防御保护的基本方向、重点领域。危机预控是在危机发生之前，通过政府主导和全社会动员，采取各种有效措施来消除危机隐患，避免危机发生；或在危机来临前做好充分准备，包括思想准备、组织准备、制度准备、技术准备和物资准备，防止危机扩大升级，最大限度减少危机造成的损失。显然，危机预控是在危机征兆出现、预警之后或危机大规模发生以前提前介入、先发制人地采取各种防御性措施。

2. 法制化原则

危机预控虽然在紧急状态下进行，但并不意味着不守章法，自由裁量一切。预控措施必须在紧急状态法的范围内进行，以保障人的基本权利为基准。当前公共危机预控主要是依据危机管理或突发事件应对法规、预案来进行的，根据预案做好必要的防护准备，才能在危机大规模爆发前采取具有针对性的防控措施，避免危机管理的其他环节缺乏前期准备而起不到应有的作用。同时，还应根据大量的危机管理实践经验，制定法律规范来填补相关方面的空白，对危机预控机制加以规范，使之有条不紊地进行，避免错误启动预案或其他措施造成惨重损失。

3. 科学性原则

处理公共突发事件时要以科学知识和专业技术为手段，预控理论一定要系统，预控技术方法一定要先进。现代社会空前复杂,现代政府管理日益复杂,任何人都无法掌握和处理海量信息。在社会性的危机预控方面,可以利用公安、国安系统已经建立起来的预警网络平台,增加社会心理监测和冲突预警系统,利用社会心理行为监测指标和分析模型,以及先进的数字化技术、遥感技术和网络通讯技术,定期或不定期地分析、预测各种社会心理行为,以及时发现突发事件的早期征兆,针对性地采取相应措施,防止危机扩大。在自然性的危机防控方面,努力形成地下、地面和天空的灾害全方位预测网络,陆续监测地壳、地面、大气、水体、海洋和生物动态。同时,使用各种先进的设备和技术,借助各种科学仪器进行科学的观察监测,运用各种数理、逻辑、类比、外推等最先进的预测理论和方法,力图准确化。

三、预控的措施

针对危机预控的方法,我国已经有了作为国家应急基本法的《突发事件应对法》,许多单行应急法律、法规、规章和预案也都规定了相当数量的危机预控措施。例如,《国家突发公共事件总体应急预案》将危机预控措施称为"先期处置"措施,规定突发公共事件发生后,事发地的省级人民政府或者国务院有关部门在报告特别重大、重大突发公共事件信息的同时,要根据职责和规定的权限启动相关应急预案,及时有效地进行处置,控制事态。综览应急法规规定的预控措施,具体方式大致包括如下几种[①]:

1. 应急宣传与演练

通过危机应对法律法规预案等的宣传,加强对公民的危机教育,促使其学会应对危机,让应对危机成为一个国家乃至一个民族的一种素质,我们的国家在面临危机的时候才能坚强起来,强大起来,才能临危不惧,从根源上不惧怕危机。

要对公众进行应急练习,通过危机事件模拟与应对演练,提高公众危机应对能力。要针对各种可能发生的公共危机事件制定出基本预控方案,并按照预控方案进行反复演练,一旦危机发生,就能很快在基本预控方案基础上制定具体的实战预控方案,这样既可以提高反应速度,又能避免在慌乱中制定的预控方案出现致命错误。

2. 建立高效的预控机制

通过加强人员、信息、平台、组织、预案建设,形成高效的预控机制。加强应急队伍和应急信息平台建设,尽快形成统一指挥、功能齐全、反应灵敏、运转高效的危机行动机制。抓好基层,包括社区、农村、重点企事业单位应急预案的编制工作、组织工作,不断修正、完善预案,提高指挥和救援人员的应急管理水平和专业技能。要充分提升预控机制的快速反应能力,使其具有迅速控制危机的各种手段,能够随时执行危机预控任务。

3. 调集应急资源进入战备状态

发布危机预警后,应急管理机关应首先调动平时所准备的各种应急资源,使其进入战备状态,以便随时可以用于抗击即将来临的突发事件,这是最为重要的危机预控措施之一。例

---

① 参见林鸿潮:《试论危机预控的概念、功能和具体措施》,《湖南社会科学》,2008年第5期,第74-76页;黄顺康:《论公共危机预控》,《理论界》,2006年第5期,第81-82页;郝继明:《构建突发性危机事件的预防预警预控体系》,《2010年应急管理国际研讨会论文集》,第344-349页。

如，《国家突发环境事件应急预案》规定，进入预警状态后，当地县级以上人民政府和政府有关部门应当：立即启动相关应急预案；指令各环境应急救援队伍进入应急状态，环境监测部门立即开展应急监测，随时掌握并报告事态进展情况；调集环境应急所需物资和设备，确保应急保障工作。

4. 重点强化某些先期处置工作

危机警报发布后，应急管理机关还应重点强化某些先期处置工作。这些工作本是行政机关日常应急管理的一部分，但由于它们对危机应对具有特别意义，因此在危机来临之前、警报发布之后应当予以加强。这些工作的加强，可能体现为投入更多的资源或采取更特殊措施用于保障该项工作，也可能体现为提高该项工作的频度和深入程度。

5. 进行避险指导

发布应急警报后，应急管理机关还应及时向社会公众提供关于如何避免和减轻损害的宣传指导，引导人们的避险行为。例如，《国家突发地质灾害应急预案》规定：当发出某个区域有可能发生地质灾害的预警预报后，当地人民政府要依照群测群防责任制的规定，立即将有关信息通知到地质灾害危险点的防灾责任人、监测人和该区域内的群众；各单位和当地群众要对照"防灾明白卡"的要求，做好防灾的各项准备工作。

6. 采取避险措施

发布预警后，必要时应急机关还应直接采取措施，使有关人员和财产脱离开危险区域和危险场所，避免或减少损失。例如，《国家防汛抗旱应急预案》规定：各级防汛抗旱指挥机构发布洪涝灾害预警之后，必要时通知低洼地区居民及企事业单位及时转移财产，在发布台风预报之后，应组织船只回港避风和沿海养殖人员撤离工作。

【法律介绍】

预控措施

第四十四条　发布三级、四级警报，宣布进入预警期后，县级以上地方各级人民政府应当根据即将发生的突发事件的特点和可能造成的危害，采取下列措施：

（一）启动应急预案；

（二）责令有关部门、专业机构、监测网点和负有特定职责的人员及时收集、报告有关信息，向社会公布反映突发事件信息的渠道，加强对突发事件发生、发展情况的监测、预报和预警工作；

（三）组织有关部门和机构、专业技术人员、有关专家学者，随时对突发事件信息进行分析评估，预测发生突发事件可能性的大小、影响范围和强度以及可能发生的突发事件的级别；

（四）定时向社会发布与公众有关的突发事件预测信息和分析评估结果，并对相关信息的报道工作进行管理；

（五）及时按照有关规定向社会发布可能受到突发事件危害的警告，宣传避免、减轻危害的常识，公布咨询电话。

第四十五条　发布一级、二级警报，宣布进入预警期后，县级以上地方各级人民政府除采取本法第四十四条规定的措施外，还应当针对即将发生的突发事件的特点和可能造成的危害，采取下列一项或者多项措施：

（一）责令应急救援队伍、负有特定职责的人员进入待命状态，并动员后备人员做好参加应急救援和处置工作的准备；

（二）调集应急救援所需物资、设备、工具，准备应急设施和避难场所，并确保其处于良好状态、随时可以投入正常使用；

（三）加强对重点单位、重要部位和重要基础设施的安全保卫，维护社会治安秩序；

（四）采取必要措施，确保交通、通信、供水、排水、供电、供气、供热等公共设施的安全和正常运行；

（五）及时向社会发布有关采取特定措施避免或者减轻危害的建议、劝告；

（六）转移、疏散或者撤离易受突发事件危害的人员并予以妥善安置，转移重要财产；

（七）关闭或者限制使用易受突发事件危害的场所，控制或者限制容易导致危害扩大的公共场所的活动；

（八）法律、法规、规章规定的其他必要的防范性、保护性措施。

资料来源：《中华人民共和国突发事件应对法》。

第四节 风险管理

最好的危机管理是没有危机，将其消灭于潜在的萌芽状态。这就需要科学高效的风险管理。风险可以定义为特定条件下各种可能后果与预期后果之间的差异，尤其是某种损失发生的可能性。风险管理则是决定如何对待并规划和控制项目风险的管理活动，其中包括了对风险的量度、评估和应变策略。它最早在 20 世纪 30 年代萌芽于美国的企业危机管理，是一门新兴学科。中国对于风险管理的研究则开始于 20 世纪 80 年代，并在随后 30 年中取得了长足发展。

公共部门的风险管理，就是公共部门在对政治、经济、社会运作中的风险进行识别、预测、评价的基础上，优化组合各种风险管理技术，对风险实施有效地控制，妥善处理风险所致的结果，期望以最小的成本达到最大的安全保障的过程。因此，理想的风险管理，是一连串优先性排序的过程，以使其中及最可能发生、最可能引致最大损失的事情优先处理，而风险相对较低的事情则押后处理。当然，现实情况中，优化过程往往比较复杂，因为风险发生的可能性通常并不一致且随时变幻，所以要不断权衡各类风险可能性，以便做出最合适的决定。

一、风险管理程序及方法

风险管理包括风险确认、风险评估、风险控制三个方面的内容。风险管理主要包括以下六个步骤，并采取相应的方法：

1. 制订风险管理计划

风险管理计划的主要内容是：确定风险管理目标；确定风险管理人员的职责；确定风险管理部门的内部组织结构；确定需要合作的部门；编制风险管理计划书。

2. 识别风险

当组织风险管理的目标确定后，需要进一步预测并确认未来可能发生、会影响目标实现的各种事件，评估这些事件发生的可能性，这是风险管理中风险识别的重要内容。风险识别的方法，主要有以下几种：

（1）事件清单法。

对某一特定的行业、领域，或不同行业、领域的特定流程活动所共同面临的潜在事件进行详细的列表分析，以查找风险源。

（2）内部分析法。

这一方法可以作为日常内部计划流程的一个组成部分。例如，通过政府或公共部门业务单元的研讨会议来进行分析，确认潜在事件。内部分析有时也使用来自利益相关者、内部或者外部的专家与审计师提供的一些信息。比如，在公共管理中，政府如果要考虑推广一种新服务或新技术，就应使用其历史经验以及外部调查来确定类似的成功事件。

（3）面谈与问卷调查。

除召开小型研讨会外，内部分析还可以采用面谈、调查问卷的方式，就影响管理战略实施或目标实现的一些潜在事件取得高层管理者、普通工作人员和其他利益相关者的见解与经验，集思广益。

此外，还可用流程图分析、领先事件指标分析、损失事件数据分析等方法来确认风险。

3. 衡量风险

可从两个角度来评估风险：一是发生的可能性；二是影响程度。主要内容包括划分风险类型、风险等级排序两个部分。首先，风险类型的划分十分复杂。政府组织可能遭遇来自政策、民意、司法、金融、卫生、自然灾害、事故灾难等不同领域的风险。按照风险的表现形式一般可以把风险分为静态风险和动态风险两种，然后再对两大类风险进行细化。其次，对已经列出的风险进行明确的等级衡量。通过科学的方法去量化风险的破坏程度，估计每种风险类型的损失频率和损失程度，并按其大小或重要性排序。最后，针对风险类型和等级排序列出详细的总结，以提出有针对性的方案。

4. 选择风险处理方法

衡量风险以后，风险管理人员必须选择最适当的风险处理方法或综合方案。对付风险的方法分为两大类：一类是风险控制的措施，如避免风险、损失管理、转移风险；另一类是风险补偿措施，对已经发生的损失提供各种补偿，如保险和包括自保方式在内的自担风险。

5. 贯彻执行风险管理计划

把所选择的对付风险的方法付诸实施。主要是安排专人负责执行风险管理计划书的相关内容。在这一阶段，风险管理人员一般对所选择的风险应对方法有直线职权，即作为主管可以直接发布命令；而部门管理方面只有参谋职权，即作为参谋提供咨询。

6. 评估和完善

通常用以下两种方式对风险管理工作的业绩进行评估：一是结果导向法。这种方法是省去中间的过程评估，直接根据风险管理方案执行一段时间后所起的效果进行审核。二是质量导向法。这种方法注重对风险管理部门工作的质量和数量的考核。主要是指对风险管理部门所有人员的工作态度、工作强度和工作能力的综合评价，以确定方案被执行的力度和质量，综合评估前阶段所确定的风险管理计划的优劣，对其中所有环节加以肯定或否定，并制定出相应的改进措施。为增进风险管理的完善性，对风险管理工作的评估应该综合使用这两种标准。在确定检查评价的标准后，就要把风险管理工作的实际结果与作业标准加以比较。如果低于标准，就要加以纠正或者调整标准。

二、政府部门风险管理面临的问题

1. 政府缺少风险管理意识和应对风险的行政文化

我国危机管理工作的重点是应急管理，而不是风险管控。即使能够有效地解决危机，危机对人民群众造成的损害却很难弥补。因此，未来国家应急管理工作必须实现从应急管理到风险管理的"关口前移"，以增强群众的心理安全预期。[①]

2. 地方政府风险管理的积极性不高

我国在面对风险管理工作时，常常是中央发挥主导作用，地方未能尽全力。地方政府没有足够重视风险管理，导致地方政府在涉及公共利益的危机预防中，不能充分发挥主动性。

3. 风险管理的组织建设不完善

风险管理强调对危机征兆进行管理。因此必须要有一个专门的统一高效的指挥部门，以动员各种力量进行防控。目前，风险管理正呈现出一种以政府为主体的多元管理趋势，政府内部必须严格界定各级政府的责任，坚决杜绝推诿扯皮现象。

4. 风险管理的联动机制脆弱

联动机制的完善与否关系到风险管理的效度，深刻影响着政府公共管理的绩效系数。我国各地政府相应建立起了联动机制，并初步形成了联动预案，但实践性、操作性还较弱，主要表现在以下几个方面：

一是风险管理部门之间缺乏协调。我国应急管理体系分散，各部门条块分割，缺乏协调。特别是出现重大危机征兆时，由于害怕危及部门自身的利益，经常出现相互推诿、扯皮、等待的现象，其结果表现为"不联不动、联而不动、联而慢动、联而乱动"的怪象。[②]

二是政府相应的信息管理体制灵敏性差，信息沟通不畅。地方个别领导为维护自身利益，常采取回避信息、瞒报、缓报、漏报等政府自利行为，在不同程度上导致风险信息的联动链条中断，从信息源开始就阻碍了信息传播，面对重大事件时各部门不能有效联动。[③]

三是联动机制缺乏法律保障。尽管各级政府建立了相应的联动机制，但由于缺乏法律对各部门的权力厘定和责任划分，以及程序规则不明确，导致风险管理中经常出现权力不清、责任不明的现象。

【小案例】

地方政府性债务风险管理再强化

2016年10月27日，国务院办公厅印发《地方政府性债务风险应急处置预案》（以下简称

[①] 钟开斌：《风险管理：从被动反应到主动保障》，《中国行政管理》，2007年第11期。
[②] 参见夏书章主编：《行政管理学》，中山大学出版社，2008年第4版。
[③] 凌学武、廖敏：《政府危机管理中的协调联动机制建设研究》，《理论界》，2007年第9期。

《预案》),对地方政府性债务风险应急处置作出总体部署和系统安排。

"政府融资平台贷款属于银行严控对象,从目前来看,贷款余额大幅下降,风险已得到有效控制。"某大银行相关部门负责人表示,政府对风险的再次锁定,特别是对债务承担的再次明确,也有助于缓解银行压力。"对于企业的债转股,政府是不会托底的。"西部某省国资委相关负责人日前强调。对此,一些业内人士评价,在负债问题上,政府已十分谨慎。

除《预案》外,中央密集出台了一系列关于地方政府债务管理体制改革的措施,不仅对存量地方政府性债务安全,而且对地方政府性债务融资模式产生诸多影响。在这一背景下,银行相关业务也进行了相应调整。

融资平台贷款仍受严控

2014年9月底,国务院下发《关于加强地方政府性债务管理的意见》(以下简称"43号文")。43号文出台后,商业银行开始压缩融资平台贷款。

五大行中,中行、建行都曾明确表明"严控"立场。如中行表示,"加强地方政府融资平台贷款管理,严格控制总量";建行则提到,"严控政府融资平台贷款总量,持续优化现金流结构"。

相关数据显示,2015年末,地方政府存量债务余额15.4万亿元,由于一直以来银行贷款都是政府债务最主要融资来源之一,因此目前平台贷款余额仍不容小觑。事实上,贷款余额压缩的同时,银行机构也在积极参与地方政府债务置换工作。根据相关机构提供的数据,2015年全年地方政府债券发行量达到3.8万亿元,其中置换到期存量债务3.2万亿元。这也在很大程度上化解了政府债务风险对银行的不利影响。

一些银行还提出,将抓住地方政府加强债务管理的政策机遇,认真研判未来市场利率走向,积极支持重点领域重大项目建设,帮助地方政府置换高息债务并解决到期债务的流动性。

PPP加速"接棒"

兴业银行行长陶以平曾在2016年8月份表示:"兴业银行积极顺应地方政府投融资体制改革,将PPP项目作为重要发展领域,主动与各地政府、财政、发改等部门加强联系,重点跟进各地PPP试点项目。"当然不仅是兴业银行,2016年以来,工、农、中、建等多家银行都开始启动PPP项目试点并积极推进,部分项目也已进入建设阶段。

43号文中明确提出,将逐步剥离地方融资平台的政府融资职能,推广使用政府与社会资本合作模式。此后,在财政部印发的《地方政府存量债务纳入预算管理甄别办法》中也再次强调大力推广PPP模式。

而从2015年开始,山东、河北等多地均有基础设施项目按照PPP模式进行运作。其中,部分省份也已明确表示,2016年将推广PPP成功经验,在更多项目中广泛运用这一模式。作为PPP模式的重要参与力量,银行通过诸如成立PPP基金管理公司等形式加速介入其中。对此,有业内人士分析,我国新型城镇化仍处于持续发展之中,地方政府也在加大基础设施和公用事业领域的投资,银行不可能置身其外。

作为一项新鲜事物,部分银行仍在探索PPP模式。区别于以往政府融资平台模式,PPP不单纯是融资,更是一种综合性的项目管理,涉及政府与社会资本,操作环节多,法律关系复杂,银行参与其中面临的风险更加多样。

专项建设基金发挥积极作用

43号文出台后,商业银行开始压缩融资平台贷款,而在部分地区,政策性银行却逆势加大了对地方政府项目的支持。对此，一些业内人士分析，平台贷款多为抵质押类贷款，还款来源相对有保障。因此政策性银行在地方项目中扮演重要角色，为一大批重点项目提供了有力的资金支持。

事实上，除 PPP 模式外，专项建设基金眼下已成为政府融资的重要方式之一。所谓专项建设基金，是指发改委为积极应对经济下行压力，有效缓解地方政府融资困难，发挥投资对稳定增长的关键作用，由国开行和农发行向邮政储蓄银行定向发行专项债券，设立的专门用于支持重点领域项目建设的专项资金，旨在有效地弥补项目资本金缺口。

西安市综合管廊建设、"一带一路"西安港综合物流园区、安徽霍山县棚户区改造……一大批地方政府基础设施项目中均能发现专项建设基金的身影。然而专项建设基金的投放并非大水漫灌，而是按照"看得准、有回报、不新增过剩产能"的原则确定投资方向，由国开行和农发行在清单内选择具体项目安排。据了解，其所支持的范围被限定在包括棚户区改造、大型水利设施、地下综合管廊等资金需求量大、建设时间长、回报率低的领域。

资料来源：《地方政府性债务风险管理再强化　银行业务转向明显》，金融时报，2016 年 11 月 16 日。

启发思考

根据前述章节内容和案例，请思考讨论：
- 除了空袭警报演练外，我们从来没有听过什么危险警报，那么用警报器能区分和提醒不同危机事件的发生吗？
- 预警系统花很多钱，还得定期检查维护甚至更新，有必要吗？
- 搞四级预警，有必要吗，会不会很烦琐？
- 风险管理比较麻烦复杂，防范的远不如救急的功劳突出明显，应当如何看待这一现象？

提升自我

[本章小结]

监测和预警、预控是非常重要的。国家更是有明确的法律规定和要求的。监测要靠科学的方法、手段和平台，有效的信息与分析判断。监测点、监测网的选择建设也有要求，必须科学有效。预警则要按国家规定，分级进行，按特定的方法和内容要求进行。预警后要及时采取先期处置措施，阻止和减缓危害。当然更好的办法是通过风险管控，消灭危机于萌芽状态。

[小测验]

1. （　　）人民政府应当建立本地区统一的突发事件信息系统。
   A. 县级以上　　　B. 地级以上　　　C. 省级以上　　　D. 乡级以上
2. 危机事件监测识别内容主要有（　　）。
   A. 事件形成的环境条件和可能性、种类、影响、后果
   B. 信息和信号
   C. 谣言情况
   D. 外国军事动向
3. 预警级别主要有（　　）级。
   A. 4　　　　　　B. 3　　　　　　C. 2　　　　　　D. 5

4. 与四级预警相对应的颜色标示是（　　）。

　　A. 蓝色　　　　B. 黄色　　　　C. 橙色　　　　D. 红色

5. 预警方式不包括（　　）。

　　A. 广播、电视、报刊

　　B. 通信、信息网络

　　C. 警报器、宣传车或组织人员逐户通知

　　D. 电影、书籍

6. 预警设施要经常检查。　　对与错（　　）

7. 预控时可以进行避险指导采取避险措施。　　对与错（　　）

8. 危机事件报警时首先可以拨打110。　　对与错（　　）

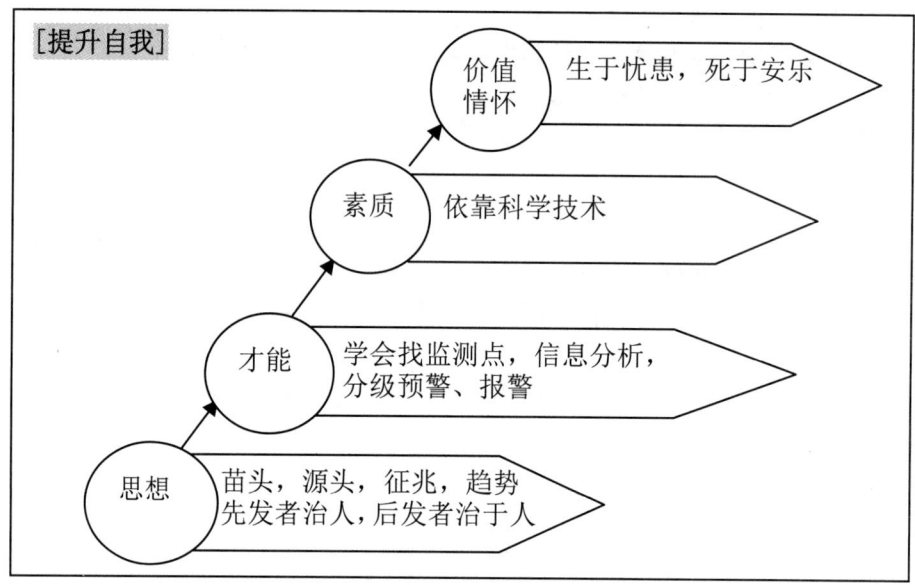

第五章　突发危机事件的处置和救援（及应急指南）

> **课程引导**

六问地震应急响应

解读专家：
丁元竹　　国家行政学院教授、决策咨询部副主任
程晓陶　　国家减灾委员会委员
李　明　　国家行政学院应急管理培训中心副教授
钟开斌　　国家行政学院应急管理培训中心副教授
张小明　　国家行政学院应急管理培训中心副教授
李宗浩　　中国灾害防御协会救援医学会会长

2008 汶川地震后时隔 5 年，芦山 7.0 级地震又一次降临四川。从震级速报到无人侦察机起飞，从国家第一时间启动预案到军队地方联动救援，芦山震后显示出政府反应快速。遭遇停水断电，通信中断，宝兴成为"孤岛"；大量专业救援力量与民间救援力量涌入雅安，道路拥堵不堪。对于这种状况，国家行政学院应急管理培训中心副教授李明称，灾后的反思很重要。

==宝兴为何成为孤岛？==
==通信==
现状：地震后，三大公共通信公司的网络断网，宝兴县成为"孤岛"。次日，国务院和省级指挥部主要负责人，也在等待孤岛的消息。应急通信无力，给救援指挥部的决策和救援力量调配造成极大困难。

钟开斌：这次救灾面临着一些难点。首先，整个应急通信和交通不完全畅通，所以导致第一时间对灾情的了解、分析和判断受到影响。其次，芦山地震出现的网络瘫痪等问题，反映出地方缺乏传统和现代手段相结合的综合信息体系，导致信息出不来、进不去，对灾情的判断、力量的部署上会有些偏差。

==交通拥堵因何再次出现？==
==交通==
现状：20 日下午 6 时，陈万芳夫妇的车子开到芦山县，一路上延绵不断的"归乡"队伍和救灾车辆已使 S210 拥堵不堪。这对夫妇只能步行回家。第二天，国务院副总理汪洋在前往宝兴时也路遇堵车，只能下车徒步。S210 是连通宝兴县和芦山县的"生命线"，直到 22 日上午，宝兴县所有乡镇道路均抢通，芦山县所有乡镇均有公路可通达。

李明：汶川也出现过车流量大，道路拥堵，但芦山地震这种现象更为明显。首先专业救援力量要保证首先通过，当地政府管理部门可在远端进行分流、控流措施。专业队伍尽量配备快速路桥装置，比如桥垮了可以快速架设装配式桥梁，遇到大石堵路也可部署快速设施跨过。这从解放军舟桥部队使用情况看很有效。此次重庆警备区预备役就与华舟重工一道应用其快速桥梁前往雅安灾区救援。

如何调动第一响应人？
自救

现状：强震过后，正准备家宴的太平镇村民卢先华忙招呼左邻右舍出门躲避。在村委会来不及反应时，村民开始统计自家及邻里的伤亡情况。但在松散的村民组中，获得准确伤亡数据并不容易。

程晓陶：发生地震时，最重要的是自救，自救的效果最好。下一步中央政府的作为应更好地体现为"运筹帷幄，决胜千里之外"。汶川抗震救灾最紧张的阶段，许多高层领导都去灾区，效果并不好，这次应尽力避免。

我们国家历朝历代有个很好的传统，就是"以工代赈"，国家拿钱给灾民，对有劳动能力的青壮年，你来参加救灾，就领一份报酬。这种制度很好，可把当地大量闲散劳动力发动起来自救。

救援力量如何提高专业性？
专业救援

现状：志愿者在前往灾区的路上不慎发生车祸，交警未来得及制止，两名志愿者把车停在路边下车拍摄伤者照片。汶川地震后，非专业救援是否适合第一时间赶赴灾区成为热点，有网友提出"不要用你的无知给灾民带来二次伤害"。实践证明，不当的方式会对专业救援形成掣肘。截至目前，雅安救援力量达 24 066 人。

李宗浩：救灾是一个综合的问题，武警、消防、现场急救等一定要做评估，把伤员救出来，要安全救灾，每个细节都会影响到伤病员的一生。非专业救援很可能造成二次伤害。我体会，至少有三分之一左右的人，因现场处置不当、抢救不当、转运不当造成截瘫。

丁元竹：汶川地震后，全国近 300 万志愿者驰援，确实为灾后救援、重建起到很重要的作用。但分批前往的各路志愿者的介入方式，前后不一，甚至完全相反，让受灾群众无所适从，受到二次伤害。这次芦山 7.0 级强烈地震，引发社会高度关注，激起公众抗震救灾的极高热情，可以理解。但鉴于汶川地震中动员志愿者的经验教训，前往地震灾区的志愿者，应有专业的技能和组织，避免因一时冲动而擅自进入灾区。

民间救援无序谁之责？
社会救援

现状：地震后，公益组织、志愿者、记者涌向雅安，导致专业救援力量无法进入，伤员无法运出。21 日 10 时，网友在微博上呼吁："跪求社会志愿者们，不要再去芦山和宝兴了！""给救援部队让条路吧。"

李明：造成这种无序不仅是政府原因也有民间团体的原因，虽然政府要求不要贸然进入灾区，但还有很多救援组织仍然源源不断地去，包括我认识的民间公益组织也去。反过来说，政府也有责任，给社会组织提供的救援渠道不好，平时的宣传也不够。

在美国有专门的灾害救助联盟，所有的灾害救助队伍都是这个联盟的成员，日常，这些成员各自从事工作，但也可以与联盟共享各类信息，一旦发生灾害，联盟将启动，由他们根据情况分配各救援队的任务。救助联盟自身是一个非政府组织。在应急启动时，会形成实体的指挥部，也有网络虚拟的指挥中心。

张小明：现在物资进入灾区比较多，设一个统一调度、统一指挥的中心或者平台，志愿者去了以后不要自己去送，到了基地以后，应由当地政府统一协调。

资料来源：郭超、杜丁、金煜、魏铭言、邢世伟，《六问地震应急响应》，新京报，2013年4月24日。

编者按：无论应急准备多么到位，应急响应总是会出现各种料想不到的问题。响应过程是对应急能力、素质的一场大考验。那么，到底应当如何进行应急响应呢，最关键的，也就是如何进行处置救援呢？

警言

虽然世界多苦难，但是苦难总是能战胜的。

——美国作家 海伦·凯勒

每场悲剧都会在平凡的人中造就出英雄来。

——美国作家 斯蒂芬斯

苦难显才华，好运隐天资。

——古罗马诗人 贺拉斯

要点掌握

[学习目标]

了解突发危机事件应急响应的关键环节，处置救援的主要任务，紧要的应急常识，达到熟悉公共危机事件"怎样救治""如何处置"的目的，提升处置救援的专业能力。

[重点难点]

处置救援的主要任务，应急行动指南。

[内容要点]

突发危机事件的处置救援，是危机事件发生后，以政府为主体的公共部门运用公共权力、整合公共资源，有效控制、处理和消弭公共危机事件的一种动态的、全方位的管理过程。主要强调现场综合援救和公共关系处理。重点工作是人员救护、财产抢救、设施抢修、提供人力、物资、技术、秩序维持、信息管理等。一般要经过应急响应、现场救援处置、应急监测、应急结束等流程。

处置救援既是政府部门、专门队伍的专业行动，也是社会公众自救互救的过程。政府部门必须加强对自身以及群众平时应急救援知识技巧的教育和训练，指导公众学会自救，学会救人，学会应对和处置危险局面。这是现代公民素质不断提高的必然趋势和基本要求。

第一节 处置救援

突发危机事件的处置救援，是指在危机事件发生后，以政府为主体的公共部门运用公共权力、整合公共资源，有效控制、处理和消弭公共危机事件的一种动态的、全方位的管理过程。主要强调两个层面问题。一是突出现场综合援救。现场救援是其核心内容或关键环节，要求在思想上重视，行动上积极妥善，最大限度地减少危机事件对部门和社会的伤害，帮助政府部门控制和化解危机局面。二是处理公共关系事务，用公共关系的策略方法控制处理危机事件。当公共部门面临强大的公众压力、陷于舆论困境时，要紧急启动公共关系应急程序，迅速运用各种传播沟通媒介，调动各种应急资源，应对处理危机事件，帮助组织控制事态、渡过难关、挽回影响、重塑形象。第二部分内容将专章论述。

一、处置救援的主要任务

在危机事件演进的不同阶段或不同方面，处置救援应有不同的侧重点。

1. 人员救护

对危机管理而言，以人为本、保障生命是第一位的。因此救援处置的首要任务是救人。主要是对被困公众进行生命营救，对已获救的公众进行治疗，让危险区域的公众脱离、疏散、安置到安全地带。而且在可能的情况下，还要进行心理辅导或精神救治。

2. 财产抢救

主要是对受威胁的公民个人资产、企事业资产、金融机构资产进行抢救，以减轻财物损失。在危机事件中，公民或组织比较关心的问题，除了自身安危之外，还有其较长时间内积存或保存的各种财产，这些财产的保全对公民或组织而言是恢复重建的重要资本，可以促进其自救自建，也可为政府解决部分资金困难。

3. 设施抢修

主要是对危险区域的道路、机场、通信、医院、供水、排水、电力、燃气等重要设施进行抢救和维修，使之尽快恢复功能，为其他救护或救援工作，以及未来的恢复重建工作提供基础。

4. 提供人力、物资、技术

主要是为实现救援目标提供必要的救援队伍、生活物资和特殊技术及救援设备。由于危机种类不同，发生区域分散，所需提供的救援队伍、物资、技术和设备等往往都有一定的专业化要求。尤其是技术与设备上，往往很难在短时间内做好准备。

5. 秩序维持

良好的秩序是危机处置更加协调顺利、迅速恢复正常状态的重要保障。做好秩序维持工作，一要在危险区域设置危险标志，对人员进行隔离。二要在交通、重要场所安全、重大设施安全上进行维护。三要在生产生活秩序、社会治安等方面进行管控。

6. 信息管理

信息管理是控制危机事件的神经系统，信息的真实传递有利于危机管理部门、现场控制部门及时采取正确决策，有利于社会秩序以及群众心理稳定。主要任务一是对危机事件信息进行收集，并及时发布。二是对受危机影响的公众进行避险知识或信息的宣传与指导。三是对媒体采访进行管理。

【法律介绍】

应急处置

第四十九条　自然灾害、事故灾难或者公共卫生事件发生后，履行统一领导职责的人民政府可以采取下列一项或者多项应急处置措施：

（一）组织营救和救治受害人员，疏散、撤离并妥善安置受到威胁的人员以及采取其他救助措施；

（二）迅速控制危险源，标明危险区域，封锁危险场所，划定警戒区，实行交通管制以及其他控制措施；

（三）立即抢修被损坏的交通、通信、供水、排水、供电、供气、供热等公共设施，向受到危害的人员提供避难场所和生活必需品，实施医疗救护和卫生防疫以及其他保障措施；

（四）禁止或者限制使用有关设备、设施，关闭或者限制使用有关场所，中止人员密集的活动或者可能导致危害扩大的生产经营活动以及采取其他保护措施；

（五）启用本级人民政府设置的财政预备费和储备的应急救援物资，必要时调用其他急需物资、设备、设施、工具；

（六）组织公民参加应急救援和处置工作，要求具有特定专长的人员提供服务；

（七）保障食品、饮用水、燃料等基本生活必需品的供应；

（八）依法从严惩处囤积居奇、哄抬物价、制假售假等扰乱市场秩序的行为，稳定市场价格，维护市场秩序；

（九）依法从严惩处哄抢财物、干扰破坏应急处置工作等扰乱社会秩序的行为，维护社会治安；

（十）采取防止发生次生、衍生事件的必要措施。

第五十条　社会安全事件发生后，组织处置工作的人民政府应当立即组织有关部门并由公安机关针对事件的性质和特点，依照有关法律、行政法规和国家其他有关规定，采取下列一项或者多项应急处置措施：

（一）强制隔离使用器械相互对抗或者以暴力行为参与冲突的当事人，妥善解决现场纠纷和争端，控制事态发展；

（二）对特定区域内的建筑物、交通工具、设备、设施以及燃料、燃气、电力、水的供应进行控制；

（三）封锁有关场所、道路，查验现场人员的身份证件，限制有关公共场所内的活动；

（四）加强对易受冲击的核心机关和单位的警卫，在国家机关、军事机关、国家通讯社、广播电台、电视台、外国驻华使领馆等单位附近设置临时警戒线；

（五）法律、行政法规和国务院规定的其他必要措施。

严重危害社会治安秩序的事件发生时，公安机关应当立即依法出动警力，根据现场情况依法采取相应的强制性措施，尽快使社会秩序恢复正常。

第五十五条　突发事件发生地的居民委员会、村民委员会和其他组织应当按照当地人民政府的决定、命令，进行宣传动员，组织群众开展自救和互救，协助维护社会秩序。

资料来源：《中华人民共和国突发事件应对法》。

二、处置救援的基本过程

危机处置救援是在启动预案之后进行的。一般要经历以下过程：

1. 应急响应

主要是对未能先期预控其事态的危机事件，启动应急预案，在危机管理机构领导下统一着手处置。至于现场应急处置工作，则由现场应急指挥机构进行直接指挥。需要跨部门合作的，交至共同的上一级政府统筹指挥，或由相关事件的主要业务管理部门牵头进行，其他部门协助。

根据事件级别，往往采取不同级别的响应。但不管何种级别，一般都要建立某种形式的指挥协调机制或工作组，诊断事件情况，协商应对办法，开通信息渠道、物流通道，调集或协调应急人力、物力、设备、信息等资源。

2. 现场救援处置

主要是派出工作组，以及不同专业的救援处置小分队，并在现场建立指挥系统，利用调集准备好的各种工具设备，展开现场控制和救援。对上级机构派出的工作组以及现场指挥系统而言，其主要工作包括现场勘察、慰问、设置避难场所、协调救援和处置工作、控制秩序等。对各种救援小分队，其主要工作是根据自己的专业分工，进行生命、财产、设施、交通通信等的救援和安全维护。

3. 应急监测

主要是对应急处置和救援过程、危机状态本身进行连续监测，及时收集现场信息、监测事件进展情况，随时向上级指挥机构报告。主要内容应当包括救援处置的成果、存在的问题、危机状态是否消除或得以控制稳定、发展趋势，等等。

4. 应急结束

根据现场监测情况，救援处置工作完成，或者相关危险因素消除后，现场应急指挥机构予以撤销，实施救援处置的人员、物资、设备等根据情况收缩回撤。危机管理领导机构则要向社会发布应急工作结束的通告，说明应急救援处置成果、下一步安排等问题，并在结束后进一步展开危机原因调查、经验教训总结等工作。

【法律介绍】

Ⅰ级响应

1. 灾害损失情况

（1）某一省（区、市）行政区域内，发生水旱灾害，台风、冰雹、雪、沙尘暴、山体崩塌、滑坡、泥石流、风暴潮、海啸、森林草原火灾和生物灾害等特别重大自然灾害。

（2）事故灾难、公共卫生事件、社会安全事件等其他突发公共事件造成大量人员伤亡、需要紧急转移安置或生活救助，视情况启动本预案。

（3）对救助能力特别薄弱的地区等特殊情况，启动标准可酌情降低。

（4）国务院决定的其他事项。

2. 启动程序

减灾委接到灾情报告后第一时间向国务院提出启动一级响应的建议，由国务院决定进入Ⅰ级响应。

3. 应急响应

由减灾委主任统一领导、组织抗灾救灾工作。

民政部接到灾害发生信息后，2小时内向国务院和减灾委主任报告，之后及时续报有关情况。灾害发生后24小时内商财政部下拨中央救灾应急资金，协调铁路、交通、民航等部门紧急调运救灾物资；组织开展全国性救灾捐赠活动，统一接收、管理、分配国际救灾捐赠款物；协调落实党中央、国务院关于抗灾救灾的指示。

4. 响应的终止

灾情和救灾工作稳定后，由减灾委主任决定终止一级响应。

资料来源：《国家自然灾害救助应急预案》。

三、处置救援时注意的问题

危机控制是一件十分困难的事，但不管再难，也得想办法控制危机。因为不控制危机，危机就会扩大、升级，其带来的灾难往往是难以想象的。处置救援时需要注意的问题主要是：

1. 查看隐患，避免次生或衍生灾害，防止危机扩大升级

次生衍生灾害造成的危险有时甚至超越危机事件本身，导致更大范围更高程度的后果。如发生严重洪涝灾害时，大江大河的防洪堤常常发生险情，如在堤内发生管涌，严重的管涌险情往往发展非常迅速，随着出水口涌水挟沙增多，涌水量也迅速增大，很快形成管涌洞，不及时加以控制，就会将附近堤身下沙层淘空，导致堤身骤然下挫，甚至酿成严重决堤灾害，后果难以想象。据统计，1998年长江爆发洪涝灾害时，长江干堤近2/3的重大险情是管涌险情。所以发生重大管涌险情时，要想尽千方百计，迅速采取有效措施加以处置。处置管涌险情，动手越早越好，反应太慢，管涌形成了管涌洞，处置起来就更困难。一旦决堤，必将造成重大伤亡和损失。

2. 及时阻断或者消除危险源

控制灾害最有效的办法就是尽快找到危险源，立即想办法将危险源消除，如不能立即消除，就要采取措施阻断危险源或者对危险源进行无害化处理。例如，当发生化学毒气、毒液泄漏时，要控制险情，首先要找到毒气、毒液泄漏的地点，然后千方百计堵住泄漏点，消除险情。2003年重庆开县12·23特大井喷事故发生时，造成危害的主要是从井内喷出的大量含有高浓度硫化氢的天然气，指挥部决定在事故井旁两条放喷管线点火，使喷出的天然气燃烧，将空气中的有害成分燃烧尽，从而不再对人构成威胁，这就是阻断危险源。当控制住了井喷，井内不再喷出含有高浓度硫化氢的天然气，危险源就被消除，危机也就烟消云散。然而令人遗憾的是，井喷事故发生18个小时之后才在事故井旁两条放喷管线点火成功，阻断危险源的致命延误，使我们付出了243条人命的沉重代价。

3. 维护应急管理人员、救援人员、受威胁公众的安全

应急管理人员及救援人员是消除灾害的主力队伍，必须采取安全的防护措施，尽力保障应急机构及其工作人员、救援人员的生命安全，以维持和增进救援处置成果。同时，还要注意妥善安置受威胁公众，使其远离危险，稳定其情绪，避免其给应急工作造成障碍，加强其自救互助的认知与能力。

【现场直击】

2008年汶川大地震应急处置

案例背景

2008年5月12日14时28分，在四川汶川县（北纬31度，东经103.4度）发生8.0级地

震。此次地震强度大,波及面广,宁夏、青海、甘肃、河南、山西、陕西、山东、云南、湖南、湖北、上海、重庆等省市区均有震感。国务院启动Ⅰ级应急响应。地震发生后,党中央、国务院高度重视,胡锦涛总书记在第一时间做出重要批示,温家宝总理迅速赶往灾区指导救灾工作。汶川地震灾害的特点是:

第一,地震烈度极高。汶川地震是一场特别重大的自然灾害,震级高达里氏8.0级,最大烈度高达11度。而且,灾区余震不断,大小余震5000余次。截至5月18日,仅6.0~6.9级余震就发生了4次。

第二,影响范围极广。汶川地震波及范围非常广,全国仅黑龙江、吉林和新疆3个省区没有震感,灾区涉及四川、甘肃、陕西、重庆等地。遭受地震破坏特别严重的地区面积超过10万平方公里。其中,四川省的北川、什邡、绵竹、汶川、彭州等地受灾最为严重。

第三,破坏性极强。汶川地震导致人民生命、健康与财产遭受严重损失,社会生产、生活秩序被打乱,表现出极强的破坏性。截至5月19日,灾区死亡人数已经超过3.4万人,受伤人数超过24.5万人。有关部门估计,因灾遇难人数将在5万人以上。

第四,救援难度极大。汶川地震发生后,水、电、道路、通信等现代社会赖以正常运行的关键基础设施严重毁损。四川省自古以来就有"蜀道难,难于上青天"之称,通往地震灾区的道路本来就逼仄、狭窄、崎岖,许多道路没有"备份"。地震造成通往汶川等重灾区的交通中断,应急救援队伍和物资无法在第一时间被运抵灾区。而且,灾后恰逢阴雨天气,余震不断,滑坡、泥石流等地质灾害不断发生,抢通道路的任务非常艰巨。甚至一些道路被打通后,又因为山体滑坡等原因而出现反复。

除此之外,此次地震的发生地是羌、藏、回等少数民族的聚居区,发生时间距离北京2008年奥运会不足90天。确保汶川地震救援的有效与成功,这对于我国维护社会稳定、民族团结与国际形象都具有不可低估的作用。因此,汶川地震救援时间特别紧迫,任务特别艰巨,责任特别重大。

<u>应急过程</u>

地震发生后,胡锦涛总书记和温家宝总理亲临灾区视察灾情,指导抗震救灾工作,极大地鼓舞了全国人民战胜灾害的信心与勇气。在党中央、国务院的统一领导和部署下,全国上下紧急行动起来,军民齐心协力,部门之间协调联动,一方有难,八方支援,打破了条块分割、部门分割、地域分割的界限,形成了协同应急的巨大合力,发挥了"社会主义集中力量办大事"的优势。特别是,公安、消防、气象、水利、电力、交通、民政、医疗、防疫等部门密切配合,未雨绸缪,提早筹划,严防水库崩坝、疫病流行等次生、衍生灾害的发生。

5月12日下午,一些网站曾爆出"北京市将在晚上10:00—12:00之间发生2~6级"地震的虚假消息。政府权威部门快速反应,及时辟谣。不仅如此,在灾害应对的过程中,主流媒体对灾区救援情况进行了实时、动态的报道,使得社会公众能够及时了解灾情,如中央人民广播电台推出了特别直播节目《汶川紧急救援》,中央电视台综合频道与新闻频道联合推出了直播节目《抗震救灾,众志成城》等,24小时无间断播出。这不仅在最大程度上满足了社会公众知情的需要,也使有关地震的谣言、流言无立锥之地;不但没有引起过度的社会恐慌,反而激发了全国人民同心同德、共赴国难的爱国热情,增强了民族凝聚力。

继南方暴风雪之后,中国人民解放军、中国人民武装警察部队和民兵预备役人员在汶川地震的危难之际又一次大显身手,起到了力挽狂澜、扶危定倾的作用。由于地震导致陆路交通受阻，空军紧急出动大型运输机、直升机等装备，向灾区机降和伞降应急救援力量和物资。在陆路交通不畅的情况下，解放军、武警和民兵凭借过硬的军事素质，强行军火速赶往重灾区。野战运血车、野战流动医院等大批先进的军事装备在突发事件的处置过程中展现出巨大的威力。从国内外巨灾应对的实践来看，武装力量遂行抢险救灾等非战斗军事任务具有得天独厚的优势，因为他们具有顽强的意志、良好的体力、严密的组织和超常的快速反应能力、应急机动能力及远程投送能力。同时，汶川应急救援对于武装力量来说也是一次难得的实战演练机会，体现了军民结合、平战结合的精神。汶川地震使数以万计的民众丧生，重创了灾区社会公众的心理。许多劫后余生的灾区公众或惊魂不定，或沉浸在丧失亲友的痛苦之中。在汶川地震救援中，我国政府本着以人为本的原则，对于社会公众的心理干预介入时间早、力度大。例如，中国心理协会及时启动"阳光在行动"工程，派出心理专家赶赴灾区，对灾民进行心理疏导；中科院在成都的科研基地也将青少年心理干预的手册发放给灾区的孩子；唐山地震的幸存者赶赴灾区现身说法，等等。这些都将对我国今后处置重大突发事件具有重要的借鉴意义。

在汶川地震救援的过程中，社会动员发挥了突出的作用。全国人民踊跃参加为灾区献血、募捐等活动，政府、企业与第三部门之间有效地组合力量，形成了政府主导、全社会共同参与的局面。

在汶川地震救援中，中国企业勇于承担社会责任，向灾区慷慨捐款捐物，提供挖掘机、柴油发电机、方便面、瓶装水、帐篷、衣服、药品等设备和物品，派出专业维修队伍和应急救援队伍，携带先进装备，抢修灾区的水、电、交通、通信等"生命线"系统，救助灾区被困人员。为了支援灾区的抗震救灾工作，许多企业开足马力，夜以继日地生产抗震救灾物资，为最终夺取抗震救灾斗争的胜利提供了有力的物质保障。

在汶川地震救援中，志愿者云集，车友、无线电爱好者等自发组织起来，赶赴灾区，参与抢险救灾。众多的非政府组织（NGO）以其灵活的形式自下而上对震灾做出了迅速的反应，与政府自四川省汶川县映秀镇的群众在清理废墟开展灾后自救自上而下的应急模式形成互补之势。值得关注的是，共青团四川省委还设立了NGO成都协调处，下设医疗服务、物资分配、前方信息收集、对外宣传、机构联络、志愿者管理、后方信息收集整理分析等小组。

与此同时，灾区社会公众积极开展自救与互助，如受灾较轻地区的民众为重灾区免费送水送饭，有的人甚至刚走出废墟就又加入了志愿者的行列。

而且，在经济全球化背景下，特大自然灾害的影响往往具有较强的跨国扩散性。防灾、减灾、抗灾方面的国际合作至关重要。汶川地震发生之后，我国政府接纳了许多国家的国际援助，并同意日本、俄罗斯、韩国、新加坡等国向四川灾区派出地震救援队，这充分展示出了中国开放、成熟、自信的大国气度。

应急视频
- ■汶川地震场景
- ■汶川地震后国家启动一级应急预案
- ■汶川地震大救援
- ■胡锦涛主席就汶川地震救援向媒体表示感谢
- ■汶川地震后恢复重建

案例启示

从本次震后救援来看，我国在应急管理方面取得了明显进步。

第一，本次震后救援在党中央、国务院统一领导下，打破了部门分割、条块分割、地域分割、军民分割的界限，各种处置力量得到了有效整合，突现了"社会主义集中力量办大事"的体制优势。

第二，以人为本的应急理念贯穿于汶川地震救援整个过程，备受关注的灾民心理救助、全国哀悼日的设立，都说明了这一点。

第三，信息高度透明，权威信息占据了信息空间，最大限度地遏制了各种地震谣言的传播。特别是中央人民广播电台、中央电视台等主流媒体还开设了汶川救援的特别直播节目，极大地满足了社会公众的知情需求。

第四，地震应急管理所依靠的三支队伍密切配合：一是以公安、医疗、消防、地震救援等为主体的专业应急救援队伍，二是军队、武警和民兵预备役部队，三是公民志愿者队伍。绿色（军队和武警）、白色（医务工作者）、橙色（消防部队）和黑色（公安特警）交织在一起，成为灾区最耀眼的颜色。此外，大批的公民志愿者自发地赶往灾区，从事救灾志愿服务，也是一道亮丽的风景线，表明我国的应急社会动员机制日臻完善。

第五，震后救援体现了三个依靠，即依靠法制、依靠群众、依靠科技。在汶川应急救援中，我们依据《中华人民共和国突发事件应对法》对应急物资进行了紧急征用，对谣言传播者予以了严惩；我们依靠群众，发动群众，充分发挥了企业、非政府组织和公民个人参与抗震救灾的积极性；我们依靠科技，在道路不畅、交通受阻的条件下，现代高技术装备起到了无可替代的突出作用。"风云"系列气象卫星、"北斗"导航卫星、"北京一号"小卫星等为应急管理决策者搜集到了大量的信息。

第六，震后救援开放合作程度高。我们以较快的速度接纳了国外救援队和医疗队，表现出成熟、开放、自信的大国风采，为今后建立完善应急管理国际合作机制奠定了良好的基础。

资料来源：王宏伟，《从汶川地震看我国的应急管理》，《中国社会报》，2008年6月23日；董克用、王宏伟，《对于汶川地震应急管理的建议》，《中国应急管理》，2008年第6期；有改动。

第二节 应急指南

灾难的发生总是让人猝不及防。"知道如何做"是公众保护自己、保护家庭、援助社会最好的准备和应尽的责任。构建科学、完备、实用的应急指南指导体系，制定简明指导手册，无论对公共部门还是企业行业、社会公众而言，都具有重要现实意义。本节参考中国灾害防御协会编写的《市民公共安全应急指南》，简要介绍应知应会的应急常识和技巧。[①]

一、应急计划和日常安全指导

政府部门要有计划地指导管理部门、企业行业、社会公众制定系统管用的应急计划，指导其安全管理体系的构建和运行。

---

① 中国灾害防御协会：《市民公共安全应急指南》，北京大学出版社2006年版。

1. 应急计划

制订应急计划，包括基本知识储备、制定应急方案、核对安全事项、准备应急箱四项内容。

一是基本应急知识储备。要了解本地区和家庭经常发生的灾害事件，了解应对各种灾害事件的基本常识，寻找家庭中的安全盲点，了解本地区、本社区、本单位和子女学校的应急方案，知道如何帮助特殊人群如老人、孩子和残障人士。

二是制定应急方案。应明确规定应急集合处、紧急联络人等事项，而且这些集合处、联络人最好有备选的第二位。

三是核对安全事项。对通常存在各种安全盲点，逐一检查核对，促使人们注意。

四是准备应急箱。要提醒部门、公众、家庭平时注意准备必需的应急物品并放置于专用箱内，以备不测。可按照包括用水、食物、工具、卫生、衣物、医药、特殊用品在内的7类用品清单储备应急箱中的日常用品。

另外，要注意针对特殊人群如老人、儿童、妇女、能力障碍人士等制订特殊应急计划。

2. 日常安全指导

主要是对公众居家安全、外出安全、办公场所安全、意外袭击等情况提供安全指导，提醒应当注意的事项，可供采用的简单技巧办法。

居家安全的重要事项，是注意防盗、防跟踪等。重点是采取隔离防护措施，设法引起警方和其他公众关注，保障人身生命安全。

外出安全的重要事项，是注意熟悉路线、环境、公共设施、重要部位，等等。重点是避免泄露个人信息，有效辨别陌生环境，要与同伴共行，学会身体自保动作，向公共部门请求救助。

办公场所安全的重要事项，是注意办公室、洗手间、电梯、楼道等处的安全防范。重点是保持自身所在场所的空间安全、无陌生人员，并与保安守卫部门和人员保持联系。

意外袭击应急的重要事项，是注意防范偷盗、抢劫、凶杀、恐怖行为等侵害。重点是行路要警惕，切勿炫耀个人财富名利地位，熟悉安全路线和交通工具，尽快报警取得警方救助。

二、具体灾难应对

1. 洪水灾害防护指导

洪水灾害防护指导主要是对山洪、漫溢决堤等灾害的防护指导。包括洪水到来、洪水围困、群众避难等过程的指导。

洪水到来时，应急部门人员要指导群众就近迅速向山坡、高地、楼房、避洪台等地转移，或者立即爬上屋顶、楼房高层、大树、高墙等较高的地方暂避。

若洪水继续上涨，暂避的地方也难自保，则要充分利用准备好的救生器材逃生，或迅速找一些门板、桌椅、木床、大块的泡沫塑料等能漂浮的材料逃生。

如被洪水包围，要设法尽快与当地政府防汛部门取得联系，报告自己的方位和险情，积极寻求救援。

如被卷入洪水，一定要尽可能抓住固定的或能漂浮的东西，寻找机会逃生。

发现高压线铁塔倾斜或者电线断头下垂，一定要迅速远避，防止直接触电或因地面"跨步电压"触电。

洪水过后，要做好各项卫生防疫工作，预防疫病的流行。

告诫群众千万不要游泳逃生，不可攀爬带电的电线杆、铁塔，也不要爬到泥坯房的屋顶。不要盲目游动，以免体力消耗殆尽。要学会发出求救信号，如晃动衣服或树枝、大声呼救等。

学会指导群众有组织的避难。一要让避难路线家喻户晓，让避难者弄清洪水先淹何处，后淹何处，以选择最佳路线，避免造成"人到洪水到"的被动。二要认清路标。在洪水多发地区，政府部门一般修筑有避难道路。这种道路应是单行线，以减少交通混乱和阻塞。避难道路设有指示前进方向的路标，如果避难人群未很好地识别路标，盲目地走错路，再往回折返，便会与其他人群产生碰撞、拥挤，产生不必要的混乱。三要保持镇定的情绪。要掌握灾害心理学知识，洪灾中避难者由于自身的苦痛、家庭的巨大损失，已是人心惶惶，如再受到流言蜚语的蛊惑、避难队伍突然发出的喊叫、警车和救护车警笛的乱鸣这些外来干扰，极易产生不必要的惊恐和混乱。四要指导群众尽快找寻距家近、地势高、交通通讯方便，有上下水设施，卫生条件好的避难所。这些场所在城市中大多是高层建筑的平坦楼顶，地势较高或有牢固楼房的学校、医院，以及地势高、条件较好的公园等。在农村则有较为安全的大堤，与邻近村长期结成的"对手村""对手户"。

2. 地震灾害防护指导

地震防护指导主要是对地震前后及其引发的次生灾害的防护指导。包括平时准备、震时与震后的自救互救，等等。

（1）指导群众学会识别地震前兆和地震烈度。

地震前兆，可以看水、看动物、看地光、听地声。

看水：

无雨水变浑，变色变味又难闻；

喷气又发响，既翻水花又冒泡；

天旱井水冒，反常升降有门道。

看动物：

震前动物有前兆，发现异常要报告。

牛马骡羊不进圈，猪不吃食狗乱咬。

鸭不下水岸上闹，鸡飞上树高声叫。

冰天雪地蛇出洞，老鼠痴呆搬家逃。

兔子竖耳蹦又撞，鱼儿惊慌水面跳。

蜜蜂群迁闹哄哄，鸽子惊飞不回巢。

综合分析辨真假，群测群防很重要。

看地光：

大地震发生前，在震中或附近地区常常出现形态各异的地光，以白、红、黄、蓝色较为常见。

听地声：

地光发生后，有时会有地声。多数像打雷，有时像狂风、炮鸣、狮吼等。

判断地震烈度：

三级地震难知晓，四级五级吊灯摇；六级物倒房微损，七八房坏地裂掉；九十桥断房屋倒，十一十二重灾到。

（2）前期准备检测。

得到地震预警，要积极进行震前准备，指导群众将损害降到最小。

一是心理准备检测。可以进行以下问题的询问。包括，地震发生时家中各人的职责，联络方式，避难场所路线，震灾时需要的各项物品，烫伤、烧伤、砸伤的紧急处理方法，与附近的邻居联系，居家之外遭遇地震的情况，家内和附近的安全隐患排查，参与地震演习等各项事务是否准备好了。

二是安全准备检测。指导群众预先采取措施防止房屋倾倒、防止家具倾倒、防止玻璃飞散、防止杂物堵塞、防止火灾发生。

三是必需物品准备。指导群众准备一个防震包，内装必需品，包扎结实，放于易取处。包内应携带食品、水、药、生存工具、轻便贵重物品、证件卡片。

四是必要信息准备。指导群众熟悉急救电话，社区管理部门电话，医生、医院、药店的位置，社区备用灭火器，公用电话的位置，通往附近开阔地的最好路线。

五是必要的救助工作。要对独居的65岁以上年长者、残疾人进行救助，帮助其完成上述准备工作。

（3）地震中的自救与互救。

指导群众学会自救与互救。地震发生时，若在家中，要选择易形成三角空间的地方躲避，如是平房，可逃出房外，外逃时注意用被子、枕头、安全帽护住头部。室内安全地点有：卫生间、厨房、储藏室等狭小空间，承重墙（注意避开外墙）。

在学校，听从老师安排，室内学生不撤出，室外学生不要回教室，就近"蹲下、掩护、抓牢"。注意避开高大建筑物、危险物。

在工作间，迅速关掉电源、气源，就近"蹲下、掩护、抓牢"，注意避开空调、电扇、吊灯。如在高层则不要下楼。

在电影院、体育馆和商场，不要拥向出口，注意避开吊灯、电扇、空调等悬挂物，以及商店中的玻璃门窗、橱窗、高大的摆放重物的货架。就近"蹲下、掩护、抓牢"。地震后听从指挥，有秩序撤离。

在车内，驾车远离立交桥、高楼，到开阔地，停车注意保持车距。车内乘客应抓牢扶手避免摔倒，降低重心，躲在座位附近，不要跳车，地震过后再下车。

在开阔地，尽量避开拥挤的人流，避免家人走失，照顾好老人和儿童。

指导群众在地震中做到：不要惊慌，伏而待定。不要站在窗户边或阳台上。不要跳楼、跳车或破窗而出。如果在平房，地震时，门变形打不开，"破窗而出"则是可以的。不要乘坐电梯。不要因寻找衣服、财物耽误逃生时间。不要躲避在电线杆、路灯、烟囱、高大建筑物、立交桥、玻璃建筑物、大型广告牌、悬挂物、高压电设施、变压器附近。不要在石化、煤气等易爆、化学有毒的工厂或设施附近。不要位于明火的下风。

地震中遭遇火灾，要趴在地上，用湿毛巾捂住口鼻，地震停止后向安全地方转移，匍匐，逆风。地震中遭遇燃气，要用湿毛巾捂住口鼻，杜绝使用明火，震后设法转移。地震中遭遇毒气，要用湿毛巾捂住口鼻，不要顺风跑，尽量绕到上风去。

（4）地震后的自救互救。

被掩埋自救，要坚定求生意志。挣脱手脚，清除压在身上，尤其是腹部的重物，就地取材加固周围支撑。要设法用手和其他工具开辟通道逃出，但如果费时、费力过多则应停止，保存体力。要尽量向有光、通风的地方移动。要用毛巾、衣服掩住口鼻。要在可以活动的空间中寻找食物和水，尽量节省食物，以备长时间使用。要注意保存体力，不大声喊叫呼救，可用敲击铁管、墙壁，吹哨子等方式与外界沟通，听到救援者靠近时再呼救。要是在封闭室内不可使用明火。

积极参与互救，要先救多，后救少；先救近，后救远；先救易，后救难。要留心各种呼救声音。要了解坍塌处的房屋构造，判断哪里可能有人。在挖掘时不要破坏支撑物。使用小型轻便工具，接近伤员时，要手工谨慎挖掘。尽早使封闭空间与外界沟通，以便新鲜空气注入，如灰尘太大，要喷水降尘。一时无法救出，可先将水、食品、药品递给被埋压人员使用。施救时要先将头部暴露出来，清除口、鼻尘土，再将胸腹部和身体其他部位露出，切不可强行拖拽。对在黑暗、饥渴、窒息环境下埋压过久的人员，救出后应蒙上眼睛，不可一下进食太多。伤者要及时处理，尽快转移到附近医院。救人过程中要注意安全，小心余震。

3. 地质灾害防护指导

地质灾害防护指导主要是对山体崩塌、滑坡、泥石流、地面塌陷、地裂缝、地面沉降、火山喷发等与地质作用有关灾害的指导。包括指导采取前期预防和危机救助等紧急防护措施。

要注意指导群众聆听查看政府管理部门或当地地质灾害预报及各类警示，不要在敏感时刻前后前往和栖身于地质灾害易发频发地带。如发现灾害征兆，根据灾害体推进方向，尽量侧向或逆向迅速转移到安全开阔高地，不要在危险处、低洼处躲避。

4. 传染病防护指导

传染病防护指导主要是针对流脑、流感、肺炎、肝炎等各种流行性传染病的防护指导。内容重在实施传染病管理制度。包括预检分诊制度、诊断及转诊制度、登记报告管理制度、网络直报制度、门诊住院登记管理制度、检验放射登记管理制度、报告培训制度，等等。

另外，及时发放传递传染病防护宣传材料，指导群众学会自我防护措施和健康行为习惯。要求群众从三个方面加强防护。一是别接触传染源，如病人、隐性感染者等。二是勤洗手、戴口罩、勤开窗、勤通风、常检测等。三是及时接种相关疫苗、增强体质等。

5. 气象灾害防护指导

气象灾害防护主要是对冰雹、大雾、台风、暴雨、暴雪、高温、寒潮、干旱、大风、霜冻、雷电、霾、沙尘暴、空气质量、气候变化、酸雨、龙卷风、低温冷害、高温中暑、空间天气灾害、道路结冰等二十余种气候事件灾害的防护指导。

（1）台风、龙卷风。

一是做好预防和避险指导。重要设施、部位进行安全检查和加固，备好应急物品工具，驻留安全场所不要外出。二是做好灾后救护指导。注意食物水源供给，维护群众健康，留意隐患风险点。

（2）雷电雷暴。

告诫群众不要靠近孤立的高楼、电杆、烟囱、房角房檐，更不能站在空旷的高地上或到大树下躲雨。通知群众远离开阔地带的金属物品（拖拉机、农具、摩托车、自行车、高尔夫球车及高尔夫球棒等）。不要去山顶、开阔地、海滩或船只上。不要待在开阔地单独的屋棚或其他小建筑内。不要赤脚站在水泥地上。不要洗澡或淋浴。不要打固定电话。不要使用带有外接天线的收音机或电视机。注意关好门窗,切断电源或易传电设施工具。

(3) 冰雹。

指导群众妥善安置易受冰雹大风影响的室外物品,户外作业人员暂停作业,到安全地方暂避,暂停户外活动,勿随意出行。

(4) 沙尘暴。

指导群众注意收听天气预报,关好门窗,屋外搭建物要紧固。出门戴口罩、纱巾等,身处危险地带或危房里的居民应转移到安全地方。受影响的机场、高速公路、轮渡码头要注意交通安全,必要时暂时封闭或停航。幼儿园、学校、单位应采取暂避措施,必要时须停课、停业。

(5) 高温。

指导群众安装降温设备,必要时进行隔热处理。尽量留在室内,并避免阳光直射;外出时要打遮阳伞、穿浅色衣服、戴宽檐帽。暂停户外或室内大型集会。上午十点至下午四点不要在烈日下外出运动。室内空调温度不要过低,空调无法使用时,选择其他降温方法,比如向地面洒些水等。持续的高温干旱天气有可能造成供水紧张,应及时储备。浑身大汗时不宜立即用冷水洗澡,应先擦干汗水,稍事休息再用温水洗澡。准备防暑降温的饮料和常用药品(如清凉油、十滴水、人丹等)。注意作息时间,保证睡眠,暂停大量消耗体力的工作。多饮凉白开水、冷盐水、白菊花水、绿豆汤等。不要过度饮用冷饮或含酒精饮料。关心亲友,尤其是家中没有空调设备或常单独生活的人。注意防火。

(6) 低温、寒潮、雪灾、积冰。

指导群众注意收听天气预报,做好防寒防雪防冰准备,包括室内取暖设备及衣物。指导老、幼、病、弱人群不要外出,注意防寒保暖。准备充足的食品、燃料。车辆减速慢行,路人当心滑倒,必要时封闭道路交通。关好门窗,紧固室外搭建物。船舶进港避风。高空、水上等户外人员停止作业。有关部门做好融雪、道路积雪清扫工作。

(7) 大雾。

指导群众注意收听天气预报。尽量不要外出,外出时要戴口罩。车辆要减速慢行,小心驾驶,打开防雾灯,与前车保持足够的制动距离,并减速慢行,需停车时要注意先驶到外道再停车。行车听从交警指挥。机场、高速公路,轮渡码头注意交通安全,必要时暂时封闭或停航。告诫群众乘车船要保持秩序,不要拥挤或滞留在渡口。不要在雾中进行体育锻炼,如跑步等。

6. 海啸防护指导

如果发现潮汐突然反常涨落,海平面显著下降或者有巨浪袭来,都应以最快速度撤离岸边,向内陆高处转移。航行在海上的船只不可以回港或靠岸,应该马上驶向深海区,深海区相对于海岸更为安全。指导落水群众要尽量抓住木板等漂浮物,同时注意避免与其他硬物碰撞,尽量减少动作和挣扎,能浮在水面随波漂流即可。海水温度偏低,不要脱衣服。尽量不要游泳,以防体内热量过快散失。不要喝海水,海水不仅不能解渴,反而会让人出现幻觉,导致精神失常甚至死亡。尽可能向其他落水者靠拢,既便于相互帮助和鼓励,又因为目标扩大更容易被救援人员发现。溺水者被救上岸后,最好能放在温水里恢复体温,没有条件时也应尽量裹上被、毯、大衣等保温。注意不要采取局部加温或按摩的办法，更不能给落水者饮酒，饮酒只能使热量更快散失。给落水者适当喝一些糖水有好处，可以补充体内的水分和能量。如果落水者受伤，应采取止血、包扎、固定等急救措施，重伤员则要及时送医院救治。要及时清除落水者鼻腔、口腔和腹内的吸入物，将落水者的肚子放在施救者大腿上，从后背按压将海水等吸入物倒出。如心跳、呼吸停止，则应立即交替进行口对口人工呼吸和心脏按压。

7. 火灾防护指导

主要是对各类原因引发的火灾防护进行指导。首先要指导群众做好火灾预防工作，注意明火隐患。平时要熟悉住所的各个通道、出口，牢记逃生路线。预先模拟火灾场景，搞清逃生路线，约定好会合地点。要熟悉居所附近的消防设施及其使用方法。防盗窗应该改为非封闭式的，妥善处理好防盗与火灾避险的关系。应备有绳索等简单的应急逃生工具，特别是住在高层楼房的家庭。

其次要指导群众学会扑灭初起火灾，采取自救措施。迅速拨打"119"火警电话报警。在消防人员赶到现场之前，应设法灭火自救。灭火时可就地取材，有灭火器最好，也可用沙土、毛毯、棉被等物品覆盖灭火。油锅起火时，要迅速盖上锅盖，使火熄灭，绝不能用水扑救。如果油火洒在灶具或地面上，可用手提式灭火器扑救，或用湿棉被、湿毛毯等捂盖灭火，并马上熄灭炉火。燃气灶具着火时，如果使用的是液化气，要迅速用毛巾、抹布等盖住钢瓶护栏，用衣服、棉被等浸水后捂盖灭火，并迅速关闭总阀。如果使用的是管道燃气，也要抓住关阀、灭火两个关键，防止火势蔓延。家用电器着火时，要先切断电源后灭火。着火时不要随便打开门窗，以免空气对流造成火势蔓延。

再次是指导采取紧急避险措施。发生火灾时要迅速判断火势的来源，朝与火势趋向相反的方向逃生。要善于利用身边各种有利于逃生的环境和物品。不要留恋财物，尽快逃出火场，逃离火场后不要再返回。逃生过程中，尽可能关闭经过的所有门，以减慢火焰和浓烟蔓延的速度。不要钻入阁楼、厨房和卫生间内，更不要进电梯。烟雾弥漫时，要用湿毛巾捂住嘴巴和鼻子，压低身子，以免吸入浓烟或有毒气体。爬行时要将手、肘、膝盖紧靠地面，沿着墙壁边缘逃生，以免逃错方向。经过火焰区时，要先弄湿衣服，或用湿棉被、毛毯裹住头和身体，迅速通过，防止身上着火。万一身上着火，千万不要乱跑，应该就地打滚扑压身上的火苗。如果近旁有水源，可用水浇或者跳入水中。如同伴身上着火，可用衣、被等物覆盖灭火，或用水灭火。楼梯被烟火封堵时，不要盲目跳楼，要充分利用室内外的设施自救。

最后要指导群众逃生。学会发求救信号。学会利用绳索、被单、衣物、落水管、避雷针引下线、天窗、旁边的建筑物逃生。逃生路线被火封锁，没有其他逃生条件时，应立即退回室内，关上门窗，用毛巾塞紧门缝，把毛毯、棉被等浸湿后罩在门上，并不断往上浇水降温，防止外面的火焰及烟气侵入。有条件的可打开水龙头，把水浇在地面上降温，同时发出求救信号。在公共场所，如商场、舞厅、影剧院等遇到火灾，应立即把衣服、毛巾等打湿捂住口鼻，听从指挥，压低身体，向最近的安全门（安全通道）方向有秩序地撤离。在高层楼房逃生时注意不要使用电梯，应从消防疏散楼梯撤离。按照火灾逃生路线图或疏散指示标志逃生。逃生时一边跑一边敲门通知其他人逃生。如果有警铃开关，应立刻按动警铃报警。必须随身携带钥匙，一旦去路被堵，可以及时退回房间再寻良策。当楼梯被浓烟或大火封堵时，不要贸然冲过去。被困于高处呼救无效时，可在窗前挥动被单、毛巾、枕套等物，引起别人注意。

门窗、通道、楼梯等被烟火封住，应充分利用救生绳、消防缓降器、救生袋等逃生。如果离楼顶较近，可直奔楼顶平台或阳台，发出求救信号并耐心等待救援人员到来。无论遇到何种情况，都不能直接往楼下跳。

8. 交通安全防护指导

主要是对道路交通安全、水上、空中交通安全等进行防护和采取逃生措施。此处重点讲解逃生措施指导。一是要指导群众学会报警，要熟记并正确使用各种求助与报警电话号码（110、119、122），遇到意外事故、突发事件时，拨打电话求助或报警要根据所报警种要求，讲清楚所求助或报警的内容，报出自己的姓名、住址或所在学校及所使用的电话号码。所乘交通工具着火时应防止吸入烟气窒息，再设法逃生，可击碎所乘交通工具玻璃逃生。逃生后要远离事故发生地点，防止因交通工具着火、爆炸而造成的伤害，并迅速报警或拦截车辆救助其他未逃生人员。

9. 化学事故安全防护指导

主要是指导群众对有毒物质或化学危险品生产、储存、运输和使用过程中引起的泄漏、污染或爆炸事故做好个人防护和公共防护措施。在个人防护措施方面，指导群众了使用的危险化学品的特性，不盲目操作，不违章使用。妥善保管身边的危险化学品，做到标签完整，密封保存；避热、避光、远离火种。居室内不要存放危险化学品。严防室内积聚高浓度易燃易爆气体。乘船、乘车不携带危险化学品。发现被遗弃的化学品，不要捡拾，应立即拨打报警电话，说清具体位置、包装标志、大致数量以及是否有气味等情况。不要在事发地周围逗留；不要在事发地吸烟。遇到危险化学品运输车辆发生事故，应尽快离开事故现场，撤离到上风口位置，不围观，并立即拨打报警电话；其他机动车驾驶员要听从工作人员的指挥，有序地通过事故现场。居民小区施工过程中挖掘出有异味的土壤时，应立即拨打当地区（县）政府值班电话说明情况，同时在其周围拉上警戒线或竖立警示标志。在异味土壤清走之前，周围居民和单位不要开窗通风。受到危险化学品伤害时，应立即到医院救治，不要拖延。

在公式防护措施上，做好撤离指导。毒区内人员紧急转移至无毒区域，疏散到上风方向。如果来不及撤离或在无个人防护器材的情况下，应迅速转移到坚固而密封性能好的建筑物内，以避免化学毒物伤害。要指导人群在密集撤离中保持秩序，不要挤踏。危机管理人员进入毒区前，必须正确佩戴防毒面具及袖套、围裙、靴套等个人防护器材，必要时应穿全身式防毒衣。

10. 恐怖袭击防护指导

主要是对恐怖分子有组织地使用暴力或以暴力相威胁事件的防护指导。

一是做好前期预防指导。准备家庭应急物品，准备联系方案确保发生意外事件可以及时联系到特定成员。牢记当地政府的紧急联络电话。熟悉公共场所的紧急出口。提高警惕，注意周围环境，留意不寻常活动。不接受陌生人包裹，不将行李交给陌生人保管。

二是指导群众学会紧急应对。包括五种情况。遭遇爆炸，学会卧倒、躲避，学会防烟防毒，通过张口避免爆炸所产生强大冲击波击穿耳膜，引起永久性耳聋。要拨打120、110、119等急救，在急救人员到来之前，采取措施进行自救和就地取材救助伤员。遭遇爆炸威胁，接收到关于爆炸的恐吓信息如恐吓电话，要做到努力从恐吓方得到更多的信息，用纸笔记录对方所说的话。注意电话的背景声音，如特殊的音乐、机器声响、对方的声音特质等。如果是在工作地点，要及时向同事预警。接到爆炸威胁后，不要触碰特殊的包裹。把特殊包裹附近的东西清理干净，尽快通知警察。如果是在室内，要远离玻璃等易碎物品。如果发现炸弹，不要试图移动，要立刻报警，请专业人员处理。遭遇毒气，要尽快采取紧急防护措施，用衣服、帽子、口罩等，保护眼、鼻、口腔，防止毒气摄入。要组织人员快速有序静默撤离。撤离时不可顺着毒气流动的风向走，要逆向逃离。遭遇人质劫持，要保持镇定、保存体力，学会观察时机，发现恐怖分子漏洞后随机应变。要设法向警方或营救人员传递信息，可通过发送手机短信、写字条等方式，将所处地点、恐怖分子的数目、企图、特点等重要信息传递出来。警方发起攻击解救行动时立即趴倒在地，双手护头，迅速按警务人员指令撤离。撤离时要避免惊慌混乱，首先搀扶老人和孩子。遭遇不明包裹，要提高警惕，做到不打开、不摇晃、不碰撞、不嗅闻，将不明邮件放入塑料袋收好，及时洗手。要拨打警方的非紧急电话报警。

三、应急实用常识指南

1. 常用报警电话

报警求助 110，火警 119，医疗救护 120，交通事故 122。上述电话免收电话费，投币、磁卡等公用电话均可直接拨打。拨打时要做到：

保持镇静，讲话要清晰、简练、易懂。电话拨通后，应再确认一下以免打错误事。

发生一切紧急情况都可拨打 110。若有交通事故也可拨打 122，火警拨打 119，医疗急救拨打 120。

必须说清事件主要情况以及伤病人员的年龄、性别、主要症状或伤情，便于准确派车；说清现场地点及等车地点，便于确定行车路线；同时说清报警者的姓名、电话号码等，便于进一步联系。

要尽量提前接应急救车辆，见到警车应主动挥手示意；拨打 120 后等车时不要急于将患者搀扶或抬出来，以免影响救治。

等车地点应选择路口、公交车站、高大建筑物等有明显标志的地方。

注意为 120 病人带齐病历和备用物品等。

为保证报警系统畅通有效，不可随意拨打无效或骚扰电话。

2. 紧急求救方式

指导群众学会根据自身的情况和周围的环境条件，发出不同求救信号。一般情况下，重复三次的行动都象征寻求援助。具体包括以下七种方式：

（1）声响求救。

遇到危难时，除了喊叫求救外，还可以吹响哨子、击打脸盆、木棍敲打物品、斧头击打门窗或敲打其他能发声的金属器皿，甚至打碎玻璃等物品向周围发出求救信号。

（2）利用反光镜求救。

遇到危难时，利用回光反射信号求救，是最有效的办法。常见工具有手电筒以及可利用的能反光的物品，如镜子、罐头皮、玻璃片、眼镜、回光仪等。每分钟闪照 6 次，停顿 1 分钟后，再重复进行。

（3）抛物求救。

在高楼遇到危难时，可抛掷软物，如枕头、书本、空塑料瓶等，引起下面注意并指示方位。

(4) 烟火求救。

野外遇到危难时可连续点燃三堆火，中间距离最好相等。白天可燃烟（燃烧新鲜树枝、青草等植物产生浓烟），夜晚可点燃干柴，发出明亮耀眼火光向周围求救。

(5) 地面标志求救。

在比较开阔的地面，如草地、海滩、雪地上可以制作地面标志。利用树枝、石块、帐篷、衣物等一切可利用的材料。如把青草割成一定标志，或在雪地上踩出一定标志，与空中取得联系。标志性的单词有：SOS（求救）、SEND（送出）、DOCTOR（医生）、HELP（帮助）、INJURY（受伤）、TRAPPED（受困）、LOST（迷失）、WATER（水）。

(6) 留下信息。

当离开危险地时，要留下一些信号物，以便让救援人员发现，及时了解求救者的位置或者去过的位置。一路上留下方向指示标，有助于营救者寻找求救者的行动路径，也有助于自己迷路时，作为向导。

(7) 莫尔斯电码求救。

用莫尔斯电码发出 SOS 求救信号，是国际通用的紧急求救方式。此电码将 S 表示为"…"，即 3 个短信号；O 表示为"— — —"，即 3 个长信号。长信号时间长度约是短信号的 3 倍。这样，SOS 就可以用"三短、三长、三短"的任何信号来表示。可以利用光线，如开关手电筒、矿灯、应急灯、汽车大灯、室内照明灯甚至遮挡煤油灯等方法发送，也可以利用声音，如哨音、汽笛、汽车鸣号甚至敲击等方法发送。每发送一组 SOS，停顿片刻再发下一组。

3. 心肺复苏急救

总体来说，心肺复苏 = 清理呼吸道 + 人工呼吸 + 胸外按压 + 后续的专业用药。主要采取以下五步骤，可参照图 5-1。

第一步，判断意识。看到病患，先检查意识（拍肩、查问）。判断病患意识的时间不能超过 5 秒钟，以免延误救助时间。动作要轻微，以免加重危情。

第二步，畅通呼吸道。一手掌下压病患前额，另一手拇指与食指成手枪形抬下巴。打开口腔，检查有无异物（清理口腔异物），解开病患衣扣。

第三步，看、听、感有无呼吸。看病患胸部有无起伏，以耳朵贴近病人口鼻，听有无呼吸声，以脸颊感觉有无出气。

第四步，检查病患脉搏。用食指及中指找到病患颈部中央位置喉咙处，沿着一侧下滑 1.5～2 厘米处，微压来感觉病患是否有脉搏。若无脉搏，则需开展胸外按压。

第五步，心肺复苏操作。进行胸外心脏按压。按压 30 次，吹气 2 次为一个循环（30：2），也即连续按压 30 下（边大声数数边压，按一下数一下），人工呼吸 2 下。按压与放松时间相等（压放比例 1：1），快速有力匀速按压胸壁充分弹性复位。胸外心脏按压部位：胸骨正中下 1/2 处（或约两乳正中偏下）。按压频率：80～100 下/分钟。按压深度：成人 4～5 厘米。操作方式：救护人一手中指沿病人肋弓上滑到双侧肋弓的汇合处，并定位于此，救护人另一只手的手掌根部贴于第一只手的示指并平放，手掌根部的横轴与胸骨的长轴重合。定位之手放在另一只手的手背上，两手掌根重叠，十指相扣，手心翘起，实施按压。

人工呼吸方式：口对口吹气 2 次。频率：12 次/分钟、吹气量：500～600 毫升。具体操作：保持病人气道开放，救护人将放在病人前额手的拇指和示指捏紧病人鼻翼，以防气体从病人鼻孔逸出，用双唇包严病人口唇，缓慢将气体吹入，并观察病人胸部起伏。

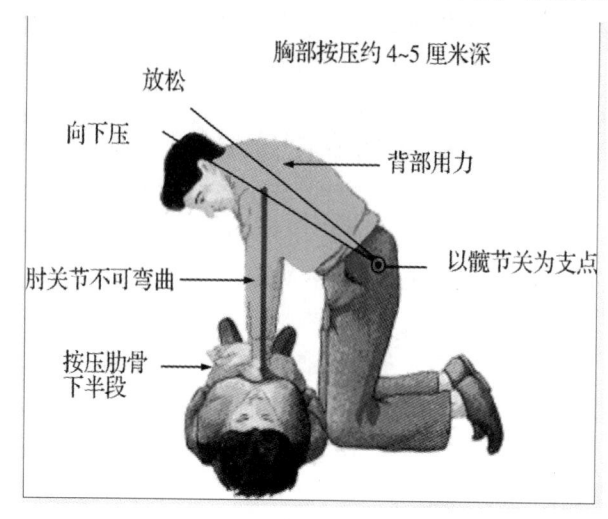

图 5-1　心肺复苏操作姿势要点

综上，应急指南指导较为系统和复杂，必须根据指导工作的实际需要和所处环境，抓住重点内容、环节、部位，加强模拟演练。

【深度阅读】

全球巨灾防范和应对四个转变

■从单项应急管理向综合应急管理转变

■从事后应急处置向注重事前预测、预警、预防和全过程管理转变

■从单纯依靠政府应对，向政府、企业、社会组织、公民个人共同应对转变

■从一国独立应对，向多国携手合作应对转变

在前往汶川、都江堰、北川、绵竹等地实地考察了四川"5·12"汶川特大地震恢复重建的具体做法后，2010年9月22日，参加"5·12"汶川特大地震恢复重建暨巨灾应对国际研讨会的国内外专家聚首成都，探讨地震灾区灾后恢复重建的理念、模式、机制和巨灾应对的不同做法。

与会专家认为，目前全球巨灾防范和应对已从单项应急管理向综合应急管理转变，从事后应急处置向注重事前预测、预警、预防和全过程管理转变，从单纯依靠政府应对，向政府、企业、社会组织、公民个人共同应对转变，从一国独立应对，向多国携手合作应对转变。"而汶川特大地震的应对，为人类防范应对巨灾提供了宝贵经验，堪称巨灾应对的典范。"

应对巨灾：协作应急是当前趋势

在22日的研讨会上，联合国开发计划署曼谷区域中心南南合作处项目专家赞德利卡·威利森是第一位发言的外国专家。赞德利卡·威利森曾多次来中国，通过实地考察后，他认为中国政府很了不起。"我为中国，为四川取得的巨大成绩感到高兴、赞赏。"

赞德利卡·威利森认为，非常迅速的应急机制是汶川地震应对成功的原因。"我们看到四川省迅速做出反应，启动预案，中国政府很好地对资源进行分配，其他市区也能从预算中拨出一部分来支援，也就是对口援助的方式。这种互助、前瞻的精神，在亚洲和世界范围内都值得称赞。"

亚太地区是世界上自然灾害频发的地区。"自然灾害出现频率已呈现高发趋势，并越来越出现从一个地区、一个国家单一应对到多个地区多个国家共同面对、共同应对的趋势。"来自联合国亚太经社会通信技术与减灾部经济事务官员那克·拉塔那旺认为，加强部门、区域的合作尤为重要。

协作不仅体现在救援上，在其他方面也可以走得更远。世界救援组织兼英国救援协会主席、英国莱斯特郡消防安全局局长大卫·韦伯介绍说，现代消防会遇到各种难题，不再是过去单兵作战。"譬如我们可以合作培训，合作开发技术和技能，这对那些没有能力和充分资源应对严重自然灾害的国家来说意义重大。"

而在应急的重点上，中国地震局兰州地震研究所石玉成认为，应该大力提升地震应急救援能力，加快地震应急预案体系建设，强化专业救援队伍建设。

减灾机制：应立足基层建设应急准备体系

既然灾害不可避免，那么有无办法将灾害损失降到最低？

"减灾机制尤为重要。"联合国减灾战略日内瓦及曼谷办公室减灾项目专家埃马纽埃尔·米·代古斯曼认为，要让风险源也就是让整个社区都能应对，提升社区的防灾减灾能力。"我也同意这一点。"中国安全生产科学研究院副总工程师李湖生认为，国内外经验表明，应急准备是避免和减轻灾害损失的有效手段，应贯穿于突发事件预防、保护、响应、恢复的全过程。"举例来说，2010年8月抗击特大山洪泥石流，四川成功运用抗震救灾经验，及时转移群众，最大限度保护了老百姓生命财产安全。"

李湖生建议，在恢复重建阶段，如果在灾害损失评估、恢复重建规划、项目实施等活动中，统筹考虑应急准备体系及应急能力建设等问题，将能够从源头上解决许多以往难以解决的问题。"很高兴，这次在四川发现这一点做得非常好。"李湖生还建议，政府应制定全面的灾害风险分析、对重大危险源分布进行调查，同时加强应急资源配置、生命线系统及关键基础设施避灾与保护等的详细规划和建设。"在强化政府应急管理职能和加强能力建设的同时，建议将应急准备工作的重心下移，要重视家庭、单位、乡村、社区这些基本社会单元的减灾与应急准备，形成'政府—社会—个人'各尽其力的协同机制，从而构建完整的社会应急准备体系。"

资料来源：周前进，《汶川地震应急管理堪称巨灾应对典范》，《四川日报》，2010年9月23日。

启发思考

根据前述阅读材料和案例，请思考讨论：
- 在应急处置救援中，哪些部位、环节最关键？
- 做好各种力量的协同工作，重点是什么？
- 让国际力量参与救援有必要吗，会否带来想不到的国家安全后果？

提升自我

[本章小结]

应急处置救援是整个应急链条上最重要的环节，实际上也是一个被迫而为之的环节，如能通过有效的预防而不发生事件，当为最好。但事件既然发生，就要集中精力和协同各种力量处置。要把救人摆在第一位。做到"以人为本，减少危害，统一领导，分级负责，快速反应，协同应对，依靠科技，提高素质"的基本要求。

[小测验]

1. 突发事件发生后，由（　　）组织调动应急力量组织救援和事件处置。

　　A. 履行统一领导职责的人民政府　　　B. 公安部门
　　C. 国安部门　　　　　　　　　　　　D. 自治组织

2. 社会安全事件发生后，组织处置工作的人民政府应当立即组织有关部门并由（　　）针对事件的性质和特点，依照法律法规规定，采取一项或者多项应急处置措施。

　　A. 公安机关　　　B. 村委会　　　C. 居委会　　　D. 当地驻军

3. 在各类灾害应急中，注意（　　）很重要。

　　A. 路线选择、食品饮品、通信工具　　　B. 说普通话
　　C. 使用无人机　　　　　　　　　　　　D. 外国动向

4. 在各类危险场合，封闭室（　　）使用明火。

　　A. 可以　　　B. 不可以　　　C. 按规定　　　D. 随意

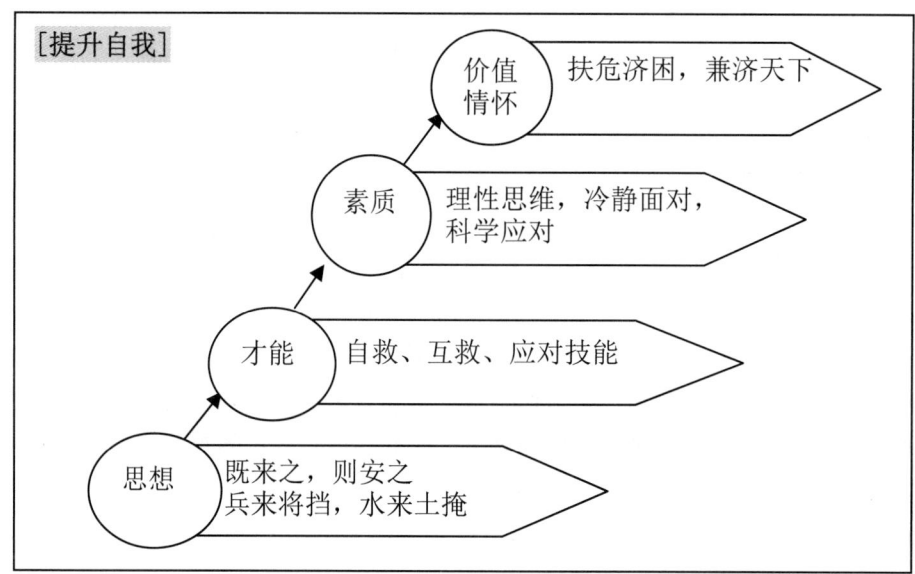

[提升自我]

第六章　突发危机事件的善后恢复和重建

课程引导

失事客机善后工作组成立

2010年8月24日21时36分，河南航空公司的VD8387航班在黑龙江伊春机场附近失事。25日凌晨4时，河南航空公司随即启动应急预案，成立了以副省长张大卫为首的工作组，全力处理相关善后事宜。

25日上午，河南省民航发展建设委员会向媒体通报称，获知河南航空公司的VD8387航班在伊春机场附近失事的消息后，河南航空公司有关人员与深航事故处理工作组25日凌晨在郑州紧急会合，并于5时乘坐专机赶往黑龙江事故现场。河南省副省长张大卫亦立即率领河南省民航办、郑州机场公司有关负责人赶往河南航空总部，了解事故处理情况。

事故发生后，河南连夜部署安排河南航空在机场的运营保障及相关善后服务事宜。张大卫亲临河南航空总部，安抚干部职工要稳定情绪，积极做好安全运营方面的工作。

河南省民航发展建设委员会办公室称，河南航空有限公司原名鲲鹏航空有限公司，其总部于2008年由西安搬迁至郑州，2009年更名为河南航空有限公司，2010年1月，经民航局批准以河南航空公司名义对外营运。河南航空现由深圳航空有限公司控股，持股51%，另外49%的股份由李泽源（原深航实际控制人）控制的两家境外公司持有。河南未持有河南航空股份，也未参与河南航空公司的经营与管理。

据了解，河南航空现有5架EMB190飞机，失事飞机由哈尔滨机场长期包租。据初步调查，伊春空难未发现人为破坏迹象，幸存者称飞机在空中没有发生燃烧或爆炸。

资料来源：赵晖，《伊春失事客机善后工作组成立》，中新社郑州2010年8月25日电，中国新闻网，2010年8月25日，有添加改动。

编者按：突发事件处置救援之后，事情是不是就结束了？不，没有。更重要的是从危机中恢复过来，重建家园，重启生活。

警言

靡不有初，鲜克有终。

——《诗经》

要点掌握

[学习目标]

了解危机事件善后与重建的主要工作，达到熟悉善后调查总结、恢复秩序、加快重建进程的目的，提升恢复力。

[重点难点]

事件调查、善后安置、恢复重建。

[内容要点]

突发危机事件的善后恢复与重建，是政府部门将受到公共危机破坏的社会财产、基础设施、社会秩序和社会心理恢复、重建为正常状态的过程。它不仅是基础设施等"硬件"的善后恢复与重建，而且还包括社会秩序等"软件"，尤其是受到危机冲击公众的心理恢复与重建。

事件发生后，要尽快促进人的恢复、公共秩序的恢复。要通过善后恢复和重建，保证人民群众的生活，构建一条安全防护网；通过危机善后工作稳定民心，维护国家稳定；避免日后类似危机带来更大损失；加强危机事件的预警能力，提升危机应对能力。其主要工作包括：恢复社会秩序，提供精神心理咨询，恢复或变革组织结构，物质重建，清算并补偿损失，事件调查及经验总结或者说危机总结评估。整个过程要掌握从速、稳妥、科学、务实、反思的原则。

第一节 善后恢复与重建

"善后"一词最早见于《孙子·作战》："夫钝兵挫锐，屈力殚货，则诸侯乘其弊而起，虽有智者，不能善其后矣。"宋时李纲的《与秦相公书》言："今并与岳飞一军，徙屯他路，则某区区愚见，不知所以善后矣。"现代汉语中，"善后"有"处理事务的后续问题，妥善处理事情发生后的遗留问题"之意。因此善后可泛指为政府公共部门对于公共危机事件发生后采取的，借以消除危机影响的一切措施的总称。恢复，则可参考美国学者罗伯特·希斯的界定，看成是致力于危机的彻底解决，包含对危机造成的破坏进行修复与重建，进而在危机中受益的过程。它包括物质、精神、社会秩序和组织等各方面的内涵。综上，突发危机事件的善后恢复与重建，不仅是基础设施等"硬件"的善后恢复与重建，而且还包括社会秩序等"软件"，尤其是受到危机冲击公众的心理恢复与重建。具体来说，是指政府部门将受到公共危机破坏的社会财产、基础设施、社会秩序和社会心理恢复、重建为正常状态的过程。

一、善后恢复与重建的重要性

应该认识到，危机的结束并不意味着危机管理的结束，而是进入了一个新的阶段——危机善后处理阶段。在此阶段，要建立健全完备的善后系统，而这个环节往往也是政府危机处理最容易忽略的地方。其重要性在于[①]：

1. 促进人的恢复

人的恢复和公共秩序的恢复是公共危机恢复中需要首先面对的问题。危机爆发后，人的生命最可能受到威胁，只是受威胁的程度大小有所区别而已，公共危机恢复就要以维持和保障人的生命安全为首要任务，努力促进包括生理和心理等方面人的全面恢复。其中，受害者、幸存者以及经历过危机事件的公众都会产生或重或轻的心理创伤，如果不及时进行心理引导，这将间接导致社会上忧郁、自杀倾向的心理疾病患者增多，既不利于全民心理健康，也不利于构建和谐社会。2006年，日本警察厅专门制订了《国民保护计划》，对危机恢复中如何保护

---

① 游志斌:《公共安全危机的恢复管理研究》,《中国公共安全》,2008年第1期；并参见谭燕:《政府危机善后处理在危机管理中的效能》,《法制与社会》,2008年第22期。

国民生命安全做了明确安排。

2. 维护公共秩序

危机发生后，可能由于社会运行不畅，公共管理和服务功能失调，导致一定程度的社会失序，进而可能引发政治、经济和社会的动荡，甚至导致经济和社会发展停顿。从公共管理和服务角度来看，危机发生容易造成一些公共组织无法正常开展业务，使公共组织的功能服务出现障碍，需要对这些部门或机构进行重构重建，以维持公共部门的完整性，促进社会秩序的恢复。从社会运行角度来看，危机会造成人员伤亡和心理障碍、生命线系统受损、工作环境和社会环境破坏，导致整个社会的运行出现障碍，只有恢复社会运行的整个链条，才能保证公共秩序的恢复。

3. 为进一步提高发展能力、发展活力提供经验机会

危机就是危险与机遇并存，善于利用危机，变危机为契机，这是公共危机管理的最高境界。公共危机管理就是一门控制、分解和转化危机的艺术。因势利导，变危机为机遇，关键就是要抓好公共危机管理经验教训总结，提高国民安全意识，创造新的产业复兴机会。危机恢复中也常会给社会公共安全管理和服务带来一些新的机会。

二、善后恢复与重建的目的

1. 保证人民群众的生活，构建一条安全防护网

通过对危机后的处理工作，如在自然灾害或重大事故地区发放补助、基础设施修建、提供医疗服务等工作，有利于危机地区快速渡过难关，有利于人民生活的稳定，有利于保障人民群众的生命健康安全。

2. 通过危机善后工作稳定民心，维护国家稳定

对一些危害性较大的事件，甚至社会动荡、人民流离失所等情况。通过危机善后的工作，及时处理和控制好危机，加强各方面关系的维护，能够有效地促进国家安全，保障党和政府的执政基础。

3. 避免日后类似危机带来更大损失

对政府部门来说，通过及时做好记录工作，对危机过程中出现的失误进行总结和改正，对危机处理工作中好的模式和经验进行推广和学习，避免今后出现类似工作慌张失措的局面。从群众方面看，通过危机善后，引导群众认清危机危害，提升他们在未来面临危机时的应对处理能力，减少对人员的伤害和财产损失。

4. 加强危机事件的预警能力，提升危机应对能力

通过危机善后，可以发现危机的形态，爆发的前兆、原因等，这些都需要在危机善后的工作中进行总结，以建立和维护一个有效的危机预警系统。

总之对我国来说，国家的性质决定了我们必须保护人民群众的生命财产安全，建立危机善后处理机制是政府必要的任务和工作，通过一系列危机善后恢复工作来保护人民群众利益，预防危机再次发生，这是我国危机善后的根本目的和出发点。

三、善后恢复与重建的主要工作

对危机善后恢复工作,各种应急法律或预案都有一些相应的规定。

【法律介绍】

恢复与重建

1. 善后处置

要积极稳妥、深入细致地做好善后处置工作。对突发公共事件中的伤亡人员、应急处置工作人员,以及紧急调集、征用有关单位及个人的物资,要按照规定给予抚恤、补助或补偿,并提供心理及司法援助。有关部门要做好疫病防治和环境污染消除工作。保险监管机构督促有关保险机构及时做好有关单位和个人损失的理赔工作。

2. 调查与评估

要对特别重大突发公共事件的起因、性质、影响、责任、经验教训和恢复重建等问题进行调查评估。

3. 恢复重建

根据受灾地区恢复重建计划组织实施恢复重建工作。

资料来源:《国家突发公共事件总体应急预案》。

恢复重建

灾后恢复重建工作坚持"依靠群众,依靠集体,生产自救,互助互济,辅之以国家必要的救济和扶持"的救灾工作方针,灾民倒房重建应由县(市、区)负责组织实施,采取自建、援建和帮建相结合的方式,以受灾户自建为主。建房资金应通过政府救济、社会互助、邻里帮工帮料、以工代赈、自行借贷、政策优惠等多种途径解决。房屋规划和设计要因地制宜,合理布局,科学规划,充分考虑灾害因素。

组织核查灾情。灾情稳定后,县级民政部门立即组织灾情核定,建立因灾倒塌房屋台账。省级民政部门在灾情稳定后10日内将全省因灾倒塌房屋等灾害损失情况报民政部。

开展灾情评估。重大灾害发生后,民政部会同省级民政部门,组织有关专家赴灾区开展灾情评估,全面核查灾情。

制定恢复重建工作方案。根据全国灾情和各地实际,制定恢复重建方针、目标、政策、重建进度、资金支持、优惠政策和检查落实等工作方案。

根据各省、自治区、直辖市人民政府向国务院要求拨款的请示,结合灾情评估情况,民政部会同财政部下拨特大自然灾害救济补助费,专项用于各地灾民倒房恢复重建。

定期向社会通报各地救灾资金下拨进度和恢复重建进度。

向灾区派出督查组,检查、督导恢复重建工作。

商有关部门制定优惠政策,简化手续,减免税费,平抑物价。

卫生部门做好灾后疾病预防和疫情监测工作。组织医疗卫生人员深入灾区,提供医疗卫生服务,宣传卫生防病知识,指导群众搞好环境卫生,实施饮水和食品卫生监督,实现大灾之后无大疫。

发展改革、教育、财政、建设、交通、水利、农业、卫生、广播电视等部门,以及电力、通信等企业,金融机构做好救灾资金(物资)安排,并组织做好灾区学校、卫生院等公益设施及水利、电力、交通、通信、供排水、广播电视设施的恢复重建工作。

资料来源:《国家自然灾害救助应急预案》。

总结来看,善后恢复的主要工作有:

1. 恢复社会秩序

公共危机往往造成社会秩序混乱,并可能在很长一段时间内持续一种紧张、失衡、失序状态。因此社会秩序的正常化对于危机恢复工作起到基础性的前提作用。

2. 提供精神心理咨询

对危机事件中的受难者及时进行心理疏导,帮助他们逐步从危机阴影中走出来,恢复对生活、对社会、对政府的信心成为解决危机后遗症的关键因素。政府以及非政府组织甚至私营公司都可以参与到受难者心理问题解决中来,帮助其尽快走出危机,以积极心态面对今后生活。目前大多数做法是加强对危机发生地区心理专家、心理辅导员的派送,对相关群体进行心理开导和心理治疗,及时解决处理群众的心理问题,抚平受害民众的心理创伤,尽快让他们恢复生理和心理健康,恢复生活信心,避免产生消极轻生、仇恨社会等不健康心理,有效规避由此引发的新危机乃至大规模社会动荡风险。

3. 恢复或变革组织结构

主要是恢复各类机构运行。针对解决危机的政府及非政府部门,一方面,在危机处理过程中,会出现许多优秀的危机处理组织者,对于他们要进行岗位角色的变动,使他们能够处在更能发挥其作用的位置。另一方面,处理危机本身具有一定风险,也不可避免地带来救援人员伤亡,对于他们留下来的岗位真空,需要及时补充和恢复,以保证组织有效运作。

4. 物质重建

对受到破坏的基础设施和建筑物进行重建和重新运营,确保民众灾后正常工作和生活。主要体现在加强供电、供水、供气、交通和通讯枢纽、居住、办公场所等生命线工程的快速恢复建设。在此过程中要着力发挥政府的主导作用,以及各方社会组织和志愿团体的协助功能,保障资源资金供给。

5. 清算并补偿损失

危机造成的损失在危机发生发展过程中尽管也在不断进行统计,但在变动混乱的状态下往往很难准确调查统计具体的损失数字。因此,危机事件发展过去且社会生产生活状态基本稳定以后,应当对危机造成的损失进行最终清算,并对受害公众或组织进行补偿,以恢复其生产生活及运作能力。对受害群体的物质补偿、抚恤、安置等工作要从受害群体的切身利益出发,满足其衣、食、住、行等基本生活需要。

6. 事件调查及经验总结

危机后的恢复重建不只是简单恢复到危机前的状态和水平,而是应该利用危机以更高的起点促进管理水平提高。这就要求通过开展事故调查,反思事件教训,总结危机管理经验,进行善后评估学习。主要包括以下内容:一是对危机发生原因进行彻底调查和反思,举一反三,尽量减少和避免同类事故的发生;二是进行总结、评估,包括对预警系统的组织工作程序、危机处理流程等各方面的评价，要详尽地列出危机管理工作中存在的各种问题；三要对发现的问题进行分类处理，提出具体详尽并有针对性的整改措施，尽量弥补危机处理弊端。[①]危机总结评估的具体内容方法，将在下节介绍。

四、善后恢复与重建的原则

1. 从速原则

突发公共事件造成的危机会带来各种各样的危机后遗症，一是严重影响人类的健康、心理和社会行为，二是严重影响经济与社会体系运作。因此，危机事件发生后，必须立刻采取各种策略和措施，抚平受害民众的心理创伤，尽快让他们恢复生理和心理健康，恢复生活信心。同时尽快建立替代性的经济与社会生活体系，让公众恢复正常生产生活。

2. 稳妥原则

善后恢复阶段的工作一点也不比救援处置阶段的工作轻松，许多事情处理不好，不仅影响未来发展，更可能激发新的矛盾冲突，影响当下秩序稳定。因此应协调处理各种可能要素，综合考虑各种现实与可能的问题，以稳定为要务，以稳定谋恢复谋发展。比如，灾后补偿工作、灾后安置工作等问题，就比较容易引发公众间、公众与政府间的争执。

3. 科学原则

恢复重建工作必须以科学规划为指导，尽量避免危机前的各种不利因素和潜在隐患，发挥专家作用和各专业人员的力量，统一筹划，科学布局，科学施工，促进重建设施的持续有效利用。

4. 务实原则

恢复重建要以第一手调查资料为基础，根据实际需要进行，讲求成本，讲求实用。首先，要保证调查数据的真实可靠性，对所搜集的相关证据要组织专人进行核实，因为这些重要资料是组织即将采取的善后工作的重要依据，如果不能做到正确客观，将使组织在恢复管理的过程中与主观愿望相背离。其次，确保组织人员对待数据分析的态度要公正客观，虚心和审慎对待危机恢复重建。最后，加强外部人员的参与和监督。从组织外部聘请一些与危机处理无关联的专家，利用他们专门领域的渊博知识，结合危机管理的实际，为组织提供一些合理化的建议和改进措施。

5. 学习反思原则

首先，在事件原因方面要开展独立调查，通过设立独立于行政之外、第三方性质的独立调查委员会，公正甄别事件诱因，明确责任归属，举一反三，吸取教训，最大限度地杜绝和减少类似事件再次发生。其次，要善于从危机中学习反思，政府部门实际上可以从发生的每一次突发性事件中获益，发现原有危机管理体制存在的种种问题，加以修正和改进，回应社会系统提出的新要求，适应环境的新变化，积极主动开展变革，从而维持甚至扩展组织系统的活力和生命力。

---

① 参见游志斌：《公共安全危机的恢复管理研究》，《中国公共安全》，2008年第1期。并参见张小明：《公共部门危机管理》，中国人民大学出版社，2006年版，第77—80页。

第二节 危机事件总结评估

一、危机总结评估的内容

危机总结评估是对整个危机管理体制机制、运作过程、处置结果的总结评估。以实务举要的形式将其内容罗列如下：

【实务举要】

危机总结评估内容

重点可围绕机构设置、信息沟通、资源配置状况、媒体管理、形象管理、预案制定、危机预警、处置过程、应急绩效等九个方面进行评估。

对机构设置进行评估

看组织机构设置是否合理；是否存在机构臃肿现象；组织是否能尽早发现危机并及时应对危机，以及该怎样优化机构设置。

对沟通过程进行评估

看沟通是否顺畅有效，从内部沟通和外部沟通两个方面进行评估：对内部沟通的评估主要看部门之间能否正确有效地进行信息的传达，是否能稳定组织内部成员的情绪，是否能使组织的凝聚力不减弱；对外部沟通的评估主要包括与新闻媒体的沟通是否取得了应有的效果，公众间是否相互准确的传递了信息。对沟通这一过程的评估还包括对发现的问题和不足进行改进。

对资源配置状况进行评估

这主要看危机管理中所需的资源是否足够；各部门中资源和人员的分配是否合理；是否将有限的资源配置到最需要的部门。

对媒介管理进行评估

评估组织是否与媒体保持了密切的联系；是否通过媒体传递了准确、合理的信息；是否与媒体存在冲突；媒体管理部门是否有效地履行了它的职能；新闻发言人是否合格以及该接受怎样的培训等。

对形象管理进行评估

宣传活动是否到位、是否收到良好的效果；策划的公关活动是否达到了预期的效果；是否在公众心目中树立了良好的组织形象。

对预案进行评估

是否为发生的危机制定了危机管理预案，预案是否合理、是否为危机管理提供了有用的指导，危机管理的目标制定得是否合理，危机管理的对象是否有遗漏。

对预警进行评估

危机预警系统是否对危机发出了及时的报警，如果没有，找出原因和改进的措施；危机预警是否引起了组织的重视和组织的正确反应；危机风险预防和控制措施是否合理、得当、有效，这些措施是否需要改进。

对危机处置过程进行评估

对危机发生后采取的针对性措施进行评估，主要在危机的识别、确认、防范和化解几个方面进行。包括是否在危机出现前兆时就很快地识别出危机发生；是否正确地将危机定性，反应是否迅速；是否有效地阻止了危机的爆发；是否延缓了危机的爆发和蔓延；是否降低了危机可能造成的影响；是否出现了不应有的危机蔓延和连锁反应；为摆脱危机所采取的措施是否及时有效；是否避免了不必要的损失；是否恢复了组织的良好形象。

对危机管理绩效和影响进行评估

评估危机前后组织资产等物质的损失情况和所实施的危机对策在减少损失方面是否发挥了积极的作用；评估危机管理整个过程中经费的预算和开支是否合理，是否体现了讲究实效的原则；确认哪些人的利益受到损害以及受损程度，从而据此进行资源配置，把资源集中到最需要和最有效的部分。评估与危机相关的部门受到何种损害以及损害程度，从而针对不同的部门采取不同的恢复和重建措施。评估政府在对抗危机中采取的措施对原来发展规划的影响，对原有规划进行调整。

资料来源：董传仪：《危机管理学》，北京：中国传媒大学出版社 2007 年版；吴江：《公共危机管理能力》，北京：国家行政学院出版社 2008 年版；赵冰梅、刘辉：《危机管理实务与技巧》，北京：航空工业出版社 2007 年版。

二、危机总结评估的方法

评估方法可以从评估主体角度来说，更可从评估的技术手段考虑。同前文一样，以实务举要形式罗列如下，供学习者参考。

【实务举要】

危机总结评估方法

数据分析统计法

危机过后，对危机管理过程中的一系列情况和数据进行收集、整理和量化核算，计算危机造成的损失、及时有效的措施挽回的损失，并将其与政府形象、公众认可和社会利益结合起来，通过数据说明危机管理是否有效合理、是否以最低的成本投入挽救了最大的损失。

政府外部人员意见调查法

从多角度来调查了解政府外部人员对政府危机管理的评价。一是公众意见评估法，通过对社会公众、危机中的利益受害者和利益相关者进行抽样访谈调查来评估政府组织采取的危机处理方法和措施的合理性和有效性。二是专家小组评估法，通过组织专家小组采用德尔菲法等方法进行评估。

政府内部组织自我评估法

政府内部组织作为危机管理过程的实施者，通过自我总结来发现危机管理过程中的不足和成功之处，一方面使得评估更有效，更有针对性，更实际；另一方面也可以加强政府外部人员对危机管理过程的了解。

传媒评估法

可以从新闻媒体的报道是正面的还是负面的，以及媒体发表的评论是肯定的还是否定的这一角度来评估危机管理过程中的成功之处和不足之处；也可以从进行报道的媒体的权威性和影响力，报道被公众的关注度，媒体的知名度、美誉度、视听率、信息传播速度等定量的方面进行评估，以此来看危机管理的整个过程是否被媒体及时、有效地报道，是否及时、准确地被公众了解；通过媒体评估也可以评估政府的形象在危机管理过程中是否被良好的塑造，政府在危机管理中的行为和绩效是否得到公众的认可。

资料来源：董传仪：《危机管理学》，北京：中国传媒大学出版社 2007 年版；吴江：《公共危机管理能力》，北京：国家行政学院出版社 2008 年版；赵冰梅、刘辉：《危机管理实务与技巧》，北京：航空工业出版社 2007 年版。

综上所述，危机总结评估是一个系统工程。其目的服务于危机善后恢复的总体范畴，但又有其特殊性。它对既有危机管理体制和流程所存在的问题、弊端的查摆，有助于危机管理体系的更新升级，流程的重构优化。

【现场直击】

2015 年长江客轮倾覆事件善后

案例背景

2015 年 6 月 1 日深夜 23 时，载有 458 人的"东方之星"号客轮在长江湖北监利段突遇龙卷风倾覆，共造成 422 人遇难。遇难者遗体经过专业的努力打捞也均已找到。交通运输部新闻发言人徐成光 3 日在长江客轮"东方之星"翻沉事件新闻发布会上透露，客船翻沉江段目前已恢复通航，事件的调查工作将坚持按照"决不护短、决不掩饰"的原则开展。徐成光介绍，事件发生后，海事、公安部门迅速对事发水域采取了禁航的交通管制措施。而后，航道部门对沉船进行了扫测定位，并及时调整航标。3 日下午，上下行的船舶已恢复通行。与此同时，海事、航道、公安部门在现场增加了执法力量，派出海巡艇驻守现场，指挥交通，维护现场交通秩序，为进一步做好搜救工作创造条件。徐成光透露，已组织精干、权威的技术专家，本着科学、严谨的态度，按照决不护短、决不掩饰的原则，尊重科学、尊重事实，举一反三、吸取教训，认真查明，做好事件调查的前期准备工作。有关部门已经对已获救助的船员开展了调查、取证工作。

应急过程

中央对此事件迅速反应，做出有力指挥部署。6 月 4 日上午，中共中央政治局常务委员会召开会议，听取了国务院事件救援和处置工作组关于"东方之星"号客轮翻沉事件救援和应急处置工作情况的汇报，就做好下一步工作做出部署。中共中央总书记习近平主持会议并发表重要讲话。会议认为，"东方之星"号客轮翻沉事件发生后，党中央高度重视，迅速对救援和应急处置工作提出明确要求，领导和组织有关方面迅速行动、开展救援。在党中央坚强领导下，在国务院工作组直接指挥下，湖北、湖南、重庆等地党委和政府、中央有关部门统一行动，人民解放军、武警部队及海事部门迅速调集力量、全力投入救援，发挥了主力军、突击队作用。人员搜救、伤员救治、善后处理以及原因调查等工作正在有力有序进行。在这次事件应急处置工作中，有关方面反应及时，救援有序，措施得力。

会议强调，事件救援和应急处置工作正在紧张进行，工作任务相当艰巨。各有关方面要以对人民生命安全高度负责的态度，动员一切可以动员的力量，采取一切可以采取的措施，争分夺秒抓紧做好各项工作。当前，要抓好以下工作。一是要继续做好人员搜救和伤员救治。要坚持把救人放在第一位，军地各单位要加强协调联动，组织潜水员继续进行水下搜救，逐层逐间仔细搜寻。要坚持科学调度、科学施救，同时注意救援船只和人员自身安全。各有关方面要大力支持人员搜救工作，切实保障救援工作有效开展。要调配医疗专家和资源，千方百计抢救受伤人员。

二是要深入细致做好善后工作。这次事件遇险人数多,做好家属安抚等善后工作十分重要。各有关地方党委和政府要切实负起责任,耐心细致开展工作,切实体谅家属悲痛心情、做好安抚工作,切实维护社会稳定。

三是要严肃认真开展事件原因调查。要组织各方面专家,深入调查分析,坚持以事实为依据,不放过一丝疑点,彻底查明事件原因。

四是要加强新闻宣传和舆论工作。要按照及时、准确、公开、透明的原则发布信息,主动发布权威信息,回应社会关切。

五是要加强对事件处置工作的组织领导。要加强统筹协调,协助地方解决事件救援和处置工作中的困难和问题,研究确定相关政策措施。各有关地区和军地有关部门要加强配合、形成合力,确保做好事件救援和处置各项工作。

而在民间层面,除事故原因大家比较关注外,另一个讨论最多的议题就是补偿问题。时至8月22日,距"东方之星"号客轮翻沉事件发生已经两个月零22天,事故调查报告还未公布。据《北京青年报》报道,遇难者家属(宁波团)表示已经接到当地民政部门通知,遇难者死亡补偿标准已经出台,按照"同命同价"的原则,就高补偿,共计82.5万元,但不包括旅游责任险以及船舶险的保险金额赔偿。

82.5万元的遇难者死亡补偿标准是如何制定的?有遇难者家属告诉澎湃新闻,工作人员称沉船事件涉及自然灾害、人为、航道交通管理等原因,目前无法定性。"82.5万元的遇难者死亡补偿标准是按照船员的标准制定,还包含丧葬费、家属慰问金、船员保险等,按最高价补偿。"

其他地区的遇难者家属是否也接到当地民政部门的遇难者死亡补偿标准通知?澎湃新闻致电南京、镇江、常州、安庆、杭州等地多位遇难者家属,除青岛地区外,均表示暂未接到相关通知。

早在6月11日,中国保监会召开工作会议通报"东方之星"号客轮翻沉事件承保理赔情况:经排查统计,保险业共承保失事客船船东、相关旅行社、乘客和船员投保的各类保险340份,保险金额共计9252.08万元。

中国保监会发布通报称,失事客船涉及保险金额共计1570万元,人保财险重庆分公司已就船舶一切险向重庆东方轮船公司支付了1000万元保险理赔资金;旅行社责任涉及保险金额共计1200万元;396名乘客投保各类人身保险,身故保险金额共计6169.35万元;18名船上工作人员投保人身保险,身故保险金额共计312.73万元。涉及的保险公司包括中国人寿、中国人保、中国太平洋保险等。

现场视图

现场搜救打捞生还人员

案例启示

第一，救人是第一要义。诚如李克强总理所言"不惜一切代价抢救生命，把救人放在第一位的位置"，救人是第一要务，要争分夺秒，抓紧时间营救；要集思广益，制定更多的施救方案——只有这样，才能把伤亡降到最低。为此必须停下一切猜测，先施救援，救出更多的人才是所有人最大的希望。本次救援克服一切困难，及时有力组织各专业施救队伍，为最快时间救人做出了最大努力。

第二，查找原因尤为重要。当搜救处于进行之时，草率定性事故原因，难免引发争议。为了消除民间质疑，避免悲剧重演，政府部门需要密切配合，谨慎厘清翻船倒扣的原因问题（包括对强龙卷风、船体设计、操作过程等科学分析），气象预警的应对问题、求救信号的发出问题等各种问题。中央和交通部门对事件原因调查非常重视，高层的重视有助于推动事件调查进程，总结经验教训。

第三，依照法律和市场手段协同推进赔偿补偿问题解决。在法律规定的赔偿补偿外，通过保险公司途径进行市场理赔，可以有效化解补偿资金难题，消除质疑之声，维护社会安全稳定。

资料来源：《政治局常委会部署"东方之星"号客轮翻沉事件救援》，《交通部：沉船事件调查决不护短 航段恢复通航》，新华网，2015年6月4日；《长江倾覆客轮补偿》，2015年8月23日。有改动。

启发思考

根据前述内容和案例，请思考讨论：
- 如何看待善后中的赔偿，什么标准才让人信服？
- 善后中的事故原因调查与问责，轻重如何掌握？

提升自我

[本章小结]

善后恢复不是可有可无的过程。事实上，善后在事件发生之始，就已提上日程，即这个事情究竟如何办，到底如何收场呢？从人性人情上说，它要让人信服和满意。从理论上说，关涉到政权的合法性和合理性。

[小测验]

1. 危机事件善后恢复重建以（　　）为主？
   A. 政府救济和援助　　　　　B. 群众和集体自救自建
   C. 军队援助　　　　　　　　D. 对口援建
2. 心理精神状态的恢复不是危机事件善后恢复的内容。　　对与错（　　）
3. 危机事件总结评估要系统、科学、慎重。　　对与错（　　）
4. 危机事件调查要注重事件起因、性质、影响、责任、经验教训。　　对与错（　　）

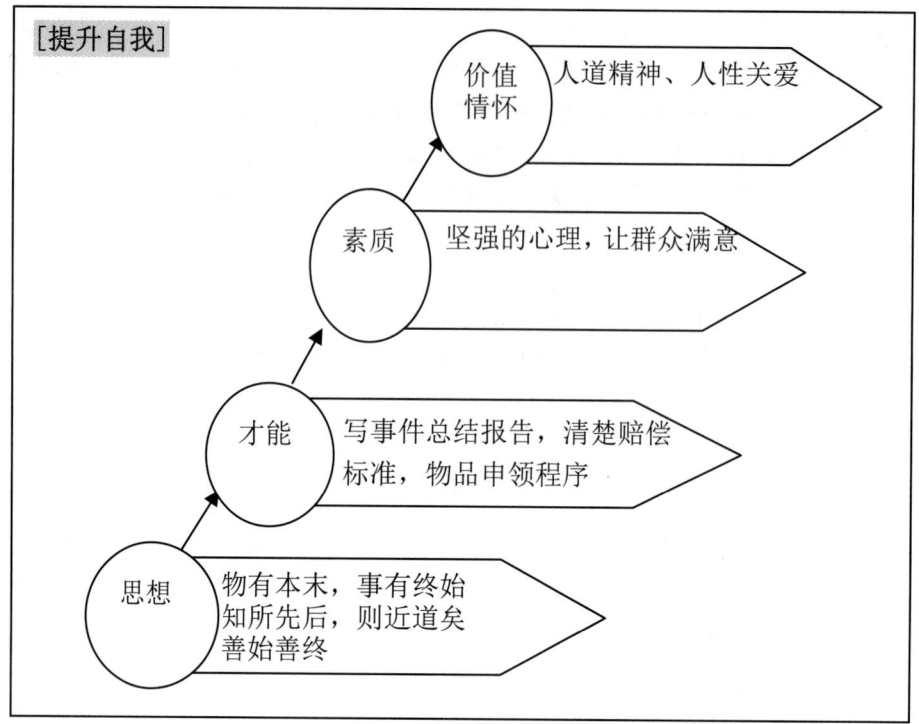

第七章　媒体管理和舆情管理

课程引导

三人成虎

"庞恭与太子质于邯郸,谓魏王曰:'今一人言市有虎,王信之乎?'曰:'否。''二人言市有虎,王信之乎?'王曰:'寡人疑矣。''三人言市有虎,王信之乎?'王曰:'寡人信之矣。'庞恭曰:'夫市之无虎也,明矣,然而三人言而成虎。今邯郸去大梁也远于市,而议臣者过于三人,愿王察之也。'王曰:'寡人自为知。'于是辞行,而谗言先至,后太子罢质,果不得见。"

资料来源:《战国策·魏策二》。

[译文] 魏国大臣庞恭,将要陪魏太子到赵国去作人质,临行前对魏王说:"现在有一个人来说集市上出现了老虎,大王相信吗?"魏王说:"不相信。"庞恭说:"第二个人说集市上出现了老虎,大王相信这种说法吗?"魏王说:"我怀疑这件事。"庞恭又说:"第三个人说街市上出现了老虎,大王相信这种说法吗?"魏王道:"我相信了。"庞恭就说:"集市上没有老虎是明摆着的事,但是有三个人说有老虎,就变成真的有老虎了。现在赵国国都邯郸离魏国国都大梁的距离比距离这里的街市远了许多,而议论我的人也一定超过三个人。希望大王能考察识别那些人的话。"魏王说:"我自然知道这个道理。"于是庞恭告辞而去,果然很快就有许多谣言传到了魏王耳朵里。后来太子结束了人质的生活,回到了祖国。果然庞恭再也没有见到魏王。

编者按:好事不出门,坏事传千里。众口铄金,积毁销骨。流言不断重复,会让人不由自主地失去判断力,也会严重损害公共部门的形象。必须对信息、舆论的传播加以妥善管理。

> **警言**
>
> 流丸止于瓯臾,流言止于智者。
> ——《荀子·大略》

要点掌握

[学习目标]

了解媒体管理和舆情管理的主要环节、任务,议题设置、媒体采编管理、新闻发布会的流程要点,熟悉新闻发言技巧,掌握舆情特点及处置要求,达到"办好新闻发布会、发好公共言论、快速处置舆情事件"的目的,提升媒体管理和舆情处置能力。

[重点难点]

新闻发言人发言技巧,如何办好新闻发布会,如何掌控和消除舆情事件。

[内容要点]

媒体管理是政府在面对突发公共事件或公共危机时，研究和做好如何有效地对媒体资源进行计划、组织、协调和适当控制，以发挥媒体对危机管理的最大效用，从而促进危机事件解决的过程。需要特别做好议题管理、媒体采编管理和新闻发布会工作。媒体采编管理要尽可能安排现场采访，避免与媒体冲突，与媒体保持合作，但安全起见也要对采访进行适当控制。新闻发布会要做好流程和材料准备工作，遵循一定的程序进行。新闻发言人做为新闻发布会的主要角色，需要对形象、风格和发言技巧进行全面设计与训练。

舆情管理就是政府部门对造成负面影响的舆情事件进行的管理和处置活动。舆情事件直接影响到社会公众的信任、信仰、认知和政府公共部门形象。要在舆情监测收集、分析研判的基础上，快速加以处置。为此要抓好舆情工作机制完善，抓住重点环节，快速回应社会关切，正确引导舆论，做好联合应对，落实舆情管理责任。

第一节　媒体管理

在突发公共危机事件中，政府组织是一端，公众是另一端，传播媒体则是连接政府组织与公众的桥梁，因而是危机管理不可或缺的组成部分。由于我国对政府在突发公共事件中媒体传播管理方面的研究起步较晚，相关理论体系和实践办法都还不完善，媒体管理应当成为政府公共危机管理关注的重点内容。

一、什么是媒体管理

在西方的危机管理研究中，媒体管理被认为是危机管理的一个核心部分，并以"危机传播"概念展开研究。著名学者罗伯特·希斯认为："媒体管理是进行危机管理的基本要素。成功的媒体管理可以弱化公众及媒体对危机管理中暴露的失误的消极印象，从而排除压力集团的困扰，抑制消费下滑，防止股价下跌。"[1]

我国亦有学者认为："出于对媒介公关重要性的考虑，我国组织应将媒介公关与沟通纳入危机管理计划的内容，并提前准备相关媒介及其联系人、联系方式的清单……把媒介排除在危机管理之外，不善于利用媒介解决危机事件，是徒劳和不明智的。"[2]

综上观点，媒体管理主要是指政府在面对突发公共事件或公共危机时，研究和做好如何有效地对媒体资源进行计划、组织、协调和适当控制，以发挥媒体对危机管理的最大效用，从而促进危机事件解决。

我国学者认为，媒体对危机管理即有正面影响也有消极影响。其正面影响表现为发挥"稳压器"作用、沟通作用、激励作用、舆论监督作用、心理疏导作用、警醒作用。其消极作用在于媒体容易夸大危机事件的负面影响、破坏社会心理平衡、瓦解公众心理、激发负面情绪。[3] 但无论如何，就我国情况而言，媒体都应当被看成是一种承担社会责任的公共资源甚至公共部门，在突发公共事件中发挥其公共资源优势。其作用在于：

---

[1] [美]罗伯特·希斯：《危机管理》，第127页。
[2] 董传仪：《危机管理学》，中国传媒大学出版社2007年版，第175页。
[3] 同上第176-177页。

(1) 及时通报危机事件，唤醒公众关注。

无论危机发生前还是危机发生后，人们都希望从媒体中获取各种关于危机的信号。而媒体作为信息资源的专业使用者、开发者，其响应速度是争取有效应对突发公共危机事件的有利时间的关键，媒体对危机信息的传播有助于尽快唤起社会公众对突发公共事件的关注，形成初步的防范与自救自助意识。

(2) 引导公共舆论，稳定社会心理及社会秩序。

媒体是危机传播的主要渠道，作为大众传播工具，媒体有责任有义务在危机管理的各阶段向公众提供必要的危机事态信息。由于媒体关注，有关危机信息的传播速度、范围和影响有时甚至超越了危机事件本身的发展。如果媒体传播的任何危机信息不对称，都会影响到危机处理，甚至会加重已有的危机，形成复合型或多重型危机。因此，媒体应当从引导公众意见、稳定社会群体心理、协调社会秩序的前提出发，提供主流观点、消除谣言和噪音，协助政府把危机事态控制在最小范围内。绝大多数危机事件的解决说明，媒体在突发公共事件下的透明度与社会稳定性和公众满意度成正相关关系，加强媒体管理有助于提升公众满意度，促进社会和谐稳定。

(3) 激发并凝聚危机应对决心和力量，加速危机处置与恢复。

媒体对危机事件的正面宣传报道，可以在较短时间内激发起社会各界的危机应对决心，既能保持或增强公众对政府的信任与支持，凝聚起各种社会性的救援力量，也能为政府危机处理方面的决策与实施提供一定的信息和智力支持，促使社会公众与政府部门众志成城、协调一致地共克危难。

【小案例】

烟台应急广播正式启动　突发事件将权威发布

2011年4月26日上午，山东省烟台市应急广播启动仪式举行，烟台广播电视台交通广播被烟台市政府应急管理办公室正式命名为烟台应急广播。应急广播的启动，标志着烟台市有了突发事件权威信息发布平台和公众服务平台。应急专题节目"烟台应急之声"也在FM103烟台交通广播同时开播。这在山东省尚属首家。

应急广播启动后，将按照"统一高效、资源共享"的原则，与烟台市政府应急办及相关应急部门、单位密切配合，整合各部门的重要信息，逐步完善信息发布机制，在没有突发事件时普及和宣传应急、自救、防灾减灾知识，在发生突发事件时，对重大突发事件及群众关心的热点焦点问题进行权威发布、深度解析。

正式开播后的"烟台应急之声"节目将定期邀请烟台市有关应急部门负责同志做客直播间，介绍相关的应急法规和应急知识，以提高群众的防灾避险技能和应对突发事件的能力。

烟台广播电视台交通广播自2002年成立以来，秉持专业性和服务性原则，开办了《一路畅通》《103胶广在线》《103在路上》等交通服务类节目，深受听众喜爱，听众参与率高，受众面广。纵观烟台近年来的突发事件，交通广播在应急宣传方面有着得天独厚的优势，他们制定了节目应急预案，不管是风暴潮、暴雪等恶劣天气，还是突发事件，交通广播都迅速反应，积极应对，在突发事件报道中积累了丰富的经验。同时，交通广播还加入全国交通广播应急报道联盟，与兄弟交通台密切联系，随时关注全国各地突发事件。应急广播启动，彻底改变了对传统广播无法突破地域限制的固有认识，涵盖了多元化、个性化服务的现代元素，使交通广播真正成为无时差、全覆盖的突发信息传播平台。

资料来源：《烟台应急广播正式启动，突发事件将权威发布》，胶东在线网，2011年4月26日。有改动。

二、媒体管理的主体与客体

1. 媒体管理的主体

媒体管理的主体是政府。政府要掌握媒体组织、协调甚或控制的主动权。因为政府和媒体的利益、目标是相同的，那就是尽快消除危机，消除危机带来的影响，让社会秩序和公众生活恢复正常。基于这样的良性互动关系，政府应当为媒体建立起某种顺畅和紧密的信息资源渠道，政府通过媒体来发布信息，并对媒体进行适当的控制，使媒体巧妙地根据危机局势变化设置议题，考虑好"报道什么"与"不报道什么"，有效引导舆论，吸引公众对政府部门的信任，在特殊时期唤起公众的团结与合作，支持政府工作，以共同渡过难关，消除危机。[1]

2. 媒体管理的对象

危机状态下媒体管理的对象有这样几个层面。从大的层面来说，即媒体机构本身。对哪些媒体可以进入危机事件区域进行现场采访，政府应当对其资格及各方面保障进行规范性的审查，以防止意外现象发生。从具体层面来说，要对媒体传播的工具手段、资源与活动进行一定的规范，比如人财物、刊号版面、频道时段、信息内容、发行传输，等等。

因为危机信息关涉到公共安全，危机信息的处理与传播会影响公众对危机事件的心态。媒体信息处理与传播得当，就能帮助政府进行社会动员，激励和引导公众共同克服危机，同时还可以为政府塑造一个良好的形象。而信息的失真与缺失却可能煽动公众情绪，造成政府被动，阻碍危机事件有效处理，政府形象也将因此受损。

三、议题管理

公共危机状态下，政府的媒体管理工作相当繁重。我国突发公共事件总体应急预案将媒体管理工作涵纳于信息发布工作当中。除此以外，还有更多的系统工作要做。首先一个工作就是议题管理——形成共同的媒体观点。

所谓议题管理，主要是对容易引起社会公众或国际争议从而影响政府危机管理政策及其实施的那些媒体所关心的焦点问题进行发掘、确认、引导、把控。需要媒体报道的焦点问题如果设置不好、引导不好，可能会进一步造成社会群体分裂，引发更大危机。当前媒体宣传中由于报道失实、偏激所引发的新危机不在少数。但通过事先调查媒体的关注点，较好地设置好需要社会关注讨论的问题，就能促使媒体尽量客观的形成主流性的、基本一致的观点，则能最大程度的避免社会舆论纷争导致的社会分裂。

议题管理的主要模式有两种：主动模式与借力模式。[2]所谓主动模式，是指在危机状态下政府部门或其公关机构根据自身管理需要，积极能动地设置符合自身控制能力、发展导向的一些议题，利用自身所能影响或控制的传播手段与工具，实现自己的危机管理目标。所谓借

---

[1] 参见黎斌、李怀亮：《中国电视媒体运营管理实务》，中国国际广播出版社2007年版。
[2] 参见胡百精：《危机传播管理》，中国传媒大学出版社2005年版，第172-173页。

力模式，则指政府部门或其公关机构针对部门外部、危机状态所促生的一些议题，进行有利于己的参与、引导，促进政府部门与社会公众、媒体之间的良性互动，最终形成有利于政府部门的舆论环境，以有效克服危机管理所面临的传播障碍。主动模式所坚持的基本原则是：主题要鲜明和富有吸引力，典型性要突出和有利于互动，与公众需求保持一致。借力模式所要坚持的基本原则是：关联性、整合性、可控性。①

【实务举要】

促进共同的媒体观点的形成

观点分析有助于促进危机管理者对其他各方或公众的立场的认知，消弭管理者与媒体可能产生的冲突。一旦管理者了解了一家或多家媒体的观点，沟通及相关报道就会变得积极有利起来。因此，危机管理者应尽量快速地确认事件各方的观点。

共同的媒体观点的内容主要如下：

猎取花边新闻以吸引当前受众并挖掘潜在受众；

趣闻总是能够反映人们的兴趣焦点；

要尽可能快而又便捷地获取新闻；

不能报道错误信息，所谓错误信息主要是那些来源于不可信的消息渠道的信息，新闻单位也怕失信于人。

其具体标准如下：

适合媒体的时间表；

富有戏剧性；

对受众有意义；

有预测性或很少发生；

已被列为新闻材料；

涉及强国或名人；

有日益增多的消极后果。

因此，协助媒体猎取适时而有趣的新闻的管理者更有可能左右新闻报道的内容，以上标准也能帮助危机管理者甄别可能具有新闻价值的问题或情况，从而做好危机前的准备工作，调控媒体的兴趣。另外也要注意，媒体的现场报道会使情况更加复杂，尤其是有现场录像的情况下，可能会使危机情况进一步恶化，从而引发危机管理者与媒体间的冲突。

资料来源：[美]罗伯特·希斯：《危机管理》，王成、宋炳辉、金瑛译，中信出版社2001年版，第131-132页。有改动。

四、媒体采编管理

媒体采编管理的主要目的是保障信息资源的安全。公共危机发生后，危机现场成为媒体关注的焦点，媒体要获得第一手资料，必须要在危机现场展开采访。危机管理人员必须对此有所准备，学会处理危机现场的采访。比较好的做法是：

---

① 董传仪：《危机管理学》，中国传媒大学出版社2007年版，第182-183页。

1. 尽可能安排现场采访

如果现场条件允许，不会对记者及工作人员的安全造成威胁，不会涉及受害人隐私，最好安排记者进入现场采访。从一开始就摆出坦诚开放的姿态，主动、自觉接受媒体监督。

2. 封锁现场，但避免与媒体冲突

封锁现场，但对媒体记者开放，或允许媒体、记者在现场警戒线之外展开活动。不要因为现场采访而与记者发生冲突，尤其是发生肢体冲突。

3. 对采访进行适当控制

成立现场采访组，安排新闻发言人或重要官员等可以掌控全局的人员接受记者提问。现场采访时间不宜过长，要言简意赅、简明扼要。现场采访后，当媒体获得了需要的信息后，尽可能委婉地将媒体记者劝离现场，以便展开更深入的救援及危机处理。①

4. 与媒体保持合作

采访中要乐于助人，实事求是，不予谴责，避免与媒体发生冲突的立场，跟媒体保持合作。一是不说"无可奉告"，二是不给私下情报，三是不做主观臆测，四是不要责备相关单位和人员。

【实务举要】

媒体采编的几种模式及其管理要点

在媒体对危机信息的采编方面，危机管理者要时刻注意。可重点对以下几种采编方式加强管理和引导：

一是现场访谈。

危机一发生就会吸引大量的媒体来报道，不做一定的控制，势必引起更大的混乱。控制现场采访的主要方法是：

媒体自我约束，这一点可能在危机管理人员的控制之外；

提供规定的采访场地，并帮助提供必要的设备，包括电源、电话、补给、安全措施等；

精心挑选准备充分的目击者、受害人等利益相关人员；

要让被采访人衣着得体、不站在强光下、不站在风大处，准备好三个以上的发言要点。

二是随机采访或秘密采访。

媒体人员喜欢秘密或随机的采访，因为这样能够增强信息的真实性，可能获得独家新闻，或进行进一步的追踪报道。在这种情况下，被采访人不可能接受事先的训练和指导，因此应当尽量避免陷于猝不及防的采访境地。一旦被采访，被采访人可以借鉴以下三个步骤脱身：

第一步是表明自己乐意效劳，同时找一个有说服力的理由，证明自己事实上却不能这样做。比如："我非常乐意与你谈一下今天发生的事，但关于这件事，我们还需要进一步确实其真实性，我们还要遵守法律和主管部门提出的管理要求。"这样就可以避免出现某某人员或管理人员拒绝接受采访的报道。

第二步是在受到连续的问题发问之后，要表明对受危害影响的人或组织及其所受威胁的

---

① 赵治国：《公共危机状态下的媒体管理——以〈济南时报〉介入公共危机报道的实例分析》，山东大学硕士学位论文，2007年，第37页。

关心。比如可以说:"另外,我想就发生的事情谈一下。但是,我更关心的是受这次危机影响的人们和如何采取措施帮助他们。"通过展示对危机受害人的关心,采访者可能就觉得原来想问的问题没有意义了,甚至走向被采访人的发言方向。

第三步就是寻找一种方法把采访人支走。比如可以说:"这的确是一个应给予更多关注的问题。"马上可以用"但这个问题又太重要了,不能马上回答"把问题截住。然后,被采访人可以把这些问题推到别的时间、别的地点,可以说:"你可以在某地某时举行的新闻发布会上再提出这个问题。"

以上这些方法比"无可奉告"更有效。另外还有一些技巧要注意掌握。主要是:

一定要保持镇静;

对不同问题和形势采取相应的体态语言;

语音语速比平常要更低更慢;

一定要表现出你在倾听问题;

在采访人切换采访时要节省时间,使切换显得自然;

调整问题排序便于采访人提问,赞扬提问人,重新解释问题内容,将其切换到被采访人所要强调的要点,或把问题再导向采访人和公众。

在回答完足够多的问题后及时脱身,可以分三步说:"感谢你给我时间以帮助大家了解情况。正如你所知,我现在需要……","我认为针对这个问题我已说完了……","为什么不采访某地的某某某呢?他们或许会帮助你了解这方面的情况。"

三是当面采访或演播室采访(节目直播)。

这种采访一般由专题节目主持人主持,媒体想通过这种方式尽量获取真实的一手资料。但被采访人可能要经过一定的仪表及内容准备。主持人很少进行现场编辑。在这种情况下,被采访人要注意的是:

着装与仪表要和预定的采访场景协调,符合问题情景氛围;

要放松和自信;

要明白所谈论的内容,把采访引导到自己希望的话题上,可以说:"我想,你希望问的是……";

要从劣势应答转向优势应答,可以说:"尽管要详细回答,但是我还需要更多的信息,不过我可以指出现在应做的工作是……";

总之,对媒体采访一定要想方设法,既要尽量满足他们对信息采编的愿望,更要对其采编过程进行巧妙的控制,以保障危机信息的有效传播和安全。

资料来源:[美]罗伯特·希斯:《危机管理》,王成、宋炳辉、金瑛译,中信出版社2001年版,第136-138页。有改动。

五、新闻发布会与新闻发言人

主要是与媒体保持有效互动。通过新闻发布会与新闻发言人,保证政府与媒体的良好合作关系。但政府在危机状态下与媒体进行互动时要注意以下工作原则:①

一是控制媒体活动范围。如果不对媒体活动范围进行控制,很可能会造成信息的混乱,

---

① [美]罗伯特·希斯:《危机管理》,王成、宋炳辉、金瑛译,中信出版社2001年版,第133-134页。

进而影响公众的判断和政府决策。

二是接受采访时要简短明了地阐明政府对待危机的重要立场。在接受口头采访时尽量在10~30秒的时间内简短阐明完整的观点，一般要把对问题的回答编辑成三个简短的小段。

三是拟定好维护被采访人或政府部门形象的答复。政府的被采访人要把采访引向自己圈定的话题上，主要方法是向采访人提出一些问题，比如："我认为您想问的问题是……"；或化被动为主动，如"尽管目前我还要更多的信息以给您一个全面的答复，但是我还是要向您指出我们现在应该做的是……"。

四是政府的危机管理者在接受采访时要坦率诚实地谈论具体事实而非想当然的看法，给公众以踏实、安全和信任感。

五是对问题保持冷静，并以个人而非代言人的身份发言。

六是危机期间要经常跟媒体保持联系，在危机管理过程中引导和塑造舆论。①

1. 新闻发布会

对新闻发布会的准备和开展而言，则应注意以下问题：

（1）新闻发布会的选址。

如果条件允许，一是可以将新闻发布会的现场设置在危机现场，或者离危机现场不远的地方，以突出事务的紧急性，引起人们的关注和救援心情。二是危机现场条件不便时，可以选择媒体集中的大、中城市或城镇人口聚集区，有利于提供必要的发布设备等硬件设施。三是还要考虑新闻发布会的交通是否方便、地点及周边是否安全、供应是否有保障。

（2）新闻发布会的选时。

发布会的召开时间首先要尽量与重大社会活动或节日时间避开。其次要把时间放在整个工作日的前半部分，比如上午9:00或下午3:00之后，以方便媒体记者到会。最后是在整个发布会的时间控制上，时间最好不要太长，一般控制在1~1.5个小时为宜。主持人或发言人对情况的介绍一般不要超过半小时，其他时间则留给记者提问。

（3）邀请媒体，发邀请函。

新闻发布会应当尽可能多的邀请媒体，尤其是有公信力的大媒体，告知其会议主题、时间、地点、路线、应当防范的问题。

（4）准备好发布材料。

在新闻发布会之前一定要准备好立场鲜明的新闻通稿、发言大纲、相关数据资料。发言大纲及数据资料由发言人掌握，以回答记者提问，引导会议议题。新闻通稿则可以发给到场记者，其内容应关涉危机事件的缘由、经过、影响、政府部门或相关机构已采取和即将采取的措施，等等。

（5）设置好现场主持人。

要让主持人先到会场进行相关演练、熟悉情况、掌握程序。主持人应当对整个危机管理情境了然于胸，了解媒体已经了解的情况，了解会议需要发布的内容，并咨询危机管理者或领导人员对整个发布会的基调意见。此外，他还要有协调和控制能力，能够控制提问者与发言人的谈话时间，为发布会提出一些围绕或符合既定基调的主张，以引导发布会议程和氛围，为发言人提供一定的思维空间和安全脱身保障。

---

① 武术杰，李昭昊：《风险社会中政府的媒体管理和形象管理》，《前沿》，2004年第1期。

(6) 布置发布会会场。

一是准备好参加发布会的危机管理人员的姓名牌及其所用物品资料。二是根据参会媒体的资料,合理安排座位位置及数量,第一排要与发言席或主席台保持一定距离。三是设置签到台或签到表,对到场媒体人员进行到场信息登记。四是设立引导员及服务员,由引导员引导媒体人员签到入座,以保持入场秩序;由服务员分发资料或相关物品。五是场内环境设置要科学、适当,具有人文关怀。灯光照明、温度、湿度、色调等要适宜。六是场内设备要有保障,比如电源、音响、摄影、照相设备、卫生间与盥洗设施、食品饮料等。七是场外安全要有保障,要有专门的安全警卫人员和值班人员,以维持场内外安全。

(7) 发布会进行程序要科学合理。

一是发布会开始时主持人要介绍发布会的主要参加人,并向参加发布会的媒体表示感谢。二是发布会过程中要注意控制好进度,告诉记者大概有多少时间可用,在结束前明确告诉全会场哪个问题是最后一个问题。三是发布会结束时,如果还有进一步的信息通报,要告诉记者下次新闻发布会的时间和地点。四是发布会结束时再次向媒体或其他到场人员、服务人员表示感谢。五是要注意调节发布会的氛围,要保持适度宽松,不能太紧张,避免情绪刺激和冲突。

(8) 组织好专家、现场目击者等利益相关人员到场。

专家和目击人到场主要是为了增强发布会效果。但事先要与其进行良好的沟通,安排好发言要点,以专家为主、目击者为辅。

2. 新闻发言人

与发布会相应,还要设立一名甚或数名思路清晰、思维敏捷的新闻发言人。但与对普通政府新闻发言人的要求不同,公共危机事件新闻发言人的能力素质、心理素质要求都比较高,其任务也呈多样化,需要具备多人协作或团队合作精神。其具体能力包括分析能力、判断能力、应变能力;其心理素质包括冷静清醒的意识、对压力的忍耐力;其多样化任务不仅包括新闻信息发布,还包括调研、策划、沟通等多项工作。其团队合作则需要多名发言人之间保持协调和统一口径,发言人与其他工作人员之间保持协调。

更重要的是,新闻发言人的公共形象与表达风格、表达技巧会通过媒体影响广大公众。因此,要对危机事件新闻发言人的形象进行适当、合理的包装,对其表达风格与技巧进行适当的训练和培养。

其形象包装主要是在衣着样式、色调、发型等方面做一些刻画,要么与危机氛围保持一致,要么与危机管理者想确立的改善图景相一致。

这些风格主要是:严肃稳重、诚实谦逊、灵活审慎、观点明确。所谓严肃稳重,就要求发言人既不能顾虑重重、手足无措,以致恐惧狼狈,也不能自高自大、自说自话、不容分辩,而是要条理分明、不紧不慢地传达自己所掌握的信息。所谓诚实谦逊,就是要认真倾听媒体的提问,开诚布公地说明当前遇到的主要问题和采取的主要方法及其效果,唤起媒体与公众的理解与同情,争取其积极支持。所谓灵活审慎,就是要对媒体所提出的一些尖锐问题,灵活的规避或避重就轻的加以选择,对错误的问题加以纠正,对冗长的问题加以简化。所谓观点明确,就要求发言人抓住问题主旨或提问人的最大关切,进行简明扼要地回答,即使是无法回答也要如实说明原因,而不能敷衍搪塞。

【实务举要】

公共危机事件新闻发言人的表达技巧

在公共危机状态下，新闻发言人的表达很重要。一是其语言表达，二是其姿态表达，三是其表情表达。

在姿态表达上：

要在面对闪光灯和摄像机时保持放松；

要面对场上媒体记者或观众听众；

回答时要看着提问人；

要做些常用的手势；

不要发出太多的身体保护信息；

不要做非战即走的态势。

在语言表达上：

要清楚、有逻辑；

放慢语速、降低声调；

不用过多的行话和术语，如使用则要详细解释其含义；

不要用一成不变的语音和语调。

在表情表达上：

认真；

诚实；

同情；

不能有喜悦之色。

资料来源：[美]罗伯特·希斯：《危机管理》，王成、宋炳辉、金瑛译，中信出版社2001年版，第145页。有改动、添加。

另外，应对负面新闻也是新闻发言人的一个重要工作，必须有相应的应对技巧。面对负面新闻、尖锐的提问时，一定要注意使用肯定的句式，正面陈述自己的观点，同时不要驳斥对方的观点，可以绕过对方的观点，直接说自己的观点，而不要直接说不好。因此总的原则是只陈述事实，不发表观点。

第二节 舆情管理

舆情管理就是政府部门对造成负面影响的舆情事件进行的管理和处置活动。所谓舆情，则是社会公众对突发事件、热点问题、社会现象等表达的有较强影响力和倾向性的言论观点，是社会情绪、态度、意见的一种集合。而由此形成的负面信息和话题争议，直接影响到社会公众的信任、信仰、认知和政府公共部门形象，导致舆情事件。

一、舆情特点

1. 直接性

表现为任何舆论传播者都可以对某一事件、问题、现象直接表达自己的观点和看法，即使他（她）本人并不在事发现场。尤其是在互联网和新媒体时代，人人都是自媒体、个个都有麦克风。任何问题都可以引发现场直播，全民围观。

2. 突发性

表现为舆论从出现到传播的快速、漫延、集聚特征。从第一个观点意见的出现，到形成普遍广泛的民间议论，速度非常之快。这种议论很快就会通过不同的传播方式，从一个领域、一个地域、一个群体向不同的领域、地域、群体渗透漫延，并在特定的圈子内积聚成强烈的倾向性态度、情绪。

3. 偏差性

表现为情绪化的态度、意见、观点对事实本身及其内在规律、原因、趋势等的背离。面对特定事件或社会问题，公众容易情绪波动，加之公众认知能力不齐和信息不对称，道德状况不一，甚至会受到少数别有用心的违法分子的蛊惑煽动，导致对特定事件或社会问题的片面认识或偏激态度。

4. 放大性

表现为社会舆论意见的强烈程度大大超出特定事件或问题本身的严重程度。舆论传播者往往是在其他传递者情绪态度的基础上不断添加自己的情绪态度，导致社会舆论的强烈程度往往超过管理者料想。而只有在事件平息之后，社会才能回归冷静理性。

二、舆情分期与分类

1. 舆情分期

对舆情的分析要明确事件或话题本身所处的阶段，一般分为引发期、酝酿期、发生期、发展期、高潮期、处理期、平息期和反馈期等不同阶段。针对不同阶段，可以采取不同的处置对策。

2. 舆情分类

在前述章节公共事件分类基础上，对舆情热点进行科学的类型界定。可以根据管理需要和实际情况，将热点事件分为自然灾害事件、生产安全事故、群体性事件、公共卫生事件、公权力形象、司法事件、经济民生事件、社会思潮、境外涉华突发事件等类型。针对不同类型，考虑不同的舆情处置对策。

三、舆情监测

公共危机管理者要有效地防范舆情事件，首先要高度重视舆情监控工作。

1. 建立舆情工作领导机制

政府等公共部门要建立由主要领导或分管领导挂帅的舆情工作领导机制。各部门也要相应建立由主要负责人领衔的舆情工作领导小组，明确舆情应对部门、责任人、宣传员等，对各渠道舆情进行24小时不间断监测。同时邀请专家或专业技术人员，成立舆情管理人才库，帮助分析和处理舆情工作。

2. 健全舆情监控机制

要通过知名搜索引擎或专门软件对社会舆情进行监控。明确监测范围——有影响力的网站论坛、留言、图像视频、博客、微博微信、QQ等。确定监测内容——尤其关注其中的批评性议论、不满意内容。要编写监测日志、监测报告，供领导者参阅。

四、舆情分析

舆情分析就是根据特定问题的需要，对舆情状况进行深层次的思维加工和分析研究，得到相关结论的过程。事件发生后，公众会通过各种途径了解事情真相，随后便是纷纷如雨的评论与行动，或支持或反对，或理性或感性，或热情参与或冷眼旁观。一旦某种论调得到大家的认同，就有可能对事件的走向发生重大影响。若能够从这舆情中分析得到些什么，就有助于危机和舆情管理者做出正确的决定。舆情分析，可以给我们提供一个风向标。

1. 分析方法

（1）内容分析法。

内容分析法是一种对信息内容作客观系统的定性分析的专门方法，其目的是弄清或测验信息中本质性的事实和趋势。提示信息所含有的隐性情报内容，对事物发展做情报预测。

（2）实证分析法。

实证分析法是通过分析大量案例和相关数据后，试图得出某些结论的一种研究方法。

2. 分析维度和内容

一是横向维度。一旦确定了舆情分析中将被描述和分析的人或事物，舆情分析人员就可以对这些个人、群体、组织、社区、社会现象或社会体制对象的舆情样本进行横向研究，做探索性、描述性或解释性分析，以政策建议为针对性目标做应用性的研究。二是纵向维度。对于舆情事件与主体的发展变化，对不同人物、组织和群体进行纵向研究。但无论纵向横向，都要注意题材的广泛性、时效性。

3. 分析图表制作

由于图表与列表能够清晰直观、简洁深刻、形象地表现舆情事件，因此舆情分析图表制作的科学规范化特别重要，一些舆情监测服务平台的图表功能也说明了这一点。

首先，常见分析方法有连续接近法、举例说明法、比较分析法和流程图法，等等。应根据舆情事件本身的特征科学选择图表，如趋势图、比例饼图、百分比柱图、流程图等，表格的设计要简洁实用、科学高效。

其次，舆情分析图表在数据来源上要注意区分传统媒体、网络论坛、博客、问答网站等。

再次，在媒体类型上注意区分媒体历史形态、媒体控制类型与地域类型。

又次，分析舆情言论主体的身份特征，如媒体、官员、机构、意见领袖、网民等，进行社会化考察。

最后，对各种观点做具体的定性分析，为分析结果做结论时应该注意材料之间的异同，避免为了结论的独立精确而牺牲材料的丰富性，应该兼顾赞扬、支持、中立、不关心、反对、谴责等不同态度，以防止观点遗漏导致分析结论偏颇。要立体化、多层次、客观反映我国转型期多元化社会的不同利益诉求，为管理决策提供科学全面的参考。

五、舆情处置

舆情处置主要是着眼于营造和谐社会环境、树立良好政府形象、重铸政府公信力，针对舆情热点进行的科学应对和及时处置。

1. 完善工作机制

主要是形成主要领导负总责，办公室和宣传部门牵头，各方面协调联动的舆情管理机制。包括建立健全信息交换、舆情通报、联席会议等制度。

2. 抓好重点环节

主要是制定舆情应急预案，针对舆情监测研判、信息发布、公众引导、平衡舆论、消除影响、公共关系维护等环节的操作流程和策略技巧进行训练。

3. 快速回应社会关切

发现舆情问题，要第一时间回应社会关切。2016年2月中共中央办公厅下发的《关于全面推进政务公开工作的意见》指出，负责处置的地方和部门作为信息发布的第一责任人，要快速反应、及时发声，根据处置进展动态发布信息。对涉及本地区、本部门的重要政务舆情、媒体关切、突发事件等热点问题，要按程序及时发布权威信息，讲清事实真相、政策措施以及处置结果等，认真回应关切。依法依规明确回应主体，落实责任，确保在应对重大突发事件及社会热点事件时不失声、不缺位[①]。

4. 正确引导舆论

主要是加强与重点媒体的沟通合作，形成良好的互动机制。选择有利有效的信息发布形式和发布平台、发布时机，坚持速报事实、慎报原因、重报态度、续报进展的原则，统一口径，做好信息发布工作，以正视听，回应社会关切。

5. 做好联合应对

主要是加强与当地新闻宣传、公安、网监等部门，以及新闻媒体和重点网站、意见领袖等的联系和协同运作，通过信息交换和舆情通报或联席会议制度，共同应对舆情事件。

6. 落实舆情管理责任

按照分类管理、分级负责、属地责任的原则传导舆情管理压力和推进责任落实。负面舆情出现在哪里，就在哪里处置，将苗头化解在基层和萌芽状态。舆情管理绩效要进行考核，处置情况形成定期通报制度，对工作不到位的部门、人员追究管理责任。

【小案例】

浙江干部因台风"挽扶照"被免，回应：我很冤

2016年9月，受强台风莫兰蒂影响，浙江省温州市泰顺县遭遇强降雨、受灾严重。9月15日上午8时至中午13时时段，泰顺县累计平均雨量128.4毫米，最大站点达329毫米，瞬间小时雨量突破历史极值为102.8毫米，河床水位达百年一遇，且影响范围广、强度大。台风造成该县受灾人口达16.3万人，直接经济损失8.9635亿元。这也是当地遭遇近百年来灾害最

---

① 中共中央办公厅：《关于全面推进政务公开工作的意见》，中办发〔2016〕8号。

大的台风之一。

灾情发生后，泰顺县全县动员，积极进行抗灾救灾。但期间，一张拍摄于当地灾区现场的照片在网络引发热议。照片当事人系泰顺县教育局计财科科长包某，当时他正被另两位男子架着过水洼，有网友批评该行为不当。

在被拍图片中，道路上满是淤泥和水，还堆着不少杂物。在图右侧，一位穿着格子衬衫的男子，正在旁边两位挂着证件、穿白衬衫的男子搀扶下，通过一处水洼。其中除了穿格子衬衫的男子，其余几人脚上都穿着长筒雨靴。

当事人包某在接受媒体采访时表示，当时他正跟另外两个同事一起去泰顺三中等泰顺县三魁学区的学校了解灾情。在路过图片显示的那段路时，他因为穿着运动鞋，在过水洼时没有垫脚的东西，所以准备要跃过去，边上有两个保险公司的工作人员，看到时就帮忙架了他一把。

"今天遭遇这个事情，觉得自己比较冤，并没有像网上传的那样，让人抬着去了解灾情，就是在他们的帮助下，过了一处淤泥。"包某说道。

据悉，照片拍照者是泰顺县摄影家协会的一名会员，16日下午2时许，他在朋友圈内发布了一段"特别说明"，称9月16日上午因工作需要到泰顺县三魁镇，恰巧遇到一行人路过泥泞路段，现场人保查勘工作人员协助该行人跨越最后一步。他因为职业习惯现场做了拍摄记录，后发到泰顺摄影群中，却被网友过度解读。

随后，照片拍照者给照片当事人即包某致歉。

同时，照片中的搀扶者也在网上发声。这家保险公司的员工说："我们帮着跨了一步。我个子矮一点，所以他（包某）的手放在我的肩膀上。"他表示，任何人经过如果有需要，他们都会伸手扶一把。除了包某，后面还有个女孩子过来，他的同事也帮忙去扶了。

9月16日下午，温州市泰顺县教育局官方微博"泰顺教育"发布消息回应：针对网上出现有关该县教育局一工作人员的负面舆情，已第一时间启动应急处置方案，迅速核实真相并进行相应澄清工作。鉴于该舆情已对全县抢险救灾工作造成较大负面影响，泰顺县教育局党委立即召开紧急会议，研究决定免去包某县教育局计财科科长职务，并组织人员开展调查工作。

"对这个决定，我心里觉得很冤枉，但只能接受。"包某说。

资料来源：《浙江一官员因"救灾搀扶照"被免职 回应：我很冤》，澎湃新闻网，2016年9月16日。

启发思考

根据前述阅读材料和案例，请思考讨论：
- 媒体管理和舆情分析的主要目的是什么？是不是为了形成一个信任共同体？
- 为什么人们宁可信谣、片面解读？
- 是不是政府新闻词语太专业了，而我们普通民众需要些大白话、大实话？
- 因陷入舆情漩涡而被处置的人员，是否处置过重了？

提升自我

[本章小结]

媒体管理和舆情管理的根本任务，是一致的。就是为了重树信仰与相互信任的社会环境和社会秩序，重树社会精神。

这其中，政府新闻发言人、新闻发布会起着重要的权威引导作用。需要掌握一系列技巧和原则、程序。

而普通公众，则要学会科学理性的对待信息，掌握应急知识，做一个合格的围观者。

对部门而言，要利用分析监测工具和新媒体，及时掌握和引导舆论。

[小测验]

1. 法律规定，突发公共事件的信息发布应当（　　）。
   A. 及时、准确　　B. 客观、全面　　C. 突发　　D. 紧急
2. 事件发生的第一时间要向社会发布（　　）。
   A. 简要信息　　B. 全面信息　　C. 新闻稿　　D. 短信
3. 信息发布形式主要包括（　　）。
   A. 授权发布、散发新闻稿　　　　B. 组织报道
   C. 接受记者采访　　　　　　　　D. 举行新闻发布会等

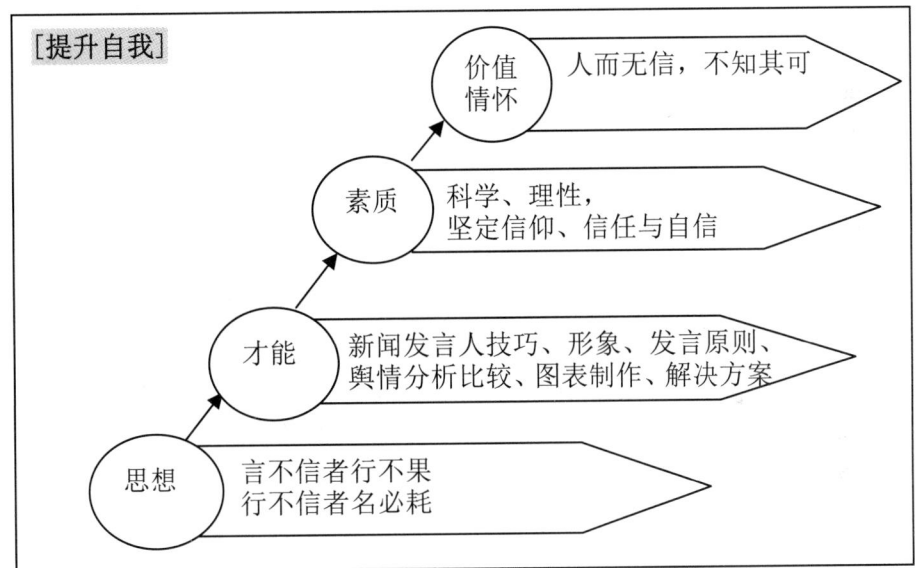

第八章　政府形象管理和危机公关

> **课程引导**
>
> 新华网总结年度官员雷人语录
>
> 　　新华网曾总结过许多频现网络的官员"雷人语录",有关议论至今尚未完全平息。而且直到现在,仍不时有雷人之语出现。可以说,在群众眼里,这些个别官员代表着政府形象,不合时宜的雷人之语对政府形象自然造成一定影响。
>
> 　　——"替党说话,还是替老百姓说话"
>
> 　　这句"替谁说话"的质问可能因其"雷人"程度之强和争议时间之长而位列榜首。郑州市一块经济适用房用地被开发商建起连体别墅和楼中楼。面对记者采访,郑州市规划局某副局长发出上述质问。此语一出,网友竞相转载,一天之内搜索量就高达100多万条。
>
> 　　——"这个事不好说太细"
>
> 　　按照财政部、国家发改委等五部门的联合规定,从2009年1月1日起全国统一取消公路养路费等6种收费。但年初天津小车车主发现,他们每月仍须交纳55元的有关费用。面对记者的镜头,天津市政管理局某副处长说:"这个事我不好再说太细"。这也成为官员"雷人语录"。
>
> 　　——"为什么不公布老百姓财产"
>
> 　　某省一位政协官员就官员财产公示制度接受记者采访。在表示"对这个问题没有研究"之后,反问记者:"如果要公布,为什么不公布老百姓财产?那些企业老板的利润为什么不向工人公布?"
>
> 　　——"你敢在新华网曝光,我就叫它关闭"
>
> 　　济南某小学领导宴请官员,当地文化部门主管领导借着酒劲要求女教师陪酒,遭到拒绝并被扇了一耳光。随后,该领导气急败坏地说:"你敢打我,你等着,我可是主管文化的干部,有你好看!"还对前来采访此事的记者扬言:"我是管文化的,你敢在新华网曝光,我就叫它关闭。"
>
> 　　——"没时间跟你闲扯"
>
> 　　湖北省某市政府门户网站"市长信箱"收到一封群众来信,反映市内有段人行道的环境污染问题,要求有关部门深入实地查看处理。该市创建办随后回复:"我办没时间跟你闲扯,你有意见到创建办来面谈。"回复甚至还把"面谈"的"谈"错写为"淡"。事件被披露后,网友大呼"雷人"并纷纷"拍砖"。
>
> 　　——"你是哪个单位的"
>
> 　　第十一届全运会赛前,网上贴出一则关于跳水比赛的金牌预测,结果全部应验。在比赛尚未结束之际,又爆出"跳水金牌全部内定"的传闻,将事件推向风口浪尖。在赛后新闻发布会上,面对媒体质疑,有体育部门管理人员反问记者:"你是哪个单位的?"
>
> 　　——"你是不是党员"
>
> 　　记者在报道郑州市1000多万元养犬管理费去向时,采访郑州财政局预算外资金管理局某处长,遭到质问:"你是不是党员?如果你要采访这笔费用的开支,就必须获得我们局党委和新闻发言人的批准!办公室让你直接采访我是违反规定的!"随后,有网友发帖质疑,难道养犬

办的信息只向党员公开吗?

——"一楼二楼别去啊,要去就去(跳)五楼"

有媒体报道,在河北省承德市某镇,一位村民因拆迁补偿问题前往镇政府寻求帮助,偶遇镇领导,对方先是以开会没时间不熟悉情况为由,告诉该村民"别找他,反映也没用"。村民哭诉说:"要我去跳楼啊!"这位领导却说:"这我还管不了,一楼二楼别去啊,要去就去(跳)五楼。"说完,甩手离开。

由于媒体披露和网络转载,这些"雷人雷语"每一出现,都能引起舆论广泛关注,质疑、批判、评论,不一而足。有研究者认为,官员"雷人雷语"受关注,一方面说明当前一些地方和政府部门中的官僚主义习气仍然比较浓厚,个别官员存在权力的"傲慢与偏见",由此导致面对媒体和公众时屡屡"失言";另一方面和一段时间内的社会情绪也有一定关系,面对转型期出现的一些问题,民众或多或少地存在焦虑心理,官员"雷人雷语"很容易刺激人们的神经,由此引发广泛质疑和声讨。这些雷人雷语,在一定程度上对政府形象造成了损害。

资料来源:《新华网总结年度官员雷人语录"替党说话"居首》,新华网,2009 年 12 月 16 日。

编者按:政府形象是怎么被损害的?在什么样的互动中,政府形象才会更文明得体、受人尊重和保护?这首先就要了解它是怎么构建起来的,更要掌握科学合理的互动方法,扎扎实实,进行全员、全过程的建设和维护。

警言

患难困苦,是磨练人格之最高学校。

——梁启超

要点掌握

[学习目标]

了解政府形象的构成,损害政府形象的各种风险,熟悉危机状态下各类关系处理的技巧与原则。达到规避风险、维护良好组织形象、融洽政民关系的目的。

[重点难点]

政府形象管理、公共危机与危机沟通的原则、技巧。

[内容要点]

政府形象管理主要是对政府部门应当在社会中树立怎样的整体形象确立一定的目标愿景,并制订相应的建设计划,通过对人力、资金以及人员理念、行为、视觉等各类资源要素的组织协调和控制活动,最终达成先前勾勒的政府形象愿景的过程。可以根据形象战略计划,遵循形象分析、形象定位与形象设计的过程进行。

公共危机状态下的危机公关可以定义为,公共部门在突发危机事件前后,通过改善与社会公众的关系,促进社会公众对公共部门的认识、理解与支持,达到树立和维护良好部门形象、加快危机化解目标而进行的一系列管理沟通和传播互动过程。可以说,它等同于广义的危机沟通。危机公关要成立公关小组,遵循公关调查、公关策划、公关实施、公关评估的步骤进行,注重掌握危机公关的"5S"原则。

广义的危机沟通就是危机公关。而狭义的危机沟通则主要指公共部门为有效处理危机而与危机事件的受害者、目击人、利益相关人所进行的信息与情感互动。危机沟通也要遵循一定的工作步骤,掌握"(3W+4R) 8F+V1"或"V2"的原则规律。

第一节 政府形象管理

良好形象是一个组织最好的名片。有人曾举过这样一个生动的例子:"如果可口可乐公司遍及全世界的工厂在一夜之间被大火烧光,那么,第二天的头条新闻可能是:各国银行巨头争先恐后地向它贷款,以尽快让它恢复生产。"因为可口可乐有着"世界第一饮料"的良好形象,人们是绝不会让这样的美好形象消失的。对政府等公共组织而言,亦是如此道理。尤其是在危机情形下,组织形象管理具有极为重要的意义。

一、公共危机状态下的政府形象管理

1. 政府形象管理

政府形象是社会公众对于政府部门的总体印象和综合评价,是政府内外部因素的有机统一。具体来说,该概念包括以下三个要点:首先,政府形象是一种总体印象和综合评价,包括对政府的组织理念、组织行为和组织视觉形象的全面认识。其次,政府形象的评价来源于社会公众,社会公众是政府形象的评定者,且通常以知名度、美誉度和认可度等指标来衡量。最后,政府形象的好坏最终来源于政府部门及其公务人员的表现和作风。

再根据对管理概念的理解,政府形象管理可定义为,对政府部门应当在社会中树立怎样的整体形象确立一定的目标愿景,并制订相应的建设计划,通过对人力、资金以及人员理念、行为、视觉等各类资源要素的组织协调和控制活动,最终达成先前勾勒的政府形象愿景的过程。

包括如下五方面工作:一是计划,即在对政府部门内外信息充分掌握与分析的基础上为政府形象进行合理的定位,并制订出具体的实施方案与步骤。二是组织,即为了达成计划的政府形象目标而进行的资源和要素调配过程。三是指挥,即由相应政府部门的管理者统筹激励、协调人员为共同完成既定的政府形象目标而努力。四是协调,即通过对内沟通与对外公关来塑造、维持并提升政府良好形象的过程。五是控制,即检查政府形象构建过程是否与原有计划目标一致,纠正其中的偏差,确保政府形象目标、愿景顺利实现。

2. 公共危机管理对政府形象的影响

公共危机对政府形象的影响有一个过程,公共危机的出现并不必然导致政府形象受损。公共危机对政府形象塑造而言,既是挑战,也是机遇。

(1) 公共危机挑战政府形象。

政府的本职就是保护公民的生命财产安全及其各种合法权益,维持社会秩序,为公民创造稳定的生存与发展环境。当危机发生时,能否在短时间内化解涉及人数较多范围较广的紧急事件,是考验地方政府综合协调能力、紧急判断能力和救治能力等的一个重要指标。如果政府处置不力,使公众利益继续受损,公众将对政府管理能力提出质疑,不满情绪迅速蔓延。如果政府不能通过危机处理来满足公众的利益要求,获得公众的认可,并以此增加自身的合法性,政府形象将面临崩溃的边缘。因此公共危机不仅会破坏区域经济社会发展的正常秩序,而且会打击公众对当地政府的信心,危害政府形象。

如 2006 年 10 月 1 日重庆市 711 路公共汽车特大交通事故发生当日，重庆各大新闻媒体未做任何报道。10 月 2 日，重庆新闻媒体才播发了重庆 711 路客车坠桥的消息。无论是电视，还是重庆各家报社均以统一口径全文转载了新华社通稿，没有现场采访的画面和图片，没有医院对死伤者进行医疗救治的情况，更没有公布事故发生后相关部门的善后处理工作，各大媒体都仅用短短数语结束了这一事件的报道。该事件发生后对重庆市民造成很大的心理冲击，尤其在信息不对称情况下，市民无法自己理性地做出判断；加之群体极化现象，恐惧心理在传递过程中被放大，造成群体恐慌氛围，严重影响了重庆市政府在市民心目中的形象。

（2）公共危机管理推动政府形象建构。

危机本身是对稳定秩序的极大冲击，但有效的危机管理对社会整合与发展而言都是一种积极力量，也为政府组织努力构建起自身的良好形象提供了推动力。因为公共危机可以使政府和公众形成统一的利益联盟，为化解公共危机而相互协作配合，这种共同利益联盟及相互合作的过程，更容易激发共鸣，为改善和优化政府在公众心目中的认知创造了机会。同时，危机所揭示和表现出的社会矛盾和冲突对政府形象自身而言，既是个预警，也是促使政府积极进行自身改革的动力。

比如乌鲁木齐 2009 年"7·5"暴乱事件举世关注，引致世界媒体聚焦中国。然而，乌鲁木齐市政府采取了信息公开、透明的态度，其应对突发事件的成熟与高效，赢得了世人的赞誉。通过安抚市民情绪，宣布交通管制，武警部队进驻，以及新闻中心通过手机短信、广播、电视、报纸和部分新闻网站持续通报每日社会治安进展情况，这次危机得到较圆满的解决。通过成功化解这一公共危机，乌鲁木齐市政府的公众认可度大幅提升。

3. 政府形象建设对公共危机管理的作用

一般而言，良好的政府形象管理首先有利于加强政府组织自身建设，规范公务员行为，形成内在规则与价值观，从而增强政府组织的凝聚力与吸引力。其次能够帮助政府组织取得社会的认可与支持，使得政府部门始终保持良好的外部生存与发展环境。最后有助于为政府组织积聚某种无形资产，为政府部门的进一步发展提供精神动力与资源储备。在公共危机状态下，政府形象建设与管理可以成为政府的一种能力资源，对危机事件的顺利解决与善后恢复具有重要作用。

（1）良好的政府形象能激励和动员公众共同应对危机。

政府形象决定政府的影响力、凝聚力和号召力，直接影响着公众对政府政策的心理、行为或行为倾向，因此是奠基政府能力的基本要素之一。在危机状态下，良好的政府形象一是有助于政府号召全体民众团结一致，战胜困难，能够激励和动员公众共同应对公共危机。二是能激发公众支持和监督政府的主动性，也能激发工作人员的自觉性，并使其产生强大的自我动力，有助于全面有效的开展危机救援处置与恢复工作。

（2）良好的政府形象有利于政府在危机中建立公信力。

公信力是政府维持社会秩序的基础，是政府管理效度和信度的前提。在公共危机中，如果政府拥有良好的形象，自然就有公信力，公众就会信任和支持政府。同时政府工作人员也会注重自己的形象，并为了维护政府形象更加努力的工作。相反，如果政府形象不好，就容易导致社会公众对政府的不信任，政府公信力就会瓦解。那么，流言、谣言，甚至迷信就会趁机泛滥，从而给社会造成更大的混乱和危害。

（3）良好的政府形象有助于提高公共危机管理效能。

一方面，良好的政府形象会促进政府组织自觉增强对公共危机管理的认识，提高其在危机预警、应对和消弭方面的专业知识和技能，实现危机管理体系的完善和优化。另一方面，良好的政府形象会使社会公众产生对政府管理和决策的情感认同和行为认同，在内心上愿意服从和支持政府的危机决策，从而减少其实施的时间和阻力，实现危机管理效率的提高。

二、如何进行政府形象管理

1. 政府形象管理的主体与客体

（1）政府形象管理的主体。

政府形象管理的主体一般为政府部门。如组织宣传部门、法制办公室、应急办公室等。他们往往负有公共关系的专门职能。在公共危机状态下，首先要凸显政府负责公共关系的职能部门及其工作人员的形象管理重任。其次，则要形成政府全员公关意识，换句话说，政府机构的所有人员都肩负着形象塑造与维护责任。

公共危机管理的主旨意义在于阻止或减少政府形象的损害，增强政府组织的公信力。政府职能部门自身居于形象管理的核心位置，直接参与其组织形象的设计、制定、执行、评估，通过统筹兼顾的综合管理，来保证其组织形象的统一性和连续性，并借助于传播媒介影响公众对政府形象的全面看法和综合评价。当然，尽管政府形象管理的主体是政府职能部门或专业性的公务人员，但政府形象本身却是非人格化的。在政府形象管理过程中，作为主体的政府组织及其管理者代表的不是个人意志，而是融合了政府多方面因素。

（2）政府形象管理的客体。

组织形象包括的内容很多，如组织精神、价值观念、行为规范、道德准则、运营作风、管理水平、人才实力、经济效益、福利待遇等。组织形象就是这些要素的综合反映。就政府组织来说，其形象管理可以包括政府总体形象设计、政府工作全面质量管理、政府政策形象管理、政府公务员形象管理、政府环境形象管理、政府传媒形象管理等。这些方面都是政府形象的重要构成因素。但不同的利益相关者或社会团体、社会公众对政府组织形象的要求不尽相同，他们所看重的各个方面都需要政府形象管理机构仔细分析。

2. 政府形象管理的主要工作

在企业组织中，组织形象管理主要是采用 CIS（corporate identity system）战略，具体包括 MIS（mind identity system）——理念识别系统，BIS（behavior identity system）——行为识别系统，VIS（visual identity system）视觉识别系统，把组织形象作为一个整体进行建设和发展，从而将其理念、行为、视觉、听觉形象及一切可感受形象实行统一化、标准化、规范化的科学管理。一个好的 CIS 将成为组织的身份牌、协助组织长期开拓市场的利器。对危机状态下的政府形象管理而言，也可重点借助 CIS 战略部署自己的重点工作。

（1）建设理念识别系统——政府形象管理的灵魂。

包括政府部门的目标宗旨、组织文化等方面的内容。其重点在精神，它是政府 CIS 战略系统的原动力。其主要建设内容包括原则信念、政府使命、哲学理念和目标愿景，等等。

（2）建设行为识别系统——政府形象管理的肢体。

主要是政府危机管理方面的组织制度、行为准则、组织活动和公务人员行为规范等综合行为方式。它们是危机状态下政府主观能动性的体现,重点在人,是政府部门中人为因素的综合。其主要建设内容包括管理框架、制度手册、应急预案、应急指南、行为规范、人事培训、公关推广活动,等等。建设时则要注意行为统一化,对所有公务人员行为、操作行为实行系统化、标准化、规范化的培训与管理,以便形成统一的政府形象。

(3) 建设视觉识别系统——政府形象管理的外表。

主要是指政府部门在公共危机状态下的识别标志、口号宣传和主色基调等。它们承载着理论识别、行为识别的全部内涵,重点在外观。

另外,还要注意建设听觉识别系统和环境识别系统。听觉识别系统有助于传达政府的声音,是政府的嘴巴、话筒。环境识别系统则有助于为政府部门塑造合适氛围的工作场所。

总体来看,危机状态下的政府形象塑造与维护包括了政府理念管理、政府行为管理、政府宣传管理三个大的方面。通过政府理念管理,就可以塑造当前或未来一个时期的政府应急目标、指导思想、应急理念、战略政策、公共价值、组织风格等。政府行为管理,对内可以建立完善的应急组织制度、管理规范、行为规范;对外则是协调运作,透过社会活动、公共关系等方式来传达应急理念,以获得社会公众对政府组织的认同。通过政府宣传管理,借助大众媒介,对内征得部门成员的认同感、归属感,加强组织凝聚力;对外树立政府整体形象,进行资源整合,有控制性地将政府部门信息传达给公众,不断影响公众对政府组织的整体看法和综合评价。

3. 政府形象管理的主要步骤

(1) 政府形象分析——明确问题。

主要是明确政府形象建设方面所面临的主要问题。

① 自我形象分析。所分析的主要内容有:

政府部门当前正在做什么?做得怎么样?能够做什么?具备哪些有利的条件和不利的条件?

政府内部基层公务员对政府本身的看法和评价如何?

政府内部管理阶层对政府本身的想法、意见和态度如何?

政府内部决策阶层的观点、意见、态度如何?

② 实际形象分析。主要包括以下内容:

社会公众和社会舆论、民意测验对政府部门的看法如何?

政府形象地位的测量,即政府的知名度、美誉度如何?

政府形象的要素分析,如危机状态下的政府理念、宣传口号、办事效率、服务态度、创新意识、应急水平,等等。

(2) 政府形象定位——规划方案。

政府形象定位是指政府部门根据危机环境变化的要求和自身能力,选择自己的管理目标、领域、理念、愿景,为自己设计出一个理想的、具有一定个性的形象位置和可行方案,解决政府形象建设面临的主要问题。危机状态下的政府形象定位,应当突出以人为本、生命第一、安全第一的主体个性,注意新颖有效的传达方式,促进公众对政府公共秩序与公共利益、公共安全维护者形象的认知。

(3) 政府形象设计——解决问题。

包括政府理念、政府行为、政府外在特征的设计。政府理念设计主要是对政府使命、政府愿景、管理哲学、公共精神、行为准则等几个方面进行谋划。政府行为主要是政府部门或其公务人员的动态表现及与其直接相关的行为依据。这些动态表现主要是公务人员的岗位工作表现和作风、非正式活动等；行为依据主要是政府部门的基本管理制度，如人事制度、分配制度、管理条例、行为规范等规章制度，以及发展战略规划和各项政策等。政府外在特征则主要是名称（包括部门名称、服务名称、行动名称等）、标志（包括部门标志、服务标志、行动标志等）、标语（包括公共精神、政府口号、主要宣传用语、宣传标语等）、字体（主要是书写部门名称、标志、服务或行动名称的中英文专用字体）、颜色（政府部门选用的可在各方面表现其精神内涵的主要颜色）。同时要注意听觉语言的设计和传达。

在以上各项设计中，要注意强调有利于政府形象建设的积极因素和解决方案，把公众的注意力引导到政府希望的形象定位上来，以消除因公共危机所造成的政府形象危机。

三、危机状态下政府形象管理容易产生的问题

1. 缺乏政府形象意识

我国政府机关及其公务人员仍然存在服务理念缺乏、形象意识淡薄的现象。政府内部普遍缺少专门的公共关系机构，没有对政府工作人员进行充分的公共关系培训和形象教育，政府工作人员缺乏形象战略和形象塑造与维护意识。因此应注意促进或增强政府部门及其公务人员的形象意识，以及政府形象建设能力。

2. 缺乏责任形象的塑造

勇于承担责任是现代政府善治的基本要求。在公共危机状态下，由于风险激增，政府官员不敢面对危机，不愿承担危机应对责任，导致政府官员的美誉度、信誉度较低。

3. 缺乏法治形象的塑造

完备的法律法规体系是政府公共危机管理的保障。要把突发危机事件的应对纳入法治化轨道，形成一整套制度化的规范，确保政府公共危机管理有章可循有法可依，按照法治原则来解决公共危机。但许多地方政府在危机应对中自由裁量过多过大，也没有充分发挥利用好政府法律顾问人员的职能，很容易突破法规和纪律要求。

4. 缺乏透明度与亲合性

公共危机状态下政府应当塑造一种透明形象，通过媒体传播开展多种活动，如新闻发布会、互联网等形式在第一时间向公众提供真实的、尽可能多的有关危机险情和危机决策的信息，针对社会公众疑虑及时进行科学、客观的解释，直接形成政府与公众之间的双向互动，增强危机管理的透明度和民主性、亲合性，以获得社会公众和非政府组织对政府危机管理的支持。这有利于社会公众和团体发挥他们的主观能动性，积极平等地参与到公共危机管理之中。相反，一些地方政府习惯于所谓"内紧外松"，公共危机发生后一味封锁信息，只能致使政府形象严重受损。

当然，树立政府形象不是一时一事的权宜之计，也不是哗众取宠的表面文章。它是政府部门的一项具有战略意义的重要任务，直接关系到政府与政治发展。要完成这样一种需要远见卓识的工作，就必须把脚踏实地的精神和长期不懈的努力结合起来，要求在当前许多应急预案制定中把政府形象建设与管理当作一项重要内容来看待。

【实务举要】

政府形象管理的焦点问题

在危机状态下,政府形象管理有其焦点问题。只要把这些问题解决好,政府形象建设就显得容易一些。一般来说,由一些利益相关者构成的压力集团或社会团体会对政府施加大量压力,这些集团或团体的态度会影响社会公众对政府的态度。因此,在公共危机管理中,如果把这些团体对政府的态度引导好,就能消除政府形象建设面临的显在或潜在障碍。但这些团体往往很难对付。一是因为他们在公开场合对特殊问题所表现出的热情和理智,显得他们很有事业心。二是这些团体提供的方案往往简单明了,看起来容易应用,对公众有吸引力。三是他们只把自己看作是由热心人组成的小团体,他们意识到了作为公众代表或处于劣势地位的人更易赢得大多数公众的支持。

这些压力集团或社会团体所采取的行动可能包括:向公众发布危机或破坏性的信息;向公共机构提出抗议;收集并展示所谓的证据;精心设计他们想发动的抗议行动或特殊事件;发动公众联合抵制公共机构的政策与行动。

为了搞清楚压力集团或社会团体在危机状态下的关注点或真正企图,政府部门或公共机构应当力求掌握以下问题。

谁在审查或批评政府?

为什么这些人或集团要审查或批评政府?

他们的态度与目标到底是什么?

他们在什么地方进行审查或批评?

他们在什么时间进行审查或批评?

对审查者与被审查者、批评者与被批评者来说,结果会是什么?

资料来源:[美]罗伯特·希斯:《危机管理》,王成、宋炳辉、金瑛译,中信出版社 2001 年版,第 157—158 页。有改动。

第二节 危机公关

一般而言,公共关系是组织通过建设良好内外关系塑造和维护组织形象的过程。因此,公共危机状态下的危机公关可以定义为,公共部门在突发危机事件前后,通过改善与社会公众的关系,促进社会公众对公共部门的认识、理解与支持,达到树立和维护良好部门形象、加快危机化解目标而进行的一系列管理沟通和传播互动过程。可以说,其本质和最重要内容在于有效的沟通。或者说,它等同于广义的危机沟通,也即公共部门在危机管理过程中为了有效地处理危机而与社会大众、媒体等进行的信息、思想、情感及价值观等的传递与互动。

一、危机公关的特征与作用

1. 危机公关的主要特征

(1) 意外性。

由于危机事件的突发性,危机公关活动是在正常公共关系计划之外发生的,不可能按照业已拟就的公共关系部署按部就班地进行。

（2）紧迫性。

危机公关要在有限的时间和空间内，利用有限的资源和沟通传播途径，尽快改善与社会公众关系，实现公共部门的传播目标，维护和重树部门形象。

（3）聚焦性。

危机公关直接聚焦于破坏公共部门形象的特定事件、信息、现象、人群，目的非常明确直接，那就是控制危机、化解危机、修复危机创伤，尽快恢复、维持和改善部门形象。

（4）公共性。

公共部门的危机公关具有公共性，主要体现在关系沟通的主体是政府、事业单位、非政府组织等公共部门，关系沟通的事务关涉公众切身利益，关系沟通的行为备受公众关切。

2. 危机公关的作用

（1）减少危机事件损失。

突发事件的出现会给公共部门和社会公众带来各种难以预料的损失。通过有效的公共关系沟通和传播活动，可进一步唤醒公众注意力和防范能力，控制各种危险因素发展，最大程度地减少损失。

（2）维护部门良好形象。

良好形象是公共部门的最大资产，是公信力的重要来源。无论是一般危机还是重大危机，如果应对不力，甚至无论如何应对，都会给公共部门形象造成一定的影响，干扰其美誉度和公众的忠诚度。危机公关通过一系列关系沟通活动，对公共部门的形象具有维护、恢复甚至更新的作用。

（3）增强内外团结。

危机事件压力既可使内部成员人心涣散，也会造成社会公众对公共部门失去信任与忠诚。但是危机也意味着机会。如果公共部门面对危机事件能采取积极主动的沟通宣传措施，全面动员部门成员和社会公众同舟共济，尽一切努力解决问题，制定专门政策及程序来获得公众的谅解和接纳，危机事件反而可能成为促进内外团结、增加凝聚力的重要机会。

（4）扩大部门影响力。

公共部门及公务人员的一言一行在危机事件中经常是媒体关注的焦点。虽然不良的影响有可能迅速扩展，但另一方面也可以为公共部门提高知名度和关注度铺垫基础。能否抓住机会重塑部门形象，已经成为衡量一个部门危机公关工作是否成熟的重要标志。

二、危机公关的主要任务

除了取得受害人等利益相关者的谅解、合作以外，公共部门危机公关更加特殊一项任务是引导舆论。因此要贯彻一条"疏导引导"的原则。主要包括：

一是引导媒体树立大局意识，增强职业责任感。促进媒体把社会公众对危机的舆论引导到有利于危机解决的正确方向上来，保证危机信息的及时公开和全面准确，最大限度地避免谣言的传播，消除不良信息的影响，宣传正能量，维护政府形象，提高公众对政府处理危机的信心。

二是引导媒体建立和完善协调工作机制。应当在媒体之间、媒体和政府部门之间建立协作机制，协调编辑、记者与政府部门的关系。如中央电视台通过设立信息员报题制度、24 小时新闻监检制度等,强化各部门之间、与全国省市台之间的资源共享与协调。

三是引导媒体之间整合信息协同作战。信息整合就是大众媒体、互动媒体、电子媒体等多种媒体,在所有与社会公众接触的地方,传播"一个声音,一个形象",注重信息的一致性,同时,在恰当的时机、适当的地点,以恰当的形式对公众传播恰当的信息,达到信息的最有效传播。

四是引导媒体建立健全危机报道机制。要把"第一时间报道危机"落到实处,当危机事件发生后,媒体可以立即调集人手、设置方案,尽快了解和掌握环境资料和事件发生、演进的过程和细节,这样才能对整个事件或现场有一个宏观的把握和判断,以免使报道流于"只见树木,不见森林"的浅薄。

三、危机公关小组的建立

要有效完成危机公关任务,必须首先建立一个有效的危机公关小组。其组成人员可以包括:危机管理的决策指挥人员、法律顾问人员、专业公关人员或公共关系部门人员、新闻发言人、安全管理人员、媒体管理人员、行业领域的专家和工程技术人员,等等。

四、危机公关的主要步骤

1. 危机公关调查

主要是进行危机剖析,即通过环境分析、舆论分析或形象分析,确定公关的对象和问题。危机爆发后一般来讲任何部门最初都会觉得难以置信,因此首要对引发危机或正在加剧危机的具体环境、社会舆论等进行分析。需要注意的是,危机爆发初期媒体报道的特点是报道危机事实,到底发生了什么事情。随着危机过程的进展,之后才会有一些纵深报道。危机一般会持续一到两周时间。一到两周之后如果没有新的新闻点的话,社会舆论由此逐步减弱。

2. 危机公关策划

根据危机公关调查所确定的主要问题确定公关目标,制定公关计划和设计公关方案。实际上这是一套危机沟通传播方案。危机公关的计划与方案必须根据实际危机事件的阶段进程、重点人群对象、特殊环境和形象问题加以制定。要在公关准备、公关处理、重塑部门形象等不同阶段,分别设定有针对性的方案。

3. 危机公关实施

根据危机公关的目标、计划和方案实施各种传播沟通活动。沟通宣传的对象一是内部人员,要加快内部信息传播和统一宣传口径。当发生危机的时候,如果内部人员能够得到第一手资讯,知道到底发生了什么事情,知道管理者怎么处理,就会对整个组织有信心。同时,他们都愿成为组织的代表,当外界对危机事件的报道有偏颇的时候,这些人会帮组织代言。二是主管单位,如果主管单位对危机事件不甚明了,只能根据媒体上的报道来做评论,他就不知道真相是什么,其发言可能对组织不利,改变公众的印象将很困难。如果组织先行向主管单位报告危机信息,以及组织制定的危机处理方案,就会获得主管单位的信任,避免不利于组织的负面情况出现。三是媒体,通过媒体引导社会舆论,获得社会理解、支持。四是利益相关者。最重要的是取得危机事件受害人的谅解,得到他们的信任与合作。五是其他经济组织，通过与大型公司企业的沟通，保障危机期间的特殊资源供应和市场稳定。

4. 危机公关评估

根据调查、反馈的信息评估危机公关活动的效果，寻找新的问题，确立新的公关目标，调整原有的公关计划。

五、危机公关的主要原则

我国著名公关专家游昌乔在《危机管理中媒体应对方法》中提到危机公关的"5S 原则"：[①]

1. 速度第一原则（SPEED）

危机发生后，必须第一时间召开会议研究应对危机处理对策，明确危机处理原则。同时，第一时间与媒体和公众进行沟通。通过媒体以最快的速度发布最新的信息，争取舆论主动权，有效地控制新闻传播的导向性，防止媒体为抢独家头条新闻，发表刺激危机局势的新闻消息，误导社会公众，或加剧公众的社会恐惧心理。

2. 系统运行原则（SYSTEM）

保证内外部门运作的协同性，避免顾此失彼。一是加强动员和宣传，一致对外，建立令行禁止的团队，对内公关是对外公关的前提。二是有效、合理地控制媒体活动的范围。媒体无限制地对危机进行采访，往往会影响政府的危机管理效率，甚至引起政府对危机处理的失误，使受害者再次受到创伤。政府需要制定相关的法律或法规来确定媒体能够进入的活动范围，这样既可以为媒体公正介入危机事件创造制度保障，又不影响媒体参与危机的积极性和主动性。

3. 承担责任原则（SHOULDER THE MATTER）

危机处理后一定要有人站出来承担责任，安抚受害者。这样就可以通过媒体的传播效应，平息公众不良情绪，促进公众对政府部门的再认可。

4. 真诚沟通原则（SINCERITY）

本着诚心诚意诚实的原则，建立畅通的信息渠道，主动提供消息，提供新闻稿，并为媒体创造公正、良好的介入危机事件的秩序，这样有利于媒体在危机事件中发挥积极作用。

5. 权威证实原则（STANDARD）

充分发挥和随时调动有权威性的新闻媒体的传播功能，并尽可能统一信息发布规则和信息发表渠道，打造权威信息源。政府部门要明确信息发布的规则，采取各种直接有效的危机管制措施进行信息筛选，同时有目的、有针对性地选择信息源和信息传播渠道，通过新闻发言人，不断向社会公众和新闻媒体说明危机发展的状况，唤起社会对危机管理行为的支持。同时，在向公众和媒体沟通信息时，一定要及时向政府内部各部门以及有关方面通报信息，保持危机信息的一致性和连续性。

---

① 参见游昌乔：《危机管理中的媒体应对方法》，东方音像电子出版社 2006 年版。

第三节 危机沟通

诚如第二节所述,危机公关的基础内容是沟通。或者说广义的危机沟通就是危机公关。而狭义的危机沟通则主要指公共部门为有效处理危机而与危机事件的受害者、目击人、利益相关人所进行的信息与情感互动。

一、公共危机沟通的特征与作用

1. 公共危机沟通的特征

由于危机事件所具有的突发性、紧急性、高度不确定性、复杂性,公共危机沟通具有以下不同于一般沟通的特点:①

(1) 沟通方式的直接性。

为了有效地控制、化解危机,必须及时准确地获得相关信息,迅速作出决断,这样就要求危机管理者亲临危机现场,与危机事件的利益相关各方进行面对面的直接沟通。

(2) 沟通过程的密切互动性。

公共危机事件往往备受社会各界关注,政府不及时充分了解受事件影响公众的态度变化,而公众又不了解政府等公共部门所采取的措施和处理进程,就会给危机解决造成很大的后续障碍。因此,在公共危机沟通过程中,沟通主体和客体之间需要密切的互动,达成相互支持和理解。

(3) 沟通手段的非常规性。

危机的突然爆发往往大大出乎人们的意料,人们无法用原有的知识和经验对之进行判断,平时的逐级报告、逐步传达、开会座谈等沟通方式或链形沟通模式已无法发挥有效作用,必须采用非常规性的紧急沟通措施和手段来加以应对,打破原有的沟通体制或模式,突出其快、突出其全、突出其近。

(4) 沟通情境的不确定性。

公共危机沟通是在高度不确定性的复杂情境中进行的,与那些一般的在相对稳定环境中进行的沟通明显不同,危机受害人、目击人、利益相关人等沟通对象都需要调查落实,而且其受影响的程度和要求也不尽相同。

2. 公共危机沟通的作用

公共危机沟通在公共危机管理中发挥着转化性、催化剂式的关键作用,主要表现在以下几个方面:②

(1) 危机识别预警。

危机有一个生命周期,即潜伏期、爆发期、蔓延期、结束期。如果公共部门具有健全的沟通渠道、快速灵敏的沟通机制、积极主动的沟通主体、有效及时的反馈,决策中枢就可及早发现危机诱因,及早发现潜在危机,洞察非常态因素,采取相应措施及时化解隐患,把危

---

① 袁明旭:《论公共危机沟通的特点和功能》,《内蒙古民族大学学报》,2007年第6期。
② 袁明旭:《论公共危机沟通的特点和功能》,《内蒙古民族大学学报》,2007年第6期;也可参见袁明旭:《公共危机沟通:危机管理的生命线》,《曲靖师范学院学报》,2007年第2期。

机消灭在萌芽状态。此时公共危机沟通就起到了一种识别、预警作用。

（2）危机决策辅助。

危机事件决策是一种非程序化决策，其特点是信息缺失造成的不确定性、不可预见性无法提供决策基础。而危机沟通正好可以最大限度地弥补危机决策急需的信息和资源，实现决策的针对性、前瞻性。

（3）危机资源整合。

公共危机事件的影响面是非常广泛的。通过危机沟通，可以使受到危机影响的内部利益相关者和外部利益相关者清醒地认识到危机已经把他们紧紧地连在了一起，成为一个休戚与共、生死相依的命运共同体，只有大家齐心协力、共同参与，才能共渡难关。

（4）危机监控。

有效的危机沟通常常发挥着重要的监督和控制作用，但这一点常被人们忽视。在公共部门中，上级主管部门通过与所属部门的沟通交流，发现存在的问题，因上级主管部门的权威性而使所属部门及相关人员产生一种压力，通过这个压力驱动下属部门对存在的问题进行整改，就可以消除危机诱因。另一方面，通过上行沟通，通过一般职员以及大众传媒，把存在的问题及时反馈给上级领导部门，也能使存在问题的组织和人员产生一种压力，促使其面对问题，采取措施进行整改。

（5）危机修复。

通过危机沟通，可以让危机事件的目击人、受害人、其他利益相关人了解危机的基本情况，知晓如何预防危机和避免伤害，缓解其焦躁心理、舒缓紧张情绪。尤其是危机管理者亲临危机现场，与相关部门和受影响民众直接进行面对面的沟通，让处于危机中的民众感受到政府与其同在，感受到政府和社会的关心、帮助，这更有助于稳定民心。

二、公共危机沟通的主要领域

公共部门危机沟通按其作用方向分，可以分为内部沟通和外部沟通。内部沟通主要包括政府部门之间的沟通和协调，以及政府部门与非政府公共组织之间的沟通与协调。外部沟通主要包括政府与媒体、危机事件影响的目标群体之间的沟通。其中，与受危机事件影响的目标群体沟通是我们所要阐述的重点内容。①

1. 政府部门内部沟通

开放的内部沟通有利于集思广益，迅速对危机做出反应。对政府各部门的沟通应当向其告知危机真相和政府采取的具体措施、做好耐心细致的解释工作、传达政府形象修复的具体措施。这样，在危机来临之时，各个部门、政府组织的各个层次才能进行危机管理的协调工作。还要对政府工作人员进行安抚，统一口径，避免对外部公众包括对前来采访的记者发泄不满情绪。

2. 与上级部门沟通

应第一时间将危机发生的起因、拟采取措施等以书面报告的形式呈报给当地政府和直接

---

① 乔海强：《现代政府公共危机管理中的沟通机制研究》，山东大学硕士学位论文，2009年3月；也可参见苏国平：《论公共危机管理中政府与媒体的沟通》，东华大学硕士学位论文，2007年6月；刘芳：《公共危机管理外部沟通机制构建的研究》，《魅力中国》，2010年第1期。

上级主管部门并接受调查。对上级部门的沟通应当及时地、实事求是地汇报事态发展情况，并与上级有关部门保持密切联系以求得帮助指导。

3. 与媒体的沟通

媒体是实现政府与公众沟通的桥梁，是对危机信息进行过滤、筛选的"把关人"，是政府危机信息的传播中介。由于媒体的独立性，一味隐瞒危机信息可能会使负面影响扩大；而正确利用媒体，正视媒体影响力，尽快提供全部真实情况则可以引导群众。对媒体的沟通应当向新闻媒介及时通报危机事件的调查情况和处理动态信息。在危机的潜伏期，发挥媒体的预防教育和信息预警的功能；在危机爆发期，通过媒体积极引导公众舆论、稳定社会情绪，报道危机化解进展；而在危机的事后处置和反思方面，借助媒体提供解决措施和宣传重塑政府形象。

当然，对媒体进行沟通时，要慎重选择新闻发言人。因为在危机处理阶段，政府新闻发言人在危机管理外部信息沟通中处于重要地位，是直接面对媒体发布政府官方解释或立场的窗口人物。与媒体沟通的有关内容已在前节中有所阐述，此处不再赘述。

4. 与受害人、目击者、利益相关人等目标群体的沟通

社会重大突发事件往往与公众的切身利益紧密相关，这些公众一般是危机的受害人、目击者或其他利益相关人。如果他们得不到确切的危机应对信息，便会陷入恐慌之中。因此，在危机发生时，政府应通过公开、顺畅、权威的沟通渠道，及时、全面、准确地告诉公众事件真相，提高政府工作的透明度，满足公众的知情权。

政府要通过有效沟通把危机状况、应对措施、相关事态发展传递给公众，得到公众的反馈想法，帮助政府进行科学决策。这样，政府就可以通过发挥信息沟通的舆论导向功能来稳定民众心理，引导公众选择正确的行为，正确地对待突发性的危机事件。一方面，对直接危机受害者的沟通应当确定专人与受害者进行接触、确定关于危机责任方面的承诺内容与承诺方式、制定损失赔偿方案和善后工作方案等。另一方面，还应及时向政府部门的合作伙伴、社会机构、社区公众等利益相关人通报危机事件及其处理措施，以便寻求合作，迅速组织社会各种力量实现危机救助，全面消除事件的不良影响。

三、公共危机沟通的主要工作

1. 与受害人沟通

危机事件的受害人是危机沟通的首要对象。只要受害人得到公正、人道的补偿与安慰，危机事件带来的社会负面影响就可以在很大程度上得以遏制。

与受害人的沟通要注意以下问题。一是从受害人角度对受害人所受伤害表示同情和慰问。二是说明政府对当前危机事件的处理措施和积极结果。三是询问受害人对事件起因、过程的看法。四是询问受害人对下一步的补偿工作有什么要求和建议，并提出政府部门对补偿或赔偿的相关标准让受害人知晓和参照。五是提供受害人今后能够享受的各类社会保障和安抚政策。只有切实为受害人的当前与今后生活与生计着想，才能真正得到受害人的谅解。

2. 与目击者沟通

目击者由于可能并未受到物质上或身体上的伤害，因此与目击者的沟通主要是询问其所

受到的心理影响，及其对危机事件起因、过程、处理措施的意见。另外，还要特别告知目击者对危机事件保持一种理性、客观、不偏不激的态度或心态，在采取自保自助措施的同时与政府部门保持合作，不要给危机处理造成更大的负面影响。

3. 与利益相关人沟通

一些受危机事件间接影响的相关人，比如受害人或目击者的亲属、合作伙伴、所属团体组织等，他们也往往不会对危机事件保持沉默，总是要提出自己的看法或建议。对此，政府部门等公共组织也要采取一种包容的态度，充分与可能存在的利益相关人进行沟通，听取他们对事件处理的积极建议，如果他们所受影响也较大，则为其提供一定的法律或政策援助。

四、公共危机沟通的工作步骤

1. 成立沟通小组

选派高层管理人员组成危机沟通小组。最理想的组合是，由部门负责人或首长领队，并由新闻发言人、公关专家和法律顾问等作为助手。小组其他成员应该是主要部门的负责人，涵盖财务、人事等部门。还要为沟通小组及发言人等建立起沟通的人员明细表、通讯录，使之明确人员之间的相互关系。

2. 选定发言人

在危机沟通小组里，应该有专职发言人。部门首长可以是发言人之一，但不一定是最主要的发言人。要选择沟通技巧较高的人作为专职发言人。

3. 培训发言人

对发言人的培训，能让部门和公职人员学会如何妥善应对媒体或危机事件所影响的目标群体，最大可能地使公众的说法或分析专家的评论如管理部门所愿。其中要让发言人学会尽可能地传递积极信息，避免误解发生。

4. 确认和了解听众

沟通小组要有受害人及其利益相关人的完整的联系方式，如通讯地址、传真和电话号码等，以便在危机时期与之迅速地联络。要注意了解他们希望寻求什么样的信息。

5. 进行危机评估

充分认识危机态势，了解危机造成的影响，做到有备而战。

6. 确定关键信息

了解到公众想知道的信息，以及危机本身的情况以后，就要对公众进行关键的信息沟通。要做到简单明了，给听众的主要信息不要超过三条。一是对事件深感遗憾，二是解释正在协调或配合相关组织全力处理，并将彻查事件原因和责任人，三是说明以往工作有良好记录，符合所有保障健康和安全规则的要求，还会及时向公众和媒体提供最新的进展消息。

7. 预先演练

如果想抢先行动，就要把危机沟通小组集中起来，预先讨论和演练如何应对可能的潜在危机。这样有助于思考应对措施，做好最好和最坏的打算，或通过对现有管理方式的改动，避免一些不良事件的发生。

8. 决定信息沟通方式

进行危机沟通的方式有很多，可以面对面地向目标群体简要介绍情况，也可以通过邮件、通讯或传真的方式发送信息。另外，对媒体则要提供新闻稿和解释信，或者让其参加部门组织的情况介绍会或新闻发布会。

9. 探查反应

无论危机性质如何，无论部门准备得多么认真、做出的应对如何谨慎，总会有一些听众的反应与公共部门的愿望背道而驰。因此，要客观看待这些听众的反应，并判断再一次沟通是否能改善他们对公共部门的印象。

【实务举要】

公共危机沟通的技巧

在危机的沟通战术方面，福莱灵克公关咨询公司特别情况小组发明了一个简单公式：（3W+4R）8F+V1或V2。该公式被公关界称为危机公关成功的"金科玉律"。

3W

3W 是说在任何一场危机中，沟通者需要尽快知道三件事：
- 我们知道了什么（What did we know）？
- 我们什么时候知道的（When did we know about it）？
- 我们对此做了什么（What did we do about it）？

寻求这些问题的答案和一个组织做出反应之间的时间，将决定这个反应是成功还是失败。如果一个组织对于它面临的危机认识太晚，或是反应太慢，那它就处在一个滑坡上，掌控全局会变得极为困难；如果不能迅速地完成"3W"，它将会无力回天。对于沟通者来说，信息真空是你最大的敌人，因为总有人会去填充它，尤其是竞争对手。

4R

4R 是指在收集正确的信息以后，就该来给这个组织在这场危机中的态度定位了：
- 遗憾（Regret）
- 改革（Reform）
- 赔偿（Restitution）
- 恢复（Recovery）

换句话说，与危机打交道，一个组织要表达遗憾、保证解决措施到位、防止未来相同事件发生并且提供赔偿，直到安全摆脱这场危机。很显然，这并不是一个声明或者一个行动就能取得所有"4R"的。相反，我们需要把"4R"当做一个过程来执行。

8F

8F 则是沟通时应该遵循的 8 大原则。
- 事实（Factual）：向公众沟通事实的真相。
- 第一（First）：率先对问题做出反应，最好是第一时间。
- 迅速（Fast）：处理危机要果断迅速。
- 坦率（Frank）：沟通情况时不要躲躲闪闪，体现出真诚。

- 感觉（Feeling）：与公众分享你的感受。
- 论坛（Forum）：公司内部要建立一个最可靠的准确信息来源，获取尽可能全面的信息，以便分析判断。
- 灵活性（Flexibility）：对外沟通的内容不是一成不变的，应关注事态的变化，并酌情应变。
- 反馈（Feedback）：对外界有关危机的信息做出及时反馈。

V1 和 V2

如果 3W、4R 和 8F 都做得正确了，你的组织在危机中会成为 V1，即"勇于承担责任者（Victim）"的形象便凸显出来。这个结果很不错，公众会认为你很负责任、会想尽办法解决问题并且让他们满意。相应地，他们会对你从轻处罚或减少抱怨，甚至还可以原谅你。

相反，如果你不能做好 3W、4R 和 8F，你很可能会被当做 V2，即"小丑和恶棍"（Villain）的形象。公众将认为你的行为和言辞避重就轻、不上心和不负责任。这反过来最终会导致内部人员意志消沉、公众抗议、管理层动荡等不良后果。

资料来源：维基百科网站：《危机沟通》，http://wiki.mbalib.com/wiki/%E5%8D%B1%E6%9C%BA%E6%B2%9F%E9%80%9A，2011 年 5 月 25 日。有改动。

五、公共危机沟通机制建设

要提升公共危机沟通的有效性，就应当采取措施促进正式的沟通机制的建设，使危机沟通活动逐步走向规范化、科学化。

1. 提高公务人员对危机沟通重视程度，在政府部门营造良好的沟通氛围

一是要提高政府部门领导对危机沟通的重视程度和沟通的积极性，促进他们主动参与社会调查，收集社会信息，倾听社会底层群众的呼声。二是要加强对现有工作人员的培训，尤其是中老年干部的培训，提高他们对危机沟通的重视程度、沟通的技巧和能力等。三是要注重对新录或新进公务人员进行危机沟通方面的考核或考察，保证行政管理人员基本上都受过正规的沟通知识、技能的训练。

2. 提高行政沟通双方的素质，降低译码的难度

所谓"译码"是指沟通双方在信息的传递过程中对信息的理解方式，是影响沟通效果的重要因素。行政管理人员的知识水平通常略高于社会公众，但他们却往往不能深入群众生活，导致很多大众性的话语不能得到很好的理解，更可怕的是他们在传递信息的时候常常不考虑社会公众的知识水平和理解能力，导致公众对公共政策的理解程度不够。因此，必须提高行政管理人员的素质，经过培训使他们增强以群众的思路理解政策的意识，通过经常性的深入群众实际生活，提高他们对社会公众中流行的语言符号的理解能力。另一方面，也必须提高社会公民的整体素质，大力发展教育事业，提高公众的参政意识，推广普通话、规范字，降低信息传送的障碍，提高公众的译码能力。

3. 拓宽社会沟通渠道

一个社会的开放程度越高，公众对政治生活的参与性就越强，政府机构与公众的双向沟通就越重要。因此，开拓公众参与性强的社会沟通渠道，发展一系列公众参政议政的社会渠

道,如社会协商对话、公众议政活动等,让公众的意见能够有比较充分的机会和有效的方式公开地表达出来,不仅能使政府及时、广泛地了解各种不同意见,为政府制定政策处理危机提供依据,而且能够使各种潜在的社会摩擦与冲突能量在"微调"的状态中得到释放和缓解,避免长期压抑集聚而引发爆发式的冲突和震荡,从而有利于形成稳定和谐的政治局面与社会秩序。

4. 建立非行政性的信息系统

非行政性的信息系统主要是说它不受国家决策部门的行政领导,不具备政府信息系统那样的科层结构,但它为国家决策部门服务。这种非行政性的信息系统由通常所说的"思想库"这类决策咨询机构组成,它不同于国家决策部门所属的专门信息系统,具有更大的独立性;它也不同于党政机关,它不直接参与国家决策;它还不同于学术系统,它的主要目的不在于纯学术研究,而在于为国家决策机关提供决策咨询服务。它必须从各个方面获取国家决策的效果信息,然后进行研究、分析,及时地向决策部门提出决策咨询报告。

5. 建立健全危机沟通的相关法律制度

目前,公共部门管理沟通的有效性较低,表现在公众的反映问题渠道缺乏,公共部门管理沟通机制不健全,公众对政府的满意度较低,重大事件中公共部门行动不够迅捷,等等。为提高公共部门危机管理沟通的有效性,除了要克服上述所讲的公共部门管理沟通中存在的种种障碍之外,还应当建立健全危机沟通的相关制度。

(1) 加快危机管理政务公开制度建设。

政务公开是指政府机关在履行管理职能的过程中,依照法定程序向公众公开自己的有关行政活动、行政决定、文件材料及其依据,公众有权了解、查阅、获取有关材料或证据的一项行政制度。政务公开是群众了解政府活动、正确理解贯彻政策的有效途径,不仅有利于人民群众监督公共权力的运作过程,还有利于公共部门及时收集社会公众的反馈意见,使公共决策获得更高的群众认可度,因此能够有效地提升公共部门危机管理沟通的有效性。

(2) 完善公共部门危机决策的听证制度。

决策听证是指政府在决策过程中,听取有关团体、专家学者的意见,特别是与该决策有利害关系的当事人的意见。决策听证实际上是一种固定沟通渠道的交流方式,这种沟通方式可以收集到与决策相关的各种信息,能够提高公共管理沟通信息的数量和质量。由于当事人往往是利害相关者,听证又是一种面对面的沟通,收集的信息往往是比较准确的,一般能够保证信息的真实性。因此听证制度对于提高公共危机沟通的有效性、民主性、科学性有着十分重要的作用,有助于减少危机处理政策实施过程中的障碍。当前我国的决策听证制度还很不完善,听证程序等相关规定不够具体规范,听证还存在着走过场、走形式的现象,必须完善相关法律制度,建立健全公共部门决策听证制度,使之逐渐发展成为一项正式而完善的社会沟通制度。

(3) 完善信访制度。

信访是国家法律规定的公民向政府反映意见的途径,建立这项制度的目的就是为了给公民建立一套正式、便捷的反映问题机制,也就是给基层公民建立一个简捷有效的沟通渠道,通过这项制度的实施能够听到到来自最底层的人民群众的声音,收集到最为真实可信的信息,对于提高公共危机沟通的有效性、增强危机风险隐患的辨识能力,具有十分重大的作用。

可以说，政府组织内外部的信息传递和沟通效果是妥善处理危机的核心问题。陷于危机事件的许多管理者往往将大部分时间和精力用于组织内外沟通，但最终的结果却大相径庭，其原因便在于能否建立起及时、坦率、有效的沟通机制。

【现场直击】

深圳率先引入新闻发布"问责制"：遇突发事件需在120分钟内发布新闻

案例背景

2009年9月15日，深圳正式发布《深圳市人民政府新闻发布工作办法》（以下简称《办法》），率先引入新闻发布"问责制"。中央、省市及香港媒体都在显要位置报道了这一消息。新规对常规政府信息和重大突发事件分别设置了7个工作日和120分钟的时限。截至2009年深圳政府机构改革前夕，其新闻发言人队伍已扩充至近800人。

作为我国推动社会主义民主政治建设、构建透明政府、实现信息公开的关键性制度安排，新闻发布制度前进一小步，就会被解读为政府民主政治建设前进一大步。作为改革开放前沿阵地的深圳，历次的新闻发布制度进阶，都会在国内外引起广泛关注。

管理历程

2009年前7个月深圳经济形势逐月回暖、国家超级计算中心落户深圳、"第一个亚洲人基因组图谱"在《自然》杂志发表、"9·20"特大火灾造成43人死亡……在深圳，这些大事的背后都有一个忙碌的影子，这就是深圳市政府新闻办。发布采访通知、组织新闻发布会、公开发布会现场实录，这些信息向社会公开的每一个环节背后都离不开他们的辛劳。

在深圳，支撑政府信息发布的不只是市政府新闻办一个部门五六条枪，而是一个完整的新闻发言人梯队。截至2009深圳政府机构改革前夕，其新闻发言人队伍已扩充至近800人，其中市政府及各部门、各区政府共设立新闻发言人59名、配备新闻助理88名，各基层新闻发言人及助理共600余人。

从1985年尝试设立新闻发言人制度起，深圳的新闻发布制度已经走过了25个年头。纵览这25年，有几个关键时间点无法忽视：1985年、1998年、2003年、2006年、2009年。

• 1985年，深圳设立三个层次的新闻发言人，并由当时的市领导邹尔康任首席发言人，深圳的新闻发布制度伴随着特区一起蹒跚起步。

• 1998年，深圳建立了市、区和各政府部门三级新闻发言人制度，确认了全市38个单位和40名新闻发言人，这成为深圳新闻发布制度走向成熟的分水岭。

• 2003年，深圳正式实施《政府新闻发言人工作制度》，建立了新闻发布"行政首长负责制"，新闻发言人直接从"一把手"那里得到最新信息并被授权发布，"一把手"对新闻发布负直接领导责任。

• 2006年，深圳市和国新办联合举办新闻发言人培训班，培育新型政府"喉舌"。而这也引发了深圳各区、各部门给新闻发言人队伍"充电"的风潮。此前的2004年，深圳首次举办过新闻发言人培训班。

• 2009年，"新闻发布问责制"率先被引入，行政机关发布新闻不作为、不及时、不规范、不准确造成严重后果都将面临问责，将新闻发布变成了刚性约束。

25年来，随着深圳新闻发布制度一步一个脚印地日趋成熟，也折射出深圳提高政府工作透明度、打造阳光政府的不懈追求。深圳市新闻办新闻助理罗忠政表示，公共政策的制定必须考虑新闻传播因素，这一"新闻执政"理念已经渗透到深圳政府新闻发布工作的各个层面。"我们的政府要更加自觉地按照国际惯例公开政务。"深圳市委常委、宣传部部长王京生将新闻发布的作用凝练地总结为四个字——"辅政亲民"。

一、深圳特色："行政首长负责制"解决关键问题

2008年9月20日23时许，龙岗舞王俱乐部发生一起特大火灾事故，死亡43人。事故发生不到3个小时，第一份新闻通稿挂上了政府网站。9月21日中午，第一场新闻发布会召开，龙岗区区长以新闻发言人的身份对外公布有关详细信息。此后连续几天，深圳市政府网站都及时对外公布了事故原因、问责调查、伤员救治等信息。

这次新闻发布和应急处置主动、快速，被境内外媒体称赞为"明智之举、应有之责""深圳保持高度的信息透明是一次大胆的尝试"。国新办复旦大学专家组对"9·20"应急新闻发布案例还组织了专题评估并表示肯定。

SARS之后，深圳新闻发言人制度建设提速，这让深圳在应对诸如南山"2·27"大火、甲型H1N1流感疫情等重大公共事件时都更加得心应手。与此同时，全国各地的政府新闻发言人也如雨后春笋般设立起来。国务院新闻办公布的数据显示，截至2008年，74个国务院部门和单位，31个省、自治区、直辖市人民政府建立了新闻发布和发言人制度。虽然各地的新闻发言人制度大同小异，但"极具地方城市特色"仍让深圳的新闻发布制度独树一帜。

深圳市新闻办主任苏会军表示，深圳新闻发布工作最大的特色之一就是"行政首长负责制"——市、区政府及市政府直属各单位的行政首长对实施新闻发言人工作制度负领导责任，各级新闻发言人代表行政首长开展新闻发布工作。

这一制度明确了新闻发布工作是一项"一把手工程"，解决了新闻发言人代表谁发言、发布的内容由谁审定等关键性问题。

另一极具深圳特色的做法是新闻发布坚持"归口负责、分级发布"原则，强调"行政事权"与"发布责任"对等，即有权管什么事，就有义务发布什么新闻。

在此基础上，深圳构建起了"多层次、多部门、多角度"的新闻发布体系，这被外界形象地称为新闻发布制度的"深圳模式"。在这一体系中，新闻发布的层级按事权细分，从市政府及其各部门，到区政府及其各部门，再到街道办甚至社区工作站，分级负责，各级各类部门从不同业务角度公开、解读并发布相关政府信息。

"深圳模式"从制度层面推动了深圳新闻发布逐渐成为政府的一项常态化工作。2008年，深圳市政府新闻办召开的新闻发布会近40场次，2009年上半年，该平台召开的新闻发布会已经超过了20场。而各个部门、各区政府也都积极自主举办新闻发布会，新闻发布最密集的深圳市公安局近年来每年举办的新闻发布会超过百场，拔得新闻发布的头筹。

二、最新探索：建立大部制下的新闻发布模式

虽然深圳的新闻发布制度足以傲视国内其他城市，但深圳新闻发布制度的主要推动者之一深圳市委宣传部副部长宣柱锡坦言，深圳新闻发布工作仍存在一些问题，尤其是现在实行的新闻发布制度缺乏刚性约束，随意性大。"这样一来，就有可能出现新闻发言人对社会关切予以回避、对媒体咨询加以推诿、在重大事件上不断失语和在热点问题上进行搪塞等问题。"

正是看到了这些不容忽视的问题，王京生于2008年2月在全市宣传思想工作会议上指出，"研究建立新闻发言人问责机制势在必行"。

历时一年半、九易其稿，《深圳市人民政府新闻发布工作办法》2009年9月15日正式发

布。《办法》明确将常规政府信息、社会热点、突发公共事件、重要预警信息、重大活动、媒体监督等内容列入新闻发布范围内,并对常规政府信息和重大突发事件分别设置了7个工作日和120分钟的时限。如果发布不作为、不及时、不规范、不准确,造成不良社会影响和后果的,将依法追究单位或有关责任人的行政责任,涉嫌犯罪的还将移送司法机关追究责任。国务院新闻办新闻局的官员评价说:"对新闻发言人实行问责,是对新闻发言人制度的创新之举。"

在公布《办法》的新闻发布会上,深圳市新闻办也站出来承诺,要"力挺舆论监督,努力做媒体获取和挖掘政府新闻的'报料人'",并向各部门明确喊话:"新闻发布工作的第一责任人是部门首长;其次,在与媒体打交道、为记者提供新闻服务的日常工作中,新闻发言人是直接责任人,有责任去协调行政首长授权分管领导去回应媒体的采访诉求;第三,在具体事项新闻发布中,按照行政事权与新闻发布对等的原则,分管领导就成为具体责任人了。"

"行政机关完全可以根据实际需要指定熟悉情况的分管领导作为'临时新闻发言人'来接受新闻媒体的采访。"苏会军表示。而这一态度也显示了深圳市新闻办与媒体站在一起,推动政府信息公开的坚定决心。

同时,一个可以容纳100多人、能让记者现场发稿的全新市政府新闻发布厅也建设完成,24小时的记者服务热线电话也在12月1日前开通。在大部制改革的背景下,苏会军透露,深圳将探索大部制之下的新闻发布模式,并且监督推动新闻发布的责任落实。

值得注意的是,深圳将逐步实现全市公务员普修"新闻课"——不仅在局处级领导干部培训班中增设了新闻发布方面的课程,在公务员初任班、各级领导干部和公务员常规培训课程中,将会把新闻发布课程列为常设基础课程。

现场对话

媒体记者:《深圳市人民政府新闻发布工作办法》设定的突发新闻发布时限120分钟,依据是什么?

苏会军(深圳市新闻办主任):这是在参照了国内外发达城市先进做法的基础上,结合了各类突发公共事件应急响应的制度规定,比如自然灾害、火灾。这些制度规定对于应急响应的时间有不同规范,120分钟指的是重大突发公共事件应急响应机制启动开始之后计时的120分钟之内。我们要求120分钟内首发信息,首发信息是基本信息,不要求很完备。有时间、地点、基本情况,这个首发信息可能非常简短,可能就一两句话,但要首发出来,这也主要是为了解决突发公共事件新闻发布的"第一时间问题"。

媒体记者:记者采访时常会遇到这样的情况,向某个部门发出采访函,很多天之后才得到回复,早已过了新闻报道见报的时间。能否对这种情况设定回复时限呢?

苏会军:文件确实对行政机关受理答复记者采访申请的时限没有作出硬性规定,主要是目前条件还不成熟。当前,我们希望能够先行总体上推进各级部门的主动新闻发布。至于规范政府部门受理、答复记者采访申请的时限,需要一个过程。尤其是实行大部门制后,很大一个系统,发言人协调把信息找出来确实需要一点时间。当前我们只能在重大问题的新闻发布时限上加以保障,同时也要求每个部门都建立自己的新闻发布程序规定,避免推托的情况或者某一个环节上因为观念意识问题拖延新闻发布时间。

媒体记者:近来省工商局启用了网络新闻发言人,深圳在这方面会有什么探索?

宣柱锡(深圳市委宣传部副部长):这里面实际上是两个问题。一个是发言人是否积极使用网络;第二,是否要专门设立在网络上发布新闻的发言人。

《办法》在新闻发言人发布工作及发布渠道中专门点到了通过"网络互动"这种渠道。深圳不排斥发言人通过网络来进行新闻发布,从这个概念上说,我们的新闻发言人制度已经规定了发言人通过网络开展工作的各方面规定。如果叫他是网络新闻发言人,也可以。第二,鉴于网络传播速度特别快、参与人数特别多,且能通过网络进行互动,我们也提倡各级新闻发言人更多地利用网络,除了跟媒体沟通外,还可以通过网络直接和市民进行沟通,把新闻发布工作做得更足。

记者亲历

2006年,全国掀起了一阵新闻发言人培训的热潮,热潮是由深圳和上海开启的,深圳市和国新办联合举办了新闻发言人培训班。与其他城市相比,深圳的新闻发言人制度是颇具特色的:设立了相对完善的市、区和各部门三级新闻发言人。在开办培训班时,深圳根据这种三级构架将市、区和各部门的新闻发言人和新闻助理都涵盖在内,共有120多人参与培训,这么广泛的培训在全国也是不多见的。尽管来参加培训的"新闻官"不是副局级就是处级,但面对着台上来自国新办、新华社、复旦大学的专家们,这些官员像小学生一样虚心地听讲,认真地记笔记,没有一点官架子。

在新闻发布中,许多地方存在着"重事务,轻传播"的误区,也有不少新闻官害怕面对记者,不知如何进行新闻发布和应急处理。他们的困惑,在培训中得到了解答。新华社特稿社副社长熊蕾告诫大家,对记者的采访要求不回应、面对负面信息一味采取压的做法非常被动,"如果媒体缺位,别人就会引导舆论",政府主动提供信息、主动应对媒体,才能真正影响舆论。清华大学新闻传播学院副教授史安斌传授了许多面对记者的实用小绝招。最后一节课的"模拟新闻发言人答记者问",提的问题个个尖锐、刁钻,让几位发言人见识了媒体记者的锋芒。

走出"新闻集训营"时,有新闻助理说,以后再也不敢出了错"捂在锅里"了,也有人不无感慨地说,虽然很怕媒体报道负面新闻进行舆论监督,但舆论监督对社会的推动作用却是实实在在的。在这次培训中,这群新闻官经历了一次执政观的洗礼,信息公开、阳光政府的信念开始生根发芽。

现场视图

深圳市药品质量监管新闻发布会

应急视频

■深圳规定新闻发布不及时将问责
■深圳政府新闻发布会回应富士康事件

案例启示

深圳首推新闻发布"问责制",其意义何在?《办法》在哪些方面具有突破性?深圳新闻发布制度下一步应该向何处推进?

复旦大学新闻学院副院长、国务院省部级新闻发布评估组负责人孟建教授对此表达了自己的看法:

新闻发布和发言人制度发展到今天,已经走到了一个拐点,如何攻坚、克难,如何走下去都有些迷茫,深圳新闻发布"问责制"的推出对于深化新闻发布制度起了不小的建设作用。

看待深圳的新闻发布问责制不能仅仅停留在新闻发布制度本身,而应该将其放置于中国民主政治建设的大局中。深圳此举彰显了执政能力建设,对于十六届四中全会提出的依法执政、民主执政,建立责任政府,让权力在阳光下运行有不可低估的意义。在广东、深圳探寻未来30年的路怎么走的背景下,深圳的新闻发布制度率先启动"问责",对于打造未来30年的发展有特殊意义。广东、深圳要在民主政治建设方面也做排头兵,而新闻发布的背后则是保障知情权、参与权、建议权,这对民主改革是最重要的。

《办法》中的有些内容外面人看不是很突出,但我们感觉推动很厉害,包括新闻发布的方式、时限、方法和手段的严格规定等。对于突发公共事件在应急预案启动120分钟内进行首次新闻发布的规定非常专业,做得很深入。

国务院新闻办一直想在各省、各部委的基础上,寻找更多的典型,包括机关单位层次、副省级城市层面等。我们首先选中的典型就是深圳。深圳的发布制度起步早、培训早,且新闻沟通理念比较新、机制性的改革上思考多,探索了多种发布方式,让深圳从全国脱颖而出。国务院新闻办曾组织专家组对深圳"9·20"大火进行过专题研究,显示深圳新闻发布的观念、能力、技巧都比较成熟。

现在国新办、各省市都在致力于将新闻发布制度"往下"推动,但街道、事业单位等基层能力有限,深圳应在此方面加大力度进行探索。

资料来源:《南方日报》,2009年9月18日。有改动。

启发思考

根据前述内容和案例,请思考讨论:
- 在新媒体时代,政府形象面临什么样的挑战?
- 危机公关沟通,是危机发生后才沟通,还是重在始终具有危机意识的全过程沟通?或说到底,它是一种舆情管理?

提升自我

[本章小结]

公共危机管理不仅仅是对危机事件本身的处置,更重要的是对危机事件所影响的社会关系进行处理。危机状态下的政府公关,有助于确立社会公众乃至国际社会对一国、一地政府的良好印象,帮助政府吸引更多的资源与支持,以顺利度过危机难关。

危机状态下的公共关系工作,既包括对政府内部关系的梳理,也包括政府与危机社会关系的协调,还包括政府与危机影响的目标公众、政府与媒体、媒体与公众关系的处理。但凡是牵涉到人的事务,就往往比较复杂。危机状态下的公共关系工作其难度就比较大,参加公共危机公关的人员应当接受专门的业务知识、公关能力和技巧训练。

[小测验]
1. 以下属于政府形象管理要素的是（　　）。
   A. 理念　　　　B. 行为　　　　C. 视觉　　　　D. 媒体
2. 公共危机沟通的 4R 原则不包括（　　）。
   A. 遗憾（Regret）　　　　B. 改革（Reform）
   C. 赔偿（Restitution）　　D. 预备（Readiness）
3. 公共危机沟通或危机公关几次就能解决问题。对或错（　　）

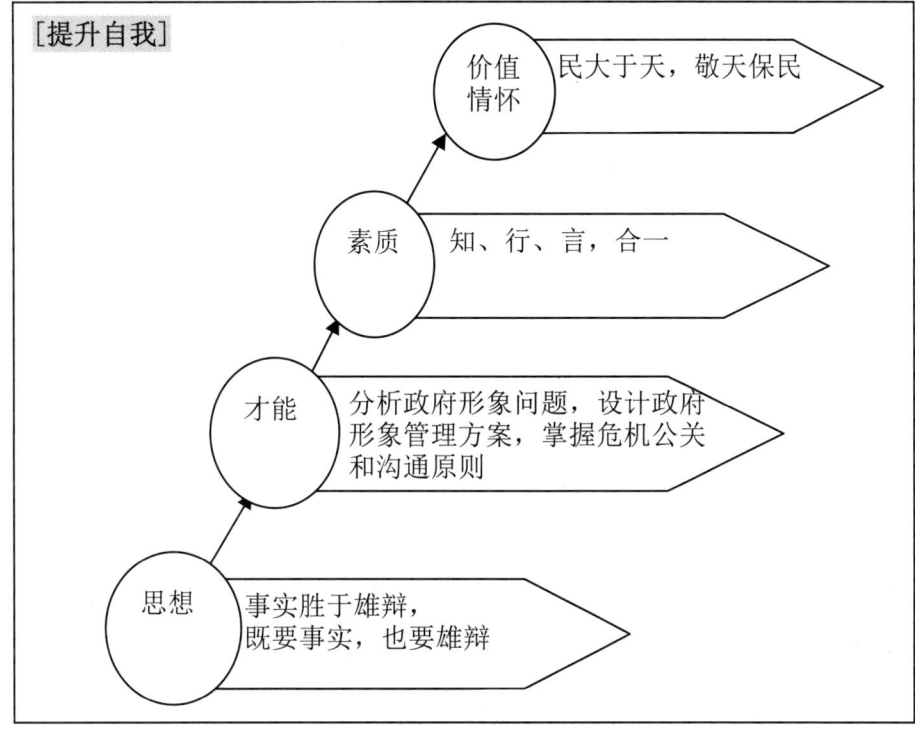

第九章　公共危机管理国际比较

课程引导

赵武灵王胡服骑射

赵武灵王北略中山之地，至房子，遂之代，北至无穷，西至河，登黄华之上。与肥义谋胡服骑射以教百姓，曰："愚者所笑，贤者察焉。虽驱世以笑我，胡地、中山，吾必有之！"遂胡服。

国人皆不欲，公子成称疾不朝。王使人请之曰："家听于亲，国听于君。今寡人作教易服而公叔不服，吾恐天下议之也。制国有常，利民为本；从政有经，令行为上。明德先论于贱，而从政先信于贵，故愿慕公叔之义以成胡服之功也。"公子成再拜稽首曰："臣闻中国者，圣贤之所教也，礼乐之所用也，远方之所观赴也，蛮夷之所则效也。今王舍此而袭远方之服，变古之道，逆人之心，臣愿王孰图之也！"使者以报。王自往请之，曰："吾国东有齐、中山，北有燕、东胡，西有楼烦、秦、韩之边。今无骑射之备，则何以守之哉？先时中山负齐之强兵，侵暴吾地，系累吾民，引水围鄗；微社稷之神灵，则鄗几于不守也，先君丑之。故寡人变服骑射，欲以备四境之难，报中山之怨。而叔顺中国之俗，恶变服之名，以忘鄗事之丑，非寡人之所望也。"公子成听命，乃赐胡服，明日服而朝。于是始出胡服令，而招骑射焉。

[译文] 赵武灵王向北进攻中山国，大兵经房子，抵达代地，再向北直至数千里的大漠，向西攻到黄河，登上黄华山顶，与国相肥义商议让百姓穿短衣胡服，学骑马与射箭。他说："愚蠢的人会嘲笑我，但聪明的人会明白的。即使天下的人都嘲笑我，我也这么做，一定能把北方胡人的领地和中山国都夺过来！"于是改穿胡服。

国人都不愿穿胡服，其中，公子成称有病，不来上朝。赵王派人前去说服他："家事听从父母，国政服从国君，现在我要人民改穿胡服，而叔父您不穿，我担心天下人会议论我徇私情。治理国家有一定章法，要以有利人民为根本；处理政事要有一定原则，要以施行政令为重。宣传道德要先让百姓议论明白，而推行法令必须从贵族近臣做起。所以我希望能借助叔父您的榜样来完成改穿胡服的功业。"公子两拜谢罪道："我听说，中原地区在圣贤之人教化下，采用礼乐仪制，是远方国家前来游观，让周边地区学习效法的地方。现在君王您舍此不顾，去仿效外族的服装，是擅改古代习惯、违背人心的举动，我希望您慎重考虑。"使者回报赵王。赵王便亲自登门解释说："我国东面有齐国、中山国；北面有燕国、东胡；西面是楼烦，与秦、韩两国接壤。如今没有骑马射箭的训练，凭什么能守得住呢？先前中山国依仗齐国的强兵，侵犯我们领土，掠夺人民，又引水围灌鄗城，如果不是老天保佑，鄗城几乎就失守了。此事先王深以为耻。所以我决心改穿胡服，学习骑射，想以此抵御四面的灾难，一报中山国之仇。而叔父您一味依循中原旧俗厌恶改变服装，忘记了鄗城的奇耻大辱，我对您深感失望啊！"公子成幡然醒悟，欣然从命，赵武灵王亲自赐给他胡服，第二天他便穿戴入朝。于是，赵武灵王正式下达改穿胡服的法令，提倡学习骑马射箭。

资料来源：《资治通鉴》卷三。

编者按：历史是一面镜子……赵国从穿胡服、学习骑马射箭中获得了成长壮大的方法，从而并立于战国之林。这何尝不是一次非常好的危机管理和重大转折呢?

> **警言**
>
> 最好是通过别人的厄运而不是通过你自己的厄运来学得聪明。
>
> ——《伊索寓言》

要点掌握

[学习目标]

了解美国、俄罗斯、日本等国的危机管理体制、方法经验等。达到取众所长、补己所短的目的。

[重点难点]

寻找比较优势,实现优势危机管理经验方法的本土化。

[内容要点]

美国、俄罗斯、日本在公共危机管理方面各有自己的特点。当然,也有共同的经验可以借鉴总结。比如注重首长指挥,完善机构建设,加强信息管理,注重公众危机意识和能力培养,等等。

公共危机管理研究在西方已经比较成熟,而在中国处于快速发展的状态。但比较来说,中国的公共危机管理仍相对处于起步发展阶段。中国要在借鉴西方公共危机管理研究的基础上,形成自己本土的特色。

公共危机管理的发展,已经给政府等公共部门、公民和经济社会等各方面带来重大的影响,促使他们不断变革,走向可持续发展、健康发展和安全发展。

第一节 美国的公共危机管理

公共危机事件的发生是普遍的,古今中外,概莫能外。但西方发达国家由于其现代化历程久远,他们对现代公共危机事件的管理经验更加丰富。通过借鉴和吸收西方发达国家的优秀管理成果,并妥善结合自身实际境域,可能有益于在短期内较快地提高发展中国家尤其是我们中国这样一个大国的公共危机管理水平。

一、美国的公共危机管理架构[①]

美国的危机管理体系是比较完善的。在美国,日常的危机管理体系是构筑于整体治理能力的基础上,通过法制化手段,将完备的危机应对计划、高效的核心协调机构、全面的危机应对网络和成熟的社会应对能力有机地融合到一起。美国已经形成一个由总统领导,国家安全委员会决策协调,各专业部门协同运作的危机管理体制。其中,总统是美国公共危机管理

---

① 参见魏宗雷:《美国的危机管理机制》,《国际资料信息》,2002年第11期;王强:《美国危机管理对中国的启示》,《武警学院学报》,2005年第8期;薛澜、钟开斌、张强:《美国危机管理体系的结构》,《世界经济与政治论坛》,2005年第3期;郭晓来:《美国危机管理系统的发展及启示》,《国家行政学院学报》,2004年第1期。

的最高管理者，总统在议会授权后具有军事和经济上的决策权，制定危机管理决策对策，领导美国全国公共危机管理活动。发挥重要协调作用的核心机构则主要有联邦紧急事务管理局、联邦调查局、中央情报局、国家安全委员会以及一些辅助机构。危机处理事务涉及的部门从安全、环境到军事、能源，几乎影响到所有的政府部门。各部门相互交织却又有机协同，体现着美国危机管理的日益成熟。

1. 核心机构

（1）联邦紧急事务管理局。

联邦紧急事务管理局（FEMA）是联邦危机管理中的核心决策协调机构。作为危机管理的首要协调管理部门，FEMA 有权在总统宣布进入紧急状态之前调用一定的前期应对物资和人员到潜在受威胁地区。如果存在针对人员和财产的威胁事件，FEMA 也可要求国防部提供军事上的支持。

（2）国土安全部。

2001年"9·11"恐怖袭击事件后，联邦紧急事务管理局在反恐方面显得势单力薄。因此，美国成立了国土安全部。它由 FEMA 及其他22个联邦机构、项目、办公室一起组成。国土安全部是以预防处理人为的非自然的危机——恐怖主义为主要目标的，面向全方位国土安全的危机管理系统。它的任务是对各种危机进行监测、预防、保护、封锁或对危机进行管理、遏制，以及后果管理、追查原因与分析。它的具体职能是，保护美国国土安全；保护边境、交通、港口和关键的基础设施；通过各种渠道，综合分析国土安全的情报信息；协调州、地方政府、私营企业和美国人民有准备地应对危险；努力保护美国人民免遭生化武器和大规模杀伤性武器的袭击；训练和装备一线人员；管理联邦紧急事件；加强对制止恐怖主义领域的安全人员的管理，减少政府因管理重叠而造成的资源浪费。

（3）国家安全委员会。

国家安全委员会（NSC）直接由美国总统领导，负责局势分析和部门协调，是美国国家安全问题的最高决策机构。承担的主要任务有：调整政策，在政策方面向总统提供建议，政策立案，政策的合法化，决定危机对策的场所，影响预算（主要是军事、国家安全方面）决定，提供情报，讨论涉及国家安全问题的场所。

（4）中央情报局。

中央情报局（CIA）作为美国最大的情报机构，通过国家安全委员会直接向总统负责，其正副局长由总统任命，参议院批准。CIA 作为美国情报系统中的行动机构，除向国家安全委员会就政府各部和机构同国家安全有关的情报工作提供咨询意见，协调联邦政府各情报系统的情报和反情报活动外，主要是在世界各地从事收集情报、反情报和颠覆活动，并基于此种目的开发各种技术系统。

（5）联邦调查局。

联邦调查局（FBI）作为危机事前管理的牵头机构，首先通过判断危机的事态确定联邦应急的性质和范围，在与司法部长、总统、国家安全委员会等沟通后为其他的相应执法部门和机构发布危机信息并提供必要支持，在必要的情况下建议司法部长采取危机应急措施，后者再把信息传递给总统和国家安全委员会。危机发生后，FBI 将担当联邦现场指挥的职责，直到司法部长把牵头机构的职责交至联邦紧急事务管理局。

因此，危机发生后，美国政府各个部门能够各司其职，同时又通力合作，此种危机管理架构比较完善，有效地确保了美国的国土安全、资源安全、人员和财产等的安全。

二、美国公共危机管理的特征[①]

自1905年美国国会把灾害援助制度化以后，美国危机管理已有100多年的发展。纵观这一个多世纪的发展历程，可以总结出美国的公共危机管理具有以下五个明显特点：

1. 民众的危机意识较强

美国民众的危机预防、危机应对意识较强。政府通过各种教育培训渠道促使公民了解基本的灾难应对常识，教给人们面对危机时应注意的事项和应对危机时应当采取的方法。例如，政府要求每个家庭在日常生活中必须准备好三天的食物和水。另外，政府在平时也加强民众的灾害演习训练，以此提高民众应对灾害的基本能力。

2. 具有较为完备的危机管理法律法规和计划安排

1950年美国国会通过第一部统一的《联邦减灾法案》，之后美国又制定了《国家安全法》《全国紧急状态法》等多种有关危机管理的法律法规。在过去的60年里，危机管理的立法重心已由最早的"灾后援助恢复"转移到"灾前减灾预案"，援助的对象、方法等也进行了相应调整，危机立法得到了不断地发展和完善。

在危机应对计划方面，美国既有总体上的联邦应急计划，也有专门的应对国内恐怖主义的运作纲要。此外，针对不同产业和部门面临的危机，美国还有不同的应急计划，例如联邦放射性危机事件应急计划、国家油类和危险品污染应对计划等。

3. 建立了一套完备、高效的危机应对机构

美国具有一套中央与地方相结合的较为协调、高效的危机处理机构。国家安全委员会、联邦紧急事务管理局、联邦调查局、中央情报局在危机管理体系中发挥着重要的作用。另外，美国将危机管理分为12个具体领域，即交通通信、公共设施及工程、消防、信息与规划、公众救护、资源支持、卫生和医疗服务、城市搜寻和救援、危险物品、食品、能源。各个领域由专业机构负责，同时各个机构之间又相互合作。

另外，在实际操作中，美国注重对各个机构以及政府工作人员开展危机应对情景模拟训练。联邦紧急事务管理局针对恐怖袭击，会与相关部门进行讨论，以确认各部门的职责，通过培训、演习等提高各部门的危机应对能力。州紧急事务管理办公室负责培训，以此来增强州和地方对灾难的反应和处理能力。

4. 重视危机管理信息的公开和传递

美国政府重视媒体在危机管理方面的作用，往往在危机发生后第一时间通过媒体向公众发布危机的具体情况，使社会大众的知情权得到保障。在信息中心，招募专门的志愿者就危机事件坐在桌前负责回答民众的问题。此外，考虑到在危机发生时商业通讯系统可能遭到破坏无法运作，联邦紧急事务管理局与联勤总部成立全套电子化的波音747作为空中指挥通讯

---

① 参见李敏：《美国危机管理的特点与局限性》，《中国浦东干部学院学报》，2009第5期；张爱军：《美国危机管理管窥》，《大连干部学刊》，2009年第8期。

中心，同时还开发各种电脑软件，评估预测灾变损失。

5. 建有较高专业技能的志愿者队伍

在预防和应对危机的过程中，志愿者组织的作用是不容小视的。美国的志愿者组织建设较为成熟，志愿者们拥有较强的专业技能。例如，纽约市在"9·11"事件后，为了充分发挥志愿者组织的危机救援和服务功能，设立了市民梯队行动委员会，开展了社区危机反应团队、医疗预备队、街区守护者、辅助警察等二十多个志愿者服务项目。其中，医疗预备队是由医疗卫生和健康服务界的志愿者组成的志愿队伍，包括医生、药剂师、护士等医疗专业人士。

【小案例】

"9·11"事件后的美国

美国时间2001年9月11日上午，美国航空公司的两架客机遭劫持，这两架飞机共有156名乘客和机组人员。8时48分，其中一架波音767飞机在超低空飞行后一头撞向世贸中心南侧大楼，把大楼撞了个大洞，在大约距地面20层的地方冒出滚滚浓烟。

就在楼内人员惊慌失措之际，18分钟后，另一架被劫持的波音757飞机再次以极快的速度撞穿了世贸中心姐妹楼的北侧大楼，并引起巨大爆炸。

此后不久，南侧的大楼终于在另一次爆炸后轰然倒塌，当地时间11日10:30（北京时间22:30），随着又一声巨响，北楼也在爆炸中成为另一片废墟，闻名世界的纽约世界贸易中心姐妹双塔从此告别了这个世界。

美国这个长期以来本土没有受到过外敌袭击的国家第一次体会到了切肤之痛，也发生了巨大的变化。从那以后的日子里，"袭击警告""恐怖主义""恐怖分子"等词汇前所未有地频繁出现在美国普通民众的生活中。安全问题取代发展经济、医疗福利和就业等国内问题，一跃成为政府的头等大事。在美国国内，保守主义思潮趁机巩固了阵地。在以"反恐斗争"为纲和"反恐"的旗帜下，政府、警察和情报机构的力量得到了史无前例的加强；布什政府制定了《爱国者法案》，情报机构被赋予了更大权力，对民众的窃听和调查不再需要像以往那样经过严格的审批，美国宪法所保障的言论、隐私和游行示威等自由受到了威胁。

与此相应，美国政府对外采取强硬路线，以是否支持它"反恐"为标准划分敌友，趁机在全球范围内加强了军事部署，不仅恢复了冷战结束后曾一度关闭的一些基地，而且在原属于苏联的势力范围甚至领土内开辟了新的据点。只用了短短几年时间，美国在全世界的军事存在和影响力就超过了它在冷战中用几十年所建立起来的规模。并连续两次对国外用兵，一举消灭了阿富汗的塔利班和伊拉克的萨达姆两个政权，在极具战略意义的中亚和中东成功地建立了美国的新势力范围。

现场视图

纽约世贸中心双塔昔日辉煌

纽约世界贸易中心姐妹双塔倒塌

惊慌失措的人群纷纷逃离现场

遇难者的亲属在世贸废墟上默哀悼念

资料来源：《9·11三周年：世界依旧动荡，反恐真能带来和平？》，中国日报网站，2004年9月11日。有改动。

第二节　俄罗斯的公共危机管理

一、俄罗斯公共危机管理架构[①]

苏联解体后，独立不久的俄罗斯政治、经济、社会危机频发，因而其政府十分重视危机管理机制建设，逐步建立和完善了应对突发事件的管理机制。现在的俄罗斯公共危机管理机制已成为一个以总统为核心，以联邦安全会议为决策中枢，政府各部门之间分工合作的危机

---

① 参见陈先才：《美俄危机管理机制之比较——兼谈对中国的启示》，《行政与法》，2006 年第 6 期；倪芬：《俄罗斯政府危机管理机制的经验与启示》，《行政论坛》，2004 年第 4 期。

管理体系。

1. 总统

俄罗斯总统在公共危机事务管理中扮演着至关重要的角色。《俄罗斯联邦紧急状态法》规定，俄罗斯在紧急状态下可以采取的措施和临时限制必须由总统发布的《紧急状态令》加以确定。联邦总统可以根据危机的具体情况，吸收俄罗斯联邦武装力量、其他军队、军事单位和机关参加紧急状态的处置与应急保障。这些规定意味着，总统是危机管理的关键性决策主体。

在公共危机管理的过程中，俄罗斯总统主要可以通过以下三个杠杆来实现自己的权力。首先，总统通过相关法律将外交部、国防部、内务部、紧急情况部、对外情报局、联邦安全局、联邦政府通讯与情报署等强力部门直接置于自己的领导之下，这些部门的首长直接对总统负责。其次，俄罗斯联邦安全会议作为决定国家安全战略的最高机构，其法律性质与地位并不十分明确，这导致它在现实政治生活中成为拥有强势的总统的权杖。再次，俄罗斯拥有强大的办事机构——总统办公厅。总统办公厅拥有广泛的权力，成为实际上的"影子内阁"。

2. 俄罗斯联邦安全会议

俄罗斯联邦安全会议是俄罗斯危机管理的中枢机构，也是俄罗斯国家安全决策的最高机构。除常设危机管理机构外，遇到特殊危机事件，安全会议还成立相关的临时性专门机构负责处理。在危机状态下，安全会议一般运用"紧急决策机制"来运作。

俄罗斯联邦安全会议的基本任务有：确定社会和国家的至关重要的利益，阐明安全主体面临的内外威胁；确定保障俄罗斯联邦安全战略的主要方向，组织筹备保障俄罗斯联邦安全的联邦总体纲要，向总统提供就保障个人、社会和国家安全问题采取重要决策时所需要的建议；制定协调联邦行政权力机关与联邦主体权力机关在执行有关保障安全的行动过程中各项活动的建议，并评估这些活动的效果；通过改组现有或建立新的负责保障个人、社会和国家安全的机构，完善安全保障系统。

3. 俄罗斯紧急情况部

俄罗斯紧急情况部属于联邦执行权力机构。其主要任务是制定和落实国家在民防和应对突发事件方面的政策，向国民宣传并教育国民如何处理紧急情况，在发生紧急情况时向受灾者提供紧急救助。其处理的紧急情况包括人为因素、技术因素和自然原因导致的灾难。俄罗斯紧急情况部下设灾难监测和预防局、居民与领土保护局、防灾部队局、消除放射性及其他灾难后果局、科技管理局、国际合作局以及紧急情况保险公司等。

二、俄罗斯公共危机管理的特点[①]

苏联解体后，俄罗斯政治结构、经济形态、社会制度都发生了巨大变化。政治权力危机、经济金融危机等都给俄罗斯带来了巨大的灾难。也正是在这一过程中，俄罗斯根据其特殊国情建立了一整套具有自己特点的危机管理机制。它的特点主要有以下几个方面：

---

① 参见石泽：《当前俄罗斯危机的特点及发展前景》，《国际观察》，1998年第6期；马振超：《俄罗斯反恐危机管理研究》，《国际关系学院学报》，2009年第1期；郭渐强、霍晓娣：《俄罗斯公共危机管理机制的特点及对我国的启示》，《行政与法》，2009年第1期。

1. 有较为完善的法律体系

在公共危机管理方面,俄罗斯的法律体系经历了一个逐渐完善的过程。由《紧急状态法律制度》,发展到《俄罗斯苏维埃联邦社会主义共和国紧急状态法》,再到之后普京总统签署的《俄罗斯联邦紧急状态法》和《俄罗斯联邦战时状态法》,都标志着俄罗斯危机管理法律体系的逐步完善。这使得俄罗斯在应对危机时不会出现无法可依的情况,从而避免了危机管理工作造成混乱。

2. 拥有强有力的公共危机管理支援保障系统与信息管理系统

公共危机管理支援保障系统的主要职责是贯彻落实危机中枢指挥系统的决策,保证危机发生后在最短的时间内调度所有的社会资源应对危机。危机处理就是这个庞大管理系统的紧急调度和演练。公共危机信息管理系统在公共危机管理体系中承担着非常重要的职能,它的主要功能是为决策者提供及时、准确的情报。俄罗斯公共危机管理的支援保障与信息管理系统的最大特色在于直接由总统领导。它们是俄罗斯总统进行公共危机管理的重要工具。

3. 公共危机管理中枢指挥系统注重强权集中

俄罗斯公共危机管理机制是以总统为核心,以联邦安全会议为决策中枢,政府各部门分工合作、相互协调的公共危机管理机制。俄罗斯的公共危机管理中枢指挥系统主要是由俄罗斯总统和俄联邦安全会议组成。它的最大特色是"大总统,大安全"。所谓的"大总统"指的是俄总统拥有非常广泛的权力,所谓"大安全"是指俄罗斯设有一个包括应对现代社会可能导致国家危机的所有紧急事态的常设性机构——联邦安全会议。俄联邦安全会议是危机管理的最高决策机构。俄联邦安全会议在应对公共危机时负责情报汇总分析、决策草案酝酿以及最终采取决策。此外,在遇到特殊公共危机事件时,安全会议还可成立相关临时性机构负责危机事件的处理。

4. 注重借助和发挥现代传媒的作用

媒体的作用在危机发生时对缓解社会紧张状态显得格外重要。俄罗斯政府注重对媒体的控制和规范。当公共危机事件发生时,媒体能在政府与各种社会力量之间相互沟通,切实起到安抚民心、稳定社会民众的情绪、缓解社会紧张状态的作用。

俄罗斯政府对媒体在危机期间的舆论导向和社会职责做出了法律规范,并在公共危机期间依法加强对媒体的管理。在处理公共危机事件的过程中,俄罗斯政府及其相关职能部门会尽快主动与主流媒体合作,建立和保证与媒体之间通畅的交流、沟通渠道,增加危机管理工作的透明度。联邦总统及其他相关职能部门的负责人也都通过发表电视讲话或接受主流媒体记者的采访,以及定期或不定期召开的新闻发布会及时公布和披露公共危机处理相关信息,以增强国民信心,缓解他们的紧张恐惧心理,稳定社会民众情绪。

上述俄罗斯危机管理的显著特点是俄罗斯基于其具体国情而逐步建立完善的。这些特点加强了俄罗斯政府在应对危机时的能力,从一定程度上保证了国家的安全与稳定。

【小案例】

别斯兰人质事件改变俄罗斯

2004年9月1日,俄罗斯北奥塞梯共和国别斯兰市第一中学发生的人质事件震惊了俄罗斯和全世界。共有１２００多名学生、家长和教师被恐怖分子劫为人质，３２６人在事件中死亡，７２７人受到不同程度伤害。俄时任总统普京指出，别斯兰人质事件是恐怖分子犯下的"空前残忍和毫无人性的罪行"，"是对整个俄罗斯和全体俄罗斯人民的挑战"。种种迹象表明，这一事件已对俄罗斯产生重大影响。

人质事件改变生活

别斯兰人质事件是继２００４年８月２４日晚俄两架民航客机几乎同时爆炸坠毁和８月３１日晚莫斯科市里加地铁站外自杀性恐怖爆炸之后，９天内俄境内发生的第三起严重恐怖事件。在这起事件中，恐怖分子首次把枪口对准了无辜儿童，使人质遭受重大伤亡。这引起俄罗斯人民空前的巨大悲愤。

别斯兰人质事件不仅一时扰乱了俄罗斯人的生活节奏，而且还在某种程度上改变了俄罗斯人的生活。正像时任总统普京在电视讲话中所说，俄罗斯人"不能也不应该再过以前那种悠闲的生活"。

莫斯科、圣彼得堡等地先后举行大规模民众集会，强烈抗议和谴责恐怖分子的罪行。很多民众自愿献血、捐款，以抢救伤员和帮助死难者家属。俄罗斯全境出现了同仇敌忾，决不容忍恐怖主义泛滥的社会氛围。

据俄媒体报道，普京总统会见西方记者时透露，俄正在对别斯兰人质死亡悲剧进行不公开的内部调查，以便查清整个事件的来龙去脉，有关责任人将受到惩处。北奥塞梯共和国政府９日集体辞职。

惨痛教训值得汲取

痛定思痛。俄罗斯人开始思考别斯兰人质事件带来的惨痛教训。

他们认为，首先，必须预先建立各部门和各方面统一协调的指挥机制，研究反恐行动的新战术，制定各种可能的应对方案，加强事发现场管理，尽量减少人员伤亡。这也是人质事件带给他们的重要教训之一。在这起悲剧事件中，俄安全局、内务部、紧急情况部、现场指挥部和当地政府之间缺乏必要的协调。这种不协调首先表现为关于人质数量和伤亡情况的信息发布渠道不统一。另一重要教训是必须动员民众参加反恐斗争，配合政府加强防范措施，尽量避免恐怖事件的发生。普京在提出建立更有效的安全体系时说，"最主要的是要进行全民动员"，"只有在国家强大的实力和团结一致的社会面前，恐怖分子才会遭到最有效的回击"。

普京表示，面对恐怖威胁，俄必须建立更加有效的安全体制，安全机构的改组秘密进行。必须根据宪法采取一系列加强国家统一的措施，建立新的控制北高加索地区局势的部门协作体制和反危机指挥体制。

反恐斗争任重道远

初步调查显示，别斯兰人质事件的幕后指挥是车臣非法武装头目马斯哈多夫和巴萨耶夫。多年来俄发生的恐怖事件都是车臣分离主义分子策划的。因此，俄政府面临着解决车臣问题和打击恐怖活动的双重任务。

车臣问题事关俄领土完整，因此，俄政府不断加大解决这一问题的力度。一方面，普京指出，俄政府不会在车臣实行武力政策，而奉行更加灵活的政治解决方针。车臣很快举行议会选举，俄政府争取使尽可能多的持不同观点的车臣人参与议会选举。普京说，他敦促新当选的车臣总统阿尔哈诺夫吸收更多的车臣人进入车臣新政府，由车臣人自己解决车臣问题。车臣护法机构和警察队伍也由车臣人组成。俄政府逐步减少长期驻扎在车臣的联邦部队，只保留必要的少量部队。

另一方面,俄加强对一些车臣友好国的外交工作,切断车臣恐怖分子从这些国家获取活动资金的渠道。此外,俄联邦安全局悬赏3亿卢布(约合1000万美元)捉拿车臣非法武装头目。俄采取一切手段对全球任何地区的恐怖分子基地进行先发制人的打击,打击手段根据某个地区的具体情况而定。俄同时加强与有关国家和国际组织的反恐情报交流与合作。

正如普京所说,俄面对的不是孤立的恐怖袭击,而是国际恐怖主义对俄罗斯的直接攻击,是一场已经多次夺走俄罗斯人生命的残酷的、大规模全面战争。这场战争不会很快结束。

现场视图

俄罗斯武装部队解救人质

人质获得解救

资料来源:《别斯兰人质事件改变俄罗斯》,新华社,2004年9月10日。有改动。

第三节 日本的公共危机管理

一、日本的公共危机管理架构①

日本为岛国,地处环太平洋火山地震带,地质、水文灾害频发,是世界上危机事件发生率最高的国家之一。危机使人警醒,日本政府不断汲取经验教训,逐步改进完善了整个国家

---

① 参见吴江:《公共危机管理能力》,国家行政学院出版社,2008年版;王德迅:《日本危机管理研究》,《世界经济与政治》,2004年第3期;刘艳:《试析日本危机管理机制及其对中国的启示》,《中国人民公安大学学报》,2004年第1期。

的危机管理体制。1986年，由政府的官房长官负责建立了内阁安全保障室，形成了日本政府最初的危机管理体系。现在，日本的公共危机管理体制已发展为一个以法律、制度为依托，以首相为最高指挥官，内阁官房负责整体协调和联络，通过安全保障会议、中央防灾会议、金融危机对策会议等决策机构制定危机对策，由国土厅、气象厅、防卫厅和消防厅等部门根据具体情况进行配合实施的组织体系。这一体系还包括日本各都道府县专设的危机管理机构。具体结构如图9-1所示。

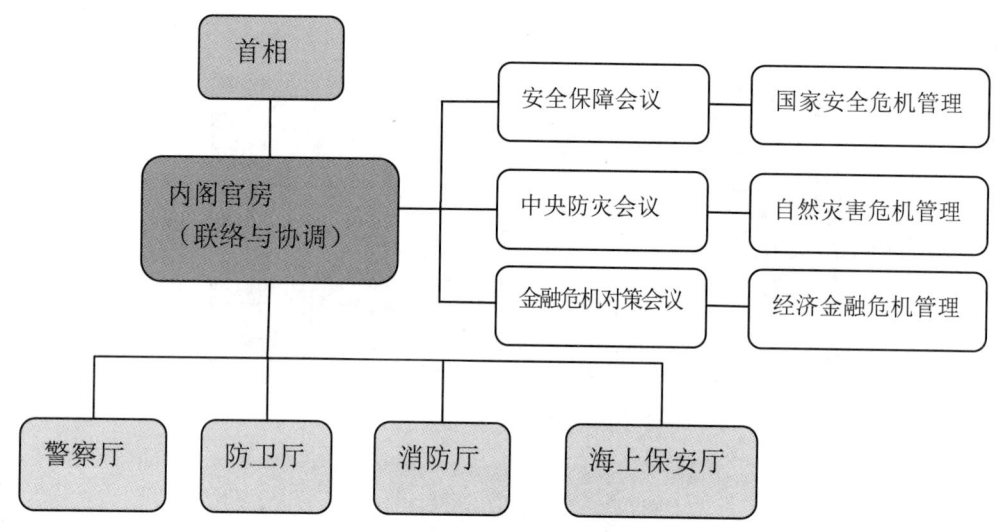

图9-1　日本公共危机管理架构

1. 首相

在日本的危机管理体制中，首相处于核心地位。根据日本的危机管理机制及2001年修改实施的新内阁法，在有关国民生命财产安全的重大事件和紧急事态发生时，首相有权根据事态发展需要召集内阁会议，可以在内阁会议上，就有关重要政策的基本方针及其他案件提出议案，与阁僚商谈对策、做出决定。在特殊紧急情况下，首相可以绕过有外相、防卫厅长官等参加的安全保障会议和内阁会议直接下令调动自卫队。

2. 内阁官房

内阁官房是首相的辅佐机构，在危机管理中扮演着最高指挥者的角色。具体而言，内阁官房在危机管理中的作用主要是收集情报，并将收集的情报向有关部门传达；负责同各个政府部门进行协调和联络，通过安全保障会议、内阁会议、中央防灾会议等决策机构制定对策，由警察厅、防卫厅、海上保安厅和消防厅等部门建立应对机制并实施。另外，发布危机进展、政府政策等信息也由内阁官房负责。

内阁官房还设立了由首相任命的内阁危机管理总监，专门负责官房内有关危机管理的事务。在总监之下设立副内阁官房长官助理，负责安全保障，直接对首相、官房长官及内阁危机管理总监负责。这种由内阁危机管理总监统一归口管理的方式，有利于整合资源，同时有效防止了各省厅在危机处理中出现各自为政的局面。

3. 安全保障会议

安全保障会议由日本首相担任议长，成员包括总务大臣、外务大臣、财政大臣、经济产业大臣、国土交通大臣、内阁官房长官、国家公安委员会委员长、防卫厅长官。该会议主要承担国家安全危机管理的职能，审议有关国防重要事项及重大的紧急事态。安全保障会议下设"事态对策专门委员会"，为决策提供相关建议。安全保障会议的日常事务由内阁危机管理室副内阁官房长官助理负责处理。

4. 中央防灾会议

中央防灾会议的主要职责是当发生地震、火山、海啸等自然灾害时，负责制定防灾的具体计划，并对总理大臣和防灾担当大臣进行审议和提出建议、劝告。该会议于1962年成立，由内阁总理大臣召集。为调查专门事件，中央防灾会议还设有专门委员会，由专家学者和官员组成。

5. 金融危机对策会议

该会议的任务主要是针对经济危机、金融危机制定相应的方针、政策，会议由首相担任议长，成员包括官房长官、金融特命大臣、财政大臣、日本银行总裁等。

二、日本危机管理体制的特征[①]

1. 法律法规系统健全并不断改进完善

日本是世界上较早制定灾害管理基本法的国家，拥有各类防灾减灾法律近40部。其中最具代表性的是1961年制定的《灾害对策基本法》、1978年制定的《大规模地震对策特别措施法》、1999年实施的《传染病防治法》及2003年通过的"有事法制"三法案等，已形成一个较为系统的安全法规体系。由于法律体系完善，日本危机管理机制在防灾救灾等方面发挥了有力的作用。

此外，日本还不断修订法律中与当前危机管理机制不协调之处，力求与时俱进，使得法律体系更加切实可行。如1995年阪神大地震后，日本国会于同年12月部分修改了《灾害对策基本法》，对防灾抗灾工作提出了更高要求。

2. 政府的危机处理机构较为健全，应对危机的资源较为充备

一方面，日本政府从中央到地方建立了一套职能明确、运转高效的危机处理机构，确保危机事件发生后得到及时有效处理。此外，日本还建立了专门性的危机预防机构——中央防灾会议以求未雨绸缪。值得一提的是，针对破坏性强、影响力大的生化危机，日本还建立了专门的防范与管理体系，包括扩充相关机构、增强配备、加强国民安全教育等措施。

另一方面，日本政府应对危机的物质储备比较到位。如日本的《灾害救助法》规定：各个城市必须有一定的物质储备。21世纪初，东京都就已累计积累110余亿日元用以应对危机。除了都政府外，各区、市、町、村管理组织也进行储备，共储备各种食品1600余万份。充足的储备保障了危机后的基本物质供给，维护了社会稳定。

[①] 参见刘艳：《试析日本危机管理机制及其对中国的启示》，《中国人民公安大学学报》，2004年第1期；孙茜：《试析日本危机管理机制的特点》，《江西公安专科学校学报》，2006年第3期。

3. 注重国民危机预防意识和预防能力培养

日本政府把对国民危机意识的培养融入常规的教育当中。在日本各地，随处可见的是将校园、公园、绿地等公共设施作为避难所的指示牌，这种做法极大地强化了居民的危机预防意识。日本把每年的9月1号设为固定的"防灾日"，全国各地方政府、居民区、学校和企业都要举行各种防灾演习。此外，日本各地还设有许多防灾体验中心免费向市民开放。这些中心内设有模拟火灾、地震情景的场所，面向公众开设各种减灾培训课程，并通过发行杂志、录像带以及互连网进行减灾知识宣传。

4. 提倡在危机管理中各方共同参与

日本提倡建立携手互助的社会体系，以"自己的生命自己保护"为基本宗旨，改变以行政为中心的救灾体系，提出以政府、企业、非政府组织和社区居民以及志愿者团体等多方合作的"公救""共救""自救"体系。政府鼓励市民组织发展并加以正确引导，加强危机管理的组织建设。此外，企业以及行会、协会通过事先和政府签订合作协议等方式帮助政府分担风险。比如，东京实行了首都区域圈共同合作计划，与周边都市县签订了相互救援合作协定，保证救援的及时性和有序性。

综合以上美国、俄罗斯、日本等国的危机管理特点或经验，可以发现，首长负责制的中枢指挥系统是公共危机管理的核心，完备的常设机构是公共危机管理的关键，健全的法律法规是公共危机管理的保障，媒体介入是成功实施公共危机管理的桥梁，培养国民危机意识是公共危机管理的基础。

【小案例】

日本福岛核危机导致的政府信誉降级

2011年3月11日，日本本州岛东北宫城县以东海域发生9.0级地震，等级为世界第五大，震源深度10公里。地震进而引发海啸，造成数万人死亡。地震还造成福岛核电站事故，灾情至今未得到有效控制，给周边地区人民的生命安全带来一定威胁，并引起了临近地区公众的普遍担忧。

<u>福岛核事故等级不断升级使日本政府备受质疑</u>

一个月后的4月12日，日本经济产业省原子能安全保安院决定将福岛第一核电站核泄漏事故等级从最初的4级不断修正为5级、6级，并最终提高至7级。这使日本核泄漏事故等级与苏联切尔诺贝利核电站核泄漏事故等级相同。福岛核事故所泄漏的放射性物质超过了日本政府的预期，也超出了日本舆论的预期，事故发生了一个月，严重程度未见减弱，而余震却是接二连三，日本政府束手无策更是超出了国际社会的预期。核灾难的严重程度大升级，使得外界对于日本政府隐瞒真相的质疑之声涌起。

很多民众本希望在野党和执政党能够联手来处理核危机问题，但两党最后并没有达成共识。在国难当前的时候，两党不能携手处理危机，仍然被政治斗争所左右，使他们对政府的信心大打折扣。福岛的民众，福岛的政府，都对福岛第一核电站的东家——东京电力有非常大的愤怒之情。东京电力的社长清水正孝也亲自到福岛县作出公开道歉，但遭到了该县知事佐藤雄平的拒绝。另一方面，福岛县知事却率当地政府举行了一个为当地受灾民众默哀的仪式，并举行了记者见面会。

<u>日本首相菅直人政府遭遇不信任案表决</u>

日本民众的愤怒情绪还进一步蔓延到日本现任政府及其首相菅直人身上，认为菅直人内阁对东日本大地震及其引发的福岛核事故等一系列灾难处置不利。特别是4月15日菅直人在日本政府召开的记者会上遭遇多位记者的提问，指责他为什么还不下台。有记者提出，在野党方面之所以不与政府合作处理灾难危机的最大原因，就是菅直人还留在首相的职位上，对于国民来说是最大的不安因素。

在野的自民党、公明党和日本奋起党进而联合提交了针对日本民主党代表（党首）、首相菅直人内阁的不信任决议案。但在6月2日日本国会众议院召开的全体会议上，日本在野党提出的"内阁不信任案"以152票赞成、293票反对，未在众议院获得通过。菅直人在于国会内召开的民主党众议员会议上表示，他将在东日本大地震及其引发的福岛核事故等一系列灾难处置有了一定眉目后辞职。菅直人表示："会在完成自己的使命后，由年轻一代继续执政。"有观点认为菅直人的这一表态是为内阁不信任案导致的民主党内部混乱加剧承担责任。在各种压力下，8月26日，菅直人宣布辞职。

资料来源：《日本核危机跳级，政府信誉降级》，凤凰卫视——凤凰全球连线，2011年4月13日；《内阁不信任案遭否决，菅直人将继续担任日本首相》，中国新闻网，2011年6月2日。有改动。

第四节 公共危机管理研究与变革

一、西方公共危机管理研究[①]

西方国家对公共危机管理的研究始于20世纪60年代，经过半个多世纪的理论和实践发展，西方国家公共危机管理，无论在指导理念、管理体系还是在管理经验上都有了很大的创新，已经发展为一门学问。其线索大致分为两条。

第一，危机理论是西方政治学研究的传统课题。主要分析的是政治危机，包括政治制度变迁、政权与政府的变更、政治冲突和战争等。其研究的目的是探索政治危机的根源，寻找处理和应对政治危机，维护政治稳定或促进政治变革的方法，研究方式主要是学院式研究和经验性研究，研究方法则是定性或思辨性的。

第二，危机理论也是灾害管理研究的重要课题。自然灾害从古至今伴随着人类社会的发展史，人类的历史就是一部和自然灾害做斗争的历史。可是，从抗灾实践到灾害学理论却是20世纪的事，从灾害管理到公共危机管理的发展更是在此之后。

从以上两条线索出发，西方对公共危机管理的研究呈现两次高峰，可分做两大阶段：

1. 第一次高峰：20世纪60年代至80年代

早期西方学术界对危机的研究主要集中在对自然灾害的研究上，但还没有形成一门独立的学科。国际上，真正将其作为一门专门的科学来研究，是从20世纪60年代的"古巴导弹

---

① 参见孙多勇、鲁洋：《危机管理的理论发展与现实问题》，《江西社会科学》，2004年第4期；孙小涵：《当今西方的公共危机管理》，《科技信息》，2009年第3期；刘玉雁：《西方国家公共危机的预防与应急准备对我国的启示》，《沈阳师范大学学报》（社会科学版），2009年第5期。

危机"开始的,但当时主题局限于政府和政治领域。20世纪60年代至80年代初期间,西方危机管理的研究出现了第一次高潮,研究领域从政治领域向经济、社会领域扩展,从自然灾害领域向公共危机管理领域扩展,危机管理成为一门学科,形成了企业危机管理和公共危机管理两个既独立发展又相互融合的学科分支。前者的代表人物如巴顿(Barton)、福斯特(Foster)、格林(Green)、米卓夫(Mitroff)等,后者的代表人物是罗森塔尔(Rosenthal)、罗伯特·吉尔(Robert Girr)、科塞(Cose)等,大量的研究著作出版,危机管理成为大学的学科和专业,还成为一种社会职业。

西方公共危机管理研究出现高潮是有其历史背景的。首先,20世纪60年代至80年代世界风云变幻、动荡不安,社会主义与资本主义两大阵营对抗,美国与苏联在全球进行争霸,亚洲、非洲的一些国家在民族独立后政治不稳、战争不断,全球南北差距拉大、冲突凸显,美国国内种族冲突、反战斗争、能源危机迭起。显然,危机现象成为全球的普遍问题。尤其是在两大阵营对抗的背景下,核战争等政治和军事冲突危机始终笼罩在世界人民的头上。其次是一些国家进入现代化行列,经济、社会系统日益庞大和复杂,公共管理领域迅速扩张。任何薄弱环节都可能带来巨大的灾难,形成整个公共管理领域的问题。另一些国家则处于向现代化的发展过渡之中,矛盾冲突更多且更易于爆发。

2. 第二次高峰:20世纪90年代以来

冷战结束以后,核危机等政治和军事冲突危机受到的关注程度大大降低,但是全球化浪潮带来的新的危机逐渐引起人们的注意。像"9·11"这样的恐怖主义危机,疯牛病这样的全球生态危机,1998年席卷东亚、俄罗斯、拉美区域的金融危机……学者视野中的危机种类越来越多,危机研究跨学科的趋势越来越明显,危机研究出现了第二个高潮。近年来比较著名的研究成果主要有:美国罗伯特·希斯著的《危机管理》,诺曼·R·奥古斯丁等著的《危机管理》。

这一阶段出现研究高峰的时代背景是人类在社会现代化的进程中,对自然资源破坏严重,自然以灾难对人类进行报复,自然灾害带来的损失日益巨大。正是在这种背景下,危机研究成为政治学、经济学、社会学、管理学等各门学科都要直面的重要课题。

与此同时,公共危机管理的相关理论基础和分析工具也逐渐成熟,政治学的行为主义走到巅峰,经济学从凯恩斯主义到新自由主义和新制度主义理性复归,行政学经历了从古典行政到公共行政再到公共管理范式的转变,社会学有了对市民社会和非政府组织的研究,心理学的发展则提供了从个体心理分析到社会心理分析的方法,信息经济学、博弈论则为危机冲突研究提供了新的分析框架和工具,而对灾害的研究则形成了灾害学理论。总之,公共危机管理理论发展高峰的出现既是时代的需要,也有相关学科理论发展提供的可能性基础。

二、中国的公共危机管理研究

中国的危机管理无论是理论研究还是实践都还处于起步阶段,但发展相当迅速。

在企业方面,由于一些国有企业没有摆脱计划经济的影响,真正独立经营的体制和机制没有完全建立起来,危机管理意识还很差。[1]政府方面的情况也同样如此,许多地方政府领导

---

[1] 参见薛澜、张强、钟开斌:《危机管理:转型期中国面临的挑战》,清华大学出版社2003年版,第6-11页。

及领导干部对"政府也需要进行危机管理"这样一种新概念、新事物也是了解较少。有些地方政府虽然在处理危机方面做得比较好,但也是由于政府自身的管理水平较高,并没有形成专业化的危机管理模式。面对复杂的危机事件,不专业的危机应对方式常常漏洞百出,造成不必要的人力、物力损失。

从具体的研究情况来看,当前中国危机管理研究的问题与领域主要集中在以下几个方面:

1. 对国外有关危机管理理论与著述进行翻译和介绍

对国外危机管理理论的引进,主要体现在企业危机管理领域,在这方面有大量的危机公关、公共关系等议题的著作。但在政府危机管理领域内,对西方发达国家的翻译和介绍还是比较少的。

2. 从战略与政策、管理框架或基本模式等方面进行研究

如许文惠、张成福主编的《危机状态下的政府管理》,薛澜教授等人著的《危机管理:转型期中国面临的挑战》等,介绍了中国危机管理面临的挑战、转变战略、应当采取的模式,等等。

3. 对不同类别危机事件的特点、原因和对策进行总结分析

如中国行政管理学会课题组的"群体性突发事件研究专辑"等[①]。

4. 公共安全研究

主要是从自然科学与管理工程的角度,对各类公共安全问题开展研究。如危险化学品安全管理、辐射环境安全管理等。

5. 风险管理研究

风险管理是基于风险科学的政策与社会行为,也是当前世界各国政府普遍关注的共同问题。由于经济增长所付出的社会成本和代价不断上升,中国的风险管理迅速兴起。

6. 跨学科研究

如社会稳定风险治理方面的研究等。学者们从利益相关者理论、政策缝隙理论、社会燃烧理论等不同视角开展综合研究。其中,牛文元提出了"社会燃烧理论与中国社会安全预警系统"等[②]。

当前专家学者从不同的角度和层次对危机管理问题所做的研究,对促进我国"危机管理"研究的起步和发展具有重要的开拓性作用,但也可以看出,这些研究领域比较宏观,范围宽泛,而专门研究危机管理体系构建问题的论述仍然不多。就国内现实情况而言,首先缺乏一个"危机管理"的制度性平台,这是危机管理实施的前提和基础,而我国在这一问题上的研究明显不足。此外,基础性的行政管理理论从总体结构上可以划分为均衡状态和非均衡状态下的行政学理论,我国长期把均衡状态下的政府管理研究作为重点,长期忽视非均衡状态下

---

① 中国行政管理学会课题组:《我国转型期群体性突发事件主要特点、原因及政府对策研究》,《中国行政管理》,2002 年第 5 期。
② 牛文元:《社会燃烧理论与中国社会安全预警系统(研究提要)》,提交给"社会变革中突发事件应急管理"专家研讨会的论文,北京,2001 年。

的理论研究，可以说是一种缺憾。

总之，国内的研究还局限于一般的知识性介绍，局限于从危机管理系统某一组成要件的角度，或者从政府对个别危机事件处理以及与此相关的某一类问题出发来研究。还没有运用系统和权变的观点，对危机发生以后政府如何应对进行系统集成式的研究。也没有从整体社会资源联动的角度，综合考虑完善的危机管理系统构建问题。更没有着重从危机管理协调机制的构建这一关键问题入手进行深入的理论与实证研究。

三、公共危机管理研究的角度与层次

随着社会的不断发展与环境的不断变化，越来越多的新事物不断出现，危机管理也面临着越来越多的不确定因素，对公共危机管理的研究也出现了越来越多的角度与层次。

1. 公共危机管理研究的角度

（1）从公共危机管理涉及的领域分类。

发展到目前，公共危机管理并不完全从属于某一个学科领域，而是需要从不同的学科视角出发对其进行研究。每个领域的研究也并不是绝对独立的，而是相互交叉和融合的。概括起来，公共危机管理研究迄今为止主要涉及以下几个领域：

国际关系与国际政治学的研究。国际关系与国际政治是危机管理研究的传统领域，该领域的公共危机管理研究侧重于重大国际事件对国际行为体的决策模式造成的影响。

公共关系与传播学的研究。严格地讲，危机传播应当从属于公共关系的研究领域，它以组织与公众的关系为研究对象，研究危机状态下组织与公众之间的沟通过程，以及组织形象维护的途径与方法。

心理学的研究。主要是从危机干预的角度对危机管理进行研究，注重人群心理的恢复治疗。

社会学的研究。主要表现在它对灾害现象的研究上。

政治学的研究。政治学对危机的研究也比较兴盛，主要表现在政治学对冲突的研究上。

法学的研究。主要表现在对危机管理法律法规体系的探讨与建构上。

信息管理学的研究。随着研究的深入，信息问题越来越成为危机管理研究的一个重要领域。信息收集、传递、分析、开发使用成为危机预警、危机响应、危机处置、危机指挥等整个危机管理链条成功运行的基础因素。

公共管理学的研究。公共危机管理研究是对传统危机管理研究的拓展和转型，它随着公共管理理论的兴起而迅速发展，注重非政府组织对危机管理的重大作用。

（2）从公共危机管理针对的内容分类。

研究公共危机管理的主要原则。比如总体管理原则、危机公关原则等。

研究公共危机管理的任务、流程与方法。危机管理有不同的阶段，在不同阶段有不同的任务，自然需要不同的方法。这些阶段、任务形成了一个完整的危机处理流程。比如在危机的预防阶段，主要任务是正确认识危机，防患于未然，树立危机意识，营造危机气氛。全面分析潜在危机，提高组织的自身免疫力，培养一支训练有素的危机处理专业队伍。在危机的认定与控制阶段，则主要是认定危机，控制危机，从而解决危机。在危机的事后恢复阶段，则主要是积极总结教训，进行恢复重建。

研究公共危机管理的体制、机制、法制与预案。主要是针对所谓的"一案三制"建设，

及其存在的问题与改进对策等。

2. 公共危机管理研究的主要层次

（1）个体层次。

从个体层次来说，主要是针对政府部门中的决策者、领导者、执行人员或公务人员，以及遭受危机事件影响的利益相关人，研究他们在公共危机事件中的心理与行为。

（2）组织层次。

主要是研究政府部门或政府对公共危机事件的反应与处理，包括其体制、机制、流程、方法、原则，等等。

（3）国际层次。

主要是研究国际性的危机事件或灾难对国际或全球产生的影响，及其国际或全球应对过程。当然，也可研究一国事件在国际上所产生的影响与应对。

总之，公共危机管理研究经历了一个较长的发展过程，随着经济、政治、社会与自然环境的不断演变，公共危机管理研究本身也仍将在方向、内容、方法上不断更新。

四、公共危机管理引发的变革

1. 公共危机管理对公共部门的影响

公共部门主要是那些被授予公共权力，以社会公共利益为组织目标，依据法律程序管理各项社会公共事务，向全体社会成员提供公共服务的公共组织。政府是公共部门最主要的成员，除此之外，还包括公共企业、非盈利组织、国际组织等。

今天，危机发生的范围越来越广，频率也越来越大，这种危机常态化的趋势要求公共部门必须有充分的危机意识，并且时刻做好应对危机的准备。从政府的角度来看，危机局势对社会稳定构成最直接的威胁，会使政府的合法性与良好形象面临极其严峻的挑战。公共危机管理对政府的影响主要表现在：

（1）公共危机管理将成为提高未来政府管理绩效的决定因素。

众所周知，危机的发生必然会导致政府管理系统内部的无序和系统失衡，从而影响政府的管理绩效。实施公共危机管理可以保障政府组织把非常态的管理常态化，可以促使政府组织实现渐进式的管理变革。

（2）公共危机管理影响政府组织管理水平的提高。

无论是 2003 年大规模爆发的 SARS，还是近年来频频曝光的矿难事件，都证明了这样一个道理：缺乏危机意识，必然会导致管理水平低下。公共危机管理包括政府组织在顺境、逆境之中以及危机发展过程各阶段的管理内容，是一种具有较强操作性和前瞻性的管理模式，可以锻炼不确定形势下政府组织的管理实践。

（3）公共危机管理已成为防止政府组织老化和激发政府活力的关键。

英国著名的历史学家、政治学家帕金森曾经得出了这样一个结论：政府行政机构会像金字塔一样不断增多，行政人员会不断膨胀，每个人都很忙，但组织效率越来越低下。[1]因此，政府组织的一个重要职能是防止机构老化。随着经济和社会的发展，政府组织的生存威胁越

---

[1] 参见彭和平、竹立家等编译：《国外公共行政理论精选》，中共中央党校出版社 1997 年版，第 199-206 页。

来越大,遇到的危机越来越多,而加强危机管理,正是防止组织老化的一个重要手段。

因此,现代政府部门都开始普遍重视公共危机事件或危机状态管理,并从观念、体制结构、运行机制等方面对政府部门不断进行优化。政府部门已经意识到,尽管危机会带来一定的损失,但公共部门完全可以借此机会提升自己的形象,增强公众对组织的信任感。反之,若危机管理的工作得不到足够的重视,政府不围绕危机做相应的变革,危机事件的频频发生不但会给社会带来极大的损失,更会使公共部门的可持续发展雪上加霜。修好公共危机管理这门必修课,已成为公共部门的一项重要学习内容。

2. 公共危机管理对公民的影响

当代社会,危机给公民造成的影响更是不可忽视的。国务院安全专家闪淳昌教授曾在一次论坛上介绍说:"自然灾害、事故灾害、公共卫生和社会安全等突发事件造成中国每年非正常死亡超过20万人,伤残超过200万人,经济损失超过6000亿人民币,我国目前减灾形势严峻。"①从2003年的非典事件到2008年初的南方雪灾、胶济铁路火车脱轨事件、汶川地震,再到2009年新疆乌鲁木齐的打砸抢烧严重暴力犯罪事件,各类突发性公共危机事件的发生,使得公民随时处于危机情景中,成为突发危机事件的直接受害者。因此,危机管理对公民的影响也是十分巨大的。

首先,它改变了公民的思想意识。一方面,危机管理唤醒了公民的权利意识。危机无时无刻不威胁着公众的生活、生产。危机一旦发生,如果没有处理好所遭遇的危机,就会出现连锁反应,一发不可收拾,残酷的现实告诉我们:危机管理已经成为当前国家政府部门以及社会公共服务部门必不可少的课程,化解危机和维护社会秩序是政府正当性的重要源泉。危机发生时,公民会积极主动向政府或相关部门求助,以争取在最短的时间内采取措施,减少危机所带来的损失,维护自身的生命健康权、财产保护权以及其他应有的权利。另一方面,危机管理唤醒了公民的责任意识。在现代社会中,公共危机的发生已经成为社会生活中的一种常见现象:洪水、干旱、雪灾、地震、流感……严峻的客观形势对政府应对公共危机管理的能力提出了巨大挑战。并且公共危机管理具有复杂性和系统性,政府无力承担危机管理的全部职责,迫切需要公民的广泛参与。在这种形势的要求下,公民参与危机管理的责任意识被唤醒。在危机发生时,通过公民的有序参与,可以有效弥补政府在公共危机管理中应对能力不足的缺陷,尽可能降低危机带来的损失。

其次,它对公民的生活与身心健康有重大影响。危机发生时,如果没有及时采取相应措施,造成的伤害和伤亡将是无法估量的。包括造成社会秩序的混乱;导致公民失业和收入降低等不良后果;增加公民的心理压力,或给公民造成心理上的阴影。若能够及时有序合理进行危机管理,则可减少危机对公民身体所带来的伤亡,使公民更快恢复到正常的生活,使社会秩序恢复正常;还有利于增强公民对生活的热爱,增加对政府的信心,保证公民的身心健康。

3. 公共危机管理对经济社会的影响

(1) 促动社会生产力的变化。

公共危机一般会造成社会生产力的极大损失。如果公共危机管理水平较高,危机管理体

---

① 中国台州网,"闪淳昌台州谈减灾:突发事件每年夺走6000亿",http://www.taizhou.com.cn,2011年6月13日。

系完善，则会减小社会生产力的损失。甚至在可能的情况下，会促使科学技术、生产工具等社会生产力发生质的变化，使之借助危机之"机"而跃上一个新的台阶。

（2）促使社会秩序发生变化。

公共危机管理会造成社会秩序的较大变化。有效的公共危机管理，会使当前社会秩序受到危机的干扰相对较小，发生的混乱较少。反之，则会使秩序起伏较大，甚至给社会关系造成重大紧张，引发变革甚或革命。所以，提高公共危机管理水平，有利于维持社会秩序。

（3）影响社会心态。

公共危机管理对于社会大众心理也会产生一定的作用。管理水平高，危机发生时社会心理会相对平稳，不会造成大范围的恐慌心理，从而提高政府处理危机的效率，减小损失。相反，管理混乱或无序，会给社会造成紧张和对政府管理的抱怨、抵触情绪。

（4）促进社会意识变革。

一个完善的公共危机管理体系必然包括完善的预防与善后体系建设，定会涉及公众的参与，如定期的危机模拟训练等，对社会危机意识的形成起到一定的促进作用。假如公共危机管理不善，社会危机意识就会相对淡薄，严重影响危机管理的效率。因此，持续或经常的公共危机管理体系建设与情境模拟演练，会提高社会危机应对意识与能力，促进社会的可持续发展。

【深度阅读】

我国应急管理研究述评

2003年以来，我国应急管理研究进入快速发展时期。下文试图对我国在应急管理方面的主要研究成果做一个梳理，划分阶段，概括研究热点和特点，意在推动应急管理研究的深入。

一、应急管理基本概念

在应急管理研究的初期，关于应急管理概念辨析的文献十分丰富。这一方面是由于国内研究者对现代应急管理的理解还处于朦胧期，另一方面说明一个学科想要得到长足、健康发展，基本概念必须十分明确。经过几年的研究，国内关于应急管理的一些基本概念已基本取得共识，当然由于研究视角的不同，侧重点亦有所不同。

与应急管理相关的概念主要有"突发事件"与"紧急事件"或者"危机事件"。这三个概念既有联系又有区别。其一致性表现在都是指"突然发生并危及公众生命财产、社会秩序和公共安全，需要政府采取应对措施加以处理的公共事件"。但在使用上，突发事件更强调事件的突然性、偶然性；紧急事件更侧重于强调处置事件的时间性、紧迫性；危机事件更侧重于强调事件的规模和影响程度。

在应急管理、危机管理、风险管理等概念的区分上，有学者认为，应急管理和危机管理主要是针对非常态而言，风险管理则是居于常态管理和非常态管理中间地带，主要解决如何防范和应对各种风险，以避免演化为突发公共事件和危机。从研究对象和手段角度看，有学者认为风险、社会风险、危机、公共危机侧重于对研究对象的关注，社会预警与应急管理则着重于管理手段，社会预警是管理社会风险的主要手段，应急管理是管理公共危机的主要手段。

一些教材也对危机管理、公共危机管理、政府危机管理、企业危机管理、国家安全管理作了比较细致的分析。可以看出，关于应急管理领域基本概念，学术界作了较为深入的研究，突发公共事件应急管理、危机管理以及公共安全管理等概念有了比较明确的界定，为创建学科和进一步研究奠定了基础。

二、应急管理框架体系

我国政府在加强应急管理中，突出重点，抓住核心建立制度，打牢基础，围绕应急预案、应急管理体制、机制和法制建设（即"一案三制"），构建应急管理体系的核心框架，初步形成了中国特色的应急管理体系。学术界的研究主要也是围绕这个框架展开的。

预案是应急管理的龙头，是"一案三制"的起点。预案具有应急规划、纲领和指南的作用，是应急理念的载体。在实践方面，2003年11月，国务院办公厅成立应急预案工作小组。2004年4月国务院办公厅分别印发了《国务院有关部门和单位制定和修改突发公共事件应急预案框架指南》和《省（区、市）人民政府突发公共事件总体预案框架指南》。2005年5月《国务院突发公共事件总体应急预案》颁布。在学术领域，应急预案研究也取得了丰硕的成果，为各级预案制定提供丰富的理论参考。有学者认为从本质上看，制定预案实际是把非常态实践中的隐性的常态因素显性化，也就是对历史经验中带有规律性的做法进行总结、概括和提炼，形成有约束力制度性条文。启动和执行预案，就是将制度化的内在规定性转为实践中的外化的确定性。有的学者按照不同的责任主体将应急预案设计成国家总体预案、专项应急预案等六个层次，分别进行研究。在建立和完善预案方面，有学者认为，制定应急预案，首先要做好风险分析工作，应急资源的普查和整合工作，在应急处置方面，职责、措施、程序要明确，加强应急预案的培训和演练并在实践中不断完善，同时建立健全应急预案和应急能力的科学评价体系。有的学者提出利用先进的信息技术建立数字化和动态化的预案体系。还有学者运用动态博弈模型分析了突发事件应急管理中"危机事件"与"危机管理者"之间的动态博弈过程，提出如何利用博弈模型生成预案。总的看来，经过几年的努力，全国已制订各级各类预案数百万件，涵盖了各类突发公共事件，"纵向到底、横向到边"的应急预案体系已基本形成。

但在应对重大突发事件的实践中，应急预案还存在不完善的地方。有的预案操作性不强，上下"一般粗"，有些基层预案缺乏细节规定和执行主体的规定等。因此，有学者建议在预案编制前应做好风险分析、应急资源调查和整合工作，明确权责关系，开展编制预案培训和演练工作以及建立健全预案科学评价体系等，建设一套多层次、多领域、动态管理的应急预案体系，坚持预防与应急相结合、常态和非常态相结合的预案体系。

应急管理体制是建立应急响应机制和应急预案体系的依托和载体，体制是指组织模式和主体相互权力关系的正式制度建构。政府应急管理体制是指政府为完成法定的应对公共危机的任务而建立起来的具有确定功能的应急管理组织结构和行政职能。健全分类管理、分级负责、条块结合、属地为主的应急管理体制始终是应急管理体制建设的目标。目前，关于应急管理体制研究，主要围绕应急管理体制包含哪几个部分（是什么）和怎样建设（怎么做）两个部分展开。应急管理体制主要是指应急管理机构的组织形式，即综合性应急管理组织、各专项应急管理组织以及各地区、各部门的应急组织各自的法律地位、相互间的权力分配关系及其组织形式等，并指出应急管理体制是一个由横向机构和纵向机构、政府机构与社会组织相结合的复杂关系，主要包括应急管理的领导指挥机构、专项应急指挥机构、日常办事机构、工作机构、地方机构及专家组织等不同层次。"非典"事件以后，有学者针对性地提出危机管理体制应该包括预警机制、协调机制、政府间合作机制和国家间合作机制、专业化的组织能力、社会支持系统。还有学者认为，将应急管理体制从范围上分为事故预防预警、应急准备、应急响应和事故恢复四个循环的逻辑阶段，且应急管理项目的所有活动无不落实到这四个阶段当中，应急管理系统也正基于这四个阶段建立和完善其相关机制和运行体系。

我国应急管理体制虽经改革有了很大进步，但仍然存在部门分割、条块分治、整合不够、信息不畅、责任不明、主体单一等问题。不少学者对此进行了开创性的研究。有学者从组织机构、运作机制、法制建设、预案体系建设和技术支撑体系五个方面提出了我国应急管理体制的发展对策；有学者提出分两个阶段建立综合化的应急管理体制，第一阶段主要是建立不同类型公共危机的综合协调机构，加大其对应急管理系统的统一集中管理功能，第二阶段主要是实现应急管理系统的全面整合，并在运行机制和法制保障得到加强的同时，提高我国应急管理体系的综合化、信息化、专业化和现代化水平。除此之外，有学者尝试从一些新的角度进行应急管理体系研究，例如，将"协同学"纳入应急管理体系建设的视角。结合实践的需要，应急管理体制研究应向着分级响应、条块结合、属地为主的综合化方向发展。政府一直把加快建立健全各种突发事件应急机制作为提高政府应对公共危机能力的重要途径。构建统一指挥、反应灵敏、协调有序、运转高效的应急管理机制思路对于实践具有重大的指导意义。经过几年的实践努力，我国初步建立了应急监测预警机制、信息沟通机制、应急决策和协调机制、分级负责与响应机制、社会动员机制、应急资源配置与征用机制、奖惩机制、社会治安综合治理机制、城乡社区管理机制、政府与公众联动机制、国际协调机制等应急机制。

目前国内关于应急管理机制的研究在整体上处于起步阶段。有的学者认为，应急管理机制包含预警机制、处置机制和辅助机制三个部分；有的学者分别从指导思想、工作原则、途径和方法以及需要注意的问题等几个方面研究应急机制建设。中国行政管理课题组认为，应从统一领导和总体协调机制、中枢应急决策和信息传递机制、分类管理和分级响应机制、平战结合的应急保障机制、全面减灾防灾机制等方面加强政府应急机制建设。反观目前学术界对应急管理机制的研究，主要集中在过程机制和保障机制两个角度，取得了一定的研究成果。但更加全面的研究还有待深入，特别是需要明确应急管理机制构成的具体内涵，从实质内涵和外在形式上进行分析，有针对性地提出适合中国国情的应急管理机制。

和应急管理的预案、体制、机制建设相比，应急管理的法制研究则要早得多，可以追溯到行政法学早期对紧急状态的研究。其中，有代表性的著作有莫纪宏等著《紧急状态法学》等。2004年宪法中的"戒严"修改为"紧急状态"，标志着我国对紧急危机认识和危机管理应急处置等方面的发展与提升，同时进一步促进了我国应急管理法制研究的发展。法律手段是应对突发公共事件最基本、最主要的手段。应急管理法制建设，就是依法开展应急工作，努力使突发公共事件的应急处置走向规范化、制度化和法制化轨道，使政府和公民在突发公共事件中明确权利和义务，既使政府得到高度授权，维护国家利益和公共利益，又使公民基本权益得到最大限度的维护。在宏观层面的法制体系研究方面，有学者认为，公共应急法制建设是一项宏大的社会系统工程，主要内容包括主要特征、基本要素、制度环节、现实状况与突出问题、完善对策与评价体系。有学者从我国紧急状态法的法律体系入手，提出了中国紧急状态法的主要制度和立法构想。还有学者从综合减灾的角度，构建了《综合减灾法》编研框架。随后一些学者相继从公民权利、行政程序、政府义务、行政指导等不同角度开展了比较深入的中观、微观层面研究。比如，有学者认为，法学界和实务界忽视了行政应急性原则在整个行政法制建设中的应有地位和作用，必须注意将行政应急原则列入我国行政法的基本原则体系。有的学者从新危险因素的角度阐述了应急立法的背景，认为新危险因素导致国家应急职权和公民应急权利和义务的新关系要求新体制和新机制的建立。还有的学者提出应急能力分为克服能力和法律能力，进而提出应急法律能力的首要问题和基本问题。不论是从突发事件应对法的理论框架着手，还是从应急法律的理念、原则、构成要素以及评价体系的分析切入，这一系列研究对《紧急状态法》的起草到《突发事件应对法》的出台起到了极大的推动作用。随着《突发事件应对法》的颁布，研究者们又将研究重点转向应急法律实践，认为通过法制创新，在常态下就扩大公众参与应急管理的预防工作，提高应急法制的实效性。不少学者结合实地情况，研究了地方应急管理立法问题，如莫纪宏编著的《非典时期的非常法治：中国灾害法与紧急状态一瞥》，应松年主编的《突发公共事件——法律制度研究》，马怀德编著的《应急反应的法学思考（非典法律问题研究）》，韩大元、莫于川主编的《应急法制论——突发事件应对机制的法律问题研究》就是这期间的主要学术著作。从现代应急管理理论和各国实践看，一个完整的政府应急管理框架应由两部分内容组成：一是有覆盖危机前、危机中和危机后的完整应急管理过程和工作内容，有比较健全的法制保证；二是有责任明确、统一指挥、分工协作的应急管理体制和机制。我国应急管理"一案三制"研究始终围绕着这个框架进行。

三、应急管理研究阶段划分和主要成果

我国应急管理研究，依据成果数量和研究深度，大致可分为三个阶段：第一阶段，2003年以前，是应急管理研究的萌芽时期，主要集中在部门应对、单项应对突发事件的应急管理研究方面。第二阶段，2003年至2007年，是应急管理研究快速发展时期，表现为研究著作和论文呈现"井喷"状态势，数量剧增。同时，以2006年底国务院应急管理专家组的成立为标志，可将其前后划分为两小阶段，前半阶段主要是受"非典"事件影响，应急管理研究主要集中于危机的生命周期等方面的整体介绍，后半阶段开始横向研究并拓展到具体领域。第三阶段：2008年以后，是应急管理研究进入质量提升时期，这不仅表现在研究应急管理专题方面，还表现在研究应急管理整体框架方面，其内容覆盖面更加全面且更为深入。这三个阶段大体也与我国应急管理体系建设的实践发展阶段一致。

第一阶段：应急管理研究的萌芽时期

在2003年以前，关于应急管理的研究主要集中在灾害管理研究方面。自20纪70年代中后期以来，随着地震、水旱灾害的加剧，我国学术界在单项灾害、区域综合灾害以及灾害理论、减灾对策、灾害保险等方面都取得了一批重要研究成果。而对应急管理一般规律的综合性研究成果寥寥无几。对中国期刊网社会科学文献总库中关于应急管理的研究文章进行检索，多数是以专项部门应对为主的、以灾害管理为研究对象的成果。目前可以检索到最早研究应急管理的学术文章是魏加宁发表于《管理世界》1994年第6期的《危机与危机管理》，该文较为系统地阐述了现代危机管理的核心内容。此外，中国行政管理学会课题组《我国转型期群体突发性事件主要特点、原因及政府对策研究》(《中国行政管理》2002年第5期)、薛澜《应尽快建立现代危机管理体系》(《领导决策信息》2002年第1期)，也是早期较有影响力的文章。许文惠、张成福等主编《危机状态下的政府管理》(中国人民大学出版社1998年版)，胡宁生主编《中国形象战略》(中共中央党校出版社1998年版)是较早涉及突发公共事件应急管理的力作。还有一些学者甚至将应急管理的发展追溯到了建国初期甚至中国古代。

第二阶段：应急管理研究的快速发展时期

在2003年抗击"非典"的过程中暴露了我国政府管理存在的诸多弊病特别是应急管理工

作中的薄弱环节。众所周知，2003年"非典"事件推动了应急管理理论与实践的发展，结合事前准备不充分，信息渠道不畅通，应急管理体制、机制、法制不健全这一系列问题促使新一届政府下定决心全面加强和推进应急管理工作。2003年7月胡锦涛主席在全国防治"非典"工作会议上明确指出了我国应急管理中存在的问题，并强调大力增强应对风险和突发事件的能力。与此同时，温家宝总理提出"争取用3年左右的时间，建立健全突发公共卫生事件应急机制"，"提高公共卫生事件应急能力"。同年10月，党的十六届三中全会通过的《中共中央关于完善社会主义市场经济体制若干问题的决定》强调：要建立健全各种预警和应急机制，提高政府应对突发事件和风险的能力。理论和实践的需要，使得2003年成为中国全面加强应急管理研究的起步之年。因此，这一时期的研究主要受"非典"事件的影响，既有针对该事件本身的研究成果，如彭宗超、钟开斌《非典危机中的民众脆弱性分析》[《清华大学学报》（哲学社会科学版）2003年第4期]、房宁等主编《突发事件中的公共管理——"非典"之后的反思》（中国社会科学出版社2005年版）等；同时也有从整体的角度对政府的应急管理进行反思和总结，如马建珍《浅析政府危机管理》（《长江论坛》2003第5期）等。由于这一时期的应急管理实践和研究处于快速发展和繁荣时期，为了能更加清晰看清应急管理研究的发展脉络，笔者将这一时期研究大致分为两个阶段：前半阶段是从2003年"非典"事件至2006年底，后半阶段则是从2007年至2008年初。

前半阶段，应急管理研究主要集中在"应急管理、危机管理、突发性事件"等基本概念的辨析、"一案三制"以及突发事件的分类等本体论研究方面。例如，薛澜等在《防范与重构：从非典事件看转型期中国危机管理》是早期较为全面的论述危机管理的文章，该文从现代危机管理的定义、特点、阶段、诱因，管理现状以及新的治理结构的转换等方面的探讨了危机管理。也有学者从学科的高度探讨应急管理研究的方法论问题，他们首先从我国危机管理概念不统一、理论薄弱、研究方法单一等现状出发，继而提出了从生命周期、系统模型、组织行为、案例分析等研究方法进行危机管理研究，该文是国内最早研究应急管理方法的文章，也是较早提出应急管理学科建设的文章。除此之外，也有学者探讨应急管理中主体问题，提出了政府主导、社会参与的模式。一些学者则从政府权责一致的角度探讨了应急管理主体问题。而有的学者更是前瞻性地提出了中国特色的危机管理整合模式。还有自然科学方面的学者，提出建立综合风险管理体系，通过建立信息共享平台与综合风险管理的科技支撑体系支撑政府综合风险管理行政体系的完善。总的来看，在这一时期，宏观层面的研究成果比较丰富。在理论著作方面，比较有代表性的有：薛澜的《危机管理：转型期中国面临的挑战》、郭济的《政府应急管理实务》《中央和大城市政府应急机制建设》和吴江主编的《中国危机管理能力》等。这些著作已广泛应用于应急管理培训。

同时，这一时期也出现了应急管理方面的教材，例如，张小明主编的《公共部门危机管理》、肖鹏军主编的《公共危机管理导论》、计雷主编的《突发事件应急管理》等，这标志着应急管理教育开始起步。

2006年《国务院关于全面加强应急管理工作的意见》全方位部署了应急管理体系建设的工作，把中国应急管理工作推向了一个新的高度。年底，国务院办公厅成立"国务院应急管理办公室"和"应急管理专家组"。应急管理专家组共有40名涉及自然灾害、事故灾难、公共卫生、社会安全和综合管理领域的专家，这实际上组建了我国应急管理研究"国家队"，为应急管理研究向高水平、综合化方向发展起到积极推动作用。相继，2007年，由国务院办公厅主管、中国行政管理学会主办的国内第一本应急管理综合刊物《中国应急管理》创刊，杂志以工作指导和学术研究相统一、思想性与可读性相统一为宗旨，是应急管理研究者们一个交流平台，成为理论和实践结合的纽带。

如果说，前半阶段是研究管理多元化研究的开端，那么，后半阶段的研究则进入了应急管理研究的繁荣期，不论是行政管理学科内，还是社会科学内以及社会科学与自然科学的多学科交叉研究都初现端倪。这一时期的主要学术著作有：桂维民著《应急决策论》，张沱生、〔美〕史文主编《中美安全危机管理案例》，董传仪主编《危机管理学》。主要论文有高小平的《综合化：政府应急管理体制改革的方向》(《行政论坛》2007第2期)、范维澄的《国家突发公共事件应急管理中科学问题的思考和建议》(《中国科学基金》2007年第2期)。

另外，在行政管理学的一些著作里，应急管理作为其中的章节开始出现。各研究机构和高等院校成立了与"应急管理"相关名称的研究机构，例如清华大学危机管理研究基地、中央财经大学危机管理研究院、上海交通大学应急管理研究中心，一些科研机构和高等院校开始招收危机管理、应急管理方向的研究生。这一系列措施逐步形成了研究队伍的扩大，也促使应急管理教育、宣传普及得到快速发展。

第三阶段：应急管理研究质量提升时期

2008年对中国应急管理来说是一个特殊的年份。年初，南方雪灾、拉萨3·14事件和汶川特大地震，为应急管理研究提出了严峻的命题。党和政府以及学界从不同角度深入总结我国应急管理的成就和经验，查找存在问题。胡锦涛总书记10月8日在党中央、国务院召开的全国抗震救灾总结表彰大会上指出，"要进一步加强应急管理能力建设"。我国应急管理体系建设再一次站到了历史的新起点上。这一时期应急管理研究，除在前一阶段继续发展的基础上，还表现出许多新的特点。

总的看来，这一时期的应急管理研究理论性越来越强，学科融合越来越紧密，按照综合化、系统化、专业化、协同化、规范化的应急管理体系建设思路，应急管理研究也呈现出向综合化方向发展的特点。学者提出，在应急管理实践中，需要站在政治和国家战略的高度看待应急管理体制改革，将这一改革与政治体制改革和政治文明建设结合起来、与行政管理体制改革结合起来、与转变政府职能结合起来、与政府管理创新结合起来，并把这项利国利民的大事当作各项改革的关键和重点，提到各级政府重要议事日程上来，抓紧抓实。

针对2008年集中发生的突发事件，涌现了一大批研究文章。比较有代表性的有：金磊的《2008"雪压中国"后的5个非常思考》(《城市与减灾》，2008年第2期)、丁元竹的《从汶川地震看国家应急机制》、彭宗超的《汶川大地震后的政府应急响应评析》(《中国浦东干部学院学报》2008第4期)。另外，应急管理研究出现了一些新的领域，例如，生态环境类应急研究逐渐增多，开始对应急管理工作开展绩效评价研究。

在科研队伍建设上，除了前一阶段的研究机构和研究团队相继组建以外，各政府部门和研究机构对应急管理研究资助也开始倾斜，例如，国家社科基金和自然基金设立了针对应急管理的专项研究计划。国家应急平台体系关键技术研究与应用示范等重点项目列入"十一五"国家科技支撑计划，并全面启动。各类重要的学术会议在研究课题方向上都先后设立政府应急管理、公共突发事件应对等题目。这些措施都有力地推动了应急管理研究进一步走向繁荣。

总的来讲，这一阶段我国应急管理工作进一步得到加强，应急管理研究更加深入。2008年1月，应急管理专家组召开会议，时任国务委员兼国务院秘书长的华建敏指出："几年来应急管理工作一个显著特点和一条重要经验,就是依靠科技,充分发挥专家队伍在知识传承、经验总结、理论研究、技术创新等方面的重要作用,为推进应急管理体系建设、妥善应对重大突发事件做出了新的贡献。"这是中国政府对应急管理研究在理论和实践两个方面所取得成绩的充分肯定。有些学者,如钟开斌在《回顾与前瞻:中国应急管理体系建设》,闪淳昌、周玲在《从 SARS 到大雪灾:中国应急管理体系建设的发展脉络及经验反思》等文章中开始对我国应急管理建设做了全面分析,比较系统地总结经验,提出改进工作的建议和深入研究的思路。

四、应急管理研究的维度和特点

1. 基于行政管理学视角的应急管理研究

从世界范围来开,近十年来应急管理研究主要的角度有国家关系的研究、决策研究、灾难研究、冲突研究、个人与集团的心理研究、公共管理研究、全面综合研究。国内关于应急管理的研究主要起因于政府应急管理实践推动了应急管理理论研究,因此,基于行政管理学界的应急管理研究是应急管理研究的主体,其他学科的研究在此基础上延伸出去,可以说应急管理学科形成了一个"一点多面"网状结构的研究格局。而行政管理学的研究主要集中在宏观领域,研究主要包括应急管理的主体及其职责等,以及更广范围的政治学层面的基础研究,如治理理论。

关于行政管理视角的研究,一方面从政府整体的应急模式上进行,另一方面从应急管理范式上展开。前者如,2003 年就有学者提出,面对突发公共事件,政府应建立一个全面整合的危机管理体系来不断提升政府和社会的危机管理能力。后者如,有学者提出,"SARS 事件"的发生呼唤政府治理模式的转型,单纯的危机管理体系不能适应社会发展,需要公共治理结构从治理主体、治理规范、治理程序、治理手段、治理方向等方面进行优化。还有的学者提出公共危机的"治理框架",认为公共危机已经成为现代社会环境的常态,由此对危机决策的及时性和有效性提出了更高的要求,利用网络技术与信息技术,塑造由多元的决策主体所构成的公共危机决策网络治理结构,由此构建起公民、群体、社会、国家一体化,点、线、面相结合的公共危机决策网络。并指出:这不仅仅是个技术层面的问题,更需要在组织结构、运行机制、以及管理理念等各个方面作出变革,形成的将是一个以公民社会为核心、多元互动的危机决策网络治理结构,未来的公共事务管理主体也必将是一个动态性、柔性化的网络协作系统。

总的看来,关于应急管理研究需要放在更宏大的视野下去衡量和考察,从行政管理学的应急管理研究转向政治学的公共治理层面来研究,这亦是应急管理研究将来的研究趋势之一。

2. 基于社会学视角的应急管理研究

当前我国社会正处于由传统的农业社会向现代工业社会以及由现代工业社会向后工业社会的复杂转型期,在这一阶段,一方面由于现代化、工业化自身不可回避的诟病,另一方面由于国内改革进入"深水区"以后,大家才发现,所有被小心翼翼绕开的许多社会问题,最后形成了一种滞后效应,累积成今日无法避开的社会矛盾,表现在科技风险提高、生态环境恶化、贫富差距拉大、社会结构巨变等风险上。整个政府治理面临的是一个风险化管理的局面。近十几年来,社会学家主要从中国社会转型引起的社会结构变化而出现的新的社会矛盾的角度着手来看待群体性公共事件,大致可分为引起冲突原因的研究、矛盾本身的研究和社会学视角的对策三个方面展开,主要集中体现在为什么、如何、什么、怎样等描述性研究上。

换句话说，在现代化和改革开放的双重社会背景下，因为社会转型而引起的社会矛盾和冲突对社会稳定会造成什么样的后果，继而又该采取怎样的措施来解决等都是社会学家一直关注的焦点。比较著名的理论研究成果有：社会风险研究、风险社会研究、社会失范研究、社会转型研究、社会控制研究等。社会学与应急管理的交叉研究结合点比较丰富，例如，在风险预警方面，。早在1999年就有学者呼吁建立社会风险预警系统，对社会风险进行量化处理，并将注意、治理、应急作为其对策。随后几年，该学者又提出从风险社会走向和谐社会需要科学开展社会风险预警，优先调整社会结构，增加社会主义的制度性供给，完善社会群体利益协调机制，积极参与"和谐世界"建设等几个方面的建设。而有的学者采取实证研究的方法，基于长期追踪公众社会态度变化的调查，提出了社会预警研究的新思路。有学者从概念、理论、方法以及研究力量四个方面将社会学中的风险预警与行政管理学中的危机管理进行整合，进行了社会科学内的融合研究。进而提出在社会风险与公共危机综合分析框架即公共危机整合管理的视角下，管理者必须以新的理念看待与处理群体性突发事件。还有不少学者将应急管理纳入风险社会以及社会转型的社会学视野下开展研究。

3. 多学科交叉的应急管理研究

现代危机形态具有多样性与复杂性的特点，因此该领域的研究不仅涉及政治学、经济学、管理学、传播学及心理学等社会科学领域，还需要结合工程科学、信息科学、生态学等自然科学的知识和方法来进行综合研究。近几年，这方面的研究开始出现并得到相当多学者和研究机构的重视。有学者提出我国应急管理基础研究最近5至10年迫切需要解决的关键科学问题，并提出基于先进信息技术、信息系统和应急信息资源的多网整合，软硬件结合的应急保障技术系统建设。还有学者从管理科学与工程、系统科学等角度进行应急管理定量方面的研究。中国科学院科技政策与管理科学研究所研究团队采用基础学科的视角进行应急管理研究，举办了一系列学术研讨会，取得了丰硕的成果。

在应急预警方面，有的学者从心理学的角度提出了社会预警是一种跨学科的综合研究，需要心理学、社会学、经济学、政治学、统计学、数学等多学科合作。还有学者运用综合模糊评判方法和层次分析法对突发公共事件进行预警分级的计算，细致地考虑到了突发公共事件的各种复杂因素。在信息系统建设研究方面，一些学者提出了我国应急体系建设的要求，论述了突发公共事件应急信息系统的结构、组成和功能；分析了应急信息系统在平常时期和战时在整个应急管理过程中不同的功能。众多学者，特别是自然科学领域，开始将目光转向应急管理研究。可以预测，多学科交叉研究将会是下一步应急管理的研究重点之一。

4. 专项应急管理研究

应急管理研究是一门实践性、操作性很强的学科，因此，面对不同类型以及不同突发情况的突发事件时，需要针对某一具体领域的具体应急措施。最近几年，不同层面、不同角度、不同类型的专项应急管理研究方面取得较好的成绩，主要集中在公共卫生、自然灾害、群体性事件、案例研究以及城市应急等方面。下文集中对几类主要专项应急研究进行简要回顾与总结。

我国大规模研究应急管理起因于2003年的公共卫生突发事件，因此，相比其他专项应急研究，公共卫生突发事件应急研究不论从实践层面还是理论层面都更为完善和成熟。《国家突发公共卫生事件应急预案》是最早制定的国家应急预案之一，这方面的研究比较多，大体上从监测预警、信息报告、指挥决策、物资储备、健康教育等五个方面开展研究。截至2008年底，除西藏外，全国30个省级卫生厅局和新疆建设兵团卫生局，都设立了卫生应急办公室，243个地（市）和1605个县卫生局设立了卫生应急办公室，28个省疾病预防控制中心设立了卫生应急办公室，全国卫生应急管理体制基本建立。

我国应急管理的雏形就是来自灾害应对，在漫长的社会发展进程中，不断经历着各种各样的灾害和灾难，历朝历代都积累了比较丰富的应急管理经验，但作为一项完整巨大的社会系统工程，也是最近几年的工作。如近年出版的主要著作有：李学举主编的《灾害应急管理》（中国社会出版社2005年版）、郭太生主编的《灾难性事故与事件应急处置》（中国人民公安大学出版社2006年版）、胡鞍钢等编的《中国自然灾害与经济发展》湖北科学技术出版社1997年版）等。

群体性突发事件一直是国内研究比较敏感的话题，在现代应急管理发展之前，研究主要从政治层面进行着手，少量论文从侧面对突发事件进行了探索，如从治安角度对突发性事件进行处理的研究，对处理社会突发事件的决策程序的研究，对社会转型时期突发事件成因、特点的分析，对高等学校群体性突发事件控制的研究，对建立处理突发事件联合指挥系统的研究，对群体性突发事件的特点及预防处置机制的研究等。随着我国政治民主化进程的加速，很多学者开始从公共行政学、社会学以及系统工程学探求其内在的规律性，主要从信息公开、执政方式、政府诚信、利益博弈等角度对症下药，开展了很多卓有成效的研究。主要代表作有中国行政管理学会课题组编的《中国转型时期群体性突发事件对策研究》（学苑出版社2003年版），它深刻分析了群体性突发事件的内涵、发生原因、特点、类型以及应对策略，对政府应对群体性突发事件有一定的指导意义。大多数学者认为，群体性突发事件是在社会结构变革、社会转型的背景下出现的，属于人民内部矛盾，需要采取合理有效的办法去解决。特别是2008年一系列群体事件，考验了政府处理突发性群体事件的能力，总结其中的得与失，有学者提出"散步"理论，反对"政治化"解读群体性事件，需要让利于民，与民合理对话。

5. 翻译介绍国外的经验和研究成果

现代应急管理理论研究起源自西方企业管理，因此，国内应急管理的研究借鉴国外是必不可少的环节。在近几年的应急管理研究中，总的特点是介绍国外应急管理体系框架较多，包括机构、体制、体系、机制、法律等，比较有影响力的文章有顾林生的《日本大城市防灾应急管理体系及其政府能力建设——以东京的城市危机管理体系为例》（《城市减灾》2004年第6期）和《东京大城市防灾应急管理体系及启示》（《防灾技术高等专科学校学报》2005年第2期）、郭太生的《美国公共安全危机事件应急管理研究》（《中国人民公安大学学报》2003年第6期）等；比较有影响的学术著作主要有赵成根主编的《国外大城市危机管理模式研究》（北京大学出版社2006年版）、《学习时报》编辑部编的《国家与政府的危机管理》（江西人民出版社2003年版）等。近几年不论是政府层面还是研究机构层面的团体赴德、美、英、俄、日各发达国家应急管理实践考察，还是联合举办的应急管理学术会议都不断增加，为国内理论与实务界了解和介绍国外应急管理研究提供了比较便利的条件，学术成果也不断涌现，并逐步呈现出从整体管理模式向具体领域研究学习的趋势。

国情、国力以及外部安全环境不同，决定了不同国家应急管理形态各具特色。总统制的国家一般建立以总统为核心的机制；议会制的国家往往注意建立以总理为核心的机制。此外，每个历史时期所面临威胁的变化，往往造成危机管理中心任务不同。发达国家在中央政府应急管理方面大体上可分为三种模式：美国模式、俄罗斯模式和日本模式。美国模式的总特征为"行政首长领导,中央协调,地方负责"。美国、澳大利亚和英国在应急体制方面具有类似的特征;俄罗斯模式的总特征为"国家首脑为核心,联席会议为平台,相应部门为主力"。日本模式的总特征为"行政首脑指挥,综合机构协调联络,中央会议制定对策,地方政府具体实施"。

五、应急管理基础理论研究

随着我国经济社会的发展,应急管理正在成为一门新兴、前沿的显学。学术界对危机形成的机理与演化规律、应急管理的一般要求与基本框架做了大量探讨,但是仍然存在两个方面比较突出的问题:一是在应急管理领域有哪些属于科学问题,应急管理研究如何获得基础科学理论的支持,如何形成应急管理的知识体系?二是应急管理体制、机制、法制与常态下的行政管理体制、机制、法制之间是什么样的关系,如何把加强应急管理与行政管理体制改革有机结合起来?

1. 应急管理研究与基础科学研究相结合

危机形态具有多样性与复杂性的特点,应急管理研究是一项宏大的系统工程。目前学界对危机形成机理与演化规律还缺乏基础理论层次的深刻认知,尚未形成系统的知识体系,无法对应急科技的可持续发展和提升提供有效支撑,急需开展有针对性的基础研究工作。应急管理学科体系建设有赖于应急管理中科学问题的解决,这是一项长期任务。同时,在自然科学研究内部,应急管理应注重与其他部门在类似的科技项目加强协调,通过与其他项目的沟通与协调,实现整体、系统、科学地解决相关问题,促使应急管理研究更加丰富和完善。

2006年国家自然科学基金委员会召开了"国家突发公共事件应急管理中的科学问题"研讨会,参会专家一致认为应急管理是典型的跨层次、跨部门和综合性很强的问题,需要不同学科间开拓、交叉、渗透与融合,从多学科交叉的角度开展研究,为解决此类问题的关键技术提供新的思路、理论和方法。还有一些学者在对突发事件风险评估与管理理论、动力学演化机理、应急管理体系及组织行为、大规模人群管理与疏散等方面的国内外研究现状进行了全面评述的基础上,提出了重大危机事件应急的三个关键科学问题,即重大危机事件综合风险评估理论、重大危机事件动力学演化机制、重大危机事件中的个体与组织行为特征,并指出综合利用系统科学、管理科学、社会科学、工程科学等领域的理论与方法,为重大危机事件的预防、准备、应急处置提供科学理论基础。

2. 应急管理要与行政管理体制改革、社会体制改革相结合

应急管理体系建设与行政管理体制改革、转变政府职能有机结合起来,有助于增强国家加强应急管理的动力,有助于增强行政管理体制的协调性,有助于增强政府转变职能的自觉性。加强应急管理工作的核心任务是在政府法定职责中进一步增加应急管理职能。同时,应急管理体制建设需要与社会体制改革协同推进,这也是建设社会主义和谐社会的题中应有之义。这些都要求我国应急管理体系建设要放到政治体制改革和行政管理体制改革的大框架中去研究,注重与政治体制改革相结合、与行政管理体制改革相结合、与公共政策优化相结合、与政府管理方式创新相结合、与法治政府建设相结合。要整体上把握,科学合理地界定政府、社会、公众等相关主体在应急管理体系中的权力、职责及其相互关系,构建全社会共同参与、常态和非常态有机衔接的新型应急管理工作格局,形成全方位、立体化、多层次、综合性的应急管理治理结构,为全面推进应急管理工作奠定坚实的制度基础与社会基础。应急管理的这一特点和要求,对行政管理学的研究也提出了挑战,如果没有行政管理研究的突破,也难

以获得应急管理研究在基础理论上的学术化、逻辑性和厚重感。

总之，这几年的应急管理研究，取得了丰硕的成果，有力地推动了我国的应急管理体系建设。理论研究的素材和动力来源于实践，同时又推动实践。随着我国改革开放的深入和进入后工业化社会，应急管理实践和研究必将有更大的发展空间，应急管理学科体系一定会更加完善，并逐步形成中国特色的应急管理学科群。

资料来源：高小平、刘一弘：《我国应急管理研究述评（上）》，《中国行政管理》，2009年第8期；高小平、刘一弘：《我国应急管理研究述评（下）》，《中国行政管理》，2009年第9期。有改动。

注：虽然这篇文章发表以来，我国应急管理研究又取得了很多进展，但这篇文章作为评述我国应急管理研究状况的一篇非常重要的奠基性论文，其中许多观点仍值得广大学习者、实践者警醒和深思，仍然具有极为重要的启发意义。故保留采用。有兴趣的读者可进一步参读李尧远、曹蓉：《我国应急管理研究十年（2004—2013）：成绩、问题与未来取向》，《中国行政管理》2015年第1期。

启发思考

根据前述阅读材料和案例，请思考讨论：
- 与国外相比，我们在应急管理方面还有哪些不足？
- 对中国的应急管理研究，你认为当前最重要的是什么？
- 如何加强公民的应急能力建设？

提升自我

[本章小结]

不同的国家由于处于不同的自然地理环境，有着不同的民族文化、经济与社会背景，所遭遇的危机事件也往往有一定的特殊性。但不论如何，在应对公共危机事件的体制或机制建设上，各国都倾注了自己的心力，都力图建构起一种从最高领导层直至执行层面的、系统化的危机应对体系。这种系统化的应对体系，既突出中央领导的最高决策与指挥权威，又试图保障信息、资源、各种应急执行力量的有效性。对比国内外经验可以发现，首长负责制的中枢指挥系统是公共危机管理的核心，完备的常设机构是公共危机管理的关键，健全的法律法规是保障，媒体介入是桥梁，培养国民危机意识是基础。对公共危机管理研究来说，其研究方法与角度、层次都离不开多学科的交叉与借鉴。而中国的公共危机管理研究仍处于起步阶段，更需要借鉴西方发达国家的研究成果、研究经验。但中国的公共危机管理又必须基于中国的实际境域，在融合西方优秀成果的基础上，凝成自己的一套体系和方法。公共危机管理研究及其实务开展，会促使公共部门、公民个体以及社会层面发生进一步的理念与行为变化，使之在适应非常态管理的基础上，提升自己的生产、服务与生活质量，促进国家与社会的可持续发展、健康发展和安全发展。

[小测验]

1. 中国还没有建立国家应急管理办公室。　　对或错（　　）
2. 危机管理研究要加强国际合作交流。　　对或错（　　）
3. 中国应急管理具有自己的特色。　　对或错（　　）

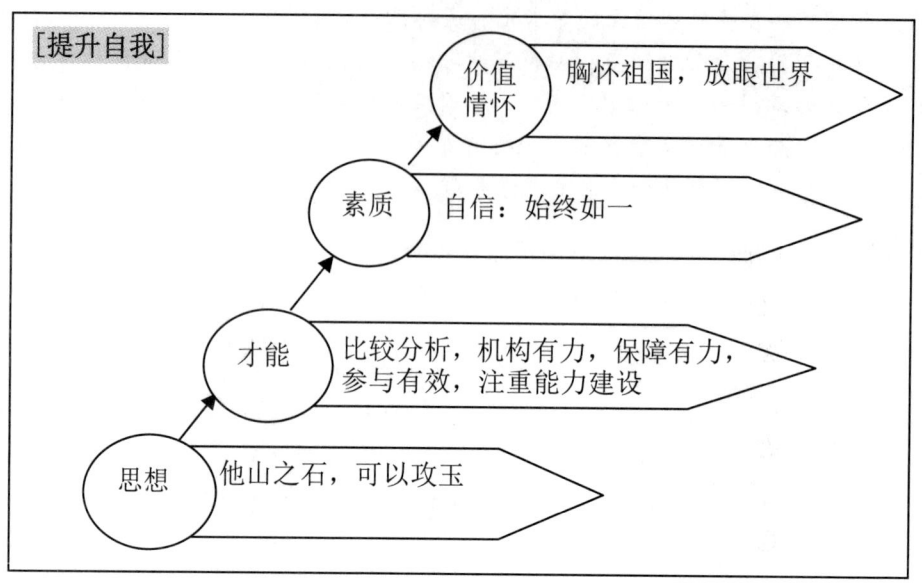

【附录1】 《中华人民共和国突发事件应对法》

中华人民共和国主席令

第 六十九 号

《中华人民共和国突发事件应对法》已由中华人民共和国第十届全国人民代表大会常务委员会第二十九次会议于 2007 年 8 月 30 日通过，现予公布，自 2007 年 11 月 1 日起施行。

中华人民共和国主席　胡锦涛

2007 年 8 月 30 日

中华人民共和国突发事件应对法

（2007 年 8 月 30 日第十届全国人民代表大会常务委员会第二十九次会议通过）

目　录

第一章　总　　则

第二章　预防与应急准备

第三章　监测与预警

第四章　应急处置与救援

第五章　事后恢复与重建

第六章　法律责任

第七章　附　　则

第一章　总　　则

第一条　为了预防和减少突发事件的发生，控制、减轻和消除突发事件引起的严重社会危害，规范突发事件应对活动，保护人民生命财产安全，维护国家安全、公共安全、环境安全和社会秩序，制定本法。

第二条　突发事件的预防与应急准备、监测与预警、应急处置与救援、事后恢复与重建等应对活动，适用本法。

第三条　本法所称突发事件，是指突然发生，造成或者可能造成严重社会危害，需要采取应急处置措施予以应对的自然灾害、事故灾难、公共卫生事件和社会安全事件。

按照社会危害程度、影响范围等因素，自然灾害、事故灾难、公共卫生事件分为特别重大、重大、较大和一般四级。法律、行政法规或者国务院另有规定的，从其规定。

突发事件的分级标准由国务院或者国务院确定的部门制定。

第四条　国家建立统一领导、综合协调、分类管理、分级负责、属地管理为主的应急管理体制。

第五条　突发事件应对工作实行预防为主、预防与应急相结合的原则。国家建立重大突发事件风险评估体系，对可能发生的突发事件进行综合性评估，减少重大突发事件的发生，最大限度地减轻重大突发事件的影响。

第六条 国家建立有效的社会动员机制,增强全民的公共安全和防范风险的意识,提高全社会的避险救助能力。

第七条 县级人民政府对本行政区域内突发事件的应对工作负责;涉及两个以上行政区域的,由有关行政区域共同的上一级人民政府负责,或者由各有关行政区域的上一级人民政府共同负责。

突发事件发生后,发生地县级人民政府应当立即采取措施控制事态发展,组织开展应急救援和处置工作,并立即向上一级人民政府报告,必要时可以越级上报。

突发事件发生地县级人民政府不能消除或者不能有效控制突发事件引起的严重社会危害的,应当及时向上级人民政府报告。上级人民政府应当及时采取措施,统一领导应急处置工作。

法律、行政法规规定由国务院有关部门对突发事件的应对工作负责的,从其规定;地方人民政府应当积极配合并提供必要的支持。

第八条 国务院在总理领导下研究、决定和部署特别重大突发事件的应对工作;根据实际需要,设立国家突发事件应急指挥机构,负责突发事件应对工作;必要时,国务院可以派出工作组指导有关工作。

县级以上地方各级人民政府设立由本级人民政府主要负责人、相关部门负责人、驻当地中国人民解放军和中国人民武装警察部队有关负责人组成的突发事件应急指挥机构,统一领导、协调本级人民政府各有关部门和下级人民政府开展突发事件应对工作;根据实际需要,设立相关类别突发事件应急指挥机构,组织、协调、指挥突发事件应对工作。

上级人民政府主管部门应当在各自职责范围内,指导、协助下级人民政府及其相应部门做好有关突发事件的应对工作。

第九条 国务院和县级以上地方各级人民政府是突发事件应对工作的行政领导机关,其办事机构及具体职责由国务院规定。

第十条 有关人民政府及其部门作出的应对突发事件的决定、命令,应当及时公布。

第十一条 有关人民政府及其部门采取的应对突发事件的措施,应当与突发事件可能造成的社会危害的性质、程度和范围相适应;有多种措施可供选择的,应当选择有利于最大程度地保护公民、法人和其他组织权益的措施。

公民、法人和其他组织有义务参与突发事件应对工作。

第十二条 有关人民政府及其部门为应对突发事件,可以征用单位和个人的财产。被征用的财产在使用完毕或者突发事件应急处置工作结束后,应当及时返还。财产被征用或者征用后毁损、灭失的,应当给予补偿。

第十三条 因采取突发事件应对措施,诉讼、行政复议、仲裁活动不能正常进行的,适用有关时效中止和程序中止的规定,但法律另有规定的除外。

第十四条 中国人民解放军、中国人民武装警察部队和民兵组织依照本法和其他有关法律、行政法规、军事法规的规定以及国务院、中央军事委员会的命令,参加突发事件的应急救援和处置工作。

第十五条 中华人民共和国政府在突发事件的预防、监测与预警、应急处置与救援、事后恢复与重建等方面,同外国政府和有关国际组织开展合作与交流。

第十六条 县级以上人民政府作出应对突发事件的决定、命令,应当报本级人民代表大会常务委员会备案;突发事件应急处置工作结束后,应当向本级人民代表大会常务委员会作出专项工作报告。

第二章 预防与应急准备

第十七条 国家建立健全突发事件应急预案体系。

国务院制定国家突发事件总体应急预案，组织制定国家突发事件专项应急预案；国务院有关部门根据各自的职责和国务院相关应急预案，制定国家突发事件部门应急预案。

地方各级人民政府和县级以上地方各级人民政府有关部门根据有关法律、法规、规章、上级人民政府及其有关部门的应急预案以及本地区的实际情况，制定相应的突发事件应急预案。

应急预案制定机关应当根据实际需要和情势变化，适时修订应急预案。应急预案的制定、修订程序由国务院规定。

第十八条 应急预案应当根据本法和其他有关法律、法规的规定，针对突发事件的性质、特点和可能造成的社会危害，具体规定突发事件应急管理工作的组织指挥体系与职责和突发事件的预防与预警机制、处置程序、应急保障措施以及事后恢复与重建措施等内容。

第十九条 城乡规划应当符合预防、处置突发事件的需要，统筹安排应对突发事件所必需的设备和基础设施建设，合理确定应急避难场所。

第二十条 县级人民政府应当对本行政区域内容易引发自然灾害、事故灾难和公共卫生事件的危险源、危险区域进行调查、登记、风险评估，定期进行检查、监控，并责令有关单位采取安全防范措施。

省级和设区的市级人民政府应当对本行政区域内容易引发特别重大、重大突发事件的危险源、危险区域进行调查、登记、风险评估，组织进行检查、监控，并责令有关单位采取安全防范措施。

县级以上地方各级人民政府按照本法规定登记的危险源、危险区域，应当按照国家规定及时向社会公布。

第二十一条 县级人民政府及其有关部门、乡级人民政府、街道办事处、居民委员会、村民委员会应当及时调解处理可能引发社会安全事件的矛盾纠纷。

第二十二条 所有单位应当建立健全安全管理制度，定期检查本单位各项安全防范措施的落实情况，及时消除事故隐患；掌握并及时处理本单位存在的可能引发社会安全事件的问题，防止矛盾激化和事态扩大；对本单位可能发生的突发事件和采取安全防范措施的情况，应当按照规定及时向所在地人民政府或者人民政府有关部门报告。

第二十三条 矿山、建筑施工单位和易燃易爆物品、危险化学品、放射性物品等危险物品的生产、经营、储运、使用单位，应当制定具体应急预案，并对生产经营场所、有危险物品的建筑物、构筑物及周边环境开展隐患排查，及时采取措施消除隐患，防止发生突发事件。

第二十四条 公共交通工具、公共场所和其他人员密集场所的经营单位或者管理单位应当制定具体应急预案，为交通工具和有关场所配备报警装置和必要的应急救援设备、设施，注明其使用方法，并显著标明安全撤离的通道、路线，保证安全通道、出口的畅通。

有关单位应当定期检测、维护其报警装置和应急救援设备、设施，使其处于良好状态，确保正常使用。

第二十五条 县级以上人民政府应当建立健全突发事件应急管理培训制度，对人民政府及其有关部门负有处置突发事件职责的工作人员定期进行培训。

第二十六条 县级以上人民政府应当整合应急资源，建立或者确定综合性应急救援队伍。

人民政府有关部门可以根据实际需要设立专业应急救援队伍。

县级以上人民政府及其有关部门可以建立由成年志愿者组成的应急救援队伍。单位应当建立由本单位职工组成的专职或者兼职应急救援队伍。

县级以上人民政府应当加强专业应急救援队伍与非专业应急救援队伍的合作，联合培训、联合演练，提高合成应急、协同应急的能力。

第二十七条　国务院有关部门、县级以上地方各级人民政府及其有关部门、有关单位应当为专业应急救援人员购买人身意外伤害保险，配备必要的防护装备和器材，减少应急救援人员的人身风险。

第二十八条　中国人民解放军、中国人民武装警察部队和民兵组织应当有计划地组织开展应急救援的专门训练。

第二十九条　县级人民政府及其有关部门、乡级人民政府、街道办事处应当组织开展应急知识的宣传普及活动和必要的应急演练。

居民委员会、村民委员会、企业事业单位应当根据所在地人民政府的要求，结合各自的实际情况，开展有关突发事件应急知识的宣传普及活动和必要的应急演练。

新闻媒体应当无偿开展突发事件预防与应急、自救与互救知识的公益宣传。

第三十条　各级各类学校应当把应急知识教育纳入教学内容，对学生进行应急知识教育，培养学生的安全意识和自救与互救能力。

教育主管部门应当对学校开展应急知识教育进行指导和监督。

第三十一条　国务院和县级以上地方各级人民政府应当采取财政措施，保障突发事件应对工作所需经费。

第三十二条　国家建立健全应急物资储备保障制度，完善重要应急物资的监管、生产、储备、调拨和紧急配送体系。

设区的市级以上人民政府和突发事件易发、多发地区的县级人民政府应当建立应急救援物资、生活必需品和应急处置装备的储备制度。

县级以上地方各级人民政府应当根据本地区的实际情况，与有关企业签订协议，保障应急救援物资、生活必需品和应急处置装备的生产、供给。

第三十三条　国家建立健全应急通信保障体系，完善公用通信网，建立有线与无线相结合、基础电信网络与机动通信系统相配套的应急通信系统，确保突发事件应对工作的通信畅通。

第三十四条　国家鼓励公民、法人和其他组织为人民政府应对突发事件工作提供物资、资金、技术支持和捐赠。

第三十五条　国家发展保险事业，建立国家财政支持的巨灾风险保险体系，并鼓励单位和公民参加保险。

第三十六条　国家鼓励、扶持具备相应条件的教学科研机构培养应急管理专门人才，鼓励、扶持教学科研机构和有关企业研究开发用于突发事件预防、监测、预警、应急处置与救援的新技术、新设备和新工具。

第三章　监测与预警

第三十七条　国务院建立全国统一的突发事件信息系统。

县级以上地方各级人民政府应当建立或者确定本地区统一的突发事件信息系统，汇集、储存、分析、传输有关突发事件的信息，并与上级人民政府及其有关部门、下级人民政府及其有关部门、专业机构和监测网点的突发事件信息系统实现互联互通，加强跨部门、跨地区的信息交流与情报合作。

第三十八条　县级以上人民政府及其有关部门、专业机构应当通过多种途径收集突发事件信息。

县级人民政府应当在居民委员会、村民委员会和有关单位建立专职或者兼职信息报告员制度。

获悉突发事件信息的公民、法人或者其他组织，应当立即向所在地人民政府、有关主管部门或者指定的专业机构报告。

第三十九条　地方各级人民政府应当按照国家有关规定向上级人民政府报送突发事件信息。县级以上人民政府有关主管部门应当向本级人民政府相关部门通报突发事件信息。专业机构、监测网点和信息报告员应当及时向所在地人民政府及其有关主管部门报告突发事件信息。

有关单位和人员报送、报告突发事件信息，应当做到及时、客观、真实，不得迟报、谎报、瞒报、漏报。

第四十条　县级以上地方各级人民政府应当及时汇总分析突发事件隐患和预警信息，必要时组织相关部门、专业技术人员、专家学者进行会商，对发生突发事件的可能性及其可能造成的影响进行评估；认为可能发生重大或者特别重大突发事件的，应当立即向上级人民政府报告，并向上级人民政府有关部门、当地驻军和可能受到危害的毗邻或者相关地区的人民政府通报。

第四十一条　国家建立健全突发事件监测制度。

县级以上人民政府及其有关部门应当根据自然灾害、事故灾难和公共卫生事件的种类和特点，建立健全基础信息数据库，完善监测网络，划分监测区域，确定监测点，明确监测项目，提供必要的设备、设施，配备专职或者兼职人员，对可能发生的突发事件进行监测。

第四十二条　国家建立健全突发事件预警制度。

可以预警的自然灾害、事故灾难和公共卫生事件的预警级别，按照突发事件发生的紧急程度、发展势态和可能造成的危害程度分为一级、二级、三级和四级，分别用红色、橙色、黄色和蓝色标示，一级为最高级别。

预警级别的划分标准由国务院或者国务院确定的部门制定。

第四十三条　可以预警的自然灾害、事故灾难或者公共卫生事件即将发生或者发生的可能性增大时，县级以上地方各级人民政府应当根据有关法律、行政法规和国务院规定的权限和程序，发布相应级别的警报，决定并宣布有关地区进入预警期，同时向上一级人民政府报告，必要时可以越级上报，并向当地驻军和可能受到危害的毗邻或者相关地区的人民政府通报。

第四十四条　发布三级、四级警报，宣布进入预警期后，县级以上地方各级人民政府应当根据即将发生的突发事件的特点和可能造成的危害，采取下列措施：

（一）启动应急预案；

（二）责令有关部门、专业机构、监测网点和负有特定职责的人员及时收集、报告有关信息，向社会公布反映突发事件信息的渠道，加强对突发事件发生、发展情况的监测、预报和预警工作；

（三）组织有关部门和机构、专业技术人员、有关专家学者，随时对突发事件信息进行分析评估，预测发生突发事件可能性的大小、影响范围和强度以及可能发生的突发事件的级别；

（四）定时向社会发布与公众有关的突发事件预测信息和分析评估结果，并对相关信息的报道工作进行管理；

（五）及时按照有关规定向社会发布可能受到突发事件危害的警告，宣传避免、减轻危害的常识，公布咨询电话。

第四十五条　发布一级、二级警报，宣布进入预警期后，县级以上地方各级人民政府除采取本法第四十四条规定的措施外，还应当针对即将发生的突发事件的特点和可能造成的危害，采取下列一项或者多项措施：

（一）责令应急救援队伍、负有特定职责的人员进入待命状态，并动员后备人员做好参加应急救援和处置工作的准备；

（二）调集应急救援所需物资、设备、工具，准备应急设施和避难场所，并确保其处于良好状态、随时可以投入正常使用；

（三）加强对重点单位、重要部位和重要基础设施的安全保卫，维护社会治安秩序；

（四）采取必要措施，确保交通、通信、供水、排水、供电、供气、供热等公共设施的安全和正常运行；

（五）及时向社会发布有关采取特定措施避免或者减轻危害的建议、劝告；

（六）转移、疏散或者撤离易受突发事件危害的人员并予以妥善安置，转移重要财产；

（七）关闭或者限制使用易受突发事件危害的场所，控制或者限制容易导致危害扩大的公共场所的活动；

（八）法律、法规、规章规定的其他必要的防范性、保护性措施。

第四十六条　对即将发生或者已经发生的社会安全事件，县级以上地方各级人民政府及其有关主管部门应当按照规定向上一级人民政府及其有关主管部门报告，必要时可以越级上报。

第四十七条　发布突发事件警报的人民政府应当根据事态的发展，按照有关规定适时调整预警级别并重新发布。

有事实证明不可能发生突发事件或者危险已经解除的，发布警报的人民政府应当立即宣布解除警报，终止预警期，并解除已经采取的有关措施。

第四章　应急处置与救援

第四十八条　突发事件发生后，履行统一领导职责或者组织处置突发事件的人民政府应当针对其性质、特点和危害程度，立即组织有关部门，调动应急救援队伍和社会力量，依照本章的规定和有关法律、法规、规章的规定采取应急处置措施。

第四十九条　自然灾害、事故灾难或者公共卫生事件发生后，履行统一领导职责的人民政府可以采取下列一项或者多项应急处置措施：

（一）组织营救和救治受害人员，疏散、撤离并妥善安置受到威胁的人员以及采取其他救助措施；

（二）迅速控制危险源，标明危险区域，封锁危险场所，划定警戒区，实行交通管制以及其他控制措施；

（三）立即抢修被损坏的交通、通信、供水、排水、供电、供气、供热等公共设施，向受到危害的人员提供避难场所和生活必需品，实施医疗救护和卫生防疫以及其他保障措施；

（四）禁止或者限制使用有关设备、设施，关闭或者限制使用有关场所，中止人员密集的活动或者可能导致危害扩大的生产经营活动以及采取其他保护措施；

（五）启用本级人民政府设置的财政预备费和储备的应急救援物资，必要时调用其他急需物资、设备、设施、工具；

（六）组织公民参加应急救援和处置工作，要求具有特定专长的人员提供服务；

（七）保障食品、饮用水、燃料等基本生活必需品的供应；

（八）依法从严惩处囤积居奇、哄抬物价、制假售假等扰乱市场秩序的行为，稳定市场价格，维护市场秩序；

（九）依法从严惩处哄抢财物、干扰破坏应急处置工作等扰乱社会秩序的行为，维护社会治安；

（十）采取防止发生次生、衍生事件的必要措施。

第五十条　社会安全事件发生后，组织处置工作的人民政府应当立即组织有关部门并由公安机关针对事件的性质和特点，依照有关法律、行政法规和国家其他有关规定，采取下列一项或者多项应急处置措施：

（一）强制隔离使用器械相互对抗或者以暴力行为参与冲突的当事人，妥善解决现场纠纷和争端，控制事态发展；

（二）对特定区域内的建筑物、交通工具、设备、设施以及燃料、燃气、电力、水的供应进行控制；

（三）封锁有关场所、道路，查验现场人员的身份证件，限制有关公共场所内的活动；

（四）加强对易受冲击的核心机关和单位的警卫，在国家机关、军事机关、国家通讯社、广播电台、电视台、外国驻华使领馆等单位附近设置临时警戒线；

（五）法律、行政法规和国务院规定的其他必要措施。

严重危害社会治安秩序的事件发生时，公安机关应当立即依法出动警力，根据现场情况依法采取相应的强制性措施，尽快使社会秩序恢复正常。

第五十一条　发生突发事件，严重影响国民经济正常运行时，国务院或者国务院授权的有关主管部门可以采取保障、控制等必要的应急措施，保障人民群众的基本生活需要，最大限度地减轻突发事件的影响。

第五十二条　履行统一领导职责或者组织处置突发事件的人民政府，必要时可以向单位和个人征用应急救援所需设备、设施、场地、交通工具和其他物资，请求其他地方人民政府提供人力、物力、财力或者技术支援，要求生产、供应生活必需品和应急救援物资的企业组织生产、保证供给，要求提供医疗、交通等公共服务的组织提供相应的服务。

履行统一领导职责或者组织处置突发事件的人民政府，应当组织协调运输经营单位，优先运送处置突发事件所需物资、设备、工具、应急救援人员和受到突发事件危害的人员。

第五十三条　履行统一领导职责或者组织处置突发事件的人民政府，应当按照有关规定统一、准确、及时发布有关突发事件事态发展和应急处置工作的信息。

第五十四条　任何单位和个人不得编造、传播有关突发事件事态发展或者应急处置工作的虚假信息。

第五十五条　突发事件发生地的居民委员会、村民委员会和其他组织应当按照当地人民政府的决定、命令，进行宣传动员，组织群众开展自救和互救，协助维护社会秩序。

第五十六条　受到自然灾害危害或者发生事故灾难、公共卫生事件的单位，应当立即组织本单位应急救援队伍和工作人员营救受害人员，疏散、撤离、安置受到威胁的人员，控制危险源，标明危险区域，封锁危险场所，并采取其他防止危害扩大的必要措施，同时向所在地县级人民政府报告；对因本单位的问题引发的或者主体是本单位人员的社会安全事件，有关单位应当按照规定上报情况，并迅速派出负责人赶赴现场开展劝解、疏导工作。

突发事件发生地的其他单位应当服从人民政府发布的决定、命令，配合人民政府采取的应急处置措施，做好本单位的应急救援工作，并积极组织人员参加所在地的应急救援和处置工作。

第五十七条 突发事件发生地的公民应当服从人民政府、居民委员会、村民委员会或者所属单位的指挥和安排，配合人民政府采取的应急处置措施，积极参加应急救援工作，协助维护社会秩序。

第五章 事后恢复与重建

第五十八条 突发事件的威胁和危害得到控制或者消除后，履行统一领导职责或者组织处置突发事件的人民政府应当停止执行依照本法规定采取的应急处置措施，同时采取或者继续实施必要措施，防止发生自然灾害、事故灾难、公共卫生事件的次生、衍生事件或者重新引发社会安全事件。

第五十九条 突发事件应急处置工作结束后，履行统一领导职责的人民政府应当立即组织对突发事件造成的损失进行评估，组织受影响地区尽快恢复生产、生活、工作和社会秩序，制定恢复重建计划，并向上一级人民政府报告。

受突发事件影响地区的人民政府应当及时组织和协调公安、交通、铁路、民航、邮电、建设等有关部门恢复社会治安秩序，尽快修复被损坏的交通、通信、供水、排水、供电、供气、供热等公共设施。

第六十条 受突发事件影响地区的人民政府开展恢复重建工作需要上一级人民政府支持的，可以向上一级人民政府提出请求。上一级人民政府应当根据受影响地区遭受的损失和实际情况，提供资金、物资支持和技术指导，组织其他地区提供资金、物资和人力支援。

第六十一条 国务院根据受突发事件影响地区遭受损失的情况，制定扶持该地区有关行业发展的优惠政策。

受突发事件影响地区的人民政府应当根据本地区遭受损失的情况，制定救助、补偿、抚慰、抚恤、安置等善后工作计划并组织实施，妥善解决因处置突发事件引发的矛盾和纠纷。

公民参加应急救援工作或者协助维护社会秩序期间，其在本单位的工资待遇和福利不变；表现突出、成绩显著的，由县级以上人民政府给予表彰或者奖励。

县级以上人民政府对在应急救援工作中伤亡的人员依法给予抚恤。

第六十二条 履行统一领导职责的人民政府应当及时查明突发事件的发生经过和原因，总结突发事件应急处置工作的经验教训，制定改进措施，并向上一级人民政府提出报告。

第六章 法律责任

第六十三条 地方各级人民政府和县级以上各级人民政府有关部门违反本法规定，不履行法定职责的，由其上级行政机关或者监察机关责令改正；有下列情形之一的，根据情节对直接负责的主管人员和其他直接责任人员依法给予处分：

（一）未按规定采取预防措施，导致发生突发事件，或者未采取必要的防范措施，导致发生次生、衍生事件的；

（二）迟报、谎报、瞒报、漏报有关突发事件的信息，或者通报、报送、公布虚假信息，

造成后果的;

（三）未按规定及时发布突发事件警报、采取预警期的措施,导致损害发生的;

（四）未按规定及时采取措施处置突发事件或者处置不当,造成后果的;

（五）不服从上级人民政府对突发事件应急处置工作的统一领导、指挥和协调的;

（六）未及时组织开展生产自救、恢复重建等善后工作的;

（七）截留、挪用、私分或者变相私分应急救援资金、物资的;

（八）不及时归还征用的单位和个人的财产,或者对被征用财产的单位和个人不按规定给予补偿的。

第六十四条 有关单位有下列情形之一的,由所在地履行统一领导职责的人民政府责令停产停业,暂扣或者吊销许可证或者营业执照,并处五万元以上二十万元以下的罚款;构成违反治安管理行为的,由公安机关依法给予处罚:

（一）未按规定采取预防措施,导致发生严重突发事件的;

（二）未及时消除已发现的可能引发突发事件的隐患,导致发生严重突发事件的;

（三）未做好应急设备、设施日常维护、检测工作,导致发生严重突发事件或者突发事件危害扩大的;

（四）突发事件发生后,不及时组织开展应急救援工作,造成严重后果的。

前款规定的行为,其他法律、行政法规规定由人民政府有关部门依法决定处罚的,从其规定。

第六十五条 违反本法规定,编造并传播有关突发事件事态发展或者应急处置工作的虚假信息,或者明知是有关突发事件事态发展或者应急处置工作的虚假信息而进行传播的,责令改正,给予警告;造成严重后果的,依法暂停其业务活动或者吊销其执业许可证;负有直接责任的人员是国家工作人员的,还应当对其依法给予处分;构成违反治安管理行为的,由公安机关依法给予处罚。

第六十六条 单位或者个人违反本法规定,不服从所在地人民政府及其有关部门发布的决定、命令或者不配合其依法采取的措施,构成违反治安管理行为的,由公安机关依法给予处罚。

第六十七条 单位或者个人违反本法规定,导致突发事件发生或者危害扩大,给他人人身、财产造成损害的,应当依法承担民事责任。

第六十八条 违反本法规定,构成犯罪的,依法追究刑事责任。

第七章 附 则

第六十九条 发生特别重大突发事件,对人民生命财产安全、国家安全、公共安全、环境安全或者社会秩序构成重大威胁,采取本法和其他有关法律、法规、规章规定的应急处置措施不能消除或者有效控制、减轻其严重社会危害,需要进入紧急状态的,由全国人民代表大会常务委员会或者国务院依照宪法和其他有关法律规定的权限和程序决定。

紧急状态期间采取的非常措施,依照有关法律规定执行或者由全国人民代表大会常务委员会另行规定。

第七十条 本法自2007年11月1日起施行。

【附录2】 国家突发公共事件总体应急预案

国务院 2006 年 1 月 8 日发布

1 总则

1.1 编制目的

提高政府保障公共安全和处置突发公共事件的能力,最大程度地预防和减少突发公共事件及其造成的损害,保障公众的生命财产安全,维护国家安全和社会稳定,促进经济社会全面、协调、可持续发展。

1.2 编制依据

依据宪法及有关法律、行政法规,制定本预案。

1.3 分类分级

本预案所称突发公共事件是指突然发生,造成或者可能造成重大人员伤亡、财产损失、生态环境破坏和严重社会危害,危及公共安全的紧急事件。

根据突发公共事件的发生过程、性质和机理,突发公共事件主要分为以下四类:

(1)自然灾害。主要包括水旱灾害,气象灾害,地震灾害,地质灾害,海洋灾害,生物灾害和森林草原火灾等。

(2)事故灾难。主要包括工矿商贸等企业的各类安全事故,交通运输事故,公共设施和设备事故,环境污染和生态破坏事件等。

(3)公共卫生事件。主要包括传染病疫情,群体性不明原因疾病,食品安全和职业危害,动物疫情,以及其他严重影响公众健康和生命安全的事件。

(4)社会安全事件。主要包括恐怖袭击事件,经济安全事件和涉外突发事件等。

各类突发公共事件按照其性质、严重程度、可控性和影响范围等因素,一般分为四级:Ⅰ级(特别重大)、Ⅱ级(重大)、Ⅲ级(较大)和Ⅳ级(一般)。

1.4 适用范围

本预案适用于涉及跨省级行政区划的,或超出事发地省级人民政府处置能力的特别重大突发公共事件应对工作。

本预案指导全国的突发公共事件应对工作。

1.5 工作原则

(1)以人为本,减少危害。切实履行政府的社会管理和公共服务职能,把保障公众健康和生命财产安全作为首要任务,最大程度地减少突发公共事件及其造成的人员伤亡和危害。

(2)居安思危,预防为主。高度重视公共安全工作,常抓不懈,防患于未然。增强忧患意识,坚持预防与应急相结合,常态与非常态相结合,做好应对突发公共事件的各项准备工作。

(3)统一领导,分级负责。在党中央、国务院的统一领导下,建立健全分类管理、分级负责,条块结合、属地管理为主的应急管理体制,在各级党委领导下,实行行政领导责任制,充分发挥专业应急指挥机构的作用。

（4）依法规范，加强管理。依据有关法律和行政法规，加强应急管理，维护公众的合法权益，使应对突发公共事件的工作规范化、制度化、法制化。

（5）快速反应，协同应对。加强以属地管理为主的应急处置队伍建设，建立联动协调制度，充分动员和发挥乡镇、社区、企事业单位、社会团体和志愿者队伍的作用，依靠公众力量，形成统一指挥、反应灵敏、功能齐全、协调有序、运转高效的应急管理机制。

（6）依靠科技，提高素质。加强公共安全科学研究和技术开发，采用先进的监测、预测、预警、预防和应急处置技术及设施，充分发挥专家队伍和专业人员的作用，提高应对突发公共事件的科技水平和指挥能力，避免发生次生、衍生事件；加强宣传和培训教育工作，提高公众自救、互救和应对各类突发公共事件的综合素质。

1.6 应急预案体系

全国突发公共事件应急预案体系包括：

（1）突发公共事件总体应急预案。总体应急预案是全国应急预案体系的总纲，是国务院应对特别重大突发公共事件的规范性文件。

（2）突发公共事件专项应急预案。专项应急预案主要是国务院及其有关部门为应对某一类型或某几种类型突发公共事件而制定的应急预案。

（3）突发公共事件部门应急预案。部门应急预案是国务院有关部门根据总体应急预案、专项应急预案和部门职责为应对突发公共事件制定的预案。

（4）突发公共事件地方应急预案。具体包括：省级人民政府的突发公共事件总体应急预案、专项应急预案和部门应急预案；各市（地）、县（市）人民政府及其基层政权组织的突发公共事件应急预案。上述预案在省级人民政府的领导下，按照分类管理、分级负责的原则，由地方人民政府及其有关部门分别制定。

（5）企事业单位根据有关法律法规制定的应急预案。

（6）举办大型会展和文化体育等重大活动，主办单位应当制定应急预案。

各类预案将根据实际情况变化不断补充、完善。

2 组织体系

2.1 领导机构

国务院是突发公共事件应急管理工作的最高行政领导机构。在国务院总理领导下，由国务院常务会议和国家相关突发公共事件应急指挥机构（以下简称相关应急指挥机构）负责突发公共事件的应急管理工作；必要时，派出国务院工作组指导有关工作。

2.2 办事机构

国务院办公厅设国务院应急管理办公室，履行值守应急、信息汇总和综合协调职责，发挥运转枢纽作用。

2.3 工作机构

国务院有关部门依据有关法律、行政法规和各自的职责，负责相关类别突发公共事件的应急管理工作。具体负责相关类别的突发公共事件专项和部门应急预案的起草与实施，贯彻落实国务院有关决定事项。

2.4 地方机构

地方各级人民政府是本行政区域突发公共事件应急管理工作的行政领导机构，负责本行政区域各类突发公共事件的应对工作。

2.5 专家组

国务院和各应急管理机构建立各类专业人才库,可以根据实际需要聘请有关专家组成专家组,为应急管理提供决策建议,必要时参加突发公共事件的应急处置工作。

3 运行机制

3.1 预测与预警

各地区、各部门要针对各种可能发生的突发公共事件,完善预测预警机制,建立预测预警系统,开展风险分析,做到早发现、早报告、早处置。

3.1.1 预警级别和发布

根据预测分析结果,对可能发生和可以预警的突发公共事件进行预警。预警级别依据突发公共事件可能造成的危害程度、紧急程度和发展势态,一般划分为四级:Ⅰ级(特别严重)、Ⅱ级(严重)、Ⅲ级(较重)和Ⅳ级(一般),依次用红色、橙色、黄色和蓝色表示。

预警信息包括突发公共事件的类别、预警级别、起始时间、可能影响范围、警示事项、应采取的措施和发布机关等。

预警信息的发布、调整和解除可通过广播、电视、报刊、通信、信息网络、警报器、宣传车或组织人员逐户通知等方式进行,对老、幼、病、残、孕等特殊人群以及学校等特殊场所和警报盲区应当采取有针对性的公告方式。

3.2 应急处置

3.2.1 信息报告

特别重大或者重大突发公共事件发生后,各地区、各部门要立即报告,最迟不得超过4小时,同时通报有关地区和部门。应急处置过程中,要及时续报有关情况。

3.2.2 先期处置

突发公共事件发生后,事发地的省级人民政府或者国务院有关部门在报告特别重大、重大突发公共事件信息的同时,要根据职责和规定的权限启动相关应急预案,及时、有效地进行处置,控制事态。

在境外发生涉及中国公民和机构的突发事件,我驻外使领馆、国务院有关部门和有关地方人民政府要采取措施控制事态发展,组织开展应急救援工作。

3.2.3 应急响应

对于先期处置未能有效控制事态的特别重大突发公共事件,要及时启动相关预案,由国务院相关应急指挥机构或国务院工作组统一指挥或指导有关地区、部门开展处置工作。

现场应急指挥机构负责现场的应急处置工作。

需要多个国务院相关部门共同参与处置的突发公共事件,由该类突发公共事件的业务主管部门牵头,其他部门予以协助。

3.2.4 应急结束

特别重大突发公共事件应急处置工作结束,或者相关危险因素消除后,现场应急指挥机构予以撤销。

3.3 恢复与重建

3.3.1 善后处置

要积极稳妥、深入细致地做好善后处置工作。对突发公共事件中的伤亡人员、应急处置工作人员,以及紧急调集、征用有关单位及个人的物资,要按照规定给予抚恤、补助或补偿,并提供心理及司法援助。有关部门要做好疫病防治和环境污染消除工作。保险监管机构督促有关保险机构及时做好有关单位和个人损失的理赔工作。

3.3.2 调查与评估

要对特别重大突发公共事件的起因、性质、影响、责任、经验教训和恢复重建等问题进行调查评估。

3.3.3 恢复重建

根据受灾地区恢复重建计划组织实施恢复重建工作。

3.4 信息发布

突发公共事件的信息发布应当及时、准确、客观、全面。事件发生的第一时间要向社会发布简要信息，随后发布初步核实情况、政府应对措施和公众防范措施等，并根据事件处置情况做好后续发布工作。

信息发布形式主要包括授权发布、散发新闻稿、组织报道、接受记者采访、举行新闻发布会等。

4 应急保障

各有关部门要按照职责分工和相关预案做好突发公共事件的应对工作，同时根据总体预案切实做好应对突发公共事件的人力、物力、财力、交通运输、医疗卫生及通信保障等工作，保证应急救援工作的需要和灾区群众的基本生活，以及恢复重建工作的顺利进行。

4.1 人力资源

公安（消防）、医疗卫生、地震救援、海上搜救、矿山救护、森林消防、防洪抢险、核与辐射、环境监控、危险化学品事故救援、铁路事故、民航事故、基础信息网络和重要信息系统事故处置，以及水、电、油、气等工程抢险救援队伍是应急救援的专业队伍和骨干力量。地方各级人民政府和有关部门、单位要加强应急救援队伍的业务培训和应急演练，建立联动协调机制，提高装备水平；动员社会团体、企事业单位以及志愿者等各种社会力量参与应急救援工作；增进国际间的交流与合作。要加强以乡镇和社区为单位的公众应急能力建设，发挥其在应对突发公共事件中的重要作用。

中国人民解放军和中国人民武装警察部队是处置突发公共事件的骨干和突击力量，按照有关规定参加应急处置工作。

4.2 财力保障

要保证所需突发公共事件应急准备和救援工作资金。对受突发公共事件影响较大的行业、企事业单位和个人要及时研究提出相应的补偿或救助政策。要对突发公共事件财政应急保障资金的使用和效果进行监管和评估。

鼓励自然人、法人或者其他组织（包括国际组织）按照《中华人民共和国公益事业捐赠法》等有关法律、法规的规定进行捐赠和援助。

4.3 物资保障

要建立健全应急物资监测网络、预警体系和应急物资生产、储备、调拨及紧急配送体系，完善应急工作程序，确保应急所需物资和生活用品的及时供应，并加强对物资储备的监督管理，及时予以补充和更新。

地方各级人民政府应根据有关法律、法规和应急预案的规定，做好物资储备工作。

4.4 基本生活保障

要做好受灾群众的基本生活保障工作，确保灾区群众有饭吃、有水喝、有衣穿、有住处、有病能得到及时医治。

4.5 医疗卫生保障

卫生部门负责组建医疗卫生应急专业技术队伍，根据需要及时赴现场开展医疗救治、疾病预防控制等卫生应急工作。及时为受灾地区提供药品、器械等卫生和医疗设备。必要时，组织动员红十字会等社会卫生力量参与医疗卫生救助工作。

4.6 交通运输保障

要保证紧急情况下应急交通工具的优先安排、优先调度、优先放行，确保运输安全畅通；要依法建立紧急情况社会交通运输工具的征用程序，确保抢险救灾物资和人员能够及时、安全送达。

根据应急处置需要，对现场及相关通道实行交通管制，开设应急救援"绿色通道"，保证应急救援工作的顺利开展。

4.7 治安维护

要加强对重点地区、重点场所、重点人群、重要物资和设备的安全保护，依法严厉打击违法犯罪活动。必要时，依法采取有效管制措施，控制事态，维护社会秩序。

4.8 人员防护

要指定或建立与人口密度、城市规模相适应的应急避险场所，完善紧急疏散管理办法和程序，明确各级责任人，确保在紧急情况下公众安全、有序的转移或疏散。

要采取必要的防护措施，严格按照程序开展应急救援工作，确保人员安全。

4.9 通信保障

建立健全应急通信、应急广播电视保障工作体系，完善公用通信网，建立有线和无线相结合、基础电信网络与机动通信系统相配套的应急通信系统，确保通信畅通。

4.10 公共设施

有关部门要按照职责分工，分别负责煤、电、油、气、水的供给，以及废水、废气、固体废弃物等有害物质的监测和处理。

4.11 科技支撑

要积极开展公共安全领域的科学研究；加大公共安全监测、预测、预警、预防和应急处置技术研发的投入，不断改进技术装备，建立健全公共安全应急技术平台，提高我国公共安全科技水平；注意发挥企业在公共安全领域的研发作用。

5 监督管理

5.1 预案演练

各地区、各部门要结合实际，有计划、有重点地组织有关部门对相关预案进行演练。

5.2 宣传和培训

宣传、教育、文化、广电、新闻出版等有关部门要通过图书、报刊、音像制品和电子出版物、广播、电视、网络等，广泛宣传应急法律法规和预防、避险、自救、互救、减灾等常识，增强公众的忧患意识、社会责任意识和自救、互救能力。各有关方面要有计划地对应急救援和管理人员进行培训，提高其专业技能。

5.3 责任与奖惩

突发公共事件应急处置工作实行责任追究制。

对突发公共事件应急管理工作中做出突出贡献的先进集体和个人要给予表彰和奖励。

对迟报、谎报、瞒报和漏报突发公共事件重要情况或者应急管理工作中有其他失职、渎职行为的，依法对有关责任人给予行政处分；构成犯罪的，依法追究刑事责任。

6 附则

6.1 预案管理

根据实际情况的变化，及时修订本预案。

本预案自发布之日起实施。

【附录3】 国家自然灾害救助应急预案

国务院 2011 年 10 月 16 日修订

1 总则

1.1 编制目的

建立健全应对突发重大自然灾害紧急救助体系和运行机制，规范紧急救助行为，提高紧急救助能力，迅速、有序、高效地实施紧急救助，最大程度地减少人民群众的生命和财产损失，维护灾区社会稳定。

1.2 编制依据

依据《中华人民共和国宪法》、《中华人民共和国公益事业捐赠法》、《中华人民共和国防洪法》、《中华人民共和国防震减灾法》、《中华人民共和国气象法》、《国家突发公共事件总体应急预案》、《中华人民共和国减灾规划（1998—2010 年）》、国务院有关部门"三定"规定及国家有关救灾工作方针、政策和原则，制定本预案。

1.3 适用范围

凡在我国发生的水旱灾害，台风、冰雹、雪、沙尘暴等气象灾害，火山、地震灾害，山体崩塌、滑坡、泥石流等地质灾害，风暴潮、海啸等海洋灾害，森林草原火灾和重大生物灾害等自然灾害及其他突发公共事件达到启动条件的，适用于本预案。

1.4 工作原则

（1）以人为本，最大程度地保护人民群众的生命和财产安全。

（2）政府统一领导，分级管理，条块结合，以块为主。

（3）部门密切配合，分工协作，各司其职，各尽其责。

（4）依靠群众，充分发挥基层群众自治组织和公益性社会团体的作用。

2 启动条件

出现下列任何一种情况，启动本预案。

2.1 某一省（区、市）行政区域内，发生水旱灾害，台风、冰雹、雪、沙尘暴等气象灾害，山体崩塌、滑坡、泥石流等地质灾害，风暴潮、海啸等海洋灾害，森林草原火灾和重大生物灾害等自然灾害，一次灾害过程出现下列情况之一的：

因灾死亡 30 人以上；

因灾紧急转移安置群众 10 万人以上；

因灾倒塌房屋 1 万间以上。

2.2 发生 5 级以上破坏性地震，造成 20 人以上人员死亡或紧急转移安置群众 10 万人以上或房屋倒塌和严重损坏 1 万间以上。

2.3 事故灾难、公共卫生事件、社会安全事件等其他突发公共事件造成大量人员伤亡、需要紧急转移安置或生活救助，视情况启动本预案。

2.4 对救助能力特别薄弱的地区等特殊情况，上述标准可酌情降低。

2.5 国务院决定的其他事项。

3 组织指挥体系及职责任务

国家减灾委员会（以下简称"减灾委"）为国家自然灾害救助应急综合协调机构，负责研究制定国家减灾工作的方针、政策和规划，协调开展重大减灾活动，指导地方开展减灾工作，推进减灾国际交流与合作，组织、协调全国抗灾救灾工作。

减灾委办公室、全国抗灾救灾综合协调办公室设在民政部。减灾委各成员单位按各自的职责分工承担相应任务。

4 应急准备

4.1 资金准备

民政部组织协调发展改革委、财政部等部门，根据国家发展计划和《中华人民共和国预算法》规定，安排中央救灾资金预算，并按照救灾工作分级负责、救灾资金分级负担，以地方为主的原则，督促地方政府加大救灾资金投入力度。

4.1.1 按照救灾工作分级负责，救灾资金分级负担的原则，中央和地方各级财政都应安排救灾资金预算。

4.1.2 中央财政每年根据上年度实际支出安排特大自然灾害救济补助资金，专项用于帮助解决严重受灾地区群众的基本生活困难。

4.1.3 中央和地方政府应根据财力增长、物价变动、居民生活水平实际状况等因素逐步提高救灾资金补助标准，建立救灾资金自然增长机制。

4.1.4 救灾预算资金不足时，中央和地方各级财政安排的预备费要重点用于灾民生活救助。

4.2 物资准备

整合各部门现有救灾储备物资和储备库规划，分级、分类管理储备救灾物资和储备库。

4.2.1 按照救灾物资储备规划，在完善天津、沈阳、哈尔滨、合肥、武汉、长沙、郑州、南宁、成都、西安等10个中央救灾物资储备库的基础上，根据需要，科学选址，进一步建立健全中央救灾物资储备库。各省、自治区、直辖市及灾害多发地、县建立健全物资储备库、点。各级储备库应储备必需的救灾物资。

4.2.2 每年年初购置救灾帐篷、衣被、净水设备（药品）等救灾物资。

4.2.3 建立救助物资生产厂家名录，必要时签订救灾物资紧急购销协议。

4.2.4 灾情发生时，可调用邻省救灾储备物资。

4.2.5 建立健全救灾物资紧急调拨和运输制度。

4.2.6 建立健全救灾物资应急采购和调拨制度。

4.3 通信和信息准备

通信运营部门应依法保障灾害信息的畅通。自然灾害救助信息网络应以公用通信网为基础，合理组建灾害信息专用通信网络，确保信息畅通。

4.3.1 加强中央级灾害信息管理系统建设，指导地方建设并管理覆盖省、地、县三级的救灾通信网络，确保中央和地方各级政府及时准确掌握重大自然灾害信息。

4.3.2 以国家减灾中心为依托，建立部门间灾害信息共享平台，提供信息交流服务，完善信息共享机制。

4.3.3 充分发挥环境与灾害监测预报小卫星星座、气象卫星、海洋卫星、资源卫星等对地监测系统的作用，建立基于遥感和地理信息系统技术的灾害监测、预警、评估以及灾害应急辅助决策系统。

4.4 救灾装备准备

4.4.1 中央各有关部门应配备救灾管理工作必需的设备和装备。

4.4.2 民政部、省级民政部门及灾害频发市、县民政局应配备救灾必需的设备和装备。

4.5 人力资源准备

4.5.1 完善民政灾害管理人员队伍建设，提高其应对自然灾害的能力。

4.5.2 建立健全专家队伍。组织民政、卫生、水利、气象、地震、海洋、国土资源等各方面专家，重点开展灾情会商、赴灾区的现场评估及灾害管理的业务咨询工作。

4.5.3 建立健全与军队、公安、武警、消防、卫生等专业救援队伍的联动机制。

4.5.4 培育、发展非政府组织和志愿者队伍，并充分发挥其作用。

4.6 社会动员准备

4.6.1 建立和完善社会捐助的动员机制、运行机制、监督管理机制，规范突发自然灾害社会捐助工作。

4.6.2 完善救灾捐赠工作应急方案，规范救灾捐赠的组织发动、款物接收和分配以及社会公示、表彰等各个环节的工作。

4.6.3 在已有2.1万个社会捐助接收站、点的基础上，继续在大中城市和有条件的小城市建立社会捐助接收站、点，健全经常性社会捐助接收网络。

4.6.4 完善社会捐助表彰制度，为开展社会捐助活动创造良好的社会氛围。

4.6.5 健全北京、天津、上海、江苏、浙江、福建、山东、广东8省（市）和深圳、青岛、大连、宁波4市对内蒙古、江西、广西、四川、云南、贵州、陕西、甘肃、宁夏和新疆10省（区）的对口支援机制。

4.7 宣传、培训和演习

4.7.1 开展社区减灾活动，利用各种媒体宣传灾害知识，宣传灾害应急法律法规和预防、避险、避灾、自救、互救、保险的常识，增强人民的防灾减灾意识。

4.7.2 每年至少组织2次省级灾害管理人员的培训。每两年至少组织1次地级灾害管理人员的集中培训。省或地市级民政部门每年至少组织1次县级及乡镇民政助理员的业务培训。不定期开展对政府分管领导、各类专业紧急救援队伍、非政府组织和志愿者组织的培训。

4.7.3 每年在灾害多发地区，根据灾害发生特点，组织1-2次演习，检验并提高应急准备、指挥和响应能力。

5 预警预报与信息管理

5.1 灾害预警预报

5.1.1 根据有关部门提供的灾害预警预报信息，结合预警地区的自然条件、人口和社会经济背景数据库，进行分析评估，及时对可能受到自然灾害威胁的相关地区和人口数量做出灾情预警。

5.1.2 根据灾情预警，自然灾害可能造成严重人员伤亡和财产损失，大量人员需要紧急转移安置或生活救助，国家和有关省（区、市）应做好应急准备或采取应急措施。

5.2 灾害信息共享

减灾委办公室、全国抗灾救灾综合协调办公室及时汇总各类灾害预警预报信息，向成员单位和有关地方通报信息。

5.3 灾情信息管理

5.3.1 灾情信息报告内容：包括灾害发生的时间、地点、背景，灾害造成的损失（包括人员受灾情况、人员伤亡数量、农作物受灾情况、房屋倒塌、损坏情况及造成的直接经济损失），已采取的救灾措施和灾区的需求。

5.3.2 灾情信息报告时间

（1）灾情初报。县级民政部门对于本行政区域内突发的自然灾害，凡造成人员伤亡和较大财产损失的，应在第一时间了解掌握灾情，及时向地（市）级民政部门报告初步情况，最迟不得晚于灾害发生后 2 小时。对造成死亡（含失踪）10 人以上或其他严重损失的重大灾害，应同时上报省级民政部门和民政部。地（市）级民政部门在接到县级报告后，在 2 小时内完成审核、汇总灾情数据的工作，向省级民政部门报告。省级民政部门在接到地（市）级报告后，应在 2 小时内完成审核、汇总灾情数据的工作，向民政部报告。民政部接到重、特大灾情报告后，在 2 小时内向国务院报告。

（2）灾情续报。在重大自然灾害灾情稳定之前，省、地（市）、县三级民政部门均须执行 24 小时零报告制度。县级民政部门每天 9 时之前将截止到前一天 24 时的灾情向地（市）级民政部门上报，地（市）级民政部门每天 10 时之前向省级民政部门上报，省级民政部门每天 12 时之前向民政部报告情况。特大灾情根据需要随时报告。

（3）灾情核报。县级民政部门在灾情稳定后，应在 2 个工作日内核定灾情，向地（市）级民政部门报告。地（市）级民政部门在接到县级报告后，应在 3 个工作日内审核、汇总灾情数据，将全地（市）汇总数据（含分县灾情数据）向省级民政部门报告。省级民政部门在接到地（市）级的报告后，应在 5 个工作日内审核、汇总灾情数据，将全省汇总数据（含分市、分县数据）向民政部报告。

5.3.3 灾情核定

（1）部门会商核定。各级民政部门协调农业、水利、国土资源、地震、气象、统计等部门进行综合分析、会商，核定灾情。

（2）民政、地震等有关部门组织专家评估小组，通过全面调查、抽样调查、典型调查和专项调查等形式对灾情进行专家评估，核实灾情。

6 应急响应

按照"条块结合，以块为主"的原则，灾害救助工作以地方政府为主。灾害发生后，乡级、县级、地级、省级人民政府和相关部门要根据灾情，按照分级管理、各司其职的原则，启动相关层级和相关部门应急预案，做好灾民紧急转移安置和生活安排工作，做好抗灾救灾工作，做好灾害监测、灾情调查、评估和报告工作，最大程度地减少人民群众生命和财产损失。根据突发性自然灾害的危害程度等因素，国家设定四个响应等级。

6.1 Ⅰ级响应

6.1.1 灾害损失情况

（1）某一省（区、市）行政区域内，发生水旱灾害，台风、冰雹、雪、沙尘暴，山体崩塌、滑坡、泥石流、风暴潮、海啸，森林草原火灾和生物灾害等特别重大自然灾害。

（2）事故灾难、公共卫生事件、社会安全事件等其他突发公共事件造成大量人员伤亡、需要紧急转移安置或生活救助，视情况启动本预案。

（3）对救助能力特别薄弱的地区等特殊情况，启动标准可酌情降低。

（4）国务院决定的其他事项。

6.1.2 启动程序

减灾委接到灾情报告后第一时间向国务院提出启动Ⅰ级响应的建议，由国务院决定进入Ⅰ级响应。

6.1.3 应急响应

由减灾委主任统一领导、组织抗灾救灾工作。

民政部接到灾害发生信息后，2小时内向国务院和减灾委主任报告，之后及时续报有关情况。灾害发生后24小时内商财政部下拨中央救灾应急资金，协调铁路、交通、民航等部门紧急调运救灾物资；组织开展全国性救灾捐赠活动，统一接收、管理、分配国际救灾捐赠款物；协调落实党中央、国务院关于抗灾救灾的指示。

6.1.4 响应的终止

灾情和救灾工作稳定后，由减灾委主任决定终止Ⅰ级响应。

6.2 Ⅱ级响应

6.2.1 灾害损失情况

（1）某一省（区、市）行政区域内，发生水旱灾害，台风、冰雹、雪、沙尘暴，山体崩塌、滑坡、泥石流、风暴潮、海啸，森林草原火灾和生物灾害等重大自然灾害。

（2）事故灾难、公共卫生事件、社会安全事件等其他突发公共事件造成大量人员伤亡、需要紧急转移安置或生活救助，视情况启动本预案。

（3）对救助能力特别薄弱的地区等特殊情况，启动标准可酌情降低。

（4）国务院决定的其他事项。

6.2.2 启动程序

减灾委秘书长（民政部副部长）在接到灾情报告后第一时间向减灾委副主任（民政部部长）提出启动Ⅱ级响应的建议，由减灾委副主任决定进入Ⅱ级响应。

6.2.3 响应措施

由减灾委副主任组织协调灾害救助工作。

民政部成立救灾应急指挥部，实行联合办公，组成紧急救援（综合）组、灾害信息组、救灾捐赠组、宣传报道组和后勤保障组等抗灾救灾工作小组，统一组织开展抗灾救灾工作。

灾情发生后24小时内，派出抗灾救灾联合工作组赶赴灾区慰问灾民，核查灾情，了解救灾工作情况，了解灾区政府的救助能力和灾区需求，指导地方开展救灾工作，紧急调拨救灾款物。

及时掌握灾情和编报救灾工作动态信息，并在民政部网站发布。

向社会发布接受救灾捐赠的公告，组织开展跨省（区、市）或全国性救灾捐赠活动。

经国务院批准，向国际社会发出救灾援助呼吁。

公布接受捐赠单位和账号，设立救灾捐赠热线电话，主动接受社会各界的救灾捐赠；每日向社会公布灾情和灾区需求情况；及时下拨捐赠款物，对全国救灾捐赠款物进行调剂；定期对救灾捐赠的接收和使用情况向社会公告。

6.2.4 响应的终止

灾情和救灾工作稳定后，由减灾委副主任决定终止Ⅱ级响应。

6.3 Ⅲ级响应

6.3.1 灾害损失情况

（1）某一省（区、市）行政区域内，发生水旱灾害，台风、冰雹、雪、沙尘暴，山体崩塌、滑坡、泥石流，风暴潮、海啸，森林草原火灾和生物灾害等较大自然灾害。

（2）事故灾难、公共卫生事件、社会安全事件等其他突发公共事件造成大量人员伤亡、需要紧急转移安置或生活救助，视情况启动本预案。

（3）对救助能力特别薄弱的"老、少、边、穷"地区等特殊情况，启动标准可酌情降低。

（4）国务院决定的其他事项。

6.3.2 启动程序

减灾委办公室在接到灾情报告后第一时间向减灾委秘书长（民政部副部长）提出启动Ⅲ级响应的建议，由减灾委秘书长决定进入Ⅲ级响应。

6.3.3 响应措施

由减灾委员会秘书长组织协调灾害救助工作。

减灾委办公室、全国抗灾救灾综合协调办公室及时与有关成员单位联系，沟通灾害信息；组织召开会商会，分析灾区形势，研究落实对灾区的抗灾救灾支持措施；组织有关部门共同听取有关省（区、市）的情况汇报；协调有关部门向灾区派出联合工作组。

灾情发生后24小时内，派出由民政部工作组赶赴灾区慰问灾民，核查灾情，了解救灾工作情况，了解灾区政府的救助能力和灾区需求，指导地方开展救灾工作。

灾害损失较大时，灾情发生后48小时内，协调有关部门组成全国抗灾救灾综合协调工作组赴灾区，及时调拨救灾款物。

掌握灾情和救灾工作动态信息，并在民政部网站发布。

6.3.4 响应的终止

灾情和救灾工作稳定后，由减灾委秘书长决定终止Ⅲ级响应，报告减灾委副主任。

6.4 Ⅳ级响应

6.4.1 灾害损失情况

（1）某一省（区、市）行政区域内，发生水旱灾害，台风、冰雹、雪、沙尘暴，山体崩塌、滑坡、泥石流，风暴潮、海啸，森林草原火灾和生物灾害等一般自然灾害。

（2）事故灾难、公共卫生事件、社会安全事件等其他突发公共事件造成大量人员伤亡、需要紧急转移安置或生活救助，视情况启动本预案。

（3）对救助能力特别薄弱的"老、少、边、穷"地区等特殊情况，启动标准可酌情降低。

（4）国务院决定的其他事项。

6.4.2 启动程序

减灾委办公室在接到灾情报告后第一时间决定进入Ⅳ级响应。

6.4.3 响应措施

由减灾委办公室、全国抗灾救灾综合协调办公室主任组织协调灾害救助工作。减灾委办公室、全国抗灾救灾综合协调办公室及时与有关成员单位联系，沟通灾害信息；商有关部门落实对灾区的抗灾救灾支持；视情况向灾区派出工作组。

灾情发生后24小时内，派出民政部工作组赶赴灾区慰问灾民，核查灾情，了解救灾工作情况，了解灾区政府的救助能力和灾区需求，指导地方开展救灾工作，调拨救灾款物。

掌握灾情动态信息，并在民政部网站发布。

6.4.4 响应的终止

灾情和救灾工作稳定后，由减灾委办公室、全国抗灾救灾综合协调办公室主任决定终止Ⅳ级响应，报告减灾委秘书长。

6.5 信息发布

6.5.1 信息发布坚持实事求是、及时准确的原则。要在第一时间向社会发布简要信息，并根据灾情发展情况做好后续信息发布工作。

6.5.2 信息发布的内容主要包括：受灾的基本情况、抗灾救灾的动态及成效、下一步安排、需要说明的问题。

7 灾后救助与恢复重建

7.1 灾后救助

7.1.1 县级民政部门每年调查冬令（春荒）灾民生活困难情况，建立需政府救济人口台账。

7.1.2 民政部会同省级民政部门，组织有关专家赴灾区开展灾民生活困难状况评估，核实情况。

7.1.3 制定冬令（春荒）救济工作方案。

7.1.4 根据各省、自治区、直辖市人民政府向国务院要求拨款的请示，结合灾情评估情况，会同财政部下拨特大自然灾害救济补助费，专项用于帮助解决冬春灾民吃饭、穿衣等基本生活困难。

7.1.5 灾民救助全面实行"灾民救助卡"管理制度。对确认需政府救济的灾民，由县级民政部门统一发放"灾民救助卡"，灾民凭卡领取救济粮和救济金。

7.1.6 向社会通报各地救灾款下拨进度，确保冬令救济资金在春节前发放到户。

7.1.7 对有偿还能力但暂时无钱购粮的缺粮群众，实施开仓借粮。

7.1.8 通过开展社会捐助、对口支援、紧急采购等方式解决灾民的过冬衣被问题。

7.1.9 发展改革、财政、农业等部门落实好以工代赈政策、灾歉减免，粮食部门确保粮食供应。

7.2 恢复重建

灾后恢复重建工作坚持"依靠群众，依靠集体，生产自救，互助互济，辅之以国家必要的救济和扶持"的救灾工作方针，灾民倒房重建应由县（市、区）负责组织实施，采取自建、援建和帮建相结合的方式，以受灾户自建为主。建房资金应通过政府救济、社会互助、邻里帮工帮料、以工代赈、自行借贷、政策优惠等多种途径解决。房屋规划和设计要因地制宜，合理布局，科学规划，充分考虑灾害因素。

7.2.1 组织核查灾情。灾情稳定后，县级民政部门立即组织灾情核定，建立因灾倒塌房屋台账。省级民政部门在灾情稳定后10日内将全省因灾倒塌房屋等灾害损失情况报民政部。

7.2.2 开展灾情评估。重大灾害发生后，民政部会同省级民政部门，组织有关专家赴灾区开展灾情评估，全面核查灾情。

7.2.3 制定恢复重建工作方案。根据全国灾情和各地实际，制定恢复重建方针、目标、政策、重建进度、资金支持、优惠政策和检查落实等工作方案。

7.2.4 根据各省、自治区、直辖市人民政府向国务院要求拨款的请示，结合灾情评估情况，民政部会同财政部下拨特大自然灾害救济补助费，专项用于各地灾民倒房恢复重建。

7.2.5 定期向社会通报各地救灾资金下拨进度和恢复重建进度。

7.2.6 向灾区派出督查组，检查、督导恢复重建工作。

7.2.7 商有关部门制定优惠政策，简化手续，减免税费，平抑物价。

7.2.8 卫生部门做好灾后疾病预防和疫情监测工作。组织医疗卫生人员深入灾区，提供医疗卫生服务，宣传卫生防病知识，指导群众搞好环境卫生，实施饮水和食品卫生监督，实现大灾之后无大疫。

7.2.9 发展改革、教育、财政、建设、交通、水利、农业、卫生、广播电视等部门，以及电力、通信等企业，金融机构做好救灾资金（物资）安排，并组织做好灾区学校、卫生院等公益设施及水利、电力、交通、通信、供排水、广播电视设施的恢复重建工作。

8 附则

8.1 名词术语解释

自然灾害：指给人类生存带来危害或损害人类生活环境的自然现象，包括洪涝、干旱灾害，台风、冰雹、雪、沙尘暴等气象灾害，火山、地震灾害，山体崩塌、滑坡、泥石流等地质灾害，风暴潮、海啸等海洋灾害，森林草原火灾和重大生物灾害等自然灾害。

灾情：指自然灾害造成的损失情况，包括人员伤亡和财产损失等。

灾情预警：指根据气象、水文、海洋、地震、国土等部门的灾害预警、预报信息，结合人口、自然和社会经济背景数据库，对灾害可能影响的地区和人口数量等损失情况作出分析、评估和预警。

环境与灾害监测预报小卫星星座：为满足我国环境与灾害监测的需要，2003年2月，国务院正式批准"环境与灾害监测预报小卫星星座"的立项。根据国家计划，小卫星星座系统拟采用分步实施战略："十五"期间，采用"2+1"方案，即发射两颗光学小卫星和一颗合成孔径雷达小卫星，初步实现对灾害和环境进行监测的能力；"十一五"期间，实施"4+4"方案，即发射四颗光学小卫星和四颗合成孔径雷达小卫星组成的星座，实现对我国及周边国家、地区灾害和环境的动态监测。

本预案有关数量的表述中，"以上"含本数，"以下"不含本数。

8.2 国际沟通与协作

按照国家外事纪律的有关规定，积极开展国际间的自然灾害救助交流，借鉴发达国家自然灾害救助工作的经验，进一步做好我国自然灾害突发事件防范与处置工作。

8.3 奖励与责任

对在自然灾害救助工作中作出突出贡献的先进集体和个人，由人事部和民政部联合表彰；对在自然灾害救助工作中英勇献身的人员，按有关规定追认烈士；对在自然灾害救助工作中玩忽职守造成损失的，依据国家有关法律法规追究当事人的责任，构成犯罪的，依法追究其刑事责任。

8.4 预案管理与更新

本预案由减灾委办公室、全国抗灾救灾综合协调办公室负责管理。预案实施后，减灾委办公室、全国抗灾救灾综合协调办公室应适时召集有关部门和专家进行评估，并视情况变化做出相应修改后报国务院。各省、自治区、直辖市自然灾害救助应急综合协调机构根据本预案制定本省（区、市）自然灾害救助应急预案。

8.5 预案生效时间

本预案自印发之日起生效。

【附录4】 国家安全生产事故灾难应急预案

国务院 2006 年 1 月 22 日发布

1 总则
1.1 编制目的
规范安全生产事故灾难的应急管理和应急响应程序，及时有效地实施应急救援工作，最大程度地减少人员伤亡、财产损失，维护人民群众的生命安全和社会稳定。
1.2 编制依据
依据《中华人民共和国安全生产法》《国家突发公共事件总体应急预案》和《国务院关于进一步加强安全生产工作的决定》等法律法规及有关规定，制定本预案。
1.3 适用范围
本预案适用于下列安全生产事故灾难的应对工作：
（1）造成 30 人以上死亡（含失踪），或危及 30 人以上生命安全，或者 100 人以上中毒（重伤），或者需要紧急转移安置 10 万人以上，或者直接经济损失 1 亿元以上的特别重大安全生产事故灾难。
（2）超出省（区、市）人民政府应急处置能力，或者跨省级行政区、跨多个领域（行业和部门）的安全生产事故灾难。
（3）需要国务院安全生产委员会（以下简称国务院安委会）处置的安全生产事故灾难。
1.4 工作原则
（1）以人为本，安全第一。把保障人民群众的生命安全和身体健康、最大程度地预防和减少安全生产事故灾难造成的人员伤亡作为首要任务。切实加强应急救援人员的安全防护。充分发挥人的主观能动性，充分发挥专业救援力量的骨干作用和人民群众的基础作用。
（2）统一领导，分级负责。在国务院统一领导和国务院安委会组织协调下，各省（区、市）人民政府和国务院有关部门按照各自职责和权限，负责有关安全生产事故灾难的应急管理和应急处置工作。企业要认真履行安全生产责任主体的职责，建立安全生产应急预案和应急机制。
（3）条块结合，属地为主。安全生产事故灾难现场应急处置的领导和指挥以地方人民政府为主，实行地方各级人民政府行政首长负责制。有关部门应当与地方人民政府密切配合，充分发挥指导和协调作用。
（4）依靠科学，依法规范。采用先进技术，充分发挥专家作用，实行科学民主决策。采用先进的救援装备和技术，增强应急救援能力。依法规范应急救援工作，确保应急预案的科学性、权威性和可操作性。
（5）预防为主，平战结合。贯彻落实"安全第一，预防为主"的方针，坚持事故灾难应急与预防工作相结合。做好预防、预测、预警和预报工作，做好常态下的风险评估、物资储备、队伍建设、完善装备、预案演练等工作。

2 组织体系及相关机构职责

2.1 组织体系

全国安全生产事故灾难应急救援组织体系由国务院安委会、国务院有关部门、地方各级人民政府安全生产事故灾难应急领导机构、综合协调指挥机构、专业协调指挥机构、应急支持保障部门、应急救援队伍和生产经营单位组成。

国家安全生产事故灾难应急领导机构为国务院安委会，综合协调指挥机构为国务院安委会办公室，国家安全生产应急救援指挥中心具体承担安全生产事故灾难应急管理工作，专业协调指挥机构为国务院有关部门管理的专业领域应急救援指挥机构。

地方各级人民政府的安全生产事故灾难应急机构由地方政府确定。

应急救援队伍主要包括消防部队、专业应急救援队伍、生产经营单位的应急救援队伍、社会力量、志愿者队伍及有关国际救援力量等。

国务院安委会各成员单位按照职责履行本部门的安全生产事故灾难应急救援和保障方面的职责，负责制订、管理并实施有关应急预案。

2.2 现场应急救援指挥部及职责

现场应急救援指挥以属地为主，事发地省（区、市）人民政府成立现场应急救援指挥部。现场应急救援指挥部负责指挥所有参与应急救援的队伍和人员，及时向国务院报告事故灾难事态发展及救援情况，同时抄送国务院安委会办公室。

涉及多个领域、跨省级行政区或影响特别重大的事故灾难，根据需要由国务院安委会或者国务院有关部门组织成立现场应急救援指挥部，负责应急救援协调指挥工作。

3 预警预防机制

3.1 事故灾难监控与信息报告

国务院有关部门和省（区、市）人民政府应当加强对重大危险源的监控，对可能引发特别重大事故的险情，或者其他灾害、灾难可能引发安全生产事故灾难的重要信息应及时上报。

特别重大安全生产事故灾难发生后，事故现场有关人员应当立即报告单位负责人，单位负责人接到报告后，应当立即报告当地人民政府和上级主管部门。中央企业在上报当地政府的同时应当上报企业总部。当地人民政府接到报告后应当立即报告上级政府，国务院有关部门、单位、中央企业和事故灾难发生地的省（区、市）人民政府应当在接到报告后2小时内，向国务院报告，同时抄送国务院安委会办公室。

自然灾害、公共卫生和社会安全方面的突发事件可能引发安全生产事故灾难的信息，有关各级、各类应急指挥机构均应及时通报同级安全生产事故灾难应急救援指挥机构，安全生产事故灾难应急救援指挥机构应当及时分析处理，并按照分级管理的程序逐级上报，紧急情况下，可越级上报。

发生安全生产事故灾难的有关部门、单位要及时、主动向国务院安委会办公室、国务院有关部门提供与事故应急救援有关的资料。事故灾难发生地安全监管部门提供事故前监督检查的有关资料，为国务院安委会办公室、国务院有关部门研究制订救援方案提供参考。

3.2 预警行动

各级、各部门安全生产事故灾难应急机构接到可能导致安全生产事故灾难的信息后，按照应急预案及时研究确定应对方案，并通知有关部门、单位采取相应行动预防事故发生。

4 应急响应

4.1 分级响应

Ⅰ级应急响应行动（具体标准见 1.3）由国务院安委会办公室或国务院有关部门组织实施。当国务院安委会办公室或国务院有关部门进行Ⅰ级应急响应行动时，事发地各级人民政府应当按照相应的预案全力以赴组织救援，并及时向国务院及国务院安委会办公室、国务院有关部门报告救援工作进展情况。

Ⅱ级及以下应急响应行动的组织实施由省级人民政府决定。地方各级人民政府根据事故灾难或险情的严重程度启动相应的应急预案，超出其应急救援处置能力时，及时报请上一级应急救援指挥机构启动上一级应急预案实施救援。

4.1.1 国务院有关部门的响应

Ⅰ级响应时，国务院有关部门启动并实施本部门相关的应急预案，组织应急救援，并及时向国务院及国务院安委会办公室报告救援工作进展情况。需要其他部门应急力量支援时，及时提出请求。

根据发生的安全生产事故灾难的类别，国务院有关部门按照其职责和预案进行响应。

4.1.2 国务院安委会办公室的响应

（1）及时向国务院报告安全生产事故灾难基本情况、事态发展和救援进展情况。

（2）开通与事故灾难发生地的省级应急救援指挥机构、现场应急救援指挥部、相关专业应急救援指挥机构的通信联系，随时掌握事态发展情况。

（3）根据有关部门和专家的建议，通知相关应急救援指挥机构随时待命，为地方或专业应急救援指挥机构提供技术支持。

（4）派出有关人员和专家赶赴现场参加、指导现场应急救援，必要时协调专业应急力量增援。

（5）对可能或者已经引发自然灾害、公共卫生和社会安全突发事件的，国务院安委会办公室要及时上报国务院，同时负责通报相关领域的应急救援指挥机构。

（6）组织协调特别重大安全生产事故灾难应急救援工作。

（7）协调落实其他有关事项。

4.2 指挥和协调

进入Ⅰ级响应后，国务院有关部门及其专业应急救援指挥机构立即按照预案组织相关应急救援力量，配合地方政府组织实施应急救援。

国务院安委会办公室根据事故灾难的情况开展应急救援协调工作。通知有关部门及其应急机构、救援队伍和事发地毗邻省（区、市）人民政府应急救援指挥机构，相关机构按照各自应急预案提供增援或保障。有关应急队伍在现场应急救援指挥部统一指挥下，密切配合，共同实施抢险救援和紧急处置行动。

现场应急救援指挥部负责现场应急救援的指挥，现场应急救援指挥部成立前，事发单位和先期到达的应急救援队伍必须迅速、有效地实施先期处置，事故灾难发生地人民政府负责协调，全力控制事故灾难发展态势，防止次生、衍生和耦合事故（事件）发生，果断控制或切断事故灾害链。

中央企业发生事故灾难时，其总部应全力调动相关资源，有效开展应急救援工作。

4.3 紧急处置

现场处置主要依靠本行政区域内的应急处置力量。事故灾难发生后，发生事故的单位和当地人民政府按照应急预案迅速采取措施。

根据事态发展变化情况，出现急剧恶化的特殊险情时，现场应急救援指挥部在充分考虑专家和有关方面意见的基础上，依法及时采取紧急处置措施。

4.4 医疗卫生救助

事发地卫生行政主管部门负责组织开展紧急医疗救护和现场卫生处置工作。

卫生部或国务院安委会办公室根据地方人民政府的请求，及时协调有关专业医疗救护机构和专科医院派出有关专家、提供特种药品和特种救治装备进行支援。

事故灾难发生地疾病控制中心根据事故类型，按照专业规程进行现场防疫工作。

4.5 应急人员的安全防护

现场应急救援人员应根据需要携带相应的专业防护装备，采取安全防护措施，严格执行应急救援人员进入和离开事故现场的相关规定。

现场应急救援指挥部根据需要具体协调、调集相应的安全防护装备。

4.6 群众的安全防护

现场应急救援指挥部负责组织群众的安全防护工作，主要工作内容如下：

（1）企业应当与当地政府、社区建立应急互动机制，确定保护群众安全需要采取的防护措施。

（2）决定应急状态下群众疏散、转移和安置的方式、范围、路线、程序。

（3）指定有关部门负责实施疏散、转移。

（4）启用应急避难场所。

（5）开展医疗防疫和疾病控制工作。

（6）负责治安管理。

4.7 社会力量的动员与参与

现场应急救援指挥部组织调动本行政区域社会力量参与应急救援工作。

超出事发地省级人民政府处置能力时，省级人民政府向国务院申请本行政区域外的社会力量支援，国务院办公厅协调有关省级人民政府、国务院有关部门组织社会力量进行支援。

4.8 现场检测与评估

根据需要，现场应急救援指挥部成立事故现场检测、鉴定与评估小组，综合分析和评价检测数据，查找事故原因，评估事故发展趋势，预测事故后果，为制订现场抢救方案和事故调查提供参考。检测与评估报告要及时上报。

4.9 信息发布

国务院安委会办公室会同有关部门具体负责特别重大安全生产事故灾难信息的发布工作。

4.10 应急结束

当遇险人员全部得救，事故现场得以控制，环境符合有关标准，导致次生、衍生事故隐患消除后，经现场应急救援指挥部确认和批准，现场应急处置工作结束，应急救援队伍撤离现场。由事故发生地省级人民政府宣布应急结束。

5 后期处置

5.1 善后处置

省级人民政府会同相关部门（单位）负责组织特别重大安全生产事故灾难的善后处置工作，包括人员安置、补偿、征用物资补偿，灾后重建，污染物收集、清理与处理等事项。尽快消除事故影响，妥善安置和慰问受害及受影响人员，保证社会稳定，尽快恢复正常秩序。

5.2 保险

安全生产事故灾难发生后，保险机构及时开展应急救援人员保险受理和受灾人员保险理赔工作。

5.3 事故灾难调查报告、经验教训总结及改进建议

特别重大安全生产事故灾难由国务院安全生产监督管理部门负责组成调查组进行调查；必要时，国务院直接组成调查组或者授权有关部门组成调查组。

安全生产事故灾难善后处置工作结束后，现场应急救援指挥部分析总结应急救援经验教训，提出改进应急救援工作的建议，完成应急救援总结报告并及时上报。

6 保障措施

6.1 通信与信息保障

建立健全国家安全生产事故灾难应急救援综合信息网络系统和重大安全生产事故灾难信息报告系统；建立完善救援力量和资源信息数据库；规范信息获取、分析、发布、报送格式和程序，保证应急机构之间的信息资源共享，为应急决策提供相关信息支持。

有关部门应急救援指挥机构和省级应急救援指挥机构负责本部门、本地区相关信息收集、分析和处理，定期向国务院安委会办公室报送有关信息，重要信息和变更信息要及时报送，国务院安委会办公室负责收集、分析和处理全国安全生产事故灾难应急救援有关信息。

6.2 应急支援与保障

6.2.1 救援装备保障

各专业应急救援队伍和企业根据实际情况和需要配备必要的应急救援装备。专业应急救援指挥机构应当掌握本专业的特种救援装备情况，各专业队伍按规程配备救援装备。

6.2.2 应急队伍保障

矿山、危险化学品、交通运输等行业或领域的企业应当依法组建和完善救援队伍。各级、各行业安全生产应急救援机构负责检查并掌握相关应急救援力量的建设和准备情况。

6.2.3 交通运输保障

发生特别重大安全生产事故灾难后，国务院安委会办公室或有关部门根据救援需要及时协调民航、交通和铁路等行政主管部门提供交通运输保障。地方人民政府有关部门对事故现场进行道路交通管制，根据需要开设应急救援特别通道，道路受损时迅速组织抢修，确保救灾物资、器材和人员运送及时到位，满足应急处置工作需要。

6.2.4 医疗卫生保障

县级以上各级人民政府应当加强急救医疗服务网络的建设，配备相应的医疗救治药物、技术、设备和人员，提高医疗卫生机构应对安全生产事故灾难的救治能力。

6.2.5 物资保障

国务院有关部门和县级以上人民政府及其有关部门、企业，应当建立应急救援设施、设备、救治药品和医疗器械等储备制度，储备必要的应急物资和装备。

各专业应急救援机构根据实际情况，负责监督应急物资的储备情况、掌握应急物资的生产加工能力储备情况。

6.2.6 资金保障

生产经营单位应当做好事故应急救援必要的资金准备。安全生产事故灾难应急救援资金首先由事故责任单位承担，事故责任单位暂时无力承担的，由当地政府协调解决。国家处置安全生产事故灾难所需工作经费按照《财政应急保障预案》的规定解决。

6.2.7 社会动员保障

地方各级人民政府根据需要动员和组织社会力量参与安全生产事故灾难的应急救援。国务院安委会办公室协调调用事发地以外的有关社会应急力量参与增援时，地方人民政府要为其提供各种必要保障。

6.2.8 应急避难场所保障

直辖市、省会城市和大城市人民政府负责提供特别重大事故灾难发生时人员避难需要的场所。

6.3 技术储备与保障

国务院安委会办公室成立安全生产事故灾难应急救援专家组，为应急救援提供技术支持和保障。要充分利用安全生产技术支撑体系的专家和机构，研究安全生产应急救援重大问题，开发应急技术和装备。

6.4 宣传、培训和演习

6.4.1 公众信息交流

国务院安委会办公室和有关部门组织应急法律法规和事故预防、避险、避灾、自救、互救常识的宣传工作，各种媒体提供相关支持。

地方各级人民政府结合本地实际，负责本地相关宣传、教育工作，提高全民的危机意识。企业与所在地政府、社区建立互动机制，向周边群众宣传相关应急知识。

6.4.2 培训

有关部门组织各级应急管理机构以及专业救援队伍的相关人员进行上岗前培训和业务培训。

有关部门、单位可根据自身实际情况，做好兼职应急救援队伍的培训，积极组织社会志愿者的培训，提高公众自救、互救能力。

地方各级人民政府将突发公共事件应急管理内容列入行政干部培训的课程。

6.4.3 演习

各专业应急机构每年至少组织一次安全生产事故灾难应急救援演习。国务院安委会办公室每两年至少组织一次联合演习。各企事业单位应当根据自身特点，定期组织本单位的应急救援演习。演习结束后应及时进行总结。

6.5 监督检查

国务院安委会办公室对安全生产事故灾难应急预案实施的全过程进行监督检查。

7 附则

7.1 预案管理与更新

随着应急救援相关法律法规的制定、修改和完善，部门职责或应急资源发生变化，以及实施过程中发现存在问题或出现新的情况，应及时修订完善本预案。

本预案有关数量的表述中,"以上"含本数,"以下"不含本数。

7.2 奖励与责任追究

7.2.1 奖励

在安全生产事故灾难应急救援工作中有下列表现之一的单位和个人,应依据有关规定给予奖励:

(1) 出色完成应急处置任务,成绩显著的。

(2) 防止或抢救事故灾难有功,使国家、集体和人民群众的财产免受损失或者减少损失的。

(3) 对应急救援工作提出重大建议,实施效果显著的。

(4) 有其他特殊贡献的。

7.2.2 责任追究

在安全生产事故灾难应急救援工作中有下列行为之一的,按照法律、法规及有关规定,对有关责任人员视情节和危害后果,由其所在单位或者上级机关给予行政处分;其中,对国家公务员和国家行政机关任命的其他人员,分别由任免机关或者监察机关给予行政处分;属于违反治安管理行为的,由公安机关依照有关法律法规的规定予以处罚;构成犯罪的,由司法机关依法追究刑事责任:

(1) 不按照规定制订事故应急预案,拒绝履行应急准备义务的。

(2) 不按照规定报告、通报事故灾难真实情况的。

(3) 拒不执行安全生产事故灾难应急预案,不服从命令和指挥,或者在应急响应时临阵脱逃的。

(4) 盗窃、挪用、贪污应急工作资金或者物资的。

(5) 阻碍应急工作人员依法执行任务或者进行破坏活动的。

(6) 散布谣言,扰乱社会秩序的。

(7) 有其他危害应急工作行为的。

7.3 国际沟通与协作

国务院安委会办公室和有关部门积极建立与国际应急机构的联系,组织参加国际救援活动,开展国际间的交流与合作。

7.4 预案实施时间

本预案自印发之日起施行。

【附录5】 国家突发公共卫生事件应急预案

国务院 2006 年 2 月 26 日发布

1 总 则
1.1 编制目的
有效预防、及时控制和消除突发公共卫生事件及其危害,指导和规范各类突发公共卫生事件的应急处理工作,最大程度地减少突发公共卫生事件对公众健康造成的危害,保障公众身心健康与生命安全。
1.2 编制依据
依据《中华人民共和国传染病防治法》《中华人民共和国食品卫生法》《中华人民共和国职业病防治法》《中华人民共和国国境卫生检疫法》《突发公共卫生事件应急条例》《国内交通卫生检疫条例》和《国家突发公共事件总体应急预案》,制定本预案。
1.3 突发公共卫生事件的分级
根据突发公共卫生事件性质、危害程度、涉及范围,突发公共卫生事件划分为特别重大(Ⅰ级)、重大(Ⅱ级)、较大(Ⅲ级)和一般(Ⅳ级)四级。
其中,特别重大突发公共卫生事件主要包括:
(1)肺鼠疫、肺炭疽在大、中城市发生并有扩散趋势,或肺鼠疫、肺炭疽疫情波及 2 个以上的省份,并有进一步扩散趋势。
(2)发生传染性非典型肺炎、人感染高致病性禽流感病例,并有扩散趋势。
(3)涉及多个省份的群体性不明原因疾病,并有扩散趋势。
(4)发生新传染病或我国尚未发现的传染病发生或传入,并有扩散趋势,或发现我国已消灭的传染病重新流行。
(5)发生烈性病菌株、毒株、致病因子等丢失事件。
(6)周边以及与我国通航的国家和地区发生特大传染病疫情,并出现输入性病例,严重危及我国公共卫生安全的事件。
(7)国务院卫生行政部门认定的其他特别重大突发公共卫生事件。
1.4 适用范围
本预案适用于突然发生,造成或者可能造成社会公众身心健康严重损害的重大传染病、群体性不明原因疾病、重大食物和职业中毒以及因自然灾害、事故灾难或社会安全等事件引起的严重影响公众身心健康的公共卫生事件的应急处理工作。
其他突发公共事件中涉及的应急医疗救援工作,另行制定有关预案。
1.5 工作原则
(1)预防为主,常备不懈。提高全社会对突发公共卫生事件的防范意识,落实各项防范措施,做好人员、技术、物资和设备的应急储备工作。对各类可能引发突发公共卫生事件的情况要及时进行分析、预警,做到早发现、早报告、早处理。

（2）统一领导，分级负责。根据突发公共卫生事件的范围、性质和危害程度，对突发公共卫生事件实行分级管理。各级人民政府负责突发公共卫生事件应急处理的统一领导和指挥，各有关部门按照预案规定，在各自的职责范围内做好突发公共卫生事件应急处理的有关工作。

（3）依法规范，措施果断。地方各级人民政府和卫生行政部门要按照相关法律、法规和规章的规定，完善突发公共卫生事件应急体系，建立健全系统、规范的突发公共卫生事件应急处理工作制度，对突发公共卫生事件和可能发生的公共卫生事件做出快速反应，及时、有效开展监测、报告和处理工作。

（4）依靠科学，加强合作。突发公共卫生事件应急工作要充分尊重和依靠科学，要重视开展防范和处理突发公共卫生事件的科研和培训，为突发公共卫生事件应急处理提供科技保障。各有关部门和单位要通力合作、资源共享，有效应对突发公共卫生事件。要广泛组织、动员公众参与突发公共卫生事件的应急处理。

2 应急组织体系及职责

2.1 应急指挥机构

卫生部依照职责和本预案的规定，在国务院统一领导下，负责组织、协调全国突发公共卫生事件应急处理工作，并根据突发公共卫生事件应急处理工作的实际需要，提出成立全国突发公共卫生事件应急指挥部。

地方各级人民政府卫生行政部门依照职责和本预案的规定，在本级人民政府统一领导下，负责组织、协调本行政区域内突发公共卫生事件应急处理工作，并根据突发公共卫生事件应急处理工作的实际需要，向本级人民政府提出成立地方突发公共卫生事件应急指挥部的建议。

各级人民政府根据本级人民政府卫生行政部门的建议和实际工作需要，决定是否成立国家和地方应急指挥部。

地方各级人民政府及有关部门和单位要按照属地管理的原则，切实做好本行政区域内突发公共卫生事件应急处理工作。

2.1.1 全国突发公共卫生事件应急指挥部的组成和职责

全国突发公共卫生事件应急指挥部负责对特别重大突发公共卫生事件的统一领导、统一指挥，作出处理突发公共卫生事件的重大决策。指挥部成员单位根据突发公共卫生事件的性质和应急处理的需要确定。

2.1.2 省级突发公共卫生事件应急指挥部的组成和职责

省级突发公共卫生事件应急指挥部由省级人民政府有关部门组成，实行属地管理的原则，负责对本行政区域内突发公共卫生事件应急处理的协调和指挥，作出处理本行政区域内突发公共卫生事件的决策，决定要采取的措施。

2.2 日常管理机构

国务院卫生行政部门设立卫生应急办公室（突发公共卫生事件应急指挥中心），负责全国突发公共卫生事件应急处理的日常管理工作。

各省、自治区、直辖市人民政府卫生行政部门及军队、武警系统要参照国务院卫生行政部门突发公共卫生事件日常管理机构的设置及职责，结合各自实际情况，指定突发公共卫生事件的日常管理机构，负责本行政区域或本系统内突发公共卫生事件应急的协调、管理工作。

各市（地）级、县级卫生行政部门要指定机构负责本行政区域内突发公共卫生事件应急的日常管理工作。

2.3 专家咨询委员会

国务院卫生行政部门和省级卫生行政部门负责组建突发公共卫生事件专家咨询委员会。

市（地）级和县级卫生行政部门可根据本行政区域内突发公共卫生事件应急工作需要，组建突发公共卫生事件应急处理专家咨询委员会。

2.4 应急处理专业技术机构

医疗机构、疾病预防控制机构、卫生监督机构、出入境检验检疫机构是突发公共卫生事件应急处理的专业技术机构。应急处理专业技术机构要结合本单位职责开展专业技术人员处理突发公共卫生事件能力培训，提高快速应对能力和技术水平，在发生突发公共卫生事件时，要服从卫生行政部门的统一指挥和安排，开展应急处理工作。

3 突发公共卫生事件的监测、预警与报告

3.1 监测

国家建立统一的突发公共卫生事件监测、预警与报告网络体系。各级医疗、疾病预防控制、卫生监督和出入境检疫机构负责开展突发公共卫生事件的日常监测工作。

省级人民政府卫生行政部门要按照国家统一规定和要求，结合实际，组织开展重点传染病和突发公共卫生事件的主动监测。

国务院卫生行政部门和地方各级人民政府卫生行政部门要加强对监测工作的管理和监督，保证监测质量。

3.2 预警

各级人民政府卫生行政部门根据医疗机构、疾病预防控制机构、卫生监督机构提供的监测信息，按照公共卫生事件的发生、发展规律和特点，及时分析其对公众身心健康的危害程度、可能的发展趋势，及时做出预警。

3.3 报告

任何单位和个人都有权向国务院卫生行政部门和地方各级人民政府及其有关部门报告突发公共卫生事件及其隐患，也有权向上级政府部门举报不履行或者不按照规定履行突发公共卫生事件应急处理职责的部门、单位及个人。

县级以上各级人民政府卫生行政部门指定的突发公共卫生事件监测机构、各级各类医疗卫生机构、卫生行政部门、县级以上地方人民政府和检验检疫机构、食品药品监督管理机构、环境保护监测机构、教育机构等有关单位为突发公共卫生事件的责任报告单位。执行职务的各级各类医疗卫生机构的医疗卫生人员、个体开业医生为突发公共卫生事件的责任报告人。

突发公共卫生事件责任报告单位要按照有关规定及时、准确地报告突发公共卫生事件及其处置情况。

4 突发公共卫生事件的应急反应和终止

4.1 应急反应原则

发生突发公共卫生事件时，事发地的县级、市（地）级、省级人民政府及其有关部门按照分级响应的原则，作出相应级别应急反应。同时，要遵循突发公共卫生事件发生发展的客观规律，结合实际情况和预防控制工作的需要，及时调整预警和反应级别，以有效控制事件，减少危害和影响。要根据不同类别突发公共卫生事件的性质和特点，注重分析事件的发展趋势，对事态和影响不断扩大的事件，应及时升级预警和反应级别；对范围局限、不会进一步扩散的事件，应相应降低反应级别，及时撤销预警。

国务院有关部门和地方各级人民政府及有关部门对在学校、区域性或全国性重要活动期间等发生的突发公共卫生事件，要高度重视，可相应提高报告和反应级别，确保迅速、有效控制突发公共卫生事件，维护社会稳定。

突发公共卫生事件应急处理要采取边调查、边处理、边抢救、边核实的方式，以有效措施控制事态发展。

事发地之外的地方各级人民政府卫生行政部门接到突发公共卫生事件情况通报后，要及时通知相应的医疗卫生机构，组织做好应急处理所需的人员与物资准备，采取必要的预防控制措施，防止突发公共卫生事件在本行政区域内发生，并服从上一级人民政府卫生行政部门的统一指挥和调度，支援突发公共卫生事件发生地区的应急处理工作。

4.2 应急反应措施

4.2.1 各级人民政府

（1）组织协调有关部门参与突发公共卫生事件的处理。

（2）根据突发公共卫生事件处理需要，调集本行政区域内各类人员、物资、交通工具和相关设施、设备参加应急处理工作。涉及危险化学品管理和运输安全的，有关部门要严格执行相关规定，防止事故发生。

（3）划定控制区域：甲类、乙类传染病暴发、流行时，县级以上地方人民政府报经上一级地方人民政府决定，可以宣布疫区范围；经省、自治区、直辖市人民政府决定，可以对本行政区域内甲类传染病疫区实施封锁；封锁大、中城市的疫区或者封锁跨省（区、市）的疫区，以及封锁疫区导致中断干线交通或者封锁国境的，由国务院决定。对重大食物中毒和职业中毒事故，根据污染食品扩散和职业危害因素波及的范围，划定控制区域。

（4）疫情控制措施：当地人民政府可以在本行政区域内采取限制或者停止集市、集会、影剧院演出，以及其他人群聚集的活动；停工、停业、停课；封闭或者封存被传染病病原体污染的公共饮用水源、食品以及相关物品等紧急措施；临时征用房屋、交通工具以及相关设施和设备。

（5）流动人口管理：对流动人口采取预防工作，落实控制措施，对传染病病人、疑似病人采取就地隔离、就地观察、就地治疗的措施，对密切接触者根据情况采取集中或居家医学观察。

（6）实施交通卫生检疫：组织铁路、交通、民航、质检等部门在交通站点和出入境口岸设置临时交通卫生检疫站，对出入境、进出疫区和运行中的交通工具及其乘运人员和物资、宿主动物进行检疫查验，对病人、疑似病人及其密切接触者实施临时隔离、留验和向地方卫生行政部门指定的机构移交。

（7）信息发布：突发公共卫生事件发生后，有关部门要按照有关规定作好信息发布工作，信息发布要及时主动、准确把握、实事求是，正确引导舆论，注重社会效果。

（8）开展群防群治：街道、乡（镇）以及居委会、村委会协助卫生行政部门和其他部门、医疗机构，做好疫情信息的收集、报告、人员分散隔离及公共卫生措施的实施工作。

（9）维护社会稳定：组织有关部门保障商品供应，平抑物价，防止哄抢；严厉打击造谣传谣、哄抬物价、囤积居奇、制假售假等违法犯罪和扰乱社会治安的行为。

4.2.2 卫生行政部门

（1）组织医疗机构、疾病预防控制机构和卫生监督机构开展突发公共卫生事件的调查与处理。

（2）组织突发公共卫生事件专家咨询委员会对突发公共卫生事件进行评估，提出启动突发公共卫生事件应急处理的级别。

（3）应急控制措施：根据需要组织开展应急疫苗接种、预防服药。

（4）督导检查：国务院卫生行政部门组织对全国或重点地区的突发公共卫生事件应急处理工作进行督导和检查。省、市（地）级以及县级卫生行政部门负责对本行政区域内的应急处理工作进行督察和指导。

（5）发布信息与通报：国务院卫生行政部门或经授权的省、自治区、直辖市人民政府卫生行政部门及时向社会发布突发公共卫生事件的信息或公告。国务院卫生行政部门及时向国务院各有关部门和各省、自治区、直辖市卫生行政部门以及军队有关部门通报突发公共卫生事件情况。对涉及跨境的疫情线索，由国务院卫生行政部门向有关国家和地区通报情况。

（6）制订技术标准和规范：国务院卫生行政部门对新发现的突发传染病、不明原因的群体性疾病、重大中毒事件，组织力量制订技术标准和规范，及时组织全国培训。地方各级卫生行政部门开展相应的培训工作。

（7）普及卫生知识。针对事件性质，有针对性地开展卫生知识宣教，提高公众健康意识和自我防护能力，消除公众心理障碍，开展心理危机干预工作。

（8）进行事件评估：组织专家对突发公共卫生事件的处理情况进行综合评估，包括事件概况、现场调查处理概况、病人救治情况、所采取的措施、效果评价等。

4.2.3 医疗机构

（1）开展病人接诊、收治和转运工作，实行重症和普通病人分开管理，对疑似病人及时排除或确诊。

（2）协助疾控机构人员开展标本的采集、流行病学调查工作。

（3）做好医院内现场控制、消毒隔离、个人防护、医疗垃圾和污水处理工作，防止院内交叉感染和污染。

（4）做好传染病和中毒病人的报告。对因突发公共卫生事件而引起身体伤害的病人，任何医疗机构不得拒绝接诊。

（5）对群体性不明原因疾病和新发传染病做好病例分析与总结，积累诊断治疗的经验。重大中毒事件，按照现场救援、病人转运、后续治疗相结合的原则进行处置。

（6）开展科研与国际交流：开展与突发事件相关的诊断试剂、药品、防护用品等方面的研究。开展国际合作，加快病源查寻和病因诊断。

4.2.4 疾病预防控制机构

（1）突发公共卫生事件信息报告：国家、省、市（地）、县级疾控机构做好突发公共卫生事件的信息收集、报告与分析工作。

（2）开展流行病学调查：疾控机构人员到达现场后，尽快制订流行病学调查计划和方案，地方专业技术人员按照计划和方案，开展对突发事件累及人群的发病情况、分布特点进行调查分析，提出并实施有针对性的预防控制措施；对传染病病人、疑似病人、病原携带者及其密切接触者进行追踪调查，查明传播链，并向相关地方疾病预防控制机构通报情况。

（3）实验室检测：中国疾病预防控制中心和省级疾病预防控制机构指定的专业技术机构在地方专业机构的配合下，按有关技术规范采集足量、足够的标本，分送省级和国家应急处理功能网络实验室检测,查找致病原因。

(4) 开展科研与国际交流:开展与突发事件相关的诊断试剂、疫苗、消毒方法、医疗卫生防护用品等方面的研究。开展国际合作,加快病源查寻和病因诊断。

(5) 制订技术标准和规范:中国疾病预防控制中心协助卫生行政部门制订全国新发现的突发传染病、不明原因的群体性疾病、重大中毒事件的技术标准和规范。

(6) 开展技术培训:中国疾病预防控制中心具体负责全国省级疾病预防控制中心突发公共卫生事件应急处理专业技术人员的应急培训。各省级疾病预防控制中心负责县级以上疾病预防控制机构专业技术人员的培训工作。

4.2.5 卫生监督机构

(1) 在卫生行政部门的领导下,开展对医疗机构、疾病预防控制机构突发公共卫生事件应急处理各项措施落实情况的督导、检查。

(2) 围绕突发公共卫生事件应急处理工作,开展食品卫生、环境卫生、职业卫生等的卫生监督和执法稽查。

(3) 协助卫生行政部门依据《突发公共卫生事件应急条例》和有关法律法规,调查处理突发公共卫生事件应急工作中的违法行为。

4.2.6 出入境检验检疫机构

(1) 突发公共卫生事件发生时,调动出入境检验检疫机构技术力量,配合当地卫生行政部门做好口岸的应急处理工作。

(2) 及时上报口岸突发公共卫生事件信息和情况变化。

4.2.7 非事件发生地区的应急反应措施

未发生突发公共卫生事件的地区应根据其他地区发生事件的性质、特点、发生区域和发展趋势,分析本地区受波及的可能性和程度,重点做好以下工作:

(1) 密切保持与事件发生地区的联系,及时获取相关信息。

(2) 组织做好本行政区域应急处理所需的人员与物资准备。

(3) 加强相关疾病与健康监测和报告工作,必要时,建立专门报告制度。

(4) 开展重点人群、重点场所和重点环节的监测和预防控制工作,防患于未然。

(5) 开展防治知识宣传和健康教育,提高公众自我保护意识和能力。

(6) 根据上级人民政府及其有关部门的决定,开展交通卫生检疫等。

4.3 突发公共卫生事件的分级反应

特别重大突发公共卫生事件(具体标准见1.3)应急处理工作由国务院或国务院卫生行政部门和有关部门组织实施,开展突发公共卫生事件的医疗卫生应急、信息发布、宣传教育、科研攻关、国际交流与合作、应急物资与设备的调集、后勤保障以及督导检查等工作。国务院可根据突发公共卫生事件性质和应急处置工作,成立全国突发公共卫生事件应急处理指挥部,协调指挥应急处置工作。事发地省级人民政府应按照国务院或国务院有关部门的统一部署,结合本地区实际情况,组织协调市(地)、县(市)人民政府开展突发公共事件的应急处理工作。

特别重大级别以下的突发公共卫生事件应急处理工作由地方各级人民政府负责组织实施。超出本级应急处置能力时,地方各级人民政府要及时报请上级人民政府和有关部门提供指导和支持。

4.4 突发公共卫生事件应急反应的终止

突发公共卫生事件应急反应的终止需符合以下条件：突发公共卫生事件隐患或相关危险因素消除，或末例传染病病例发生后经过最长潜伏期无新的病例出现。

特别重大突发公共卫生事件由国务院卫生行政部门组织有关专家进行分析论证，提出终止应急反应的建议，报国务院或全国突发公共卫生事件应急指挥部批准后实施。

特别重大以下突发公共卫生事件由地方各级人民政府卫生行政部门组织专家进行分析论证，提出终止应急反应的建议，报本级人民政府批准后实施，并向上一级人民政府卫生行政部门报告。

上级人民政府卫生行政部门要根据下级人民政府卫生行政部门的请求，及时组织专家对突发公共卫生事件应急反应的终止的分析论证提供技术指导和支持。

5 善后处理

5.1 后期评估

突发公共卫生事件结束后，各级卫生行政部门应在本级人民政府的领导下，组织有关人员对突发公共卫生事件的处理情况进行评估。评估内容主要包括事件概况、现场调查处理概况、病人救治情况、所采取措施的效果评价、应急处理过程中存在的问题和取得的经验及改进建议。评估报告上报本级人民政府和上一级人民政府卫生行政部门。

5.2 奖励

县级以上人民政府人事部门和卫生行政部门对参加突发公共卫生事件应急处理作出贡献的先进集体和个人进行联合表彰；民政部门对在突发公共卫生事件应急处理工作中英勇献身的人员，按有关规定追认为烈士。

5.3 责任

对在突发公共卫生事件的预防、报告、调查、控制和处理过程中，有玩忽职守、失职、渎职等行为的，依据《突发公共卫生事件应急条例》及有关法律法规追究当事人的责任。

5.4 抚恤和补助

地方各级人民政府要组织有关部门对因参与应急处理工作致病、致残、死亡的人员，按照国家有关规定，给予相应的补助和抚恤；对参加应急处理一线工作的专业技术人员应根据工作需要制订合理的补助标准，给予补助。

5.5 征用物资、劳务的补偿

突发公共卫生事件应急工作结束后，地方各级人民政府应组织有关部门对应急处理期间紧急调集、征用有关单位、企业、个人的物资和劳务进行合理评估，给予补偿。

6 突发公共卫生事件应急处置的保障

突发公共卫生事件应急处理应坚持预防为主，平战结合，国务院有关部门、地方各级人民政府和卫生行政部门应加强突发公共卫生事件的组织建设，组织开展突发公共卫生事件的监测和预警工作，加强突发公共卫生事件应急处理队伍建设和技术研究，建立健全国家统一的突发公共卫生事件预防控制体系，保证突发公共卫生事件应急处理工作的顺利开展。

6.1 技术保障

6.1.1 信息系统

国家建立突发公共卫生事件应急决策指挥系统的信息、技术平台，承担突发公共卫生事件及相关信息收集、处理、分析、发布和传递等工作，采取分级负责的方式进行实施。

要在充分利用现有资源的基础上建设医疗救治信息网络，实现卫生行政部门、医疗救治机构与疾病预防控制机构之间的信息共享。

6.1.2 疾病预防控制体系

国家建立统一的疾病预防控制体系。各省（区、市）、市（地）、县（市）要加快疾病预防控制机构和基层预防保健组织建设，强化医疗卫生机构疾病预防控制的责任；建立功能完善、反应迅速、运转协调的突发公共卫生事件应急机制；健全覆盖城乡、灵敏高效、快速畅通的疫情信息网络；改善疾病预防控制机构基础设施和实验室设备条件；加强疾病控制专业队伍建设，提高流行病学调查、现场处置和实验室检测检验能力。

6.1.3 应急医疗救治体系

按照"中央指导、地方负责、统筹兼顾、平战结合、因地制宜、合理布局"的原则，逐步在全国范围内建成包括急救机构、传染病救治机构和化学中毒与核辐射救治基地在内的，符合国情、覆盖城乡、功能完善、反应灵敏、运转协调、持续发展的医疗救治体系。

6.1.4 卫生执法监督体系

国家建立统一的卫生执法监督体系。各级卫生行政部门要明确职能，落实责任，规范执法监督行为，加强卫生执法监督队伍建设。对卫生监督人员实行资格准入制度和在岗培训制度，全面提高卫生执法监督的能力和水平。

6.1.5 应急卫生救治队伍

各级人民政府卫生行政部门按照"平战结合、因地制宜，分类管理、分级负责，统一管理、协调运转"的原则建立突发公共卫生事件应急救治队伍，并加强管理和培训。

6.1.6 演练

各级人民政府卫生行政部门要按照"统一规划、分类实施、分级负责、突出重点、适应需求"的原则，采取定期和不定期相结合的形式，组织开展突发公共卫生事件的应急演练。

6.1.7 科研和国际交流

国家有计划地开展应对突发公共卫生事件相关的防治科学研究，包括现场流行病学调查方法、实验室病因检测技术、药物治疗、疫苗和应急反应装备、中医药及中西医结合防治等，尤其是开展新发、罕见传染病快速诊断方法、诊断试剂以及相关的疫苗研究，做到技术上有所储备。同时，开展应对突发公共卫生事件应急处理技术的国际交流与合作，引进国外的先进技术、装备和方法，提高我国应对突发公共卫生事件的整体水平。

6.2 物资、经费保障

6.2.1 物资储备

各级人民政府要建立处理突发公共卫生事件的物资和生产能力储备。发生突发公共卫生事件时，应根据应急处理工作需要调用储备物资。卫生应急储备物资使用后要及时补充。

6.2.2 经费保障

应保障突发公共卫生事件应急基础设施项目建设经费，按规定落实对突发公共卫生事件应急处理专业技术机构的财政补助政策和突发公共卫生事件应急处理经费。应根据需要对边远贫困地区突发公共卫生事件应急工作给予经费支持。国务院有关部门和地方各级人民政府应积极通过国际、国内等多渠道筹集资金，用于突发公共卫生事件应急处理工作。

6.3 通信与交通保障

各级应急医疗卫生救治队伍要根据实际工作需要配备通信设备和交通工具。

6.4 法律保障

国务院有关部门应根据突发公共卫生事件应急处理过程中出现的新问题、新情况，加强调查研究，起草和制订并不断完善应对突发公共卫生事件的法律、法规和规章制度，形成科学、完整的突发公共卫生事件应急法律和规章体系。

国务院有关部门和地方各级人民政府及有关部门要严格执行《突发公共卫生事件应急条例》等规定，根据本预案要求，严格履行职责，实行责任制。对履行职责不力，造成工作损失的，要追究有关当事人的责任。

6.5 社会公众的宣传教育

县级以上人民政府要组织有关部门利用广播、影视、报刊、互联网、手册等多种形式对社会公众广泛开展突发公共卫生事件应急知识的普及教育，宣传卫生科普知识，指导群众以科学的行为和方式对待突发公共卫生事件。要充分发挥有关社会团体在普及卫生应急知识和卫生科普知识方面的作用。

7 预案管理与更新

根据突发公共卫生事件的形势变化和实施中发现的问题及时进行更新、修订和补充。

国务院有关部门根据需要和本预案的规定，制定本部门职责范围内的具体工作预案。

县级以上地方人民政府根据《突发公共卫生事件应急条例》的规定，参照本预案并结合本地区实际情况，组织制定本地区突发公共卫生事件应急预案。

8 附 则

8.1 名词术语

重大传染病疫情是指某种传染病在短时间内发生、波及范围广泛，出现大量的病人或死亡病例，其发病率远远超过常年的发病率水平的情况。

群体性不明原因疾病是指在短时间内，某个相对集中的区域内同时或者相继出现具有共同临床表现病人，且病例不断增加，范围不断扩大，又暂时不能明确诊断的疾病。

重大食物和职业中毒是指由于食品污染和职业危害的原因而造成的人数众多或者伤亡较重的中毒事件。

新传染病是指全球首次发现的传染病。

我国尚未发现传染病是指埃博拉、猴痘、黄热病、人变异性克雅氏病等在其他国家和地区已经发现，在我国尚未发现过的传染病。

我国已消灭传染病是指天花、脊髓灰质炎等传染病。

8.2 预案实施时间

本预案自印发之日起实施。

【附录6】 突发事件应急预案管理办法

国务院办公厅 2013 年 11 月 8 日发布

第一章 总 则

第一条 为规范突发事件应急预案（以下简称应急预案）管理，增强应急预案的针对性、实用性和可操作性，依据《中华人民共和国突发事件应对法》等法律、行政法规，制订本办法。

第二条 本办法所称应急预案，是指各级人民政府及其部门、基层组织、企事业单位、社会团体等为依法、迅速、科学、有序应对突发事件，最大程度减少突发事件及其造成的损害而预先制定的工作方案。

第三条 应急预案的规划、编制、审批、发布、备案、演练、修订、培训、宣传教育等工作，适用本办法。

第四条 应急预案管理遵循统一规划、分类指导、分级负责、动态管理的原则。

第五条 应急预案编制要依据有关法律、行政法规和制度，紧密结合实际，合理确定内容，切实提高针对性、实用性和可操作性。

第二章 分类和内容

第六条 应急预案按照制定主体划分，分为政府及其部门应急预案、单位和基层组织应急预案两大类。

第七条 政府及其部门应急预案由各级人民政府及其部门制定，包括总体应急预案、专项应急预案、部门应急预案等。

总体应急预案是应急预案体系的总纲，是政府组织应对突发事件的总体制度安排，由县级以上各级人民政府制定。

专项应急预案是政府为应对某一类型或某几种类型突发事件，或者针对重要目标物保护、重大活动保障、应急资源保障等重要专项工作而预先制定的涉及多个部门职责的工作方案，由有关部门牵头制订，报本级人民政府批准后印发实施。

部门应急预案是政府有关部门根据总体应急预案、专项应急预案和部门职责，为应对本部门（行业、领域）突发事件，或者针对重要目标物保护、重大活动保障、应急资源保障等涉及部门工作而预先制定的工作方案，由各级政府有关部门制定。

鼓励相邻、相近的地方人民政府及其有关部门联合制定应对区域性、流域性突发事件的联合应急预案。

第八条 总体应急预案主要规定突发事件应对的基本原则、组织体系、运行机制，以及应急保障的总体安排等，明确相关各方的职责和任务。

针对突发事件应对的专项和部门应急预案，不同层级的预案内容各有所侧重。国家层面专项和部门应急预案侧重明确突发事件的应对原则、组织指挥机制、预警分级和事件分级标准、信息报告要求、分级响应及响应行动、应急保障措施等，重点规范国家层面应对行动，同时体现政策性和指导性;省级专项和部门应急预案侧重明确突发事件的组织指挥机制、信息报告要求、分级响应及响应行动、队伍物资保障及调动程序、市县级政府职责等,重点规范省级层面应对行动,同时体现指导性;市县级专项和部门应急预案侧重明确突发事件的组织指挥机制、风险评估、监测预警、信息报告、应急处置措施、队伍物资保障及调动程序等内容,重点规范市(地)级和县级层面应对行动,体现应急处置的主体职能;乡镇街道专项和部门应急预案侧重明确突发事件的预警信息传播、组织先期处置和自救互救、信息收集报告、人员临时安置等内容,重点规范乡镇层面应对行动,体现先期处置特点。

针对重要基础设施、生命线工程等重要目标物保护的专项和部门应急预案,侧重明确风险隐患及防范措施、监测预警、信息报告、应急处置和紧急恢复等内容。

针对重大活动保障制定的专项和部门应急预案,侧重明确活动安全风险隐患及防范措施、监测预警、信息报告、应急处置、人员疏散撤离组织和路线等内容。

针对为突发事件应对工作提供队伍、物资、装备、资金等资源保障的专项和部门应急预案,侧重明确组织指挥机制、资源布局、不同种类和级别突发事件发生后的资源调用程序等内容。

联合应急预案侧重明确相邻、相近地方人民政府及其部门间信息通报、处置措施衔接、应急资源共享等应急联动机制。

第九条 单位和基层组织应急预案由机关、企业、事业单位、社会团体和居委会、村委会等法人和基层组织制定,侧重明确应急响应责任人、风险隐患监测、信息报告、预警响应、应急处置、人员疏散撤离组织和路线、可调用或可请求援助的应急资源情况及如何实施等,体现自救互救、信息报告和先期处置特点。

大型企业集团可根据相关标准规范和实际工作需要,参照国际惯例,建立本集团应急预案体系。

第十条 政府及其部门、有关单位和基层组织可根据应急预案,并针对突发事件现场处置工作灵活制定现场工作方案,侧重明确现场组织指挥机制、应急队伍分工、不同情况下的应对措施、应急装备保障和自我保障等内容。

第十一条 政府及其部门、有关单位和基层组织可结合本地区、本部门和本单位具体情况,编制应急预案操作手册,内容一般包括风险隐患分析、处置工作程序、响应措施、应急队伍和装备物资情况,以及相关单位联络人员和电话等。

第十二条 对预案应急响应是否分级、如何分级、如何界定分级响应措施等,由预案制定单位根据本地区、本部门和本单位的实际情况确定。

第三章 预案编制

第十三条 各级人民政府应当针对本行政区域多发易发突发事件、主要风险等,制定本级政府及其部门应急预案编制规划,并根据实际情况变化适时修订完善。

单位和基层组织可根据应对突发事件需要,制定本单位、本基层组织应急预案编制计划。

第十四条 应急预案编制部门和单位应组成预案编制工作小组,吸收预案涉及主要部门和单位业务相关人员、有关专家及有现场处置经验的人员参加。编制工作小组组长由应急预案编制部门或单位有关负责人担任。

第十五条 编制应急预案应当在开展风险评估和应急资源调查的基础上进行。

(一)风险评估。针对突发事件特点,识别事件的危害因素,分析事件可能产生的直接后果以及次生、衍生后果，评估各种后果的危害程度，提出控制风险、治理隐患的措施。

（二）应急资源调查。全面调查本地区、本单位第一时间可调用的应急队伍、装备、物资、场所等应急资源状况和合作区域内可请求援助的应急资源状况，必要时对本地居民应急资源情况进行调查，为制定应急响应措施提供依据。

第十六条　政府及其部门应急预案编制过程中应当广泛听取有关部门、单位和专家的意见，与相关的预案作好衔接。涉及其他单位职责的，应当书面征求相关单位意见。必要时，向社会公开征求意见。

单位和基层组织应急预案编制过程中，应根据法律、行政法规要求或实际需要，征求相关公民、法人或其他组织的意见。

第四章　审批、备案和公布

第十七条　预案编制工作小组或牵头单位应当将预案送审稿及各有关单位复函和意见采纳情况说明、编制工作说明等有关材料报送应急预案审批单位。因保密等原因需要发布应急预案简本的，应当将应急预案简本一起报送审批。

第十八条　应急预案审核内容主要包括预案是否符合有关法律、行政法规，是否与有关应急预案进行了衔接，各方面意见是否一致，主体内容是否完备，责任分工是否合理明确，应急响应级别设计是否合理，应对措施是否具体简明、管用可行等。必要时，应急预案审批单位可组织有关专家对应急预案进行评审。

第十九条　国家总体应急预案报国务院审批，以国务院名义印发；专项应急预案报国务院审批，以国务院办公厅名义印发；部门应急预案由部门有关会议审议决定，以部门名义印发，必要时，可以由国务院办公厅转发。

地方各级人民政府总体应急预案应当经本级人民政府常务会议审议，以本级人民政府名义印发；专项应急预案应当经本级人民政府审批，必要时经本级人民政府常务会议或专题会议审议，以本级人民政府办公厅（室）名义印发；部门应急预案应当经部门有关会议审议，以部门名义印发，必要时，可以由本级人民政府办公厅（室）转发。

单位和基层组织应急预案须经本单位或基层组织主要负责人或分管负责人签发，审批方式根据实际情况确定。

第二十条　应急预案审批单位应当在应急预案印发后的20个工作日内依照下列规定向有关单位备案：

（一）地方人民政府总体应急预案报送上一级人民政府备案。

（二）地方人民政府专项应急预案抄送上一级人民政府有关主管部门备案。

（三）部门应急预案报送本级人民政府备案。

（四）涉及需要与所在地政府联合应急处置的中央单位应急预案，应当向所在地县级人民政府备案。

法律、行政法规另有规定的从其规定。

第二十一条　自然灾害、事故灾难、公共卫生类政府及其部门应急预案，应向社会公布。对确需保密的应急预案，按有关规定执行。

第五章　应急演练

第二十二条　应急预案编制单位应当建立应急演练制度，根据实际情况采取实战演练、桌面推演等方式，组织开展人员广泛参与、处置联动性强、形式多样、节约高效的应急演练。

专项应急预案、部门应急预案至少每3年进行一次应急演练。

地震、台风、洪涝、滑坡、山洪泥石流等自然灾害易发区域所在地政府，重要基础设施和城市供水、供电、供气、供热等生命线工程经营管理单位，矿山、建筑施工单位和易燃易爆物品、危险化学品、放射性物品等危险物品生产、经营、储运、使用单位，公共交通工具、公共场所和医院、学校等人员密集场所的经营单位或者管理单位等，应当有针对性地经常组织开展应急演练。

第二十三条 应急演练组织单位应当组织演练评估。评估的主要内容包括：演练的执行情况，预案的合理性与可操作性，指挥协调和应急联动情况，应急人员的处置情况，演练所用设备装备的适用性，对完善预案、应急准备、应急机制、应急措施等方面的意见和建议等。

鼓励委托第三方进行演练评估。

第六章 评估和修订

第二十四条 应急预案编制单位应当建立定期评估制度，分析评价预案内容的针对性、实用性和可操作性，实现应急预案的动态优化和科学规范管理。

第二十五条 有下列情形之一的，应当及时修订应急预案：

（一）有关法律、行政法规、规章、标准、上位预案中的有关规定发生变化的；

（二）应急指挥机构及其职责发生重大调整的；

（三）面临的风险发生重大变化的；

（四）重要应急资源发生重大变化的；

（五）预案中的其他重要信息发生变化的；

（六）在突发事件实际应对和应急演练中发现问题需要作出重大调整的；

（七）应急预案制定单位认为应当修订的其他情况。

第二十六条 应急预案修订涉及组织指挥体系与职责、应急处置程序、主要处置措施、突发事件分级标准等重要内容的，修订工作应参照本办法规定的预案编制、审批、备案、公布程序组织进行。仅涉及其他内容的，修订程序可根据情况适当简化。

第二十七条 各级政府及其部门、企事业单位、社会团体、公民等，可以向有关预案编制单位提出修订建议。

第七章 培训和宣传教育

第二十八条 应急预案编制单位应当通过编发培训材料、举办培训班、开展工作研讨等方式，对与应急预案实施密切相关的管理人员和专业救援人员等组织开展应急预案培训。

各级政府及其有关部门应将应急预案培训作为应急管理培训的重要内容，纳入领导干部培训、公务员培训、应急管理干部日常培训内容。

第二十九条 对需要公众广泛参与的非涉密的应急预案，编制单位应当充分利用互联网、广播、电视、报刊等多种媒体广泛宣传，制作通俗易懂、好记管用的宣传普及材料，向公众免费发放。

第八章 组织保障

第三十条 各级政府及其有关部门应对本行政区域、本行业（领域）应急预案管理工作加强指导和监督。国务院有关部门可根据需要编写应急预案编制指南，指导本行业（领域）应急预案编制工作。

第三十一条 各级政府及其有关部门、各有关单位要指定专门机构和人员负责相关具体工作，将应急预案规划、编制、审批、发布、演练、修订、培训、宣传教育等工作所需经费纳入预算统筹安排。

第九章 附 则

第三十二条 国务院有关部门、地方各级人民政府及其有关部门、大型企业集团等可根据实际情况，制定相关实施办法。

第三十三条 本办法由国务院办公厅负责解释。

第三十四条 本办法自印发之日起施行。

参考文献

一、著作

[1] 董传仪．危机管理学．北京：中国传媒大学出版社，2007．

[2] 黎斌，李怀亮．中国电视媒体运营管理实务．北京：中国国际广播出版社，2007．

[3] [美]罗伯特·希斯．危机管理．王成等译．北京：中信出版社，2004．

[4] [加]麦克劳林．麦克劳林教你危机沟通．刘祥亚译．北京：新世界出版社，2005．

[5] [美]诺曼·R．奥古斯丁等．危机管理．北京新华信商业风险管理有限责任公司译，北京：中国人民大学出版社，2001．

[6] 吴江．公共危机管理能力．北京：国家行政学院出版社，2008．

[7] 肖鹏军．公共危机管理导论．北京：中国人民大学出版社，2006．

[8] 肖鹏英．危机管理．广州：华南理工大学出版社，2008．

[9] 夏书章，王乐夫，陈瑞莲．行政管理学．广州：中山大学出版社，2008．

[10] 薛澜，张强，钟开斌．危机管理——转型期中国面临的挑战．北京：清华大学出版社，2003．

[11] 张小明．公共部门危机管理．北京：中国人民大学出版社，2006．

[12] 赵冰梅，刘辉．危机管理实务与技巧．北京：航空工业出版社，2007．

[13] 中国灾害防御协会．市民公共安全应急指南．北京：北京大学出版社，2006．

[14] 钟开斌．中外政府应急管理比较．北京：国家行政学院出版社，2012．

[15] 钟开斌．公共场所人群聚集安全管理．北京：社会科学文献出版社，2016．

二、论文

[1] 陈先才．美俄危机管理机制之比较——兼谈对中国的启示．行政与法，2006（6）．

[2] 董克用，王宏伟．对于汶川地震应急管理的建议．中国应急管理，2008（6）．

[3] 高小平，刘一弘．我国应急管理研究述评（上）．中国行政管理，2009（8）．

[4] 高小平，刘一弘．我国应急管理研究述评（上）．中国行政管理，2009（9）．

[5] 郭晓来．美国危机管理系统的发展及启示．国家行政学院学报，2004（1）．

[6] 郭渐强，霍晓娣．俄罗斯公共危机管理机制的特点及对我国的启示．行政与法，2009（1）．

[7] 贺蕃蕃．政府危机管理中媒体的运用和引导．湖南社院学报，2010（3）．

[8] 洪瑾．危机传播中信息对称的媒体问题研究．北京理工大学学报，2004（4）．

[9] 惠转宁．浅论公共关系危机管理策略．经济师，2008（3）．

[10] 李敏．美国危机管理的特点与局限性．中国浦东干部学院学报，2009（5）．

[11] 李江涛．面向高等教育大众化的高校形象管理．上海：华东师范大学，2004（12）．

[12] 李尧远，曹蓉．我国应急管理研究十年（2004—2013）：成绩、问题与未来取向．中国行政管理，2015（1）

[13] 刘芳．公共危机管理外部沟通机制构建的研究．魅力中国，2010（1）．

[14] 刘助任．美国、日本、俄罗斯的公共安全危机管理机制．武汉商业服务学院学报，2008（3）．

[15] 刘慧君．论公共危机管理中政府应如何与媒体进行有效沟通．今日南国，2009（2）．

[16] 刘艳．试析日本危机管理机制及其对中国的启示．中国人民公安大学学报，2004（1）．

[17] 刘玉雁．西方国家公共危机的预防与应急准备对我国的启示．沈阳师范大学学报（社会科学版），2009（5）．

[18] 凌学武，廖敏．政府危机管理中的协调联动机制建设研究．理论界，2007（9）．

[19] 卢雪聪．公共危机中的政府沟通能力和沟通效率研究．上海交通大学硕士学位论文，2009．

[20] 马振超．俄罗斯反恐危机管理研究．国际关系学院学报，2009（1）．

[21] 倪芬．俄罗斯政府危机管理机制的经验与启示．行政论坛，2004（4）．

[22] 宁怀远．市场经济呼唤高信誉度的组织形象．陕西经济管理干部学院学报，2003（8）．

[23] 帕丽达·玉素甫．大众传媒在政府危机管理中的作用．社会学研究，2009（1）．

[24] 乔海强．现代政府公共危机管理中的沟通机制研究．山东大学硕士学位论文，2009．

[25] 石泽．当前俄罗斯危机的特点及发展前景．国际观察，1998（6）．

[26] 孙茜．试析日本危机管理机制的特点．江西公安专科学校学报，2006（3）．

[27] 孙多勇，鲁洋．危机管理的理论发展与现实问题．江西社会科学，2004（4）．

[28] 孙小涵．当今西方的公共危机管理．科技信息，2009（3）．

[29] 苏国平．论公共危机管理中政府与媒体的沟通．上海交通大学硕士学位论文，2007．

[30] 谭燕．政府危机善后处理在危机管理中的效能．法制与社会，2008（22）．

[31] 汤洁．非政府组织参与危机恢复管理研究．上海交通大学硕士学位论文，2008．

[32] 王佳乐．全面危机管理理论下的公共危机恢复机制研究．厦门大学硕士学位论文，2008．

[33] 王德迅．日本危机管理研究．世界经济与政治，2004（3）．

[34] 王庆宇．论中国公共危机决策机制的建构．华东师范大学硕士学位论文，2005．

[35] 王强．美国危机管理对中国的启示．武警学院学报，2005（8）．

[36] 魏宗雷．美国的危机管理机制．国际资料信息，2002（1）．

[37] 吴兴军．公共危机管理的基本特征与机制构建．华东经济管理，2004（3）．

[38] 武术杰，李昭昊．风险社会中政府的媒体管理和形象管理．前沿，2004（1）．

[39] 向淼，官昌贵．灾后心理干预：突发气象灾害恢复重建中的新焦点．成都行政学院学报，2008（6）．

[40] 熊玉文．危机管理中的新闻发言人制度．南京邮电大学学报，2006（1）．

[41] 薛澜，钟开斌，张强．美国危机管理体系的结构．世界经济与政治论坛，2003（5）．

[42] 许方丽．危机管理中政府如何应对引导媒体．价值工程，2010（9）．

[43] 游昌乔．危机管理中媒体应对方法．东方音像电子出版社，2006．

[44] 游志斌．公共安全危机的恢复管理研究．中国公共安全，2008（1）．

[45] 袁明旭．公共危机沟通：危机管理的生命线．曲靖师范学院学报，2007（2）．

[46] 袁明旭．论公共危机沟通的特点和功能．内蒙古民族大学学报，2007（2）．

[47] 张爱军．美国危机管理管窥．大连干部学刊，2009（8）．

[48] 赵治国．公共危机状态下的媒体管理——以《济南时报》介入公共危机报道的实例分析

[D]. 济南：山东大学，2007.
[49] 赵得龙. 政府现代管理新理念——公共性突发事件与危机管理. 中共金塔县委党校，2009（9）.
[50] 中国行政管理学会课题组. 政府应急管理机制研究. 中国行政管理，2005（1）.
[51] 钟开斌. 风险管理：从被动反应到主动保障. 中国行政管理，2007（11）.
[52] 朱自立，闫巩固，桂儇. 危机反应策略：危机事件中组织形象的维护. 首都师范大学学报（社会科学版），2010（4）.

三、报刊及政府出版物

[1] 别斯兰人质事件改变俄罗斯. 新华社，2004年9月10日.
[2] 高淑华，李柯勇，高增双，徐宜军. 哈尔滨市政府应对水危机的经验和教训. 新华社，2005年11月28日.
[3] 国务院. 国家突发公共事件总体应急预案. 2006年1月8日.
[4] 国务院办公厅. 突发事件应急预案管理办法. 2013年11月8日.
[5] 韩建军. 印尼海啸预警系统失灵. 羊城晚报，2010年10月29日.
[6] 全力保障我驻利人员生命财产安全. 中青在线—中国青年报，2011年2月23日.
[7] 王宏伟. 从汶川地震看我国的应急管理. 中国社会报，2008年6月23日.
[8] 杨东. 四川一天连发8次地震，预警系统6秒后发信息. 华西都市报，中国青年网，2013年2月20日.
[9] 赵晖. 伊春失事客机善后工作组成立. 中新社郑州2010年8月25日电，中国新闻网，2010年8月25日.
[10] 中华人民共和国突发事件应对法. 第十届全国人民代表大会常务委员会第二十九次会议2007年8月30日通过.
[11] 中共中央办公厅. 关于全面推进政务公开工作的意见. 中办发〔2016〕8号.
[12] 周前进. 汶川地震应急管理堪称巨灾应对典范. 四川日报，2010年9月23日.

四、网站资料

[1] 国务院应急管理办公室. 全国防治非典工作情况. http：//www.gov.cn，2005年8月9日.
[2] 9·11三周年：世界依旧动荡，反恐真能带来和平？. 中国日报网站，2004年9月11日.
[3] 内阁不信任案遭否决，菅直人将继续担任日本首相. 中国新闻网，2011年6月2日.
[4] 日本核危机跳级，政府信誉降级. 凤凰卫视—凤凰全球连线，2011年4月13日.
[5] 维基百科网站："危机沟通"，http：//wiki.mbalib.com/wiki/%E5%8D%B1%E6%9C%BA%E6%B2%9F%E9%80%9A，2011年5月25日.
[6] 浙江一官员因"救灾搀扶照"被免职 回应：我很冤. 澎湃新闻网，2016年9月16日.
[7] 中国台州网. 闪淳昌台州谈减灾：突发事件每年夺走6000亿. http：//www.taizhou.com.cn，2011年6月13日.